JOHN FORD

Cet ouvrage a été réalisé par Patrice Rollet et Nicolas Saada,
avec la collaboration de Tag Gallagher, Bill Krohn et Jean-Louis Leutrat.

Remerciements : Peter Bogdanovich, Director's Guild of America, Dan Dixon et The University of California Press, Tim Hunter, Oja Kodar, Sylvie Pliskin, Jonathan Rosenbaum.

Secrétariat d'édition : Delphine Pineau, et Ghislaine Jégou
Maquette : Nicolas Tirard
Conception graphique : Paul-Raymond Cohen

En couverture : John Wayne et Jeffrey Hunter dans *The Searchers* (coll. Christophe L.)
Au dos : John Ford sur le tournage de *Mogambo* (photo Cahiers du cinéma)

CRÉDITS PHOTOGRAPHIQUES

Agence 2001 : 48. Collection Robert S. Birchard : 14 (haut), 112. Cahiers du cinéma : 4, 5, 6, 7 (milieu, bas), 8, 11, 18, 19, 23, 25 (haut), 29, 30 (haut), 32, 34 (haut), 38, 43, 46, 47, 50, 53, 56, 57, 58, 59, 60, 62, 63, 64, 66, 68, 71, 72 (haut), 76 (bas), 77, 78, 83, 87 (haut), 90, 91, 92, 93 (bas), 94, 95, 96, 97 (bas), 98, 99, 100 (haut), 101, 102 (photo Renato Berta), 103, 105, 106, 107, 110, 114, 119, 123, 126, 135, 138. La Cinémathèque française : 20, 21, 24, 25 (bas), 26, 27, 30 (bas), 31, 36, 42, 44, 51, 52, 54, 65, 67, 69, 72 (bas), 73, 75, 79, 82, 87 (milieu, bas), 88, 97 (haut), 100 (bas), 108, 111. La Cinémathèque universitaire : 81, 84, 85 (haut, bas), 86. Collection Tag Gallagher : 7 (haut), 12, 13, 14 (bas), 15, 17, 22, 34 (bas), 40, 41, 70, 74, 76 (haut), 93 (haut), 131, 142. Collection Jean-Louis Leutrat : 85 (milieu). Collection Suzanne Liandrat-Guigues : 80.

ISBN 2-86642-093-4
Diffusion Seuil - 27 rue Jacob 75006 Paris

JOHN FORD

Sous la direction de Patrice Rollet et Nicolas Saada

CAHIERS DU CINÉMA

Le coulé de l'amiral

▶ par Luc Moullet

La première impression, au contact du phénomène John Ford, est celle de l'immensité : cent douze longs métrages, et une vingtaine de courts métrages. Parmi les grands cinéastes, nul n'a pu concurrencer une telle abondance. Nul ne le pourra jamais. En effet, la fécondité de Ford est liée, entre autres, à son activité au temps du muet. Le film parlant réclame plus de temps de travail.

Si elle n'interdit pas la connaissance, cette fécondité semble récuser la possibilité d'une synthèse. Quatre mois pour une rétrospective forcément incomplète, puisqu'une trentaine de bandes des années vingt n'ont pas été retrouvées. Au moment même de la vision du dernier film, le souvenir des premiers films est déjà très estompé. Quarante ans se sont écoulés entre mon premier contact — *The Informer* — et *North of Hudson Bay*, que j'ai pu connaître il y a quelques jours. Quarante ans, presque autant que la période d'activité de Ford. L'abondance devient ici un handicap : on n'ose guère écrire sur quelque chose qui vous dépasse, on n'ose à peine en parler. De là à l'oubli...

Il est vrai que ce souci de connaissance globale correspond à une exigence relativement récente. Faut-il revenir aux principes de la vieille critique, laquelle se fondait uniquement sur les œuvres les plus marquantes ? Le premier thuriféraire de Ford, Jean Mitry, disait, grosso modo, que c'était idiot de vouloir voir tous les films d'un cinéaste. A fortiori, tous les Ford... Devons-nous rêver, comme pour les écrivains, d'un « portable Ford » ? Le hic, c'est que personne n'est d'accord sur les choix. On peut imaginer deux livres sur Ford qui n'auraient à leur sommaire aucun titre en commun. Le « Jean Roy » et le « Lindsay Anderson » ne sont d'ailleurs pas très éloignés de cette hypothèse extrême.

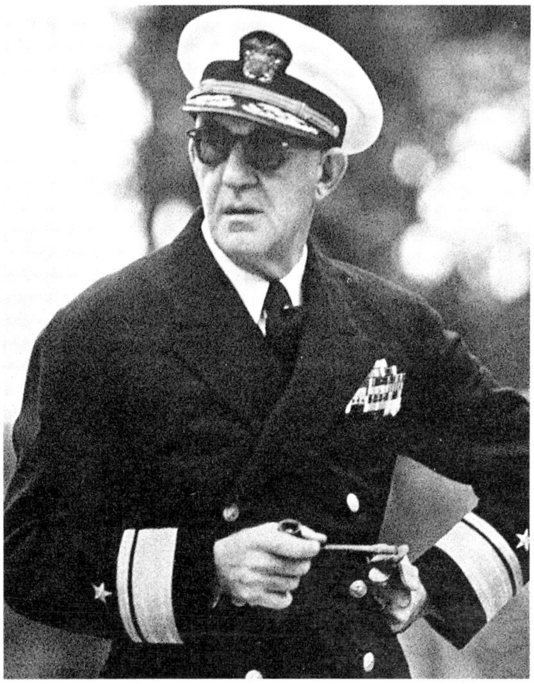

John Ford en officier de marine.

La fécondité est un élément important de l'œuvre, que l'on ne peut ignorer ou cacher.

Encore qu'à certaines heures *Streamboat Round the Bend* ou *Tobacco Road* prennent l'avantage à mon sens, je crois que mon Ford préféré est *Seven Women*, le dernier des cent douze films. Et non seulement je préfère *Seven Women*, mais ce que j'aime le plus dans ce film, c'est la dernière minute, le suicide triomphal, l'arrondi fordien débouchant sur un laconisme agressif, brutal, inouï dans l'œuvre, et conduisant vers des sens multiples.

J'ai eu ce coup de cœur — avec chair de poule — lorsque j'ai vu *Seven Women* à sa sortie, alors que je ne savais pas que ça serait le dernier film, et je crois bien que Ford (qui avait d'autres projets à l'époque et n'était pas de nature à envisager l'idée d'une retraite) ne l'a pas conçu comme film testamentaire. Il s'agit donc à la fois d'une expression — pour Ford — et d'un sentiment — pour moi — tout à fait naturels, entièrement liés au film et non déterminés par le contexte.

Mais, que dans l'œuvre la plus longue de toute l'histoire du cinéma, passée et future, ce soit la dernière heure, la toute dernière des quelques dix mille minutes de film (œuvre d'un vieux monsieur à la santé déjà chancelante) qui m'émeuve le plus, il y a là quelque chose de stupéfiant.
Je me demande si, dans la vie comme dans l'art, je pourrai trouver un fait incitant plus à l'optimisme, un optimisme totalement épuré de scories puisqu'il est créé par une scène des plus tragiques.
Vous me direz qu'il s'agit là d'un choix qui m'est particulier. Mais il est très proche de la norme critique actuelle : le référendum organisé par la Cinémathèque de Bruxelles en 1977 fait apparaître la primauté sur tous les autres Ford de *The Searchers*, le cent unième film. Il établit le net avantage de *The Man Who Shot Liberty Valance*, le numéro 109, sur *The Informer*, le vieux pilier central désormais contournable.
Il y a là d'ailleurs un état de fait très surprenant dans le cinéma hollywoodien, où les fins de carrière des Grands sont toujours un tantinet décevantes ou en retrait (Hawks, Hitchcock, Vidor, Griffith, Borzage, Capra, Chaplin, Mann, Preminger, DeMille, etc.). Je ne vois guère que Mankiewicz à avoir surmonté l'épreuve, grâce à une retraite quelque peu anticipée.

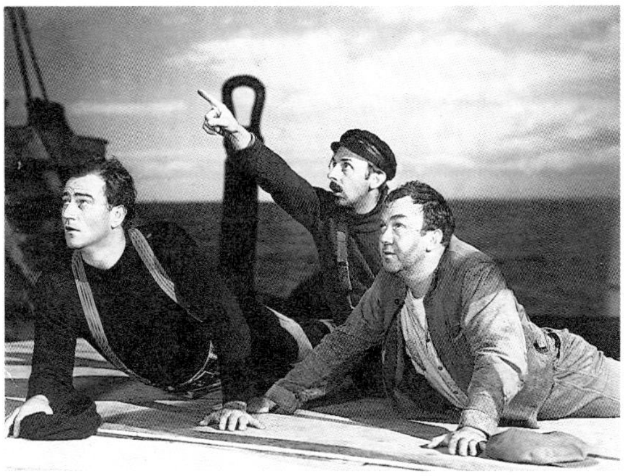

The Long Voyage Home

Quoiqu'il soit aventureux de définir la période muette dont on connaît peu, il est permis de la considérer comme une période de rôdage avec quelques titres plus marquants *(Hell Bent)* et de dire que l'œuvre de Ford débute vraiment vers son cinquantième film, quelque part du côté de *Three Bad Men* ou *Four Sons* ou *Arrowsmith*.
C'est l'exact contraire des carrières européennes modernes où le premier long métrage est généralement l'un des meilleurs, sinon le meilleur, et où l'on atteint péniblement, en fin de carrière, vingt ou trente films.
Cette abondance a déterminé une expérience, une assurance incomparables. Au début du parlant, Ford semble maître de toutes les situations lorsqu'il s'attaque à des projets plus ambitieux. On l'imagine mal angoissé à la veille d'un tournage, ou pendant les prises de vue, ou le jour de la sortie. Le tournage devient une réalité quotidienne, et perd de son importance. Ford tourne comme le boulanger fait sa fournée. Pour lui, la notion d'œuvre n'a plus tellement de sens. Il ne s'attarde pas trop sur un montage. Il ne gaspille pas son temps sur le lancement d'un film. La joie de retrouver son équipe de tournage peut devenir sa motivation première.
A son sujet, on pourrait évoquer Walsh. Mais lui pousse trop loin la décontraction : il ne vient pas toujours au tournage. A en lire ses mémoires, sauter une actrice ou se battre avec un rival devient plus important que le produit final. Il n'y a pas chez lui d'unité thématique.
Seul Mizoguchi — un peu moins fécond — peut lui être comparé. Il serait d'ailleurs très instructif de voir côte à côte *Maria No O-Yuki* (1935) et *Stagecoach* (1938), son remake en quelque sorte, puisque tous deux partent de *Boule de suif*. *Sansho Dayu* relève de la même optique que *Grapes of Wrath*. La différence essentielle chez les deux hommes tient à la plus grande exigence que Mizoguchi manifestait vis-à-vis du scénario. Alors que Ford le prenait parfois tel quel, quelques jours avant le tournage pour lequel il était désigné in extremis. Je crois qu'il ne faisait pas de distinction fondamentale entre ses films et les films signés par d'autres et dont il tournait quelques plans difficiles.
D'autres différences tiennent à la prééminence de l'individu — et de la femme chez le Japonais, du petit groupe — et du mâle chez l'Américain. Et puis Ford était plus un conteur, et Mizoguchi un raconteur d'histoires.

La décontraction de Ford, qui peut faire sa force, crée aussi sa faiblesse. La politique des auteurs a eu bien du mal à le raccrocher à elle, car elle postule que les grands cinéastes arrivent à ennoblir tout ce qu'ils touchent. Or, si, après les années des débuts, on ne trouve pratiquement plus de couacs chez Hawks ou Hitchcock, il faut bien avouer que Ford a de quoi déconcerter. Il réussit un film sur deux. A soixante ans, il trouve encore le moyen d'enfiler trois œuvrettes insipides à la suite : *Mogambo*, *The Long Gray Line*, *Mister Roberts*. Sans parler de navets comme *Black Watch*, *Wee Willie Winkie* ou *Gideon's Day*. Des films qui n'avaient aucune chance d'être réussis, en raison de la médiocrité des éléments de départ, tournés pour le fric, le désir de voyager, de travailler en équipe, la présence d'une mascotte ou d'une marotte.
On parle souvent de l'éclectisme fordien en raison des divers genres abordés. Cet éclectisme se révèle illusoire : pas de comédie musicale, de film d'épouvante. Le policier n'est vraiment abordé qu'à travers le médiocre *Gideon's Day*. Visiblement, Ford n'aime pas le polar.

En deux autres occasions *(Up the River, The Whole Town's Talking)*, il le dissout dans le comique. L'amiral Ford n'est passionné que par la marine. S'il rencontre l'armée de terre *(What Price Glory)* ou l'aviation *(Airmail)*, il fait tout dévier vers la comédie.
Séparer les westerns des films irlandais est vain : les Indiens et les Irlandais sont des groupes minoritaires comparables, comme les Mormons *(Wagonmaster)* ou les Juifs *(Little Miss Smiles)*, et il met parfois, en face des Indiens, des Irlandais ou des Mexicains.

The Whole Town's Talking

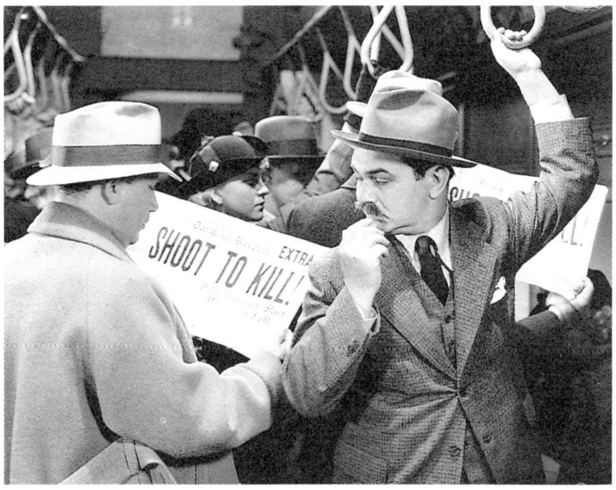

En fait, l'éparpillement des scénarios est presque toujours annihilé par la polarisation sur quelques principes de base bien connus, le petit groupe, la mère, la famille, les comparses comiques, la scène de bal, les figures crépusculaires de la dernière décade. Toujours le grand air, ou la petite ville. New York n'apparaît presque jamais. En exagérant un peu, je pourrais dire que Ford n'a jamais tourné qu'un seul film. On est très loin de la boulimie d'un Duvivier ou d'un Tavernier.

Si l'on aime Ford, on pourra se choquer de ce que ce cinéaste n'ait d'autre ligne politique que celle de ses commanditaires, ou de l'air du temps. On aurait bien aimé trouver là une morale profonde, continue, découvrir des germes anti-racistes bien avant *Sergeant Rutledge* ou *Cheyenne Autumn*, dans les premiers westerns ou dans *Stagecoach*, trouver un film conducteur souterrain entre la générosité de *Grapes of Wrath* et le sectarisme de *This is Korea* ou *Seven Women*. Malgré quelques brillantes thèses à ce sujet — la bonhomie fordienne arrondissant les traits les plus durs chez presque tous les personnages — il semble que l'opportunisme semble la seule vérité. Mais est-ce vraiment de l'opportunisme ? N'est-ce pas plutôt une acceptation un peu systématique de ce que l'époque propose, sans arrière-pensée ? Une coïncidence avec la majorité silencieuse, qu'il précède un tout petit peu parfois *(Fort Apache)* ? Il y a chez Ford, comme chez beaucoup d'immigrés ou d'enfants d'immigrés, un respect de principe pour la terre d'accueil et ses credos. Est révélateur le fait même d'avoir accepté comme surnom le patronyme d'un des plus grands suppôts du capitalisme.

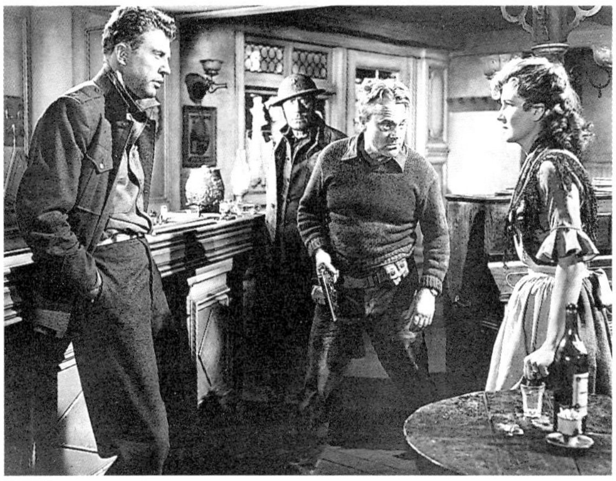

What Price Glory

La puissance de Ford réside d'abord dans une dialectique entre la présentation des mythologies et la familiarité, l'absolu et le relatif, le pensé et le vécu, la morale et la truculence, les nuages lourds du Destin et la main au cul. C'est la verdeur, la spontanéité de Mc Laglen, Fitzgerald ou Ward Bond qui fait passer les compositions spectrales d'August et de Toland. Pas toujours : le rabâchage menace, la vulgarité aussi.
La truculence est liée au foisonnement des êtres vivants (d'où le fameux petit groupe), à la multiplicité de leurs actions dans le plan ou dans la séquence. Ford est peut-être le cinéaste américain qui a le plus travaillé sur la différence entre les parlers, les accents *(Doctor Bull)*.
L'expression des mythologies s'effectue, soit à travers le sens des actions, soit à travers la photo : les ombres, les contre-jours, les cadres très vastes relativisant l'homme. Les mythologies deviennent extrêmement dangereuses chez Ford lorsqu'elles se limitent à elles-mêmes (cf. les ratés évidents de *The Fugitive* et *The Informer*). La surcharge photographique, l'expressionnisme emprunté font tourner les films en rond sur eux-mêmes, alors que, le plus souvent, l'image joue habilement comme amplification lyrique de données quotidiennes réalistes.
On ne peut cependant inverser la proposition, et soutenir que la truculence ne mène à rien sans le secours des mythologies. A preuve la réussite de *Tobacco Road*. Mais il s'agit d'une exception. La dialectique forme quand même la plus grande partie de l'œuvre. Ses deux composantes peuvent se trouver dans le même instant, ou être reliées par un pano ou par le montage. Ce qui compte, c'est la variété des liens que Ford trouvera entre elles.
Il y a d'autres formes voisines d'équilibres contradictoires à l'intérieur d'un film, ou d'un film à l'autre. On dirait que Ford prend un malin plaisir à faire le contraire de ce qu'il venait de faire. Sa qualité maîtresse est la concision. Mais, dans *The Seachers*, il s'ingénie à faire ressentir très profondément l'extrême longueur d'une traque s'étendant sur des années, et rendant dérisoires les notions de vengeance et de racisme. Dans *The Rising of the Moon*, d'un sketch à l'autre, il alterne l'impression de rapidité et celle de lenteur pour les personnages

comme pour le spectateur. Peut-être ce principe éclaire-t-il mieux sa versatilité politique. Lui, le champion du film macho, auteur de deux films sans femmes — *Men Without Women* et *Lost Patrol* — qui furent peut-être les premiers du genre, réalise des hymnes à la mère et termine sa carrière sur un film sans hommes ou presque *(Seven Women)*, les deux seuls comparses mâles étant un être faible et un monstre.

The Man Who Shot Liberty Valance

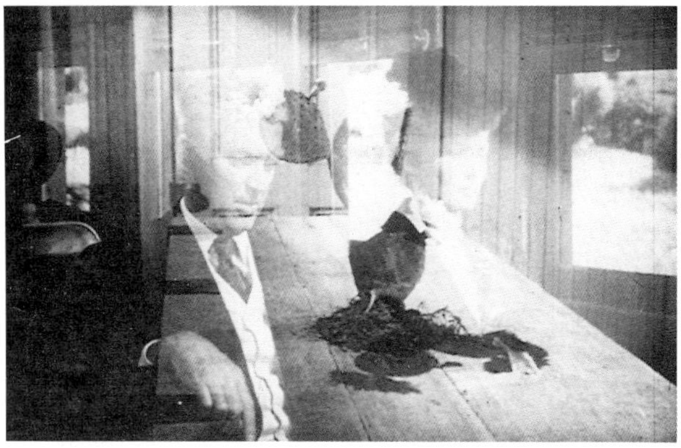

On pourrait définir l'art de Ford comme un art du *coulé*. D'où l'importance des fondus enchaînés, des enchaînements tout court *(The World Moves On, The Grapes of Wrath)*. Le spectateur ne doit même pas s'apercevoir qu'il s'agit d'un film, que le film est déjà commencé. D'ailleurs, bien souvent, il ne s'y passe pas grand-chose *(Judge Priest, Doctor Bull, Tobacco Road, The Long Gray Line*, etc.*)*. On se demande ce qu'on pourrait bien en dire, ce qui détermine parfois un jugement négatif. Toutes valeurs très classiques. Après tout, Ford n'est-il pas le seul classique de l'histoire du cinéma qui soit digne d'intérêt ? Et notre armada critique n'est pas à la mesure de ce cas d'exception.
Un problème se pose : ce sens du *coulé*, si précieux, semble être identique dans les chefs-d'œuvre et dans les échecs de Ford. Il n'empêche qu'on ressort fortement l'énorme différence de qualité. On peut remarquer la concision habituelle d'une scène de *Gideon's Day* ou de *Long Gray Line*, mais on peut aussi se demander s'il n'aurait pas mieux valu couper la scène tout entière, ou ne pas faire le film du tout.
L'art de Ford semble insaisissable, impossible à repérer. Il est dans la manière, mais il n'agit vraiment que quand la matière est riche. On en revient à un schème très vieillot : pour faire un bon film, il faut un bon scénario, et puis une bonne mise en scène. Nest-il pas symptomatique que trois de ses meilleurs films (*Grapes of Wrath*, *Tobacco Road*, et, plus indirectement, *Stagecoach*) soient tirés d'œuvres littéraires de premier plan ? *Grapes of Wrath* n'est-il pas meilleur que *How Green Was My Valley* tout simplement parce que Steinbeck est un meilleur écrivain que Llewellyn ? C'est l'exact opposé d'un Hitchcock, qui avait très souvent besoin d'un très mauvais scénario, totalement invraisemblable *(Psycho, North By Northwest)* pour pouvoir en transcender les défauts et arriver à se dépasser.

Tobacco Road

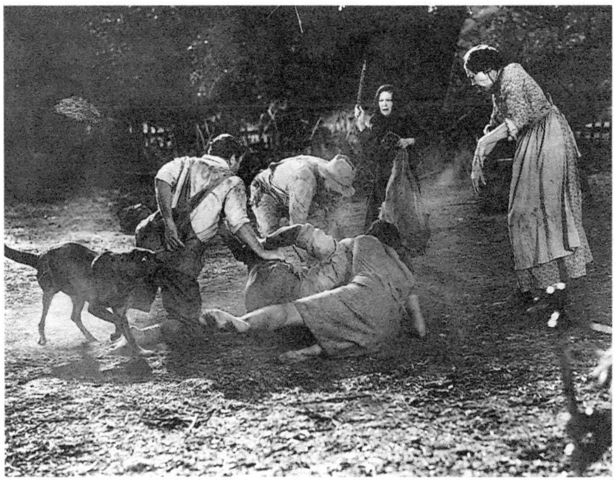

Qu'est-ce qui fait que le film *Grapes of Wrath* a mieux survécu dans l'esprit des gens que le roman, alors qu'il n'y a pas tellement de différences entre les deux ? Est-ce que le cinéma est un art si faible qu'une adaptation solide d'un bon bouquin puisse passer pour un chef-d'œuvre ? Alors qu'en littérature la concurrence est plus élevée. Et pourtant, il y a plus de concessions chez Ford : ainsi l'inversion repoussant à la fin l'épisode plus optimiste du camp d'État, et ce Fonda immaculé et beau parleur (magnifique Fonda, mais ce n'est pas le problème) est assurément un reflet du héros hollywoodien absent de l'original.
La différence, c'est que cette pérégrination agricole avait été évoquée plus fréquemment par l'écrit, et pratiquement jamais par le cinéma. Tout n'est-il pas à mettre au crédit du principe même de la prise de vues ?
La différence, c'est que Steinbeck enfonce le clou, exploite largement toutes les possibilités de chaque scène, alors que le film effleure les faits, en prenant la quintessence, et passant très vite à la scène suivante. C'est devenu le premier *road movie*, une suite de poteaux indicateurs donnant une sécheresse objective indiscutable qui limite le pathos. Mais ces suppressions n'avaient-elles pas pour raison majeure de faire passer le film de six heures à deux ? Et le scénariste Nunnally Johnson n'en est-il le principal responsable ?
Ford triomphe quand il semble s'effacer derrière les autres, derrière la matière de ses films. Son rôle ne serait-il que celui d'un contremaître, d'un entremetteur ? Et notre souci d'analyse de la spécificité fordienne n'irait-il pas à contre-courant de l'œuvre ? ■

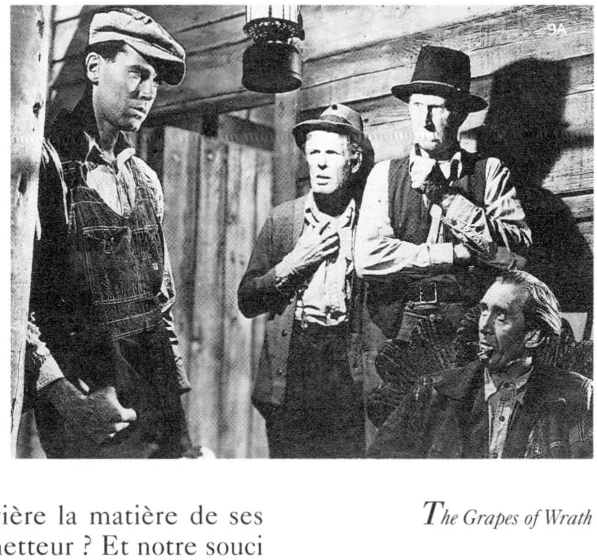

The Grapes of Wrath

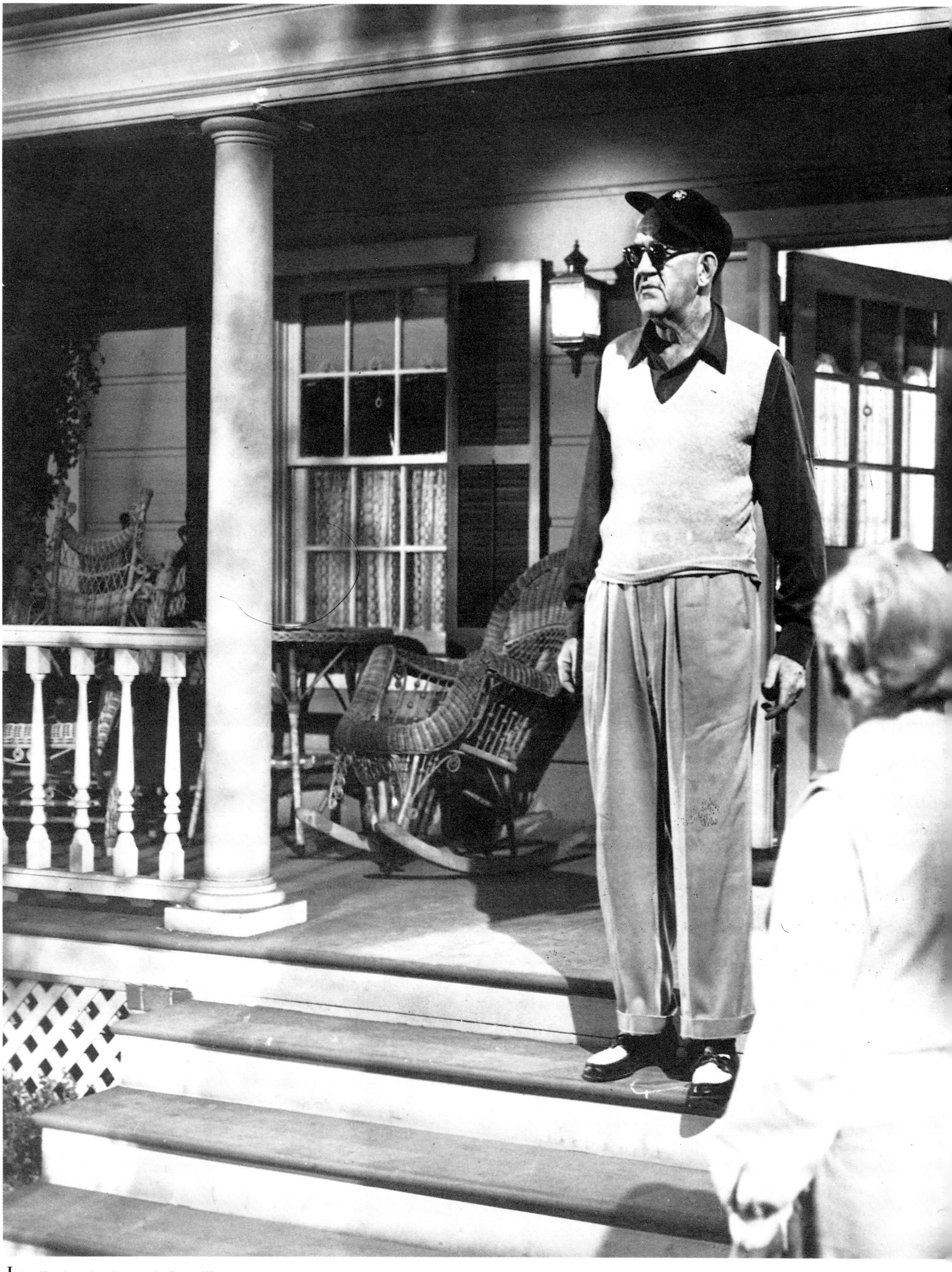

John Ford sur le plateau de *Seven Women*

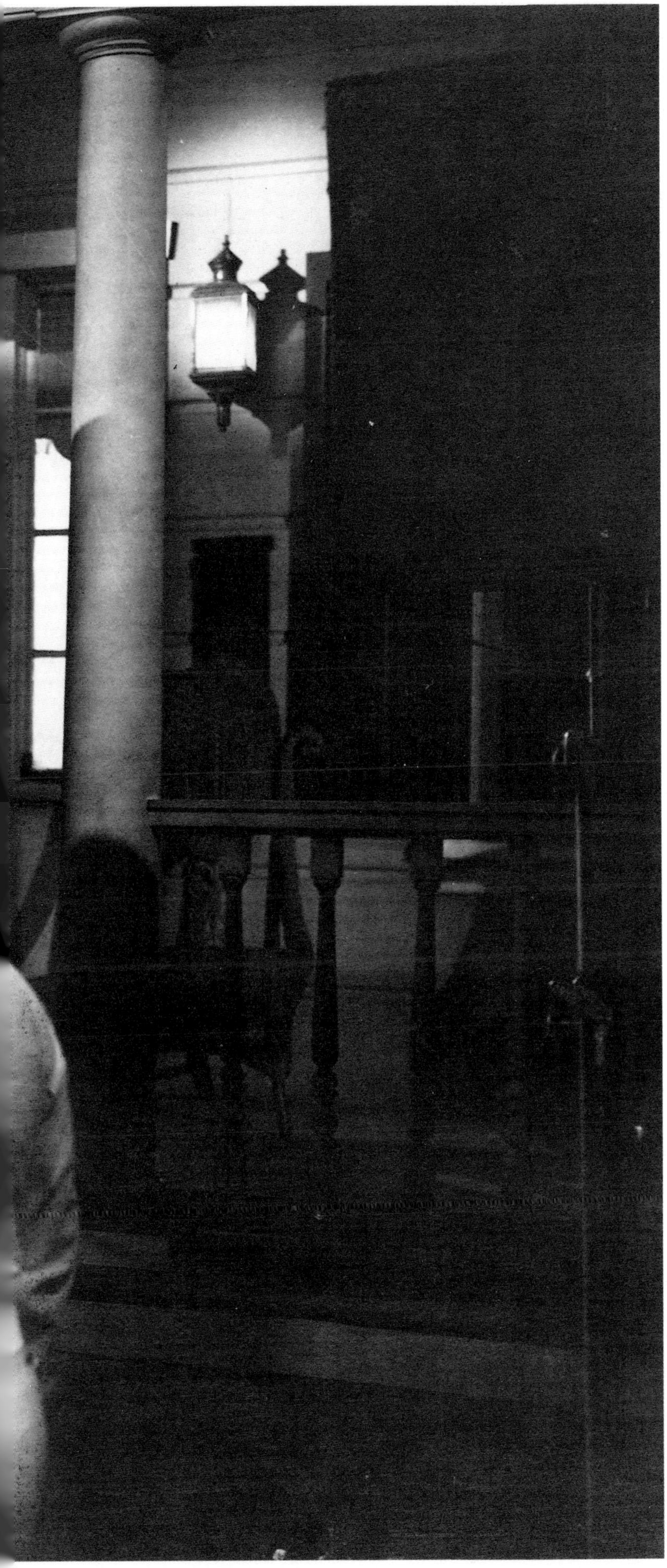

I

Ford tel qu'en lui-même

Rêveries d'un producteur vétéran

▶ par John Ford

Ce texte, l'un des seuls de la main de Ford, publié dans le *New York Times* du 10 juin 1928, a été rédigé à l'époque de *Four Sons*. Très marqué par l'arrivée de Murnau à la Fox et le tournage de *Sunrise*, il témoigne dans un style précieux et chaotique de l'enthousiasme de Ford à la fin des années vingt pour les techniques et les cinématographies nouvelles.

L'univers, qui compte Sept Merveilles, possède également sept centres culturels : la cité Tartare de Pékin, le Kremlin de Moscou, l'Acropole d'Athènes, l'Alhambra de Grenade, la Campagne de Rome, le Hradschin de Prague et le Cimetière Eyub d'Istanbul. C'est entre leurs murs ou sur leur sol qu'ont dévalé les ineffables torrents migratoires de tout ce qui a compté dans l'Histoire de l'humanité. C'est à eux que peuples et nations ont payé un tribut culturel ou cultuel et c'est d'eux que nations et peuples ont tiré richesses matérielles ou morales. Ces lieux ont été par-dessus tout les grands marchés de la planète qui, des siècles durant, ont dominé les plaines monotones des lieux communs. Durant les longues périodes de splendeur, nul autre monument à l'esprit migratoire de l'homme ne fut érigé pour contester leur suprématie. Jusqu'à la décennie dernière. Alors, avec la fin de la Grande Guerre, commença le plus extraordinaire hégire que la terre ait jamais connu. D'Est en Ouest, l'esprit créatif de la civilisation moderne a fait le pèlerinage vers une ville de Californie, dans nos États-Unis d'Amérique, jusqu'au jour d'aujourd'hui où le huitième grand centre de la horde insatiable est devenu Hollywood.
Si vous trouvez ce jugement exagéré, vous n'avez qu'à faire les cent pas à n'importe quelle heure du jour ou de la nuit sur Hollywood Boulevard et vous vous rendrez compte de l'importance de cette incroyable invasion. Anglais, Irlandais, Allemands, Hongrois, Russes, Italiens, Sud-Américains, Mexicains, Chinois, Japonais, Hindous, Perses, Scandinaves, Égyptiens, hommes et femmes de presque tous les pays du globe passent en si grand nombre qu'au bout d'un temps vous les confondrez avec les indigènes. Si vous continuez de croire qu'ils viennent sans raison, vous n'avez qu'à passer une journée dans le bureau du directeur d'un grand studio ; vous y verrez que tous ces pèlerins sont venus à Hollywood pour le motif qui a toujours attiré l'humanité vers ses grands centres — le désir de troquer son intelligence contre gloire ou fortune. Chacun d'eux a quelque chose à vendre, un scénario, une personnalité, une idée. Ces dix dernières années, Hollywood est devenu le plus grand marché mental du monde.

Ce qui explique cette fabuleuse expansion est, bien entendu, le développement de l'industrie cinématographique. Les films, écrits dans la langue universelle de l'imagerie visuelle, ont fait appel aux tendances artistiques et créatives de tous les peuples et de toutes les classes de la société. Nul n'a été assez orgueilleux pour mépriser le moyen d'expression qu'est le cinéma et nul n'a été considéré trop humble pour que lui soit refusée la possibilité de réussir dans ce moyen de communication ultra-moderne du plus vieux des désirs humains — celui de raconter une histoire. Pour en mesurer l'importance, il aurait fallu connaître le Hollywood du début, ce Hollywood déjà lointain qui était une ville-studio. Ce n'est que par le souvenir de cette ville qui s'avéra le laboratoire d'un projet jamais timide quoique parfois incertain, que l'on peut comprendre à quel point l'aventure demeure la grande attraction de l'humanité. Hollywood est une colline magnétique qui attire ceux dont l'esprit est fait de l'acier de l'ambition ; ils y trouvent parfois le succès, parfois l'échec, toujours l'épreuve.

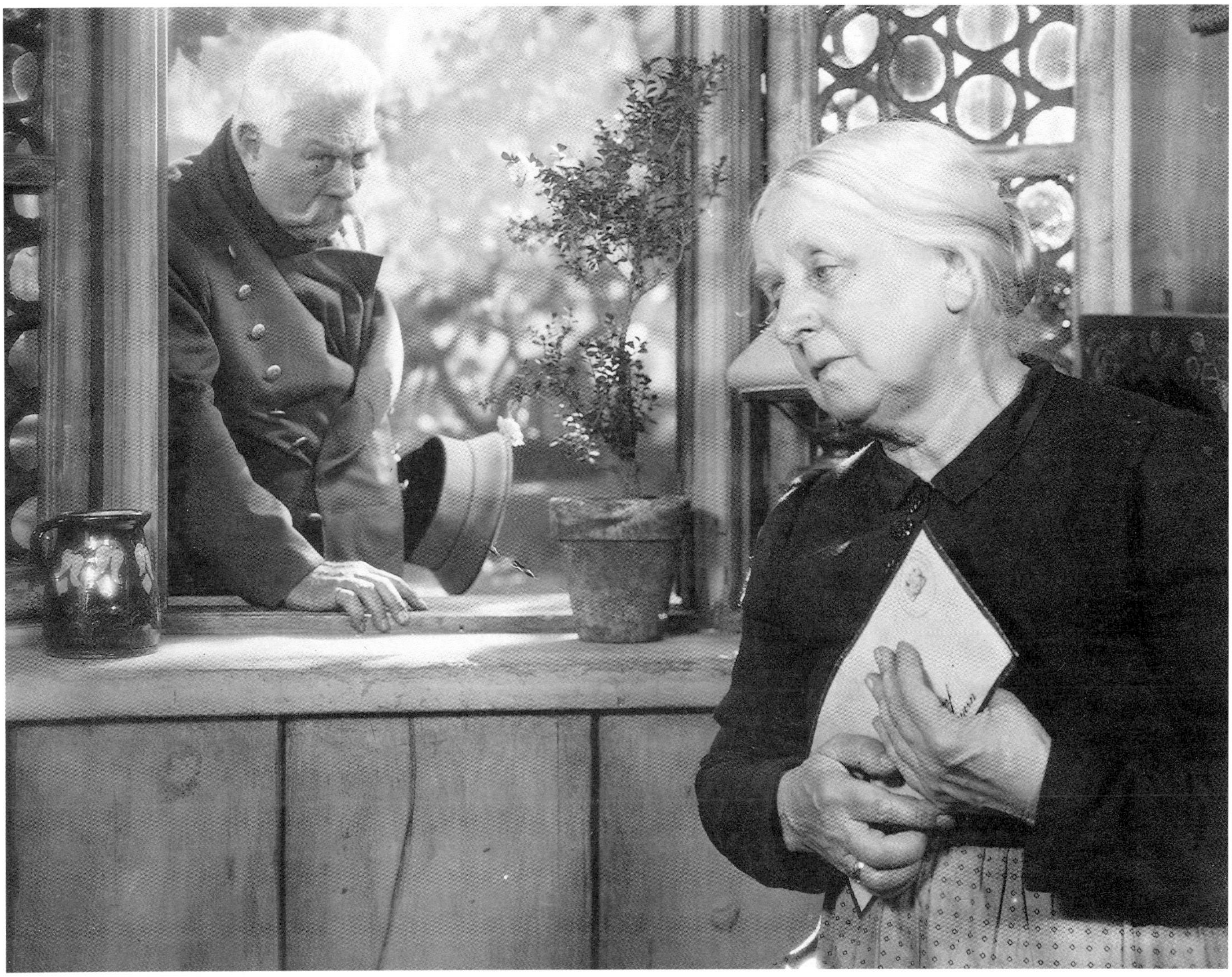

Albert Gran et Margaret Mann dans *Four Sons* (1928).

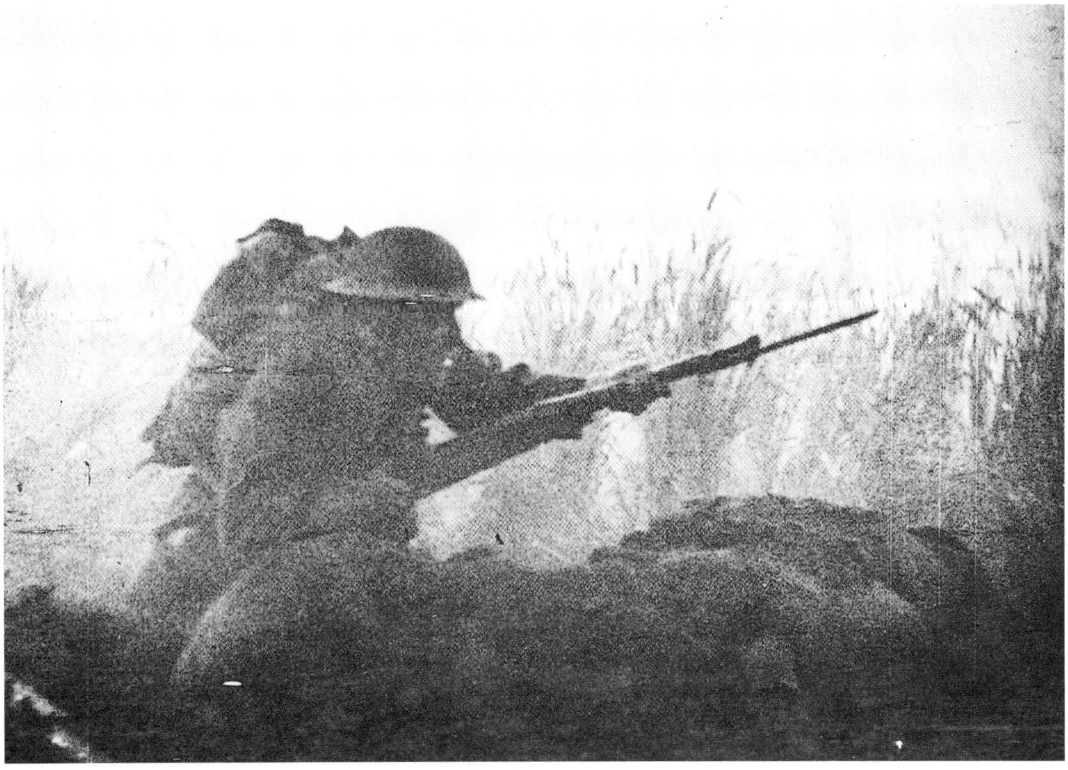

Four Sons

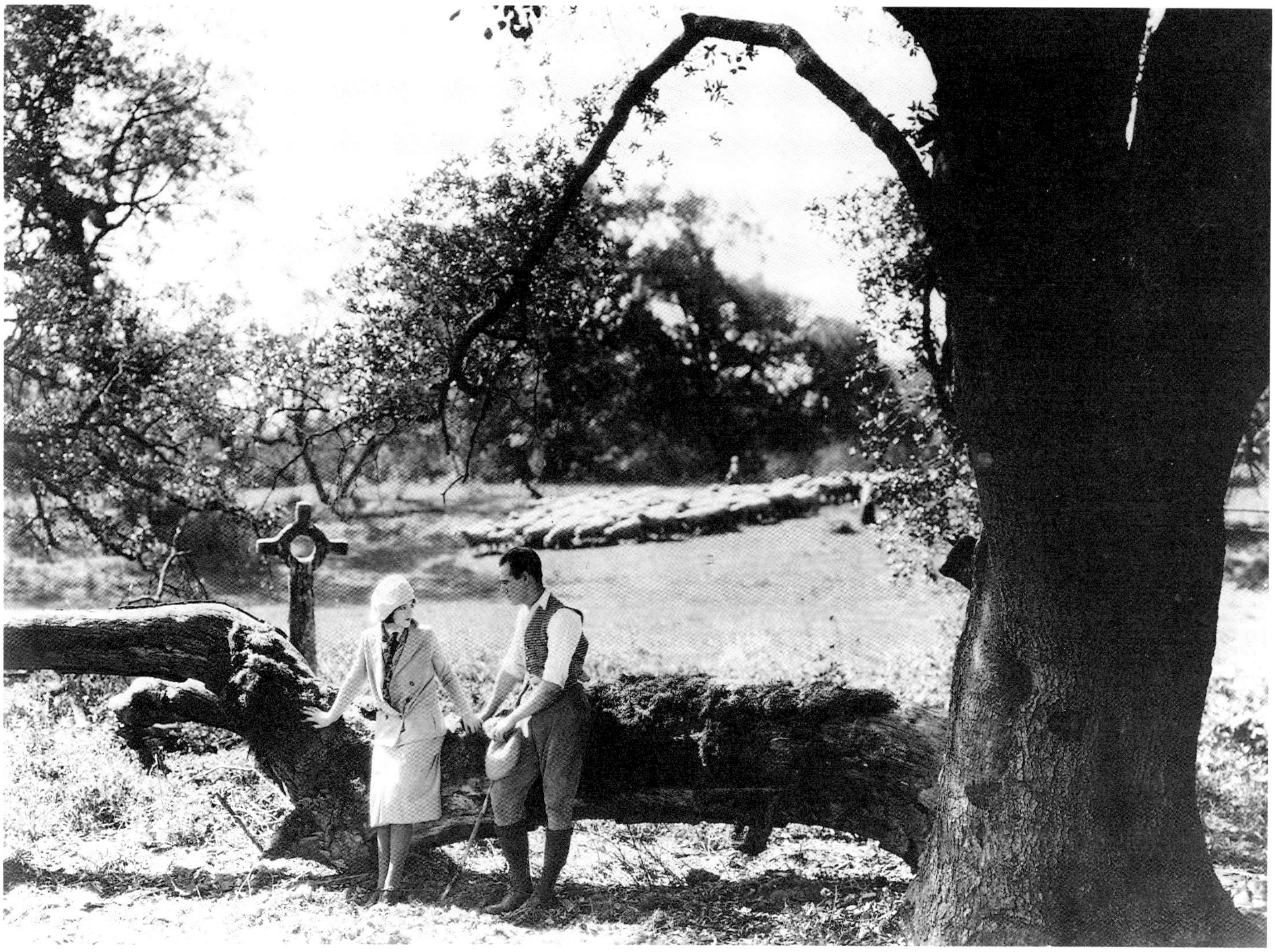

Janet Gaynor et Leslie Fenton dans *The Shamrock Handicap* (1926).

Quand je suis arrivé à Hollywood il y a douze ans, l'industrie cinématographique était relativement jeune. Le colonel Selig y avait construit un studio parce qu'il pensait que l'ensoleillement généreux réduirait les risques financiers des films. D'autres producteurs l'y avaient suivi, mais à l'époque, faire des films dépendait encore beaucoup du hasard, même au plan financier. La plupart des films d'alors n'étaient que d'absurdes comédies ou de violents *thrillers*. Mon frère Francis Ford dirigeait l'un des derniers où je fis mon ultime apparition histrionesque.

Le scénario voulait que j'escalade les quinze mètres du chevalet d'un pont tandis que les caméras enregistraient ma progression. Personne n'ayant cru bon de me raconter l'intrigue, lorsque je vis une locomotive se diriger vers moi de l'autre extrémité du pont, je pris mes jambes à mon cou et m'enfuit d'épouvante. Totalement écœurés, mon frère et les caméramen me hurlèrent l'ordre de revenir. Et je revins affronter cette locomotive démoniaque. Quand elle fut assez près pour m'écraser, ils me crièrent de sauter. Je jetai un regard sur le ravin, à quinze mètres au-dessous, et me lançai dans le vide ; mais j'avais irrémédiablement compromis le film car, sur le point de sauter, par pur réflexe hérité d'une éducation catholique, j'avais pieusement fait mon signe de croix. Les réprimandes fraternelles, lorsque les rushes trahirent ma ferveur religieuse, finirent de me convaincre que je n'étais pas destiné au métier d'acteur ; je me fis donc inscrire aussi rapidement que je le pus au département réalisation.

Si j'avais conçu le fallacieux espoir de ne plus être soumis au hasard en sautant du pont de l'acteur au ravin du réalisateur, je ne tardais pas à connaître la plus amère désillusion. Ce fut toutefois une autre espèce de hasard que je découvris de l'autre côté de la caméra. C'était l'âge pionnier de la production cinématographique. Le grand chef de convoi des films, David Wark Griffith, faisait tournoyer sa hache de pionnier de l'Ouest, inventant les méthodes et perfectionnant les effets qui allaient faire du film à la fois un médium vraiment artistique et une industrie extraordinairement florissante. C'était l'époque où une première ne se réduisait pas à un déluge de fanfare, de lumière et de bruit. Pour ceux qui eurent la chance insigne de travailler sous l'influence de Griffith, ce furent des nuits de révélation d'un nouveau génie. Les Premières de ces films pionniers dans le vieil auditorium philharmonique de Los Angeles comptèrent plus pour le cinéma que tous les grands spectacles d'inauguration que Hollywood a pu organiser depuis.

Je ne veux pas dire pour autant que l'esprit pionnier du cinéma ait définitivement disparu. Tout art est fluide et aucune de ses phases ne le fut davantage que le développement de l'art cinématographique. La technique qui, aujourd'hui, semble audacieuse, sera demain dépassée. L'universalisme dans les films est un piège car le cinéaste qui fait des efforts pour représenter le genre humain en supprimant les différences entre les races et les individus, aura toutes les chances d'accoucher d'une œuvre insipide et incolore. Un film, pour atteindre le succès, doit faire appel aux sentiments universels tout en soulignant le réalisme de ses personnages. Je crois profondément qu'il en va de même pour sa localisation — l'Allemagne, par exemple, doit y être représentée par des fils, puisqu'elle est essentiellement un pays d'homme, mais l'Irlande, matriarcale, doit être symbolisée par la Mère Machree (1). Il est possible qu'on ne puisse indéfiniment procéder de la sorte, mais il est certain que les rapports entre milieu, personnage et film prendront une place sans cesse grandissante dans l'avenir de notre art.
La question de l'arrière-plan est en train de devenir un problème pour les producteurs américains ; en effet, presque toutes les réactions négatives contre le cinéma américain viennent de l'étranger et s'inspirent de cette croyance que ce sont les films américains qui attirent les immigrants dans notre pays. On dit, par exemple, que la Russie a épuisé ses stocks de cuir à cause de la vogue des chaussures en cuir chez les paysans russes, luxe que la majorité de la paysannerie a commencé à désirer en le découvrant dans les films. Que cette anecdote soit ou non authentique, il n'en n'est pas moins vrai que le paysan, le mineur, le boutiquier ou l'artisan européen découvre sur l'écran que le mode de vie de l'Américain moyen

1. Allusion à deux des films que Ford réalisa en 1928, *Four Sons* et *Mother Machree.*

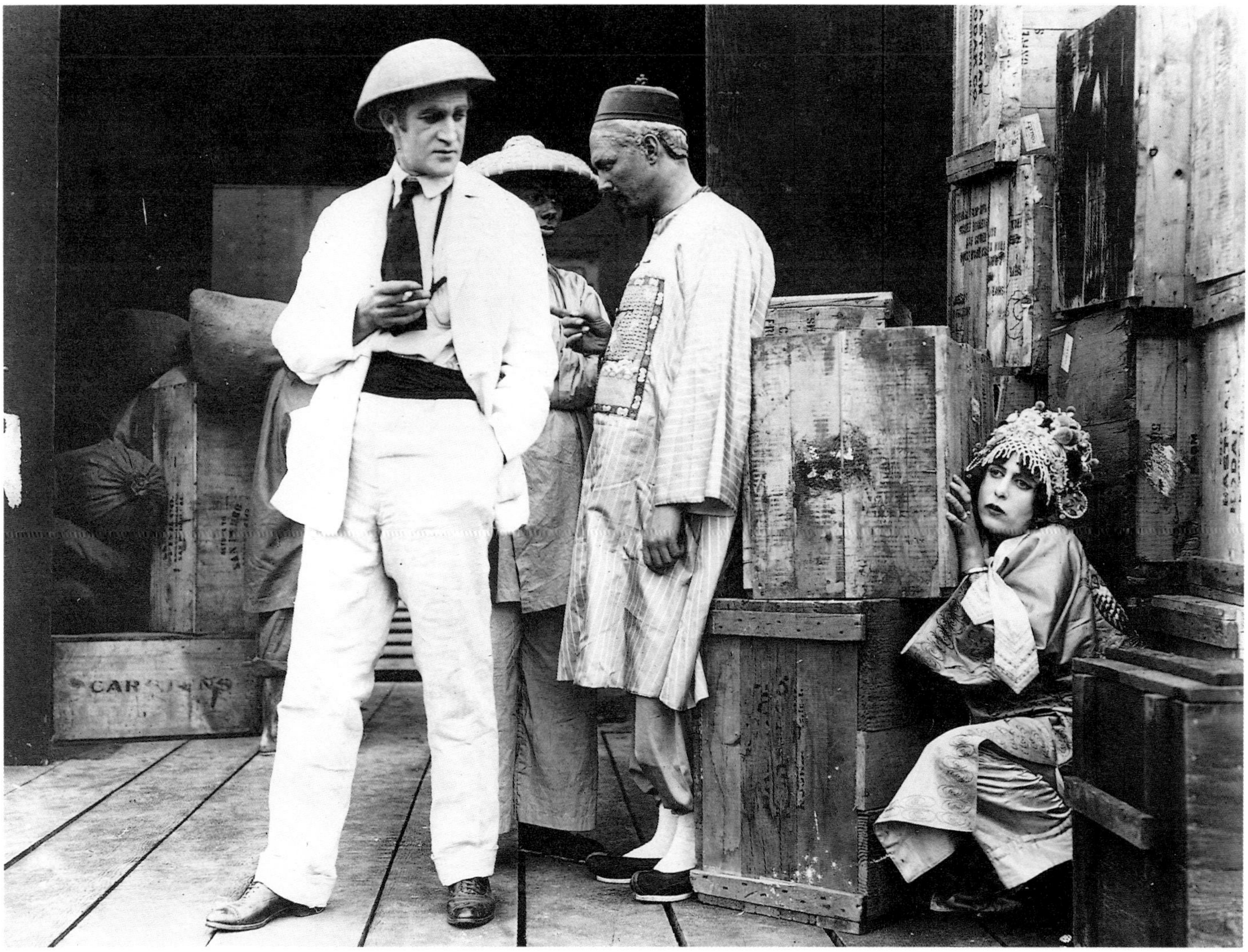

Francis Ford et Grace Cunard dans *Lucille Love* (1914).

Harry Carey à genoux dans *Desperate Trails* (1921).

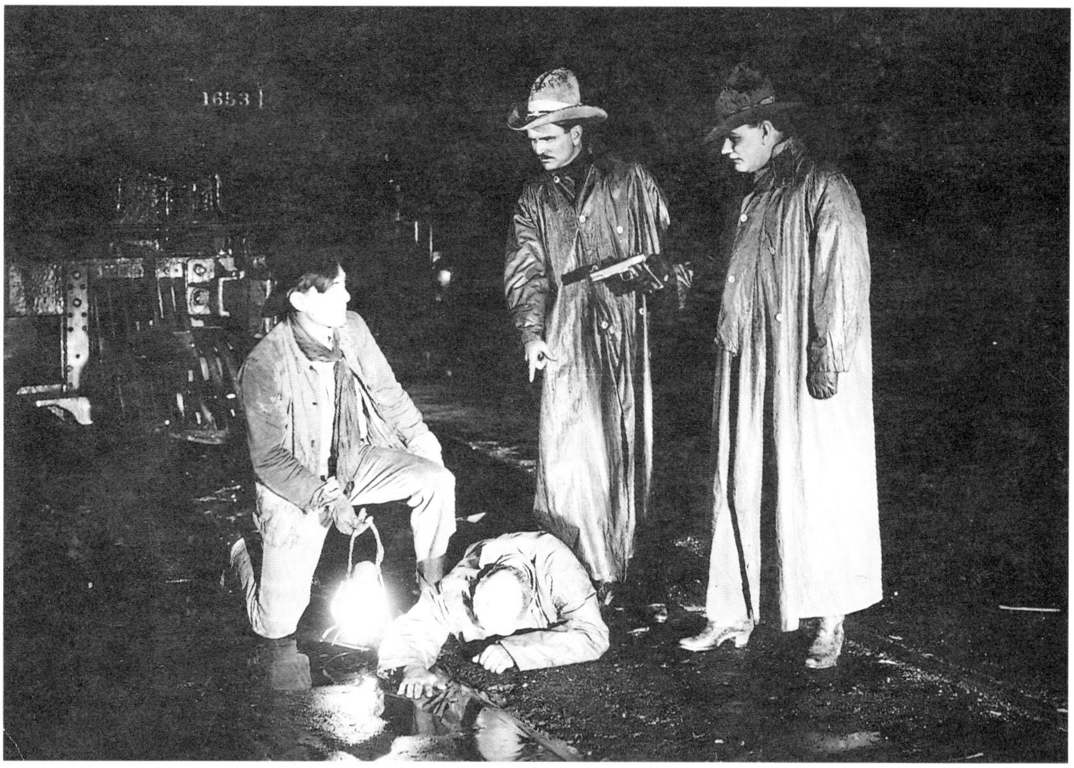

Francis Ford et Anna Little dans *The Outcast* (1912).

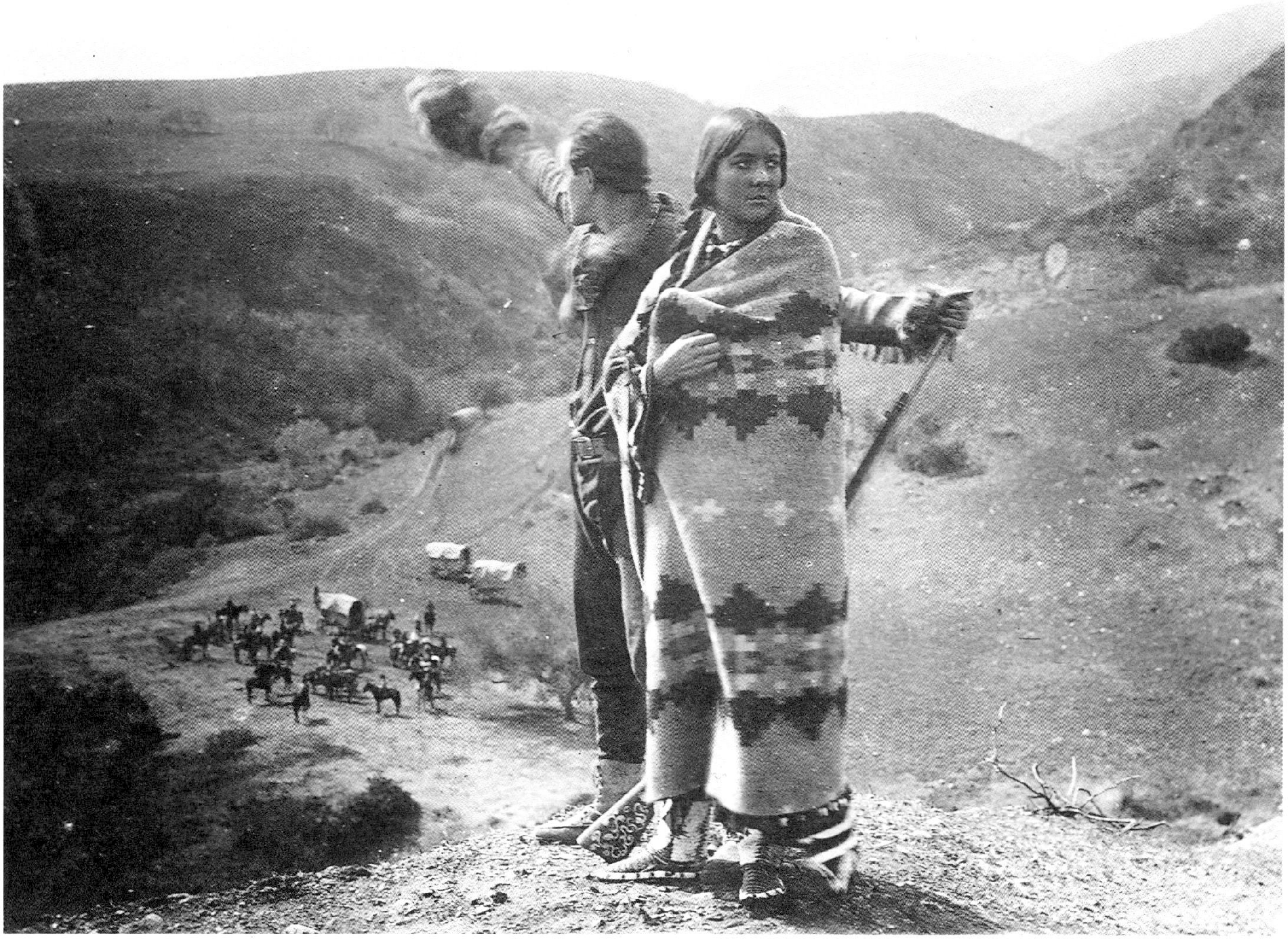

est bien plus élevé que le sien et qu'il ne peut que désirer pour lui-même et sa famille les mêmes attributs de ce mode de vie. C'est, à mon avis, la raison politique qui fait que tant de pays d'Europe interdisent les films américains.
Mais de telles interdictions ne sont que transitoires face à l'avenir du cinéma. Nous n'en sommes qu'au début de l'utilisation du film comme moyen d'éducation. La valeur des films dans l'éducation visuelle ne fait aucun doute, ni leur effet sur l'esprit de l'enfant. Les tests de réceptivité des images de film sur l'esprit enfantin prouvent les immenses possibilités qu'offre l'écran de cinéma. Il n'y a aucune raison pour que l'on n'enseigne pas l'Histoire aux jeunes enfants par cette seule méthode. Il nous faut cependant regretter amèrement que l'éducation visuelle se développe sans sa contrepartie auditive, car les films ne se trouvent qu'au seuil d'un de leurs plus immenses progrès — l'utilisation du son accompagnant les images.

C'est avec la grande force expérimentale qu'on lui connaît que William Fox a tenté d'adapter le son à l'image dans son movie-tone. La synchronisation de l'instrument enregistreur de son avec le mouvement du film a atteint une quasi-perfection, mais on n'a pas encore commencé à défricher l'immensité artistique que promet cette technique. Je crois que ce procédé va révolutionner le choix des acteurs de cinéma, car on aura inévitablement besoin d'un nouveau type d'acteurs ou d'actrices pour qu'ils vocalisent leur rôle. C'était, vous vous en souvenez sans doute, par sa voix qu'une vraie princesse se reconnaissait. On pourra également donner aux films la possibilité de projeter des qualités symphoniques dans la création et le maintien d'un genre, et ainsi les films ne seront plus limités à la pure et simple narration.
Mais comme dans tous les arts, ce sera l'histoire qui restera la plus efficace. La moralité est sans doute un terme relatif, mais le producteur qui conçoit son produit sur la base de cette relativité, fera une erreur financière et artistique. La continuation d'une production de masse aux studios de la Fox durant la quasi-panique qui s'empare de Hollywood n'est pas accidentelle ; elle découle en droite ligne de la politique de William Fox qui refuse que les films réalisés chez lui contiennent des choses infâmes. Les films dont les gens se souviennent longtemps ne sont ni les plus spectaculaires ni les plus sensationnels, mais plutôt les histoires généreuses qui parlent de gens moyens ressentant des émotions vitales.
Dans la mesure où tout homme a au moins une histoire et dans la mesure où il croit que cette histoire pourrait lui faire gagner la médaille d'or de la production, Hollywood est appelé à rester la Mecque des ambitieux aussi longtemps que le film restera le moyen d'expression le plus massif. Tout comme les Grecs, les Romains, les Tartares, les Maures, les Cosaques, les Turcs et les Huns ont laissé leurs traces dans les centres qui ont été érigés à leur gloire, l'historien du futur, méditant sur notre civilisation ultra-rapide et ultra-énergétique, choisira Hollywood et ses collines comme point focal ; il la décrira comme le carrefour de l'Orient et de l'Occident, comme le grand marché de la beauté et de l'intelligence, du talent et du génie, le bazar du bourrage de crânes d'un monde en folie. Mais pourtant, après douze ans de vie à Hollywood, après avoir vu et ressenti les joies et les pleurs qui sont le lot de tous ceux d'ici-bas, je suis contraint, au risque de décevoir beaucoup, de dire la vérité : Hollywood, malgré ses Kleigs et ses caméras, malgré ses orgies et ses bootleggers, malgré ses extravagances et ses folies, n'est qu'une ville comme les autres. Et comme je la connais pour ce qu'elle est, une ville de succès et d'échecs, d'espoirs réalisés ou non, de doutes et d'accablement, j'en suis venu à penser que les sept autres grands centres de l'univers n'ont été, dans l'Histoire, ni plus ni moins que ma ville, moins des monuments dressés aux grandes réalisations humaines que des forums turbulents où eut lieu l'incessante quête de ce que l'homme ne trouvera jamais. ■

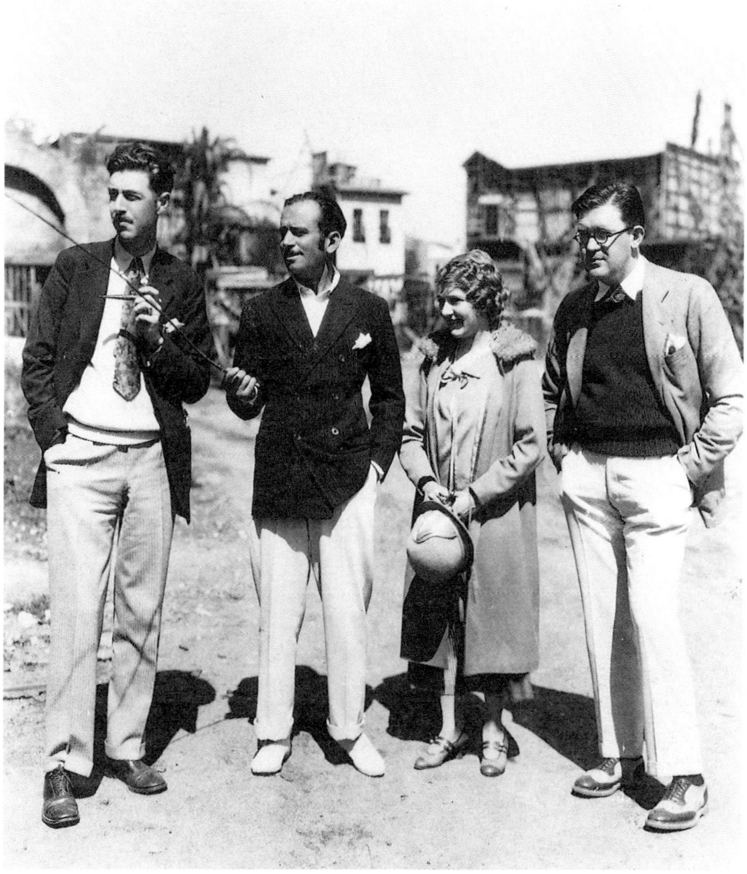

De droite à gauche : John Ford, Mary Pickford, Douglas Fairbanks et une personne non identifiée, en 1928.

Extrait du *New York Times*, 10 juin 1928, Copyright 1928 de la New York Company. Repris dans *Hollywood Directors* 1914-1940, sous la direction de Richard Koszarski, Oxford University. Press, 1976. Traduit de l'américain par Serge Grünberg.

La lueur et le scintillement

Propos de John Ford

Ces propos de John Ford recueillis par Howard Sharpe sous le titre de *The Star Creator of Hollywood* pour le magazine *Photoplay* en octobre 1936, constituent l'un des très rares témoignages sur le travail du cinéaste dans les années trente. Aussi nous a-t-il paru important de les reproduire tels quels, dans le style de l'époque : l'enquête informée qui se veut volontier didactique.

Du côté de la RKO, juste en ce moment, une compagnie est en train d'interpréter une symphonie héroïque, de haine et d'amour intitulée *The Plough and The Stars*, dirigée par un certain Sean O'Fienne — grand Irlandais typique dont le beau patronyme fut anglicisé par d'insensibles Saxons en Jack Feeney puis ensuite transformé par lui-même (c'est un homme simple) en John Ford. C'est lui que j'ai choisi pour inaugurer ce premier bombardement de questions, pour la simple raison qu'il a réalisé *The Informer*, le plus grand film de tous les temps, à mon humble avis, et parce qu'il représente à lui seul tout ce qu'il y a de meilleur dans Hollywood et son industrie cinématographique.

Le plateau où j'ai pénétré est un quartier entier de Dublin, entouré d'appareils d'enregistrement sonore ; de la rue goudronnée du studio aux pavés du square irlandais, il n'y a qu'un pas ou deux, mais, sur le plan dramatique, ils sont séparés par près de huit mille kilomètres d'océan. Ford devait terminer deux scènes avant de pouvoir s'asseoir dans son fauteuil et machouiller sa pipe en analysant sa technique ; aussi me suis-je sagement assis et ai-je regardé ; j'ai au moins autant appris sur lui, ce faisant, qu'en enregistrant peu après ses introspections verbales.

La séquence en question réunissait Preston Foster et l'un des acteurs importés de la compagnie Abbey Players, qui devaient aider un compagnon blessé (l'action du film a pour cadre le « soulèvement » de 1916) à descendre une rue et à tourner dans une ruelle ; pendant ce temps, mitrailleuses et tireurs embusqués devaient créer un vacarme terrifiant. Les misérables petites boutiques, les tristes murs de briques sales et les fenêtres aveuglées par les barricades restaient dans une profonde obscurité ; un huileux brouillard d'Irlande se répandit soudain, comme sorti de nulle part. L'air devint saturé de ténèbres et d'horreur.

Ford, à l'aise dans ses vieux pantalons, ses vieilles chaussures et sa vieille chemise, cria : « *Allons, les gars ! On va deux fois plus vite !* » et, trébuchant, les trois rebelles effrayés se jetèrent derrière une barricade de pavés.

« *Très bien, Preston ! Quand tu passeras devant cette fenêtre, fais attention ! Elle va exploser et il y aura des éclats de verre.*

— *Okay !*, répondirent Foster et les deux autres d'une même voix.

— *On la refait !*, lança Ford en s'enfonçant dans son fauteuil. Et il murmura au caméraman : « *Moteur !* »

Les trois pauvres hères exécutèrent de nouveau leur scène pour ce qu'ils pensaient n'être qu'une seconde répétition. Mais, derrière l'objectif, la pellicule défilait silencieusement.

Dans un silence parfaitement organisé éclata le vacarme d'une mitrailleuse. Foster et ses compagnons, réellement surpris et, pour un temps, réellement effrayés, tournèrent vivement dans la ruelle et passèrent devant la vitre que Ford leur avait signalée.

Six coups de feu successifs brisèrent la vitre et des éclats de verre déchirèrent le brouillard. L'écho s'en fit entendre. Pantois, les trois combattants, jetant un dernier regard en arrière, se sauvèrent apeurés.

— *Génial, non ?* demanda Ford, ravi, à la scripte.

— *Il faudra remplacer la fenêtre pour tourner le plan*, dit Preston, en s'avançant vers lui. Il s'épongeait le front.
— *Il est en boîte !* lui répondit Ford d'une voix douce.

Il n'existe pratiquement pas d'informations sur la vie privée de ce Sean O'Fienne. Il se peut qu'il ait vécu une existence à la *Dr. Jeckyl/Mr.Hyde* et, dans la mesure où il lui arrive de déclarer d'une voix neutre qu'il a vu tel détail dans la guerre du Mexique ou dans la révolution chinoise, ou encore dans les mers du Sud, cette hypothèse n'a rien d'inimaginable. Mais si on l'interroge patiemment, il raconte qu'il est né de parents irlandais à Portland, Maine, qu'il a été à l'école communale et qu'après l'université, il est venu rejoindre son célèbre frère, Francis Ford, à Hollywood.
Arrivé avec la ferme intention de devenir producteur d'un coup, il devint accessoiriste — travail qu'il aima. C'était il y a vingt-deux ans. L'année suivante, il passa enfin assistant-metteur en scène de son frère. Et un an plus tard, on lui donnait son fauteuil de réalisateur.
La Universal le garda plusieurs années durant lesquelles il tourna la somme considérable de cinquante films ; il passa ensuite à la Fox. L'art cinématographique n'en était, en 1919, qu'au début de l'adolescence ; Ford exerça une influence si profonde qu'il le fit aller vers sa maturité. Il réalisa *The Three Godfathers*, un film assez adulte pour la période, et contribua grandement à développer l'art de l'ombre et de la lumière à l'écran ; il brisa le cœur collectif du public américain avec *Four Sons*, film quatre mouchoirs (comme certains restaurants ont quatre étoiles) et fit rugir ces mêmes cœurs avec le sauvage *The Iron Horse*.

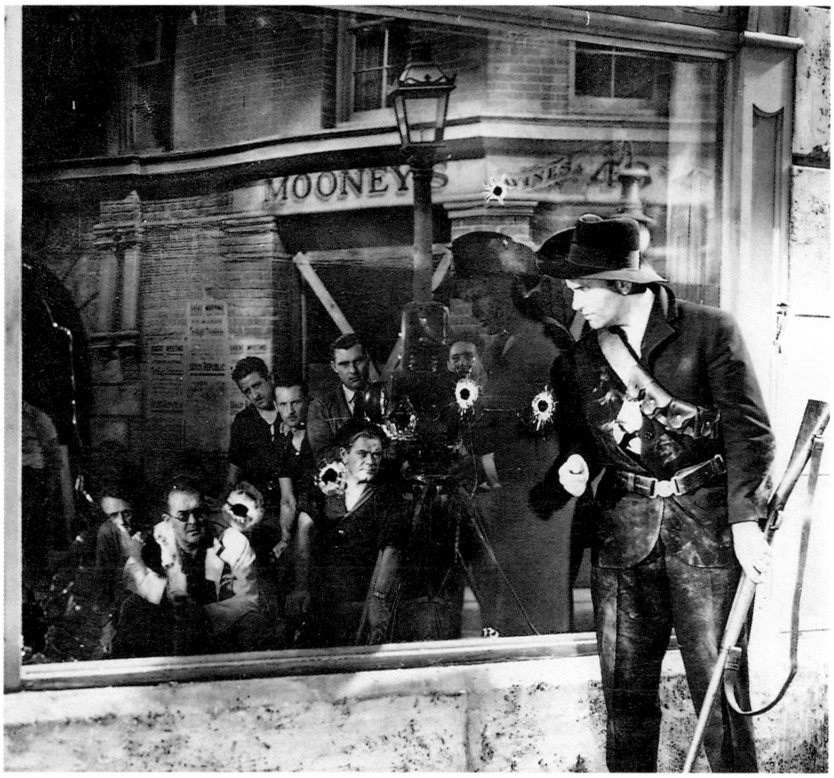

John Ford (avec les lunettes, en bas à gauche) tourne *The Plough and the Stars.*

Il réalisa *Three Bad Men*, *The Black Watch* et *Arrowsmith*. Il fit *Men Without Women* qui, contrairement à tous les pronostics, ne comportait aucun rôle féminin, sans compter *The Brat* et *The Lost Patrol*. Et quand, finalement, un comité lui décerna un Oscar mérité pour le magnifique *The Informer*, il se contenta de mettre la statue dorée sur une étagère et commença *Mary of Scotland*.
« *Comment*, lui demandais-je, *parvenez-vous à faire ces choses-là ? Je voudrais savoir comment vous obtenez vos effets, ce qu'est votre technique, toutes vos méthodes, si vous travaillez davantage à la caméra qu'au son, comment vous faites votre casting, comment vous vous sortez d'un mauvais scénario, comment vous dirigez un film, je veux tout savoir !* »
Il ne cilla même pas. Assis sur son fauteuil, grattant allumette après allumette, se passant les doigts dans les cheveux en signe de profonde concentration, il commença, à mon grand étonnement, par le commencement. Le B-A-BA de son travail sur un film dépend, bien entendu, des circonstances, du type d'histoire qu'il a à traiter, des acteurs qu'il doit diriger.
« *Quand on m'a confié* Mary of Scotland, *je n'ai pensé qu'à Hepburn*, me dit Ford avec une légère trace d'accent irlandais. *Elle s'était longuement préparée au rôle et ce n'était pas comme si j'avais eu affaire à une jolie petite actrice au talent naissant que j'aurais pu habiller n'importe comment et photographier normalement. Dans ce cas-là, le grand problème c'est la star et nous devions le résoudre avant même de pouvoir songer au découpage. J'ai demandé au studio les copies de tous les films où Katharine avait joué —* Bill of Divorcement, Morning Glory, Little Women, Alice Adams, *tout ! Ensuite, j'ai convoqué le département des costumes ; on a travaillé en étroite liaison avec les adaptateurs. On a regardé les portraits et les gravures des costumes de la période élizabethaine, ceux que Mary avaient portés, et des photographies de son château, pièce par pièce. On a dessiné sommairement robes et colerettes, décors et mobilier. Quand on a eu une espèce de base de départ, on s'est enfermé dans une salle de projection et, chaque nuit, on a regardé de très près tous les films de Katharine. On a étudié chaque angle de son étrange petite figure, son nez ciselé, sa bouche, son long cou — et finalement adapté les croquis à sa personnalité. On a mis au point des effets photographiques,*

décidé quel éclairage et quel maquillage mettraient le mieux en valeur ses traits, afin de lui conférer toute la majesté de son rôle. » Il s'arrêta pour rallumer l'inévitable pipe fordienne. « *Après ça, il était temps pour moi de m'intéresser à l'histoire !* »

Avec *The Informer*, tout se passa différemment. C'était d'ailleurs un film pour lequel le studio n'avait pas d'enthousiasme excessif. Ford avait rencontré l'auteur, en Irlande, et en était revenu avec l'ardent désir de transposer son livre sur celluloïd. Les producteurs lirent l'ouvrage par indulgence pour lui, grommelèrent que c'était trop réaliste et trop noir pour faire un succès, et n'allèrent pas plus loin. Ford insista pendant quatre années dont il profita pour étudier chaque détail en profondeur et pour construire son film dans sa tête.

Aussi quand la RKO finit par céder (il offrit de réaliser ce petit film-portrait pour 300.000 dollars, dans un coin désert de studio), le réalisateur était-il prêt. Il invita Dudley Nichols, qui écrivit l'adaptation, pour une croisière d'une semaine sur son yacht ; sept jours plus tard, le scénario était terminé.

Quelques acteurs secondaires, Victor McLaglen et trois petites semaines de tournage suffirent. Ford envoya son film en salle de montage en ayant fait une économie de 40.000 dollars sur le budget.

Mais ces deux façons de faire (*The Informer* et *Mary of Scotland*) constituent des exceptions. « *D'habitude, je prends l'histoire,* me confia-t-il, *et je réunis tout ce que je peux trouver sur le sujet. Ensuite, j'embarque sur mon yacht et je navigue jusqu'à ce que j'aie fini. Je mange, dors et bois tous les films qu'on me confie — je ne lis rien d'autre, je ne pense à rien d'autre ; c'est probablement ce qui explique la continuité dans le style qu'on trouve dans tous mes produits.* »

Il travaille directement avec chaque département concerné dans la frabrication du film qu'il prépare. C'est sur ses conseils qu'on dessine telle robe, telle coiffure, tel uniforme — et, ce qui est sans doute plus important encore, la plus grande partie des dialogues (tout spécialement ses portraits irlandais) sort directement de la machine à écrire de Ford. Telle est la nature de la souplesse d'intervention — jointe à l'expertise et à la connaissance exhaustive de tous les corps de métier — qu'il a dans ses films ; si bien qu'à leur vision, on prend immédiatement conscience de ce génie très caractéristique qui vit soixante minutes sur l'écran de votre cinéma préféré.

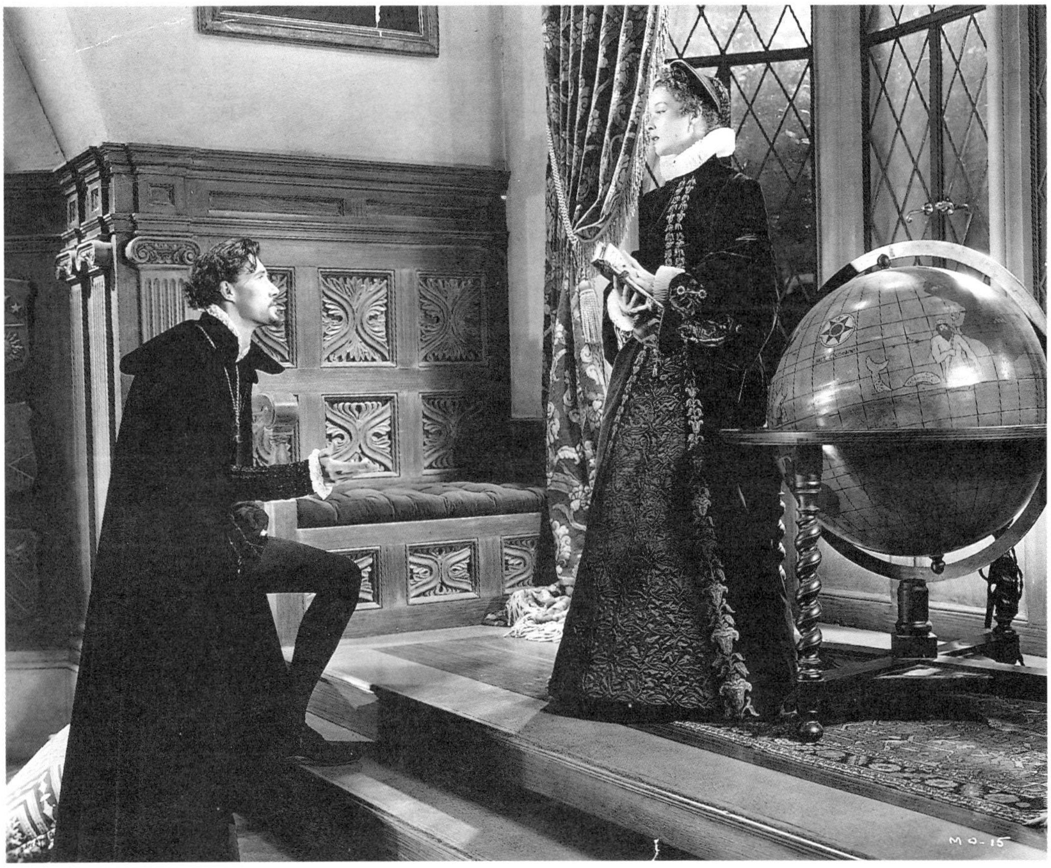

John Carradine et Katharine Hepburn dans *Mary of Scotland*

Pour être plus simple, disons qu'il faudrait classer les divers petits secrets de l'immense succès de John Ford en quatre ou cinq parties différentes. Assis à la table ronde et sale du faux pub de Dublin — avec un brouillard qu'on dirait vrai qui rôde aux fenêtres et l'odeur d'oignons et de vieille bière qui emplit la salle —, il analyse, d'une voix claire et détâchée, les éléments qui ont fait de lui le numéro un des réalisateurs en 1936.

Le casting, d'une suprême importance, vient en premier. « *Après tout,* dit Ford en s'enfonçant dans son siège, *il faut raconter son histoire à travers les gens qui vont la jouer. On peut avoir un scénario complètement idiot, un bon casting en fera peut-être un bon film. J'ai contourné plus d'un handicap de cette nature avec l'aide de deux ou trois bons comédiens. A l'exception des stars que le stu-*

dio a engagées d'avance pour un rôle, j'insiste pour choisir les acteurs tout seul. Et c'est à ça que je passe le plus de temps. »

Ford est trop égoïste pour s'accommoder des grandes stars ; elles ont leur style propre, leur propre personnalité, souvent forte, leurs propres méthodes bien éprouvées. Ainsi, au lieu de les intégrer dans le film qu'il a imaginé (ce qui s'avère d'ailleurs toujours impossible) il doit remodeler son histoire et son état d'esprit en fonction de leur présence concrète et difficilement malléable — ce qui exaspère son amour-propre et le plonge dans l'incertitude.

C'est ce qui explique que, lorsqu'il a le choix, il préfère au scintillement de l'étoile, la lueur plus faible mais plus fiable d'un acteur de son cru avec qui, à force de labeur, il construit patiemment la dramaturgie qu'il désire — tout en conservant parfaitement intacts l'état d'esprit, l'aura et la richesse dans le détail de l'histoire qu'il narre. McLaglen est l'illustration la plus connue de cette façon de faire.

« *Pendant des semaines, le studio a tout essayé pour m'imposer des acteurs plus connus, mais je savais que Vic était l'homme du rôle, tout comme je savais que je pouvais le diriger exactement comme je le voulais. A la fin, j'ai gagné — et regardez la fantastique performance qu'il a faite !* »

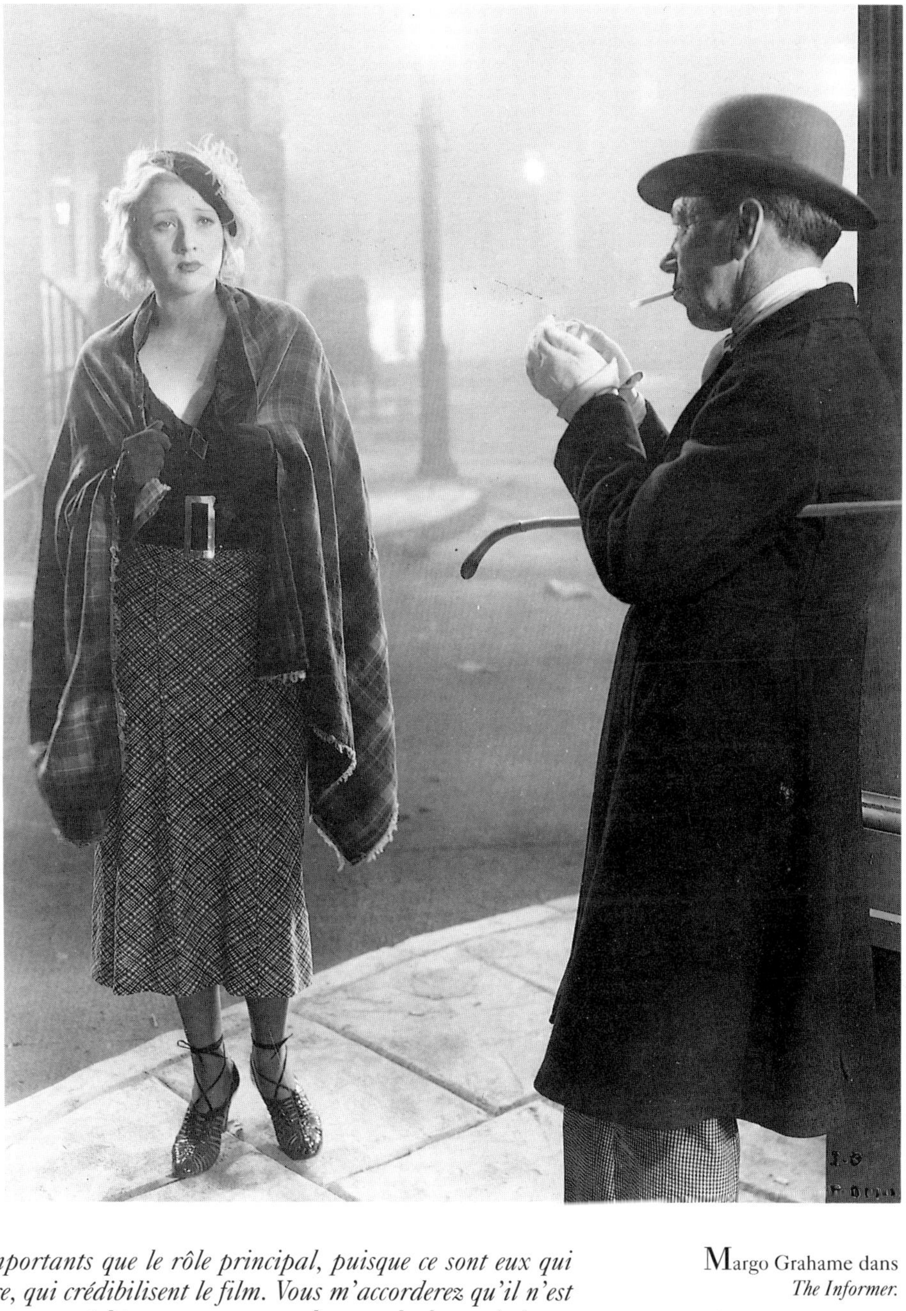

Margo Grahame dans *The Informer.*

Mais le talent suprême de Ford réside sans doute dans le choix des seconds rôles. Vous ne pouvez pas ne pas avoir remarqué dans ses films la récurrence des mêmes visages d'ex-célébrités, de femmes et d'hommes qui, un jour, furent au sommet de la vague hollywoodienne et qui, peu à peu, à cause de mésaventures personnelles, mais surtout en vertu d'une opinion publique changeante, ont été relégués à l'arrière-plan de l'industrie du rêve. Ces acteurs, il les emploie pour deux raisons : l'une se fonde sur l'objectivité de son intelligence, l'autre sur la pure subjectivité de ses sentiments.

« *De mon fauteuil de metteur en scène,* dit-il très sérieusement, *je vois parfaitement que ces ex-stars seront finalement meilleures, même dans un rôle minuscule, que tous les extras qui courent les studios ; j'ai toujours eu la certitude que les petits rôles, quel que soit le film, sont aussi importants que le rôle principal, puisque ce sont eux qui habitent l'histoire, qui construisent l'atmosphère, qui crédibilisent le film. Vous m'accorderez qu'il n'est pas rare de voir une très bonne scène complètement gâchée par un acteur de second plan qui donne l'impression de réciter son texte, ou qui trahit, par ses mouvements, une gaucherie insupportable. Ce sont des choses que je refuse. Quand une femme marche dans la rue, tandis que des acteurs comme Barbara Stanwyck et Preston Foster ont une scène d'amour, elle doit marcher avec autant de naturel qu'une star ; sinon, toute l'atmosphère de la scène est perdue.* » Il se tait un instant et esquisse un sourire. « *L'autre raison qui, à mes yeux, est tout aussi essentielle, c'est qu'à mon arrivée dans cette ville, ces gens ont été gentils avec moi. Je veux, dans la mesure de mes moyens, leur rendre un peu de ce que je leur dois.* »

Les listes de Ford comportent ainsi des centaines de noms — dont certains n'ont jamais connu la célébrité — d'où il extrait ceux qu'il fera jouer dans tous les films qu'il dirige. Toujours les mêmes, toujours le même résultat ; ils connaissent parfaitement sa technique et ses désirs, ils sont bourrés de talent et ne rechignent pas à la besogne. A ma connaissance, c'est la seule liste de ce genre qui existe dans le monde du cinéma.

Ces élus l'aident également beaucoup dans la construction de ses histoires. « *Une grande proportion des scènes les plus extraordinaires que j'ai filmées sont inspirées de ce qu'avaient connu ou effectivement vécu les membres de ma " compagnie ". Dans le cas des films qui traitent de l'insurrection irlandaise, par exemple, j'ai rencontré d'anciens soldats black-and-tan* (corps de supplétifs irlandais de l'armée anglaise qui existe toujours, *NDT), d'anciens rebelles, d'anciens témoins, et je leur ai donné un rôle ; cela ajoute à la sincérité de l'entreprise car, dans les scènes de manifestations de masse, ils se souviennent de leur expérience et de vraies larmes leur montent aux yeux — et il y a toujours un acteur de second plan qui fait une suggestion qui ajoutera un peu d'authenticité au film. Certains d'entre eux, comme George Shields, se trouvaient réellement dans la poste centrale de Dublin lorsqu'elle est tombée. Ils étaient dans le pub que nous avons reconstitué, quand est venu l'ordre de mobilisation. J'ai eu des conversations informelles avec chacun, j'ai écouté leurs anecdotes, je leur ai demandé leur opinion et je pense que mon film n'en a été que meilleur.* »

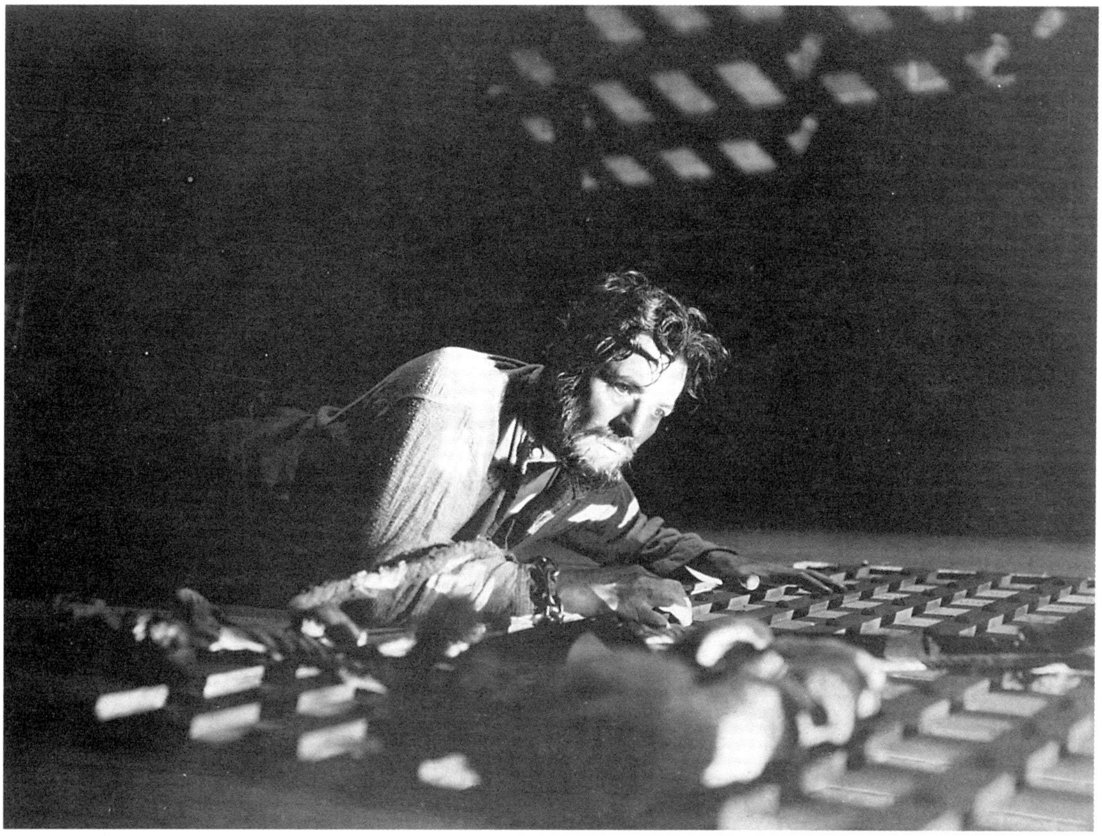

La lumière de Bert Glennon : *The Prisoner of Shark Island...*

Cela explique, dans une certaine mesure, l'émerveillement que vous avez dû éprouver en voyant tant de films de Ford. Vous vous souvenez sans doute de cette inoubliable scène dans *The Informer* où le jeune garçon, touché d'une balle, tombe sans vie d'une fenêtre, tandis que ses ongles, dans un silence de mort, râclent toute la longueur des volets de bois : c'est un des acteurs de complément qui avait été le témoin oculaire et auditif de cette scène et qui l'avait gardée en mémoire toute sa vie jusqu'à ce que Ford décide de l'utiliser.

« *Cette séquence a failli me causer beaucoup d'ennuis.* » La pipe de Ford en tremble de rire. « *A l'époque se tenait en ville un congrès de producteurs et on a décidé un après-midi d'aller leur projeter les rushes ; je leur ai demandé ce qu'ils pensaient de la séquence et ils m'ont répondu qu'ils trouvaient ça très bien et que je ne devais pas m'en faire — l'ingénieur du son se débrouillerait pour enlever ce malheureux bruit de crissement d'ongles ! Je dois avouer que je les ai un peu insultés pendant cinq minutes.* »

Ces touches de réalisme ne viennent pas toutes des souvenirs de ces acteurs si soigneusement sélectionnés ; plus d'une, en fait, se greffe dans le film, qui sort de la chambre-forte du propre inconscient de Ford. Dans *Plough and the Stars*, vous constaterez une petite interpolation comique qui vous paraîtra pour le moins improbable — ne serait-ce qu'à cause du truisme sur la vérité dépassant la fiction.

Ford se trouvait (il m'en parla comme il aurait décrit une partie de bridge), pendant la guerre sino-japonaise, à Shanghaï où il eut le temps, durant une journée pourtant bien remplie, d'assister à une scène qu'il enregistra mentalement. Des obus, me raconta-t-il, explosaient un peu partout comme autant de pétards trop bruyants au-dessus des étroites venelles de la vieille ville, et Ford trouva abri sous un porche tandis que des bouts de métal en fusion déchiraient le ciel à des vitesses astronomiques. Soudain, il vit au coin de la rue un gros mandarin chinois courant comme un dératé, gêné par sa lourde robe de soie et ses magnifiques effets personnels, allant aussi vite qu'il pouvait, l'air complètement terrifié. Ses domestiques s'étaient cachés derrière son palanquin renversé dans la ruelle d'à-côté ; le ciel explosait et il n'y avait aucun refuge.

Puis, alors qu'un obus de très gros calibre éclatait au-dessus de lui, il s'arrêta pile, leva les yeux au ciel et, d'un mouvement étonnamment rapide, ouvrit une magnifique ombrelle au-dessus de sa tête en poussant un immense soupir de soulagement. Certain d'être à présent « couvert », il continua calmement son bonhomme de chemin et disparut dans la ruelle avoisinante.

...et celle de Ray June : *Arrowsmith*.

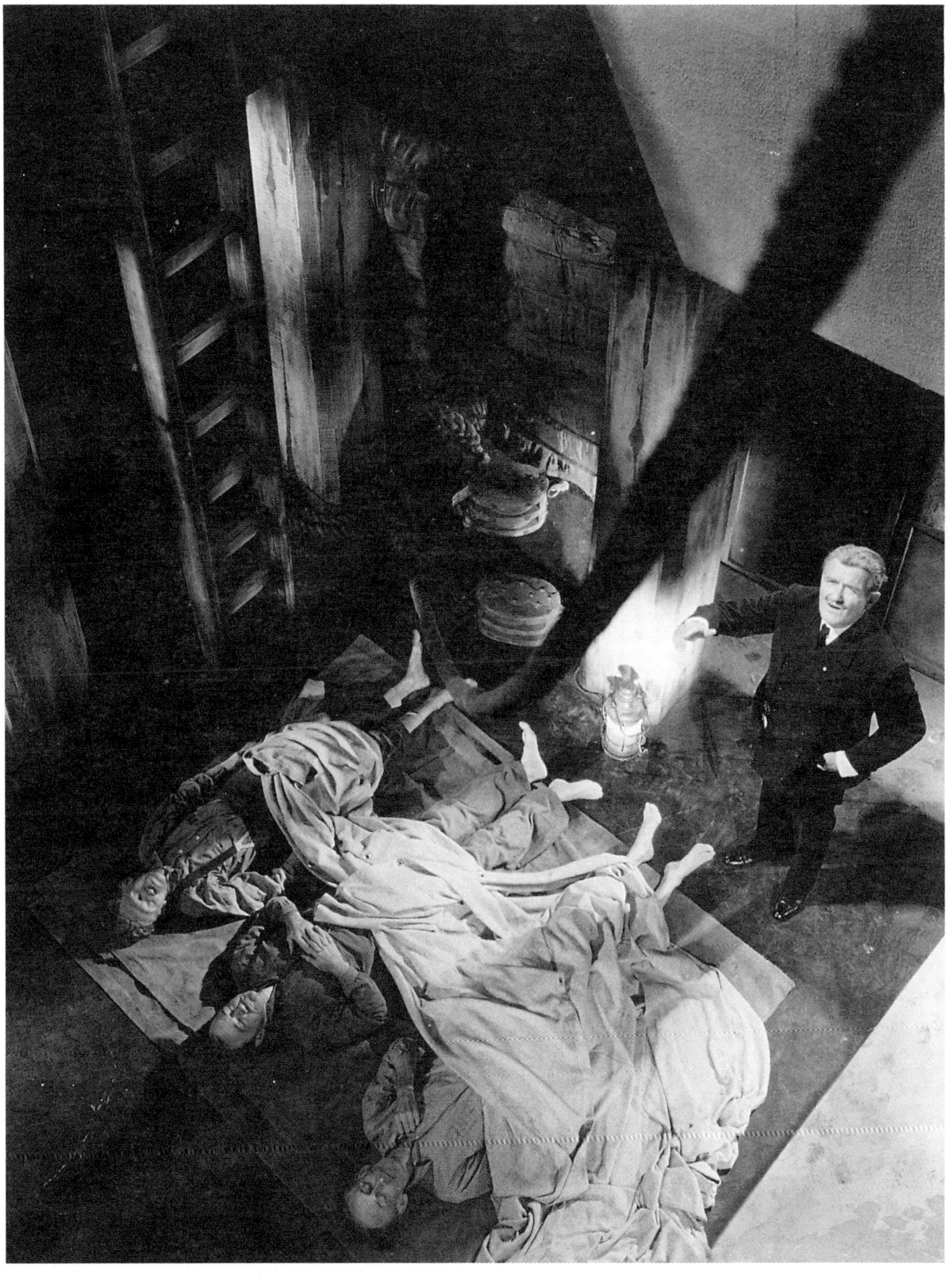

Ford a tourné cette scène, transposée, bien sûr, à l'atmosphère et aux circonstances de la guerre civile irlandaise, le jour où j'eus l'honneur d'être sur son plateau. Il est arrivé que certains accidents (cela fait partie de la chance qu'ont les Irlandais) lui permettent de tourner des plans magnifiques sans qu'il y fût vraiment pour quelque chose.

Il m'a avoué que *The Iron Horse*, dans sa totalité, ne fut un succès que par la plus extraordinaire des chances et par la grâce de Dieu. C'est qu'on avait prévu d'en faire une simple série B. La star, George O'Brien, n'avait pas, alors, une bien grande réputation ; tout ce que le studio voulait, c'était un petit film sur la construction d'un chemin de fer. Le scénario fut écrit en fonction du climat californien et tout le monde avait évidemment emporté des habits d'été.

Mais lorsqu'on sortit du train à Reno, le blizzard avait totalement recouvert la ville d'une couche de neige d'à peu près un mètre et les coups de vent glacé pétrifièrent toute l'équipe. On avait déjà trop dépensé d'argent pour repartir.

On tourna donc le film dans la neige ; la buée sortait de la bouche des comédiens comme des plumes gelées, ce qui évoquait comiquement les bulles de bande-dessinée, sans compter que la transpiration, immédiatement gelée, collait les costumes à la peau des acteurs. On tourna l'attaque des Indiens au cours d'une tempête, considérant que de hardis guerriers comme eux ne devaient probablement pas attendre la belle saison pour massacrer l'homme blanc. Et lorsqu'enfin le printemps fit son apparition, on l'utilisa de la façon la plus naturelle, comme le cours normal des saisons. Vous connaissez le résultat : un chef-d'œuvre cinématographique !

Mais si John Ford est un « grand », c'est aussi parce qu'il visualise un film dans sa totalité, plutôt que comme un enchaînement de scènes. « *Je conduis rarement une séquence jusqu'à la limite de ses potentialités*, me confie-t-il gravement, *c'est ce qui fait que je déroute complètement mes acteurs et mes producteurs lorsqu'ils visionnent les rushes non-montés. Avant de tourner le moindre plan, j'imagine dans ma tête l'histoire telle qu'elle apparaîtra à l'écran, et ainsi tous les détails éparpillés sont subordonnés à l'effet final que je veux offrir au spectateur.* »
Cet Irlandais sans prétention travaille également avec sa caméra comme un Aladin de 1936 se servirait de sa lampe magique. Cela fait des années qu'il a sous contrat un super caméraman, Joe August ; et dans la mesure où tous deux travaillent sur les mêmes principes de base et creusent le même sillon esthétique en ce qui concerne l'art cinématographique, ils parviennent entre eux à atteindre un but précis que nul autre cinéaste, nul autre technicien n'a réussi à atteindre depuis que Hollywood est devenue le centre mondial du cinéma. Joe a le droit de rêver autant qu'il veut et, autant que le bon sens le permet, de photographier comme il le désire — système qui, selon Ford, fait que Joe se sent plus responsable ; si ce n'est pas de la psychologie délibérée, les résultats, en tout cas, sont éloquents.

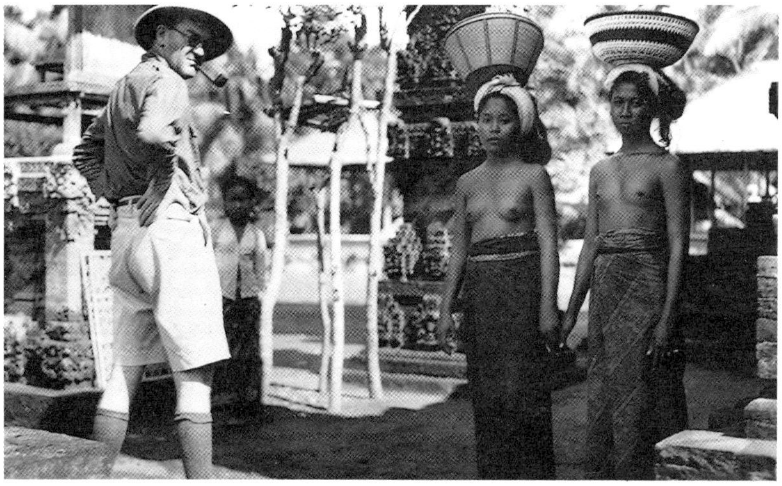

John Ford à Bali en 1932.

Le son n'a qu'une importance secondaire, pour Ford, tout en étant d'une grande conséquence. Quarante pour cent des scènes (aussi incroyable que cela vous paraisse) sont tournées avec une caméra muette, sans même un micro pour stimuler les acteurs.
« *Ça me permet d'abord de parler aux gens en tournant la scène*, m'explique-t-il, *et de leur donner des conseils sur leurs mouvements ou leurs expressions. C'est pour cela que je ne fais pas beaucoup de prises. J'ai remarqué que si l'on répète trop longtemps une scène, elle semble artificielle et... comment vous dire... répétée.*
« *C'est la lumière, en fait, qui est mon point fort. Je peux faire une prise où le jeu des acteurs est médiocre, et construire des zones d'ombre autour d'un rayon très lumineux, centré sur les acteurs principaux et terminer par quelque chose de plausible — en tout cas, c'est de cela que je me vante le plus. Si vous regardez soigneusement un de mes films, vous verrez le petit truc que j'utilise : tandis que les stars disent leurs dialogues, une faible lueur se diffuse à l'arrière-plan ; en même temps, ça commence à murmurer et petit à petit à devenir intelligible. Et plus les voix sont fortes, plus la lueur le devient, jusqu'à ce que les acteurs principaux semblent ne plus faire partie que d'un groupe ; c'est comme cela que je réussis à instiller le réalisme. Ça marche toujours. La bonne technique, c'est également de laisser un spot suivre un second rôle qui a une ou deux lignes importantes à dire à travers un plateau sombre, jusqu'à ce qu'il ait terminé sa réplique.* »

Pour ce qui est de l'industrie cinématographique (en tant qu'industrie), ses opinions sont parfaitement claires. « *Nous sommes aujourd'hui dans un cul-de-sac commercial*, dit-il d'un ton pas trop sévère. *Nous avons des plans de tournage ahurissants et on nous oblige à filmer une histoire d'une certaine façon parce que c'est ce que le middle-west aime et, après tout, c'est le middle-west qui a l'argent. Mais la profession, dans son ensemble, fait des progrès. Les acteurs sont chaque année meilleurs, les techniciens ne cessent jamais de parfaire leur métier, et des succès commerciaux comme* The Informer *facilitent la tâche de ceux qui ont un certain idéal de cinéma, quand ils exigent, dans l'intérêt de leurs convictions, ce que les producteurs ont tant de mal à accorder.*
« *Tous les films seront un jour en couleur, d'abord parce que ça plaît, et ensuite parce que c'est un médium naturel. On pourra donc aller dans un petit port de pêche du Maine ou dans les collines de l'Iowa et utiliser d'ordinaires citoyens américains qui y vivent et y travaillent ; on imaginera une petite histoire sans prétention et on photographiera la scène et les gens. C'est comme ça que les films devraient être, de toute façon, et ça suffira bien !* »
Que vous soyez d'accord ou non avec lui, importe finalement peu. Mais dans ce jugement lapidaire et définitif vous devez découvrir l'essence de sa personnalité, en tant qu'homme et en tant que cinéaste. La simplicité, la vraie sincérité, la haine de l'ostentation : ce qu'on appelle la grandeur. ■

Texte repris de *The Talkies*, sous la direction de R. Griffith, New York, Dover, 1971. Traduit de l'américain par Serge Grünberg.

Cavalier seul

Entretien avec John Ford

Notre rencontre avec John Ford a eu lieu dans sa grande maison style colonial de Bel Air, où il vit avec sa femme, son petit-fils et un couple de domestiques finlandais. Il était au lit le jour où nous nous sommes vus, en pleine incubation d'une grippe qui avait déjà terrassé le reste de la famille. En pyjama bleu ciel et foulard écossais, il était assis plutôt que couché sur son lit, fumant d'interminables cigares qu'il allumait avec d'énormes allumettes de cuisine, fatigué mais l'esprit vif, émouvant, ironique et soudain, tout à fait lointain...

M. Ford, avez-vous des projets en ce moment ?

Pas vraiment, mais je lis beaucoup d'histoires. Je viens de rentrer de Honolulu, il pleuvait tout le temps, et j'avais une pile de scripts haute de deux mètres au moins. Ils étaient tous dégueulasses, sales, nous autres Irlandais nous disons très « salauds » *(en français dans la conversation).* Je ne sais pas, c'est contre ma conscience et ma religion. Je ne suis pas fait pour fabriquer ce genre de cochonneries. Vous savez, des trucs très idiots, de l'érotisme et de la violence gratuits. J'ai quand même choisi deux histoires maintenant, non pas dans l'intention de les tourner tout de suite, probablement à l'automne ; deux histoires pas mal. Je vais voir. J'attends pour juger le premier brouillon des découpages. L'une surtout est très intéressante, mais toutes deux demandent beaucoup de travail.

Quelles sont, en général, les qualités que vous demandez à un script ?

J'aime qu'une histoire soit simple et claire. Maintenant, on veut de l'érotisme et du sadisme ; je ne comprends pas, il paraît que c'est ça que les spectateurs demandent. Je ne suis pas d'accord. On dit : « *Ça, ça marchera en France* », mais je n'y crois pas. Les Français sont trop fins, ils ont trop de goût pour se laisser avoir comme ça. Ils ne vont pas accepter des trucs porno parce que c'est porno. Combien de Français vont voir les nus à Pigalle, hein ? Seulement les touristes. Non, j'aime les histoires qui sont bonnes et peu m'importe le genre. Des deux dont je vous ai parlé, l'une concerne la Marine, pas celle de la Deuxième Guerre Mondiale, la Marine contemporaine, et l'autre se passe aux Indes, non pardon, au Pakistan, entre les deux guerres. Mais je ne sais pas encore si je vais les faire. Pour la première, il faudrait attendre l'automne et monter en Alaska. Pour l'autre, je devrais aller au Pakistan. Mais je crois avoir assez voyagé.

Quel est, de vos films du début du parlant, celui dont vous vous souvenez le mieux ?

Submarine Patrol, c'était une comédie. Et *The Plough and the Stars*. Vous savez, j'ai failli devenir fou après celui-là. J'avais fini le tournage et pris mon bateau pour Honolulu : entre-temps, ils avaient un nouveau patron au studio qui avait demandé à un assistant de refaire des scènes entières. Les deux principaux personnages, au lieu d'être mariés, étaient maintenant fiancés. Dans le même lit, mais fiancés. Complètement idiot. Mais je crois que les Irlandais ont protesté — l'histoire se passe à Dublin — et dans la version pour l'Europe les héros étaient de nouveaux mariés. Oui, c'est ça.

Il est souvent arrivé que l'on modifie ainsi l'un de vos films ?

Oh oui. Et il n'y a rien à faire contre. Vous pouvez hurler, jeter des pierres contre les fenêtres, c'est toujours comme ça, et confirmé dans le contrat. Beaucoup de gars ont protesté, depuis des années et des années. George Stevens a, pour sa part, récemment fait un procès aux types de la télé. Résultat : match nul. Moi, je ne regarderais jamais un de mes films à la télé. Juste au moment

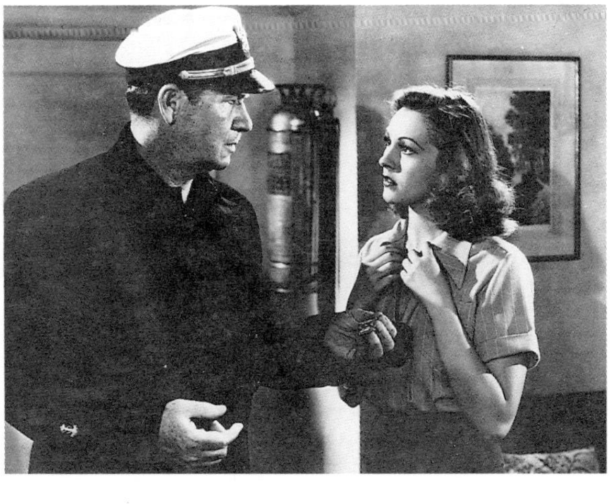
George Bancroft et Nancy Kelly dans *Submarine Patrol.*

où commence une chose intéressante, ils coupent et on voit une fille dans une baignoire, faisant de la réclame pour une marque de savonnette. Terrible. Une fois, ça m'est arrivé avec *Stagecoach*, et j'ai vite abandonné. De toute façon, une fois un film terminé, je n'y pense plus, je m'efforce de l'oublier. Par contre, je pense souvent à *Young Cassidy* auquel je tenais beaucoup et que j'ai dû abandonner en cours de tournage. A peine l'avais-je commencé que j'ai attrapé une double pneumonie. J'ai perdu du poids, je suis descendu jusqu'à 62,5 kilos. Maintenant j'ai repris, je suis remonté à 84,5. Et je ne peux plus m'en débarrasser. Ce n'est pas en Alaska que la graisse superflue disparaîtra : on bouffe trop là-haut. Pourtant, j'ai bien envie de faire cette histoire de marine. Je suis un vieux matelot. Une fois, on m'a proposé de faire un film sur les aviateurs-pionniers français, mais je n'y connais rien. Je suis de la marine et cela ne me disait rien. Je me rappelle les aviateurs pendant la guerre. Ils allaient en perm à Paris, ils buvaient, il y avait des filles, des parties. Mon Dieu, c'était une belle guerre. Il n'y avait rien de dramatique, vous savez. Mais je ne veux faire quelque chose que sur ce que je connais bien. C'est dans la marine que j'ai appris à parler un peu toutes les langues, mais mon accent est normand. Il y avait beaucoup de Canadiens français en Maine, où j'ai passé mon enfance, et ils parlaient le pur normand. Je peux imiter leur parler sans difficulté, mais je n'en ai pas envie maintenant. L'espagnol aussi est une langue intéressante, mais il faut le jouer, il ne suffit pas de le parler.

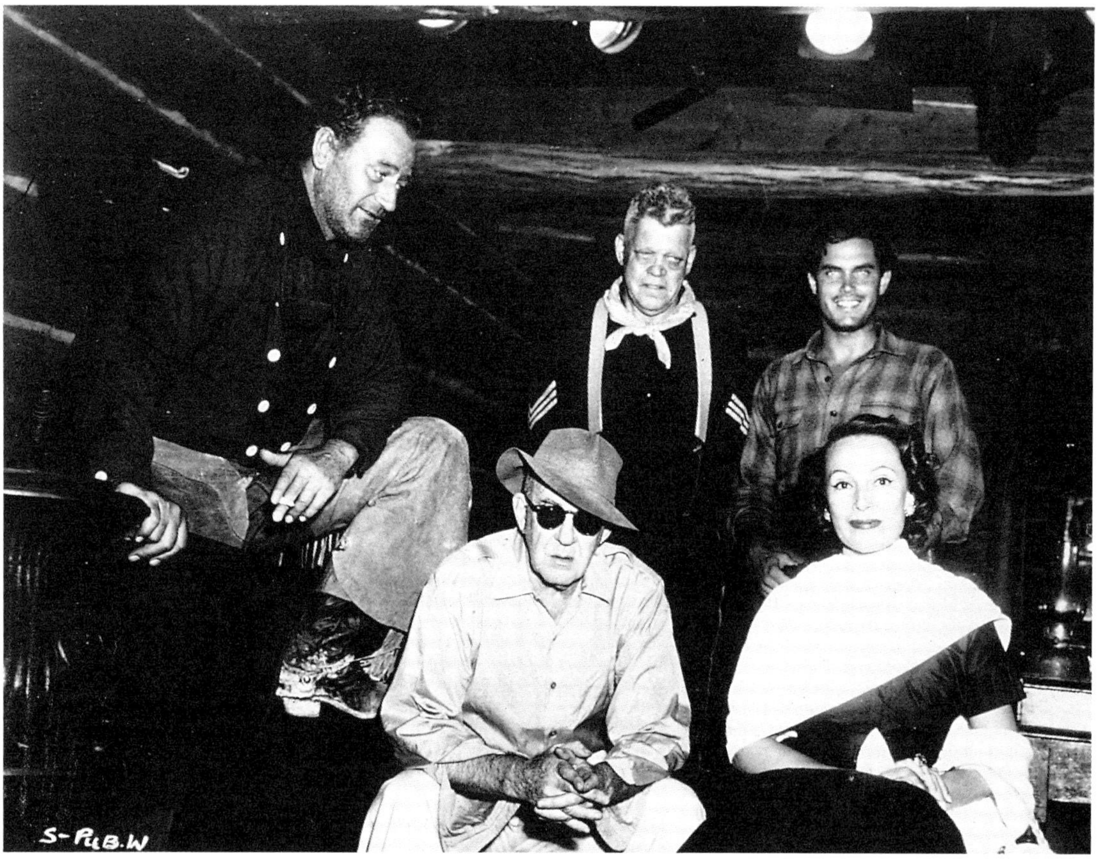

John Ford pendant le tournage de *The Searchers*.

Avez-vous appris aussi le langage des Indiens ?

J'ai appris le navajo. Je ne l'ai jamais bien parlé, mais je le comprenais. Mes verbes n'ont jamais été très corrects, mais par contre mes substantifs... L'embêtant, c'est que les Indiens ne voulaient jamais m'adresser la parole en anglais après.

Fallait-il savoir le navajo pour être réalisateur de westerns ?

Oui ; il y avait bien des interprètes, mais ils étaient mauvais.

Et que pensaient les Indiens de vos films ?

Oh, ils n'avaient jamais vu de films avant. Nous apportions avec nous des films quand nous travaillions là-bas, pour les leur montrer, dans une tente. Ils aimaient ça. C'était la première fois qu'ils voyaient du cinéma. Alors chaque soir, nous faisions des projections. Ils ne comprenaient pas bien les comédies, ils préféraient les films d'action, les westerns...

Dans Cheyenne Autumn, *vous avez essayé de décrire leur existence réelle...*

Je n'ai pas essayé, je l'ai fait. C'est leur histoire, une histoire vraie, authentique, la réalité telle qu'elle était. Le gouvernement américain jouait les méchants, il ne tenait jamais ses promesses, et ça, le film le montre...

Vous aimez particulièrement Monument Valley comme lieu de tournage...

Oui. Monument Valley et la Réseve Navajo. J'aime tourner là-bas. Je suis pratiquement un des leurs, quelque chose comme un chef adoptif. Vraiment, je suis le seul qu'ils laisseraient tourner dans les endroits sacrés, là où leurs morts sont ensevelis, sur les lieux de leurs combats héroïques. Ils ne laisseraient personne d'autre pénétrer dans ces endroits. Vous savez, ce sont des gens très indépendants, un beau peuple, farouche. Ils n'ont jamais été vaincus. Les autres tribus les craignaient. C'était un peuple pacifique, mais toujours sous tension. Ce sont des cavaliers terribles, ils n'ont peur de rien. Pendant la Deuxième Guerre Mondiale, on les utilisait dans la marine comme « *beach masters* », crieurs : de la plage, ils dirigeaient les véhicules amphibies, parce que les Japonais ne comprenaient pas leurs langage. Quatre-vingt-dix pour cent étaient décorés. Quand je veux prendre des vacances, je descends à Monument Valley. C'est un endroit magnifique, sauvage, solitaire. J'aime beaucoup m'imprégner de l'ambiance d'un décor avant de tourner. Bien sûr, j'organise à l'avance les points essentiels d'un film, mais à l'intérieur d'un cadre précis, je me fie beaucoup à l'instinct ; surtout en ce qui concerne le lieu de tournage. Si par exemple il y a ici un fleuve, un arbre, avec au fond des montagnes, et si à côté tout est plat, vous plantez votre caméra où c'est le plus joli, vous tournez ce dont vous saurez que sur l'écran, ce sera beau. Expérience, instinct, c'est tout. Chaque fois les problèmes se reposent, nouveaux.

De quelle façon collaborez-vous avec vos acteurs ?

Pour avoir la meilleure interprétation possible, il faut essayer de trouver quelqu'un qui colle parfaitement au personnage, et lui laisser un certain nombre de libertés, tout en le dirigeant fermement. J'aime travailler avec des gens sympathiques, marrants au travail. Quand je tourne, je travaille dur, mais nous avons toujours beaucoup rigolé : si l'ambiance est trop austère, le film est rarement bon.

Faites-vous beaucoup de prises ?

Non, très peu. Je ne fais pas de répétitions dans le décor du tournage, mais dans une chambre. Nous répétons et répétons jusqu'à ce que tout aille bien. Pendant ce temps, les techniciens mettent au point les éclairages et les trucs comme ça ; quand tout est prêt, nous allons sur le plateau et je fais une prise ou deux. En général, je fais d'une à trois prises. Si à la troisième ça ne va pas, je ramène les acteurs dans la « chambre à répéter ».

Cela arrive-t-il souvent ?

Pas très souvent, non. De toute façon, la faute n'en revient pas toujours à l'acteur. Il peut très bien savoir son dialogue, mais quelque chose ne colle pas. Qu'est-ce qu'on peut faire alors ? Quelquefois, il suffit d'ajouter ou d'enlever un mot, et tout change. Vous savez, maintenant, ce n'est plus la même chose. Aujourd'hui, vous choisissez une histoire et vous la proposez. On vous fait alors un synopsis qu'on envoie à New York au président de la Compagnie. On donne des copies du synopsis aux membres de la Direction Générale. Mais vous savez comme moi que ces gens ne lisent pas et qu'ils donnent le synopsis à lire à leur femme. Vous voyez un peu ? Dans le temps on faisait des films, aujourd'hui, une histoire va ici et là et Dieu sait qui la lit. Je viens d'avoir un des meilleurs scripts que j'aie jamais lus. J'y ai travaillé pendant sept mois et, quand finalement on m'a donné une réponse, c'était pour me dire : « *C'est trop mou. Pas assez de violence et d'érotisme* ». Une très belle histoire pourtant, comme je les aime. Pas un grand film, mais un petit film merveilleux à faire. Avec de la beauté, des personnages bien, du rythme, de l'humour. Pas de méchants, pas de tueries, très, très bien. « *Trop mou* ». Absurde. J'ai piqué une belle colère. Le script est là, sur ma table. A la première page, un soldat viole une fillette indienne de douze ans et à la page deux, les Indiens l'attrapent et le châtrent. C'est juste ce qu'il me faut, voilà mon genre de cinéma. « *Trop mou !* » Il y a autre chose aussi, maintenant : le côté économique. Les vieux metteurs en scène essaient de maintenir leurs salaires et les jeunes garçons travaillent pour rien. Vous savez, des gens

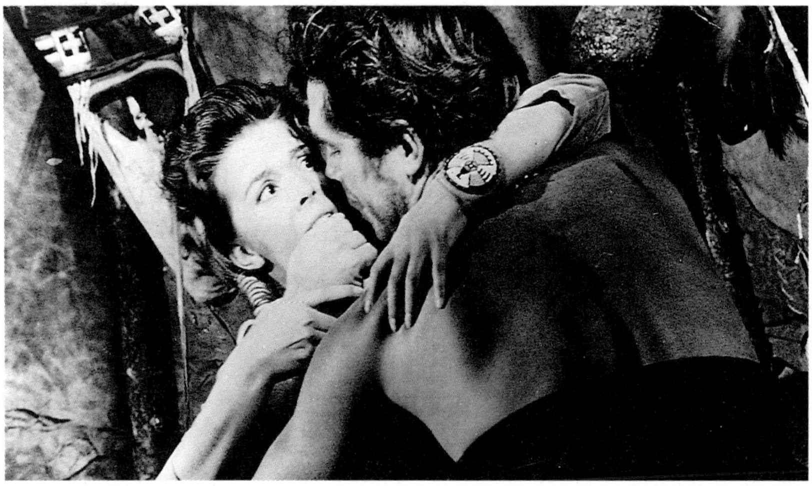

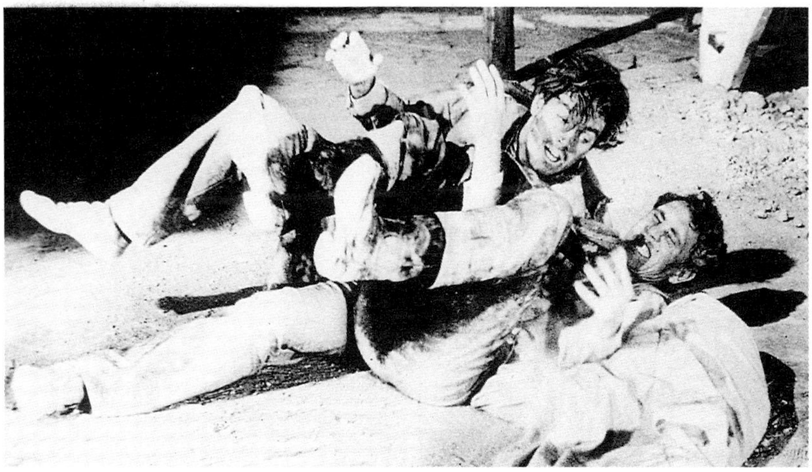

The Searchers : de haut en bas, Jeffrey Hunter avec Natalie Wood et Ken Curtis.

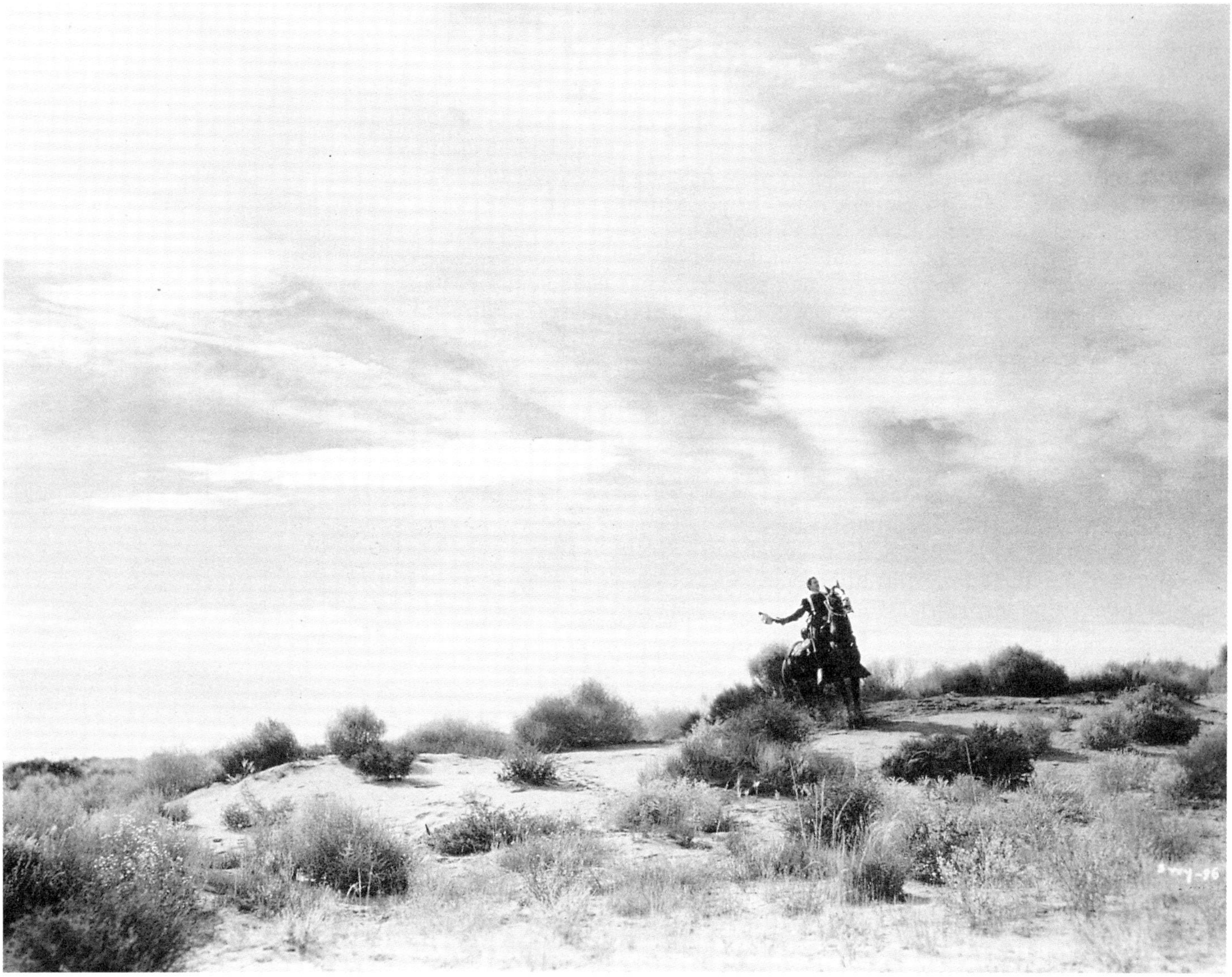

La figure et le lieu 1 : extérieurs.
Quatre moments de
She Wore a Yellow Ribbon.

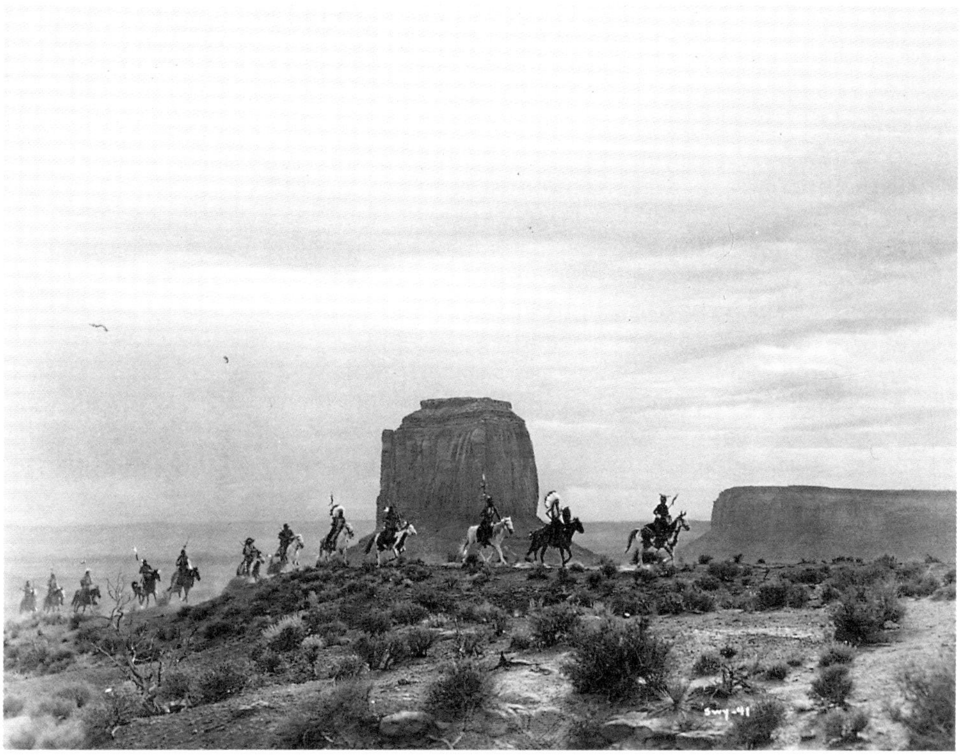

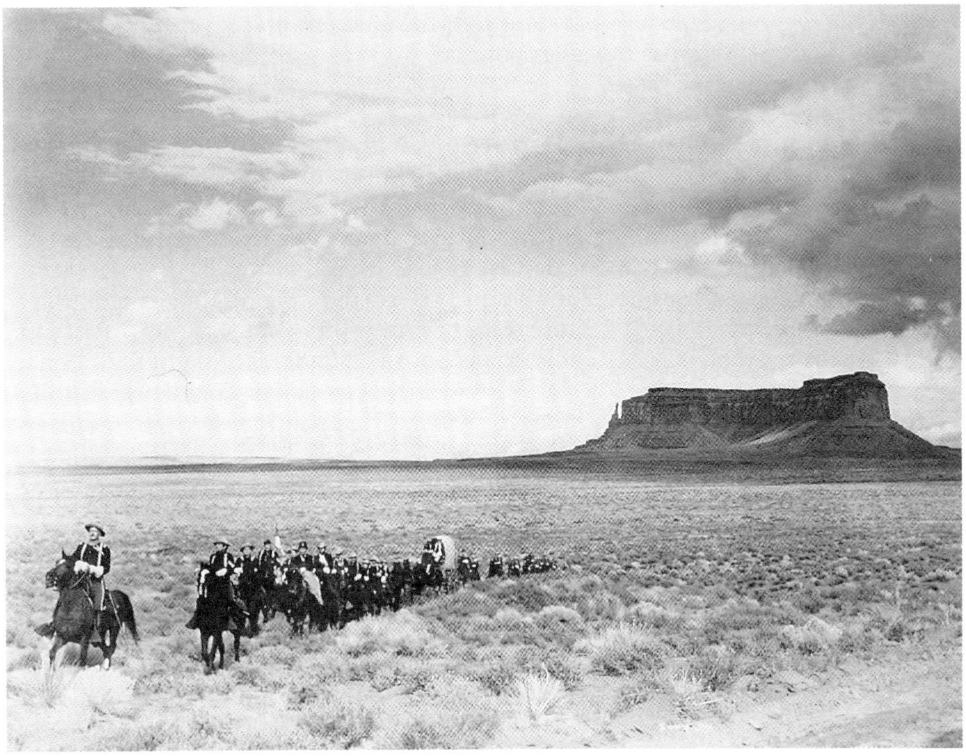

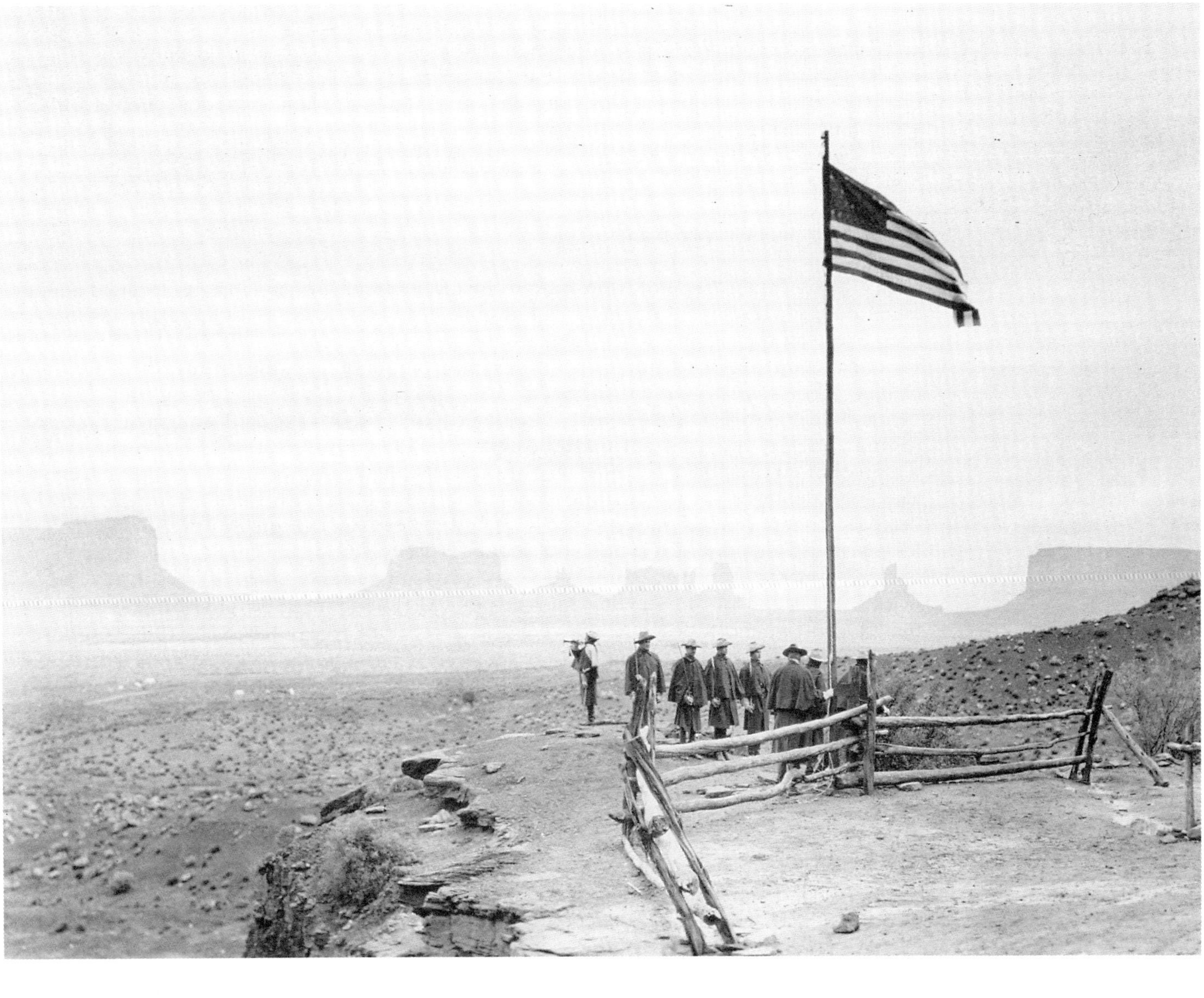

comme Capra, McCarey, ne travaillaient pas pour rien. Ils auraient plutôt pris leur retraite. Moi aussi d'ailleurs. Nous n'allons pas travailler pour des prunes.

Je me rappelle avoir lu que Tom Mix gagnait 10 000 dollars par semaine et cela avant l'invention de l'impôt sur le revenu.

C'est Vrai. Bill Farnum aussi. Et comptant. Ils n'acceptaient pas de chèques, eux. Tom ne savait probablement pas ce qu'était un chèque. Il fallait qu'ils lui donnent dix billets de mille dollars tous les vendredi ou samedi soir, on travaillait six jours par semaine à l'époque. Il dépensait tout et il est mort fauché. Je le connaissais bien. Non, il n'est pas mort tout à fait fauché, il avait 6 000 dollars dans sa poche et un diamant de 24 carats dans sa ceinture, mais pas un sou en banque. Il nous aimait beaucoup, ma femme et moi. Pour la Fête des Mères, il envoyait toujours un télégramme à ma femme, quel que soit l'endroit où il se trouvait, même s'il ne le faisait pas pour la sienne. Un jour, elle lui en a fait le reproche et il a répondu : « *Tu n'es pas le genre* ». Il écrivait toujours dans ses télégrammes : « *Trois cent soixante-quatre jours appartiennent au monde, le 365e est à toi* ». C'était un chic type.

Vous l'avez dirigé, n'est-ce pas ?

Oui, mais ne me demandez pas de titres.

Votre frère Francis était déjà metteur en scène et acteur quand vous êtes arrivé à Hollywood en 1913 pour devenir son assistant ?

Je n'ai pas débuté comme assistant, mais comme accessoiriste, ouvrier.

Quels étaient les critères requis à l'époque pour devenir metteur en scène ?

Je ne sais pas. A vrai dire, à mon arrivée les metteurs en scène formaient un cercle très hermétique, un club fermé, très dur à pénétrer. Maintenant, on engage les cinéastes dans les rues de New York et on les expédie ici. N'importe qui peut devenir metteur en scène aujourd'hui. A New York, un gamin venu de Tchécoslovaquie ou d'ailleurs est engagé sur le champ, envoyé ici. On ne les paie pas, mais c'est très facile de devenir metteur en scène aujourd'hui. Non, à cette époque-là, les metteurs en scène étaient de fiers messieurs avec cravaches et nez en l'air. Ils n'adressaient la parole à personne et exigeaient leur paie en espèces. Il n'y avait pas de producteurs, ou alors, ils venaient après en importance. Les chefs de studio n'étaient pas des gangsters, mais des types honnêtes, des joueurs qui tentaient leurs chance.

Puisqu'il était si difficile de devenir metteur en scène, comment y êtes-vous arrivé ?

Vous voulez la vérité ?

Oui.

Le magnétophone est en marche ?

Oui.

Bien. J'étais donc régisseur. Mon frère avait un assistant, un gars que je devais d'ailleurs aider toute sa vie. Il vient de mourir à l'hospice des vieux acteurs. Il s'appelait Hansen. Eh bien ! ce type avait la manie de démissionner. « *Je démissionne* », telle était la phrase de sa vie. Beaucoup plus tard, je l'ai utilisé comme figurant dans mes films, et il me disait chaque fois : « *Jack, je laisse tomber !* ». Une fois, je l'ai d'ailleurs pris au mot. Donc, il démissionnait à tout bout de champ. Un jour, ça lui est arrivé sur un des films de Francis et je suis ainsi devenu assistant metteur en scène. Puis, l'ouverture des nouveaux studios d'Universal eut lieu dans la vallée. Carl Laemmle venait lui-même de New York avec une suite imposante et par le Canal de Panama s'il vous plaît ! Un monde fou. La direction décida de donner un bal monstre sur un grand plateau, le seul qui eût déjà un toit. Nous, les assistants, devions servir pendant la soirée. Et ça durait, ça durait... Finalement, à 6 heures du matin, j'en avais assez et je me suis couché derrière le bar. Je me suis réveillé à 8 heures, me rappelant qu'on allait tourner pour M. Laemmle et ses invités. Il y avait une foule gigantesque composée de cow-boys, le décor d'un village entier et la rue genre western.Tout le monde était là sauf les metteurs en scène qui souffraient d'un... « malaise ». Quel est le mot français pour « *hangover* » ?

Gueule de bois.

C'est ça. Enfin, Francis n'arrivait toujours pas. Moi, j'attendais avec les cow-boys et le manager, M. Bernstein arriva et me dit : « *Mon Dieu, fais quelque chose, dis que tu es Francis et commence* ». Vous vous imaginez cela ? D'autant plus que je n'ai jamais eu l'allure de Francis ! Tout le monde s'impatientait, alors j'ai dit à un des cow-boys de faire trotter son cheval le long de la rue. Bernie me regardait faire et me dit : « *Très bien, continue, fais quelque chose d'autre* ». Je fis donc cavaler une cinquantaine de cow-boys dans tout le village. A l'époque une chute de cheval coûtait un dollar supplémentaire. Aujourd'hui, une chute syndicale vaut 250 dollars, mais à l'époque c'était un dollar que touchait le cow-boy s'il se laissait glisser de son cheval, ce qui est d'ailleurs très facile. Donc, la troisième fois, Francis n'étant toujours pas là, Bernie, M. Bernstein, me dit : *« Continue, ils ne veulent pas partir »*. En effet, tous les invités étaient encore là. Alors, je dis aux cow-boys : *« Est-ce qu'on peut avoir un peu plus de chutes ? Quand je tire un coup de revolver, vous, vous et vous, laissez-vous tomber. Okay ? Alors on recommence »*. Donc, je tire et les cinquante cow-boys tombent de leurs chevaux. Les invités trouvaient ça formidable. Bernie me regardait et me chuchota à l'oreille : *« Qu'est-ce que tu sais faire encore ? – Combien vaut-il, notre décor de village ? »*, lui demandai-je. Vous savez, tout était en bois. Il me répondit qu'il valait 215 dollars. Alors je fis venir quelques gros bidons d'essence que l'on vida un peu partout, puis on y mit le feu tandis que les cow-boys parcouraient la rue en tirant de tous les côtés. A ce moment-là les spectateurs partirent : il n'y avait plus de village et ils n'avaient donc plus aucune raison de rester. Un mois plus tard, lorsqu'ils eurent besoin de quelqu'un pour diriger Harry Carey, M. Laemmle dit : *« Et pourquoi pas Jack Ford ? C'est un bon metteur en scène, il sait crier comme il faut »*. Quelqu'un objecta que je n'étais qu'assistant, ce à quoi Laemmle rétorqua : *« Il est bon. Donnez-lui une chance »*. Comme assistant, je gagnais 50 dollars par semaine. En devenant metteur en scène, mon salaire n'était plus que de 35 dollars. Et c'est comme ça que tout a commencé.

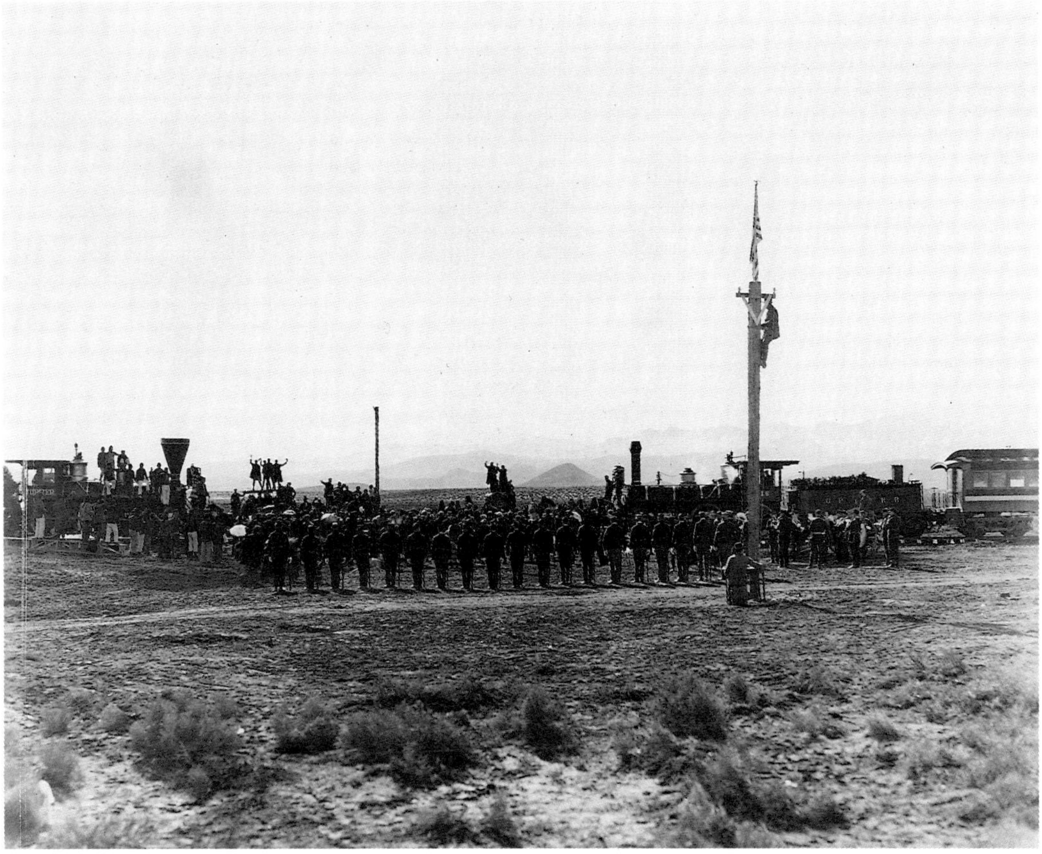

The Iron Horse

Et votre premier film fut : Cactus My Pal ...

Non, je n'ai jamais entendu parler de *Cactus My Pale*. Je ne sais pas comment s'appelait mon premier mais en tous cas pas comme ça.

Vous souvenez-vous de The Scrapper, The Soul Herder, Straight Shooting *?*

Ford : The Soul Herder, voilà mon premier film ! Oui, avec Harry Carey.

Est-ce là que votre salaire a été réduit ?

Oui, c'est là. Carey touchait 75 dollars par semaine, mais son contrat devait expirer le mois suivant. C'est pourquoi on m'avait confié cette bande. On faisait un film de deux bobines par semaine, vous savez. Il y a d'ailleurs à ce propos une histoire assez cocasse. Après le tournage, Carey et sa femme firent un voyage à New York et devinrent, je ne sais trop comment, amis d'un comptable au siège social d'Universal. Là, Carey découvrit, mais comme ça, par chance, que ses petits westerns à lui faisaient un fric fou. Il faut dire qu'on les lui soignait, ses bandes ! Au lieu de faire « deux bobines » comme tout le monde, on les faisait un peu différemment. Carey ne portait pas de « chapes », ces couvre-pantalons en cuir, ouverts par derrière, que portent les cow-boys, mais un pantalon collant. On s'efforçait de mettre un peu d'humour dans les histoires de ses films que nous écrivions nous-mêmes. Vous vous imaginez donc Carey à New York découvrant par son nouvel ami, le comptable, qu'il était le champion du tiroir-caisse de la maison ! De 75 dollars par semaine il est instantanément passé à 1.500 et moi, j'ai du même coup été augmenté à 75.

Parmi vos films muets, lequel préférez-vous ?

Je ne sais pas, peut-être *Four Sons*.

Vous tourniez les longs métrages en trois semaines, n'est-ce pas ?

Trois semaines, oui. Les films de Tom Mix étaient plus soignés, ils demandaient donc quatre à cinq semaines. Tom était facile, très facile à manier tant qu'il savait ce qu'on lui

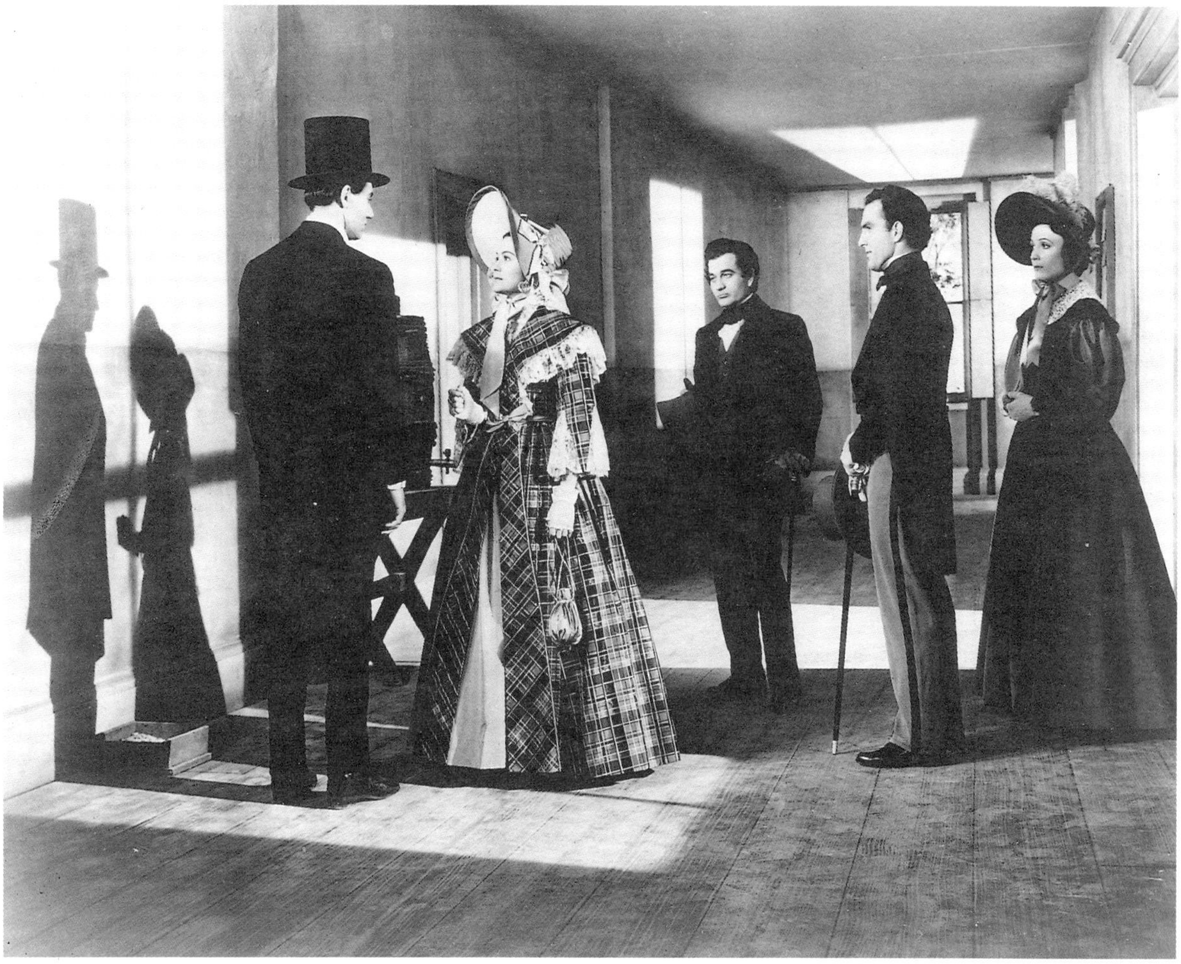

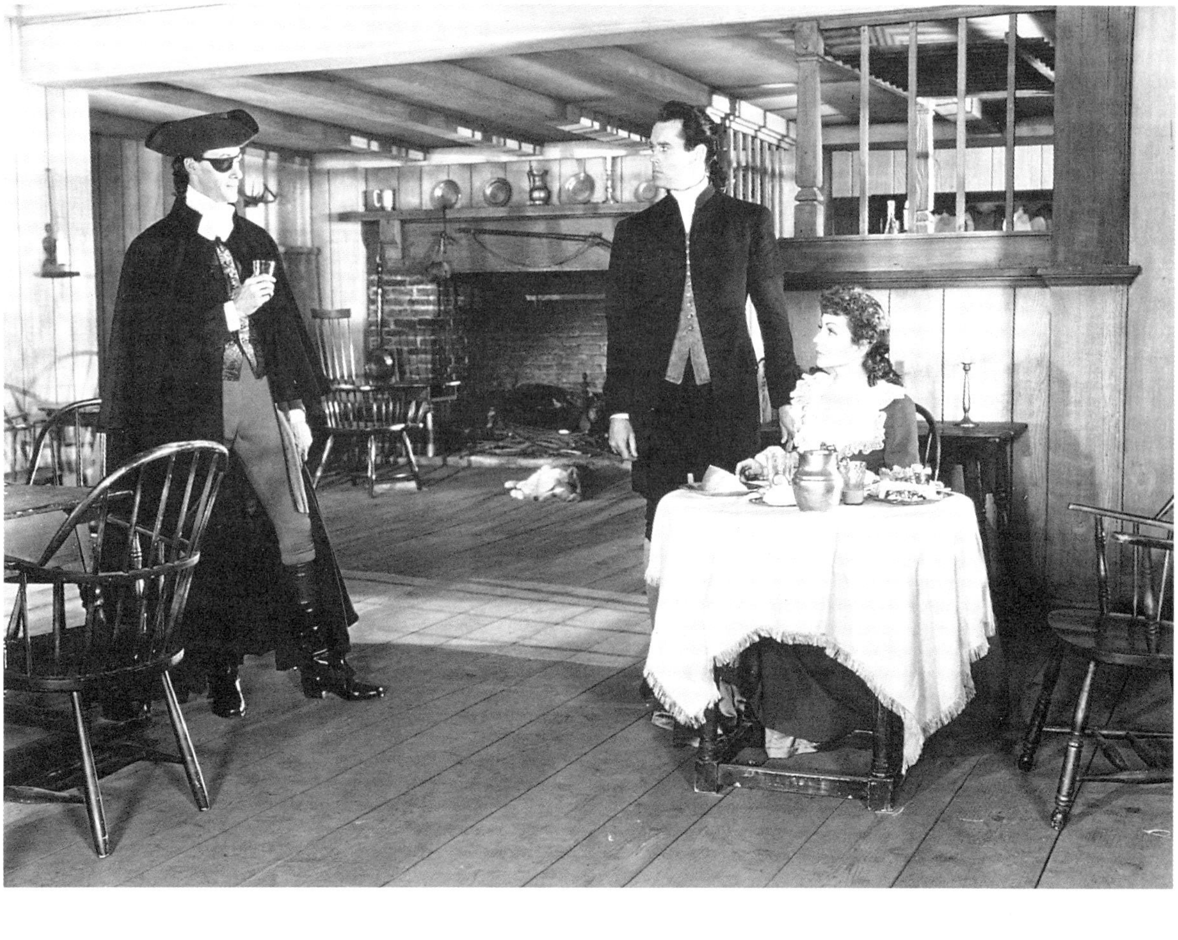

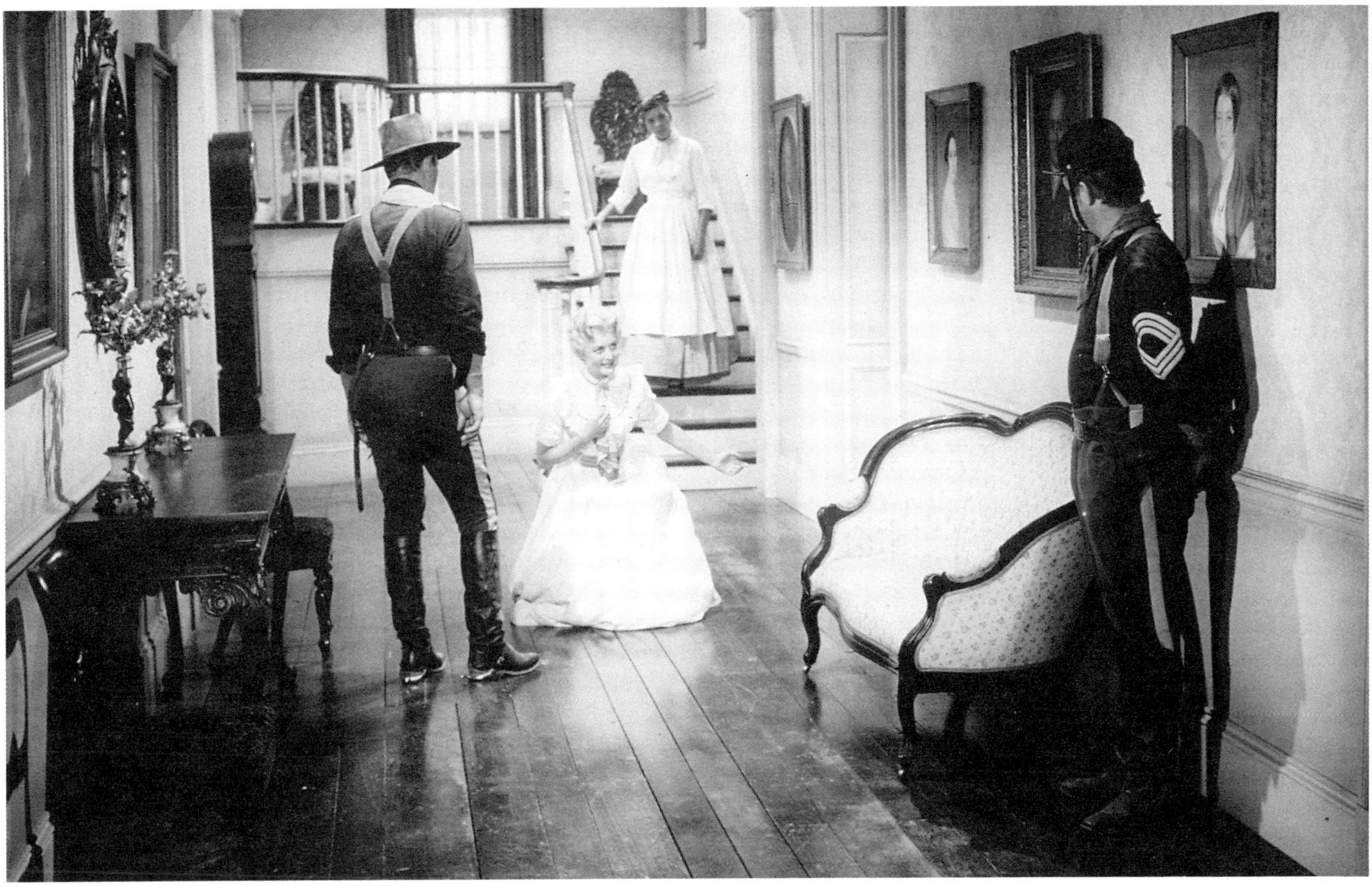

La figure et le lieu 2 : intérieurs. De haut en bas et de gauche à droite : *Young Mr. Lincoln*, *Drums along the Mohawk* et *The Horse Soldiers*.

demandait. Il ne faisait jamais de trucs casse-cou. Pour cela, il avait son équipe de cascadeurs. Mais autrement il travaillait dur, il aimait ça.

Avez-vous connu Bronco Bill Anderson ?

Non, quand même pas ! Je n'ai que 71 ans ! Bronco Bill, mon Dieu, ça remonte à 1908. J'étais encore en culottes courtes.

Avez-vous connu Griffith ?

D.W. ? Certainement. De vrais hommes, ces types-là ! Quand Griffith tourna *Birth of a Nation*, j'y ai travaillé trois jours comme acteur. Je jouais un des membres du Ku-Klux-Klan. Je devais monter à cheval et la cagoule faisait continuellement tomber mes lunettes. Plus tard je l'ai assez bien connu. C'était un monsieur très bien, d'une extrême droiture. Il a mis notre business sur pied si l'on peut dire. Mais il est mort fauché. Nous mourons tous fauchés.

Quels problèmes se sont posés lors du passage du muet au parlant ?

Aucun. On avait fait des films muets, on faisait des films sonores. C'est aussi simple que ça. Non, je vous fais marcher. Ce fut une drôle de transition, et comment ! A nous, les metteurs en scène du muet, on nous donnait nos huit jours ou bien on essayait de racheter nos contrats au dixième de leur valeur. Nous nous sommes donc mis en grève en leur disant : « *Nous allons nous pointer tous les matins pour pouvoir toucher nos chèques à la fin de chaque semaine jusqu'à l'expiration des contrats. On ne fera rien, mais on sera là.* » Les studios importaient les metteurs en scène de Broadway. Évidemment, les films qu'ils faisaient étaient affreux et comme nous étions toujours là, les bras croisés, la direction n'a pas tardé à nous dire : « *Vous, tournez les trois dernières bobines de ce film* », « *Vous, finissez celui-là* ». Au bout de quelques semaines, les studios viraient tous les gars de New York et nous continuions comme auparavant. Je me souviens de mon premier film parlant. J'étais le premier metteur en scène à tourner en extérieurs. C'était *Napoleon's Barber*. Il y avait une scène où Napoléon était en route vers Waterloo, dans une voiture, et il y avait un pont à traverser. L'ingénieur du son me dit : « *On ne peut pas tourner ici, le bruit de la voiture sur le pont va tout couvrir, c'est techniquement impossible.* » Je lui répondis qu'on pouvait au moins essayer. Au milieu du pont, Napoléon devait dire : « *Quel est le nom de ce village près de Bruxelles ?* », on lui répondait « *Waterloo* », et il s'écriait alors : « *En avant* ». Tout cela était très audible et la prise de toute beauté. C'était parfait et tout le monde commença alors à tourner en extérieurs. C'était mon premier film sonore et il n'y avait vraiment pas de différence avec les précédents si ce n'est qu'il était beaucoup plus facile de faire des films parlants que des muets. Le seul problème était d'avoir de bons scénarios.

Vous est-il arrivé de monter vous-même vos films ?

Oui, dans le temps il fallait les monter soi-même, physiquement, il fallait mettre la main à la pellicule. Maintenant on supervise seulement. Vous dites : « *Enlevez-moi ça* », « *Remettez cette séquence pour voir* », etc. A l'époque, nous les montions nous-mêmes. Maintenant, à quoi bon ? On vous expédie les films à New York où les patrons les changent si ça leur chante... Au fait, comment *The Greatest Story Ever Told* a-t-il marché ?

Assez mal.

C'est bien ce que je pensais, les histoires bibliques sont toujours barbantes.

Il y a pourtant un beau film, Il Vangelo secondo Matteo, *qui montre un Christ populaire...*

Oui, on oublie toujours qu'Il était un homme. Mais, c'était un homme ! Est-ce qu'ils vont tourner un jour Mère Bernini ? Vous savez, la première sainte américaine. Ils en discutaient à une certaine époque et je leur disais : « *Ne le faites surtout pas faire par un catholique ! Je suis catholique et j'entourerais un tel sujet de trop de respect. Engagez un athée, un protestant, un juif...* »

Le thème racial vous a toujours préoccupé...

Oui, *Sergeant Rutledge*, avec Woody... Woody... comment s'appelle-t-il ? Strode ! C'était marrant. On me disait qu'on ne pouvait pas montrer un tel film dans le Sud, que ce n'était pas un sujet abordable. Il passe encore dans le Sud, dans les salles des quartiers noirs. Mais à New York, Paramount avait la trouille. On m'a dit qu'en France il avait bien marché aussi. Mais là-bas ils ont bon goût. Pourtant, je n'aime pas Paris, vous savez. J'aime Carcassonne, Avignon, Fonterolle. J'ai été dans cette ville lorsque nous l'avons libérée avec l'armée de Patton. On était devant l'église, il y avait un monastère avec des nonnes. L'une d'elles me demanda si j'étais un officier anglais, je lui répondis que j'étais officier américain. L'abbesse vint alors et me demanda si j'étais catholique. Comme je lui répondis affirmativement, elle fit allumer le premier cierge de la Libération dans l'abbaye. C'est un des grands moments de ma vie. J'aime la Provence, Arles... Mais Carcassonne est ma ville préférée. La première fois que je suis allé en France, j'étais dans la Marine, pendant la Première Guerre Mondiale et je n'en ai pas vu grand-chose : le port de Saint-Nazaire, du pont de mon bateau. On ne nous a pas laissé descendre à terre. On est arrivés et repartis aussi vite. La dernière fois que j'y suis allé, je ne m'en souviens pas bien. Ça devait être pendant le tournage de *The Quiet Man* en Irlande, et j'y ai fait un saut. J'avais arboré ma Légion d'honneur, ma Croix de guerre et un Français, un ami, m'a dit : « *Ne fais pas ça !* » Je lui ai demandé pourquoi et il m'a répondu : « *Ils vont te demander quatre fois plus d'argent partout* ». Il a ajouté que les Français n'aiment pas les étrangers qui ont la Légion d'honneur. Alors, j'ai enlevé mes décorations. C'est marrant pourtant, j'avais pensé rendre hommage, faire preuve de respect. C'est là que j'ai fait un saut jusqu'à Bayeux pour déposer des fleurs sur les tombes de mes gars. Vous connaissez Bayeux ?

Non, sinon par la réputation de sa tapisserie...

Je suis un des rares types à l'avoir eue en main... Je suis allé à Bayeux pour la première fois quinze jours après le Débarquement. Je pouvais faire des excursions, des escapades comme ça, en voiture amphibie. Je voulais voir la tapisserie de Bayeux, et quelques FFI ont réussi à trouver la maison où elle était cachée. On venait de prendre un lunch énorme, on avait beaucoup bu et on arrive chez ce type, les FFI et moi. Les FFI l'auraient descendu s'il n'avait consenti à aller dans sa cave. Et là, dans un coffre-fort, il avait la tapisserie. Il l'a sortie et je l'ai tenue dans ma main. Après, il nous a montré ce qu'il jurait avoir été l'épée de Guillaume le Conquérant, mais là, il se foutait de nous, je crois. Jolie ville, Bayeux. La Résistance y a fait des trucs du tonnerre... Je n'ai pas connu De Gaulle, mais j'avais affaire à Leclerc. Je l'ai aidé, je lui ai prêté quelques caméras et des opérateurs pour la Campagne de Provence. Il n'avait pas de caméras.

Avez-vous tourné vous-même au moment du Débarquement ?

Comme cameraman ? Certainement. J'ai été un des premiers à débarquer. Par veine, mon bateau était en tête. J'avais mes hommes, mes gars, et je les plaçais, gentiment, en leur disant de baisser la tête. Et puis je filmais la deuxième vague de bateaux.

Que pensez-vous de The Longest Day *?*

Je ne l'ai pas vu, et je ne tiens pas à le voir, parce que je sais que ce n'est pas la vraie histoire. Je sais comment Zanuck l'a fait. Mais il paraît que c'est de cette façon que les gens veulent se souvenir du Débarquement, des milliers de soldats sautant des voitures amphibies, courant vers la plage. En vérité, la première vague ne comprenait que des groupes de quarante à cinquante soldats. Il fallait d'abord canarder les nids à coups de 88 mm. Bellevue-sur-Mer, je crois que ça s'appelait comme ça, l'endroit où j'ai débarqué. Nous avions de la veine. Je n'ai pas perdu un seul de mes gars, pas là, du moins. J'ai fait trois films pour la

Navy, là-dessus : *The Battle of Midway*, *December 7 th* et *We Sail at Midnight*. Pour *The Battle of Midway*, j'étais mon propre opérateur. Je n'avais personne avec moi. J'étais à Midway, cela faisait partie de mon boulot d'assister à l'attaque en tant que spectateur. Je n'étais pas prêt et quand l'attaque est arrivée, je n'avais qu'une Eyema, une caméra 16. Je tournais et continuais à changer les magasins et à les mettre dans mes poches. J'ai été blessé, mais le film a été sauvé. L'image saute beaucoup parce que les grenades explosaient tout près. Depuis, on fait ça exprès, secouer la caméra, quand on tourne des plans de guerre. Pour moi c'était authentique parce que les obus explosaient à mes pieds.

Robert Montgomery et John Wayne dans *They Were Expendable.*

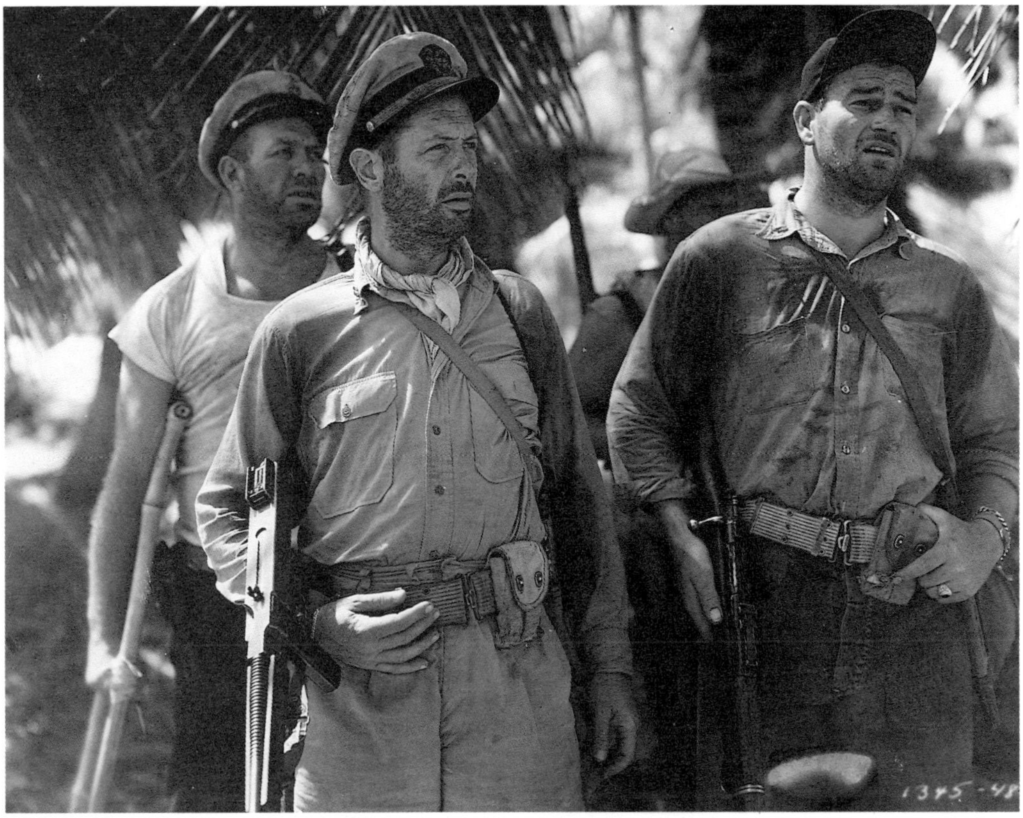

Votre premier film après la guerre était They Were Expendable, *inspiré d'un épisode authentique de la guerre des Philippines.*

Oui. Je n'ai jamais été aux Philippines moi-même. C'est à peu près le seul endroit du Pacifique que je n'aie pas visité. Robert Montgomery jouait le lieutenant John Bulkeley. Il y a une photo de Bulkeley en bas quand vous descendez dans le hall. C'est le héros américain le plus décoré de la Deuxième Guerre Mondiale. C'est lui qui sauva MacArthur aux Philippines. Un de mes grands amis. Même héroïsme en Europe. Chaque fois que je voulais passer sur la côte, il venait piloter l'amphibie. Bulkeley ne voulait jamais laisser quelqu'un d'autre prendre le gouvernail.

Quel est l'opérateur avec qui vous préfériez travailler ?

Le meilleur était Joe August. Il était avec moi pendant la guerre. Il est mort maintenant. Gregg Toland aussi, avec qui je m'entendais bien. Ils étaient les meilleurs parmi les opérateurs.

Aimez-vous la couleur ?

Non. La couleur est trop facile. Il faut être un vrai cameraman pour faire du noir et blanc. Je préfère le noir et blanc, même en photo. Les gens me disent : « *Vous êtes fou* » . Pourtant, c'est la plus belle photo, mais la production pense qu'il faut tourner en couleurs. C'est ce que j'ai fait pour mon dernier, *Seven Women*. Mais la production ne l'a pas aimé, ce film. Pas de vedettes. Pourtant Ann Bancroft et Margaret Leighton sont de grandes actrices. Je pense d'ailleurs que c'est une de mes meilleures mises en scène, mais le public ne l'a pas aimé. Ce n'était pas ce qu'il voulait.

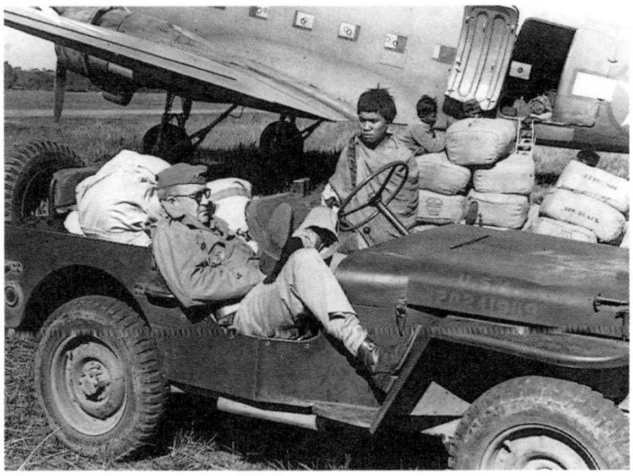

John Ford

Que pensez-vous de l'emploi de la musique dans les films ?

J'ai horreur de l'excès de musique. Deux personnes se rencontrent sur l'écran et tout de suite il faut mêler un orchestre philharmonique à la scène. Quelques phrases simples, bien, mais il y a toujours trop de musique et l'on n'entend pas le dialogue. J'aime beaucoup la musique, par ailleurs. Mais souvent, les producteurs en exigent des tonnes. Nous, les metteurs en scène, nous ne devons pas connaître ces gens-là. Les gens me demandent : « *Quel est votre producteur ?* », et je dis : « *Je ne sais pas, je ne l'ai pas rencontré* ». Nous ne nous occupons pas d'eux. Ce sont seulement des types que l'administration met au salaire, des types qui regardent les rushes et vous disent comment il faut faire. Et vous leur dites : « *Mais allez-y, puisque vous le savez !* » Ils répondent : « *Mais non, nous n'y*

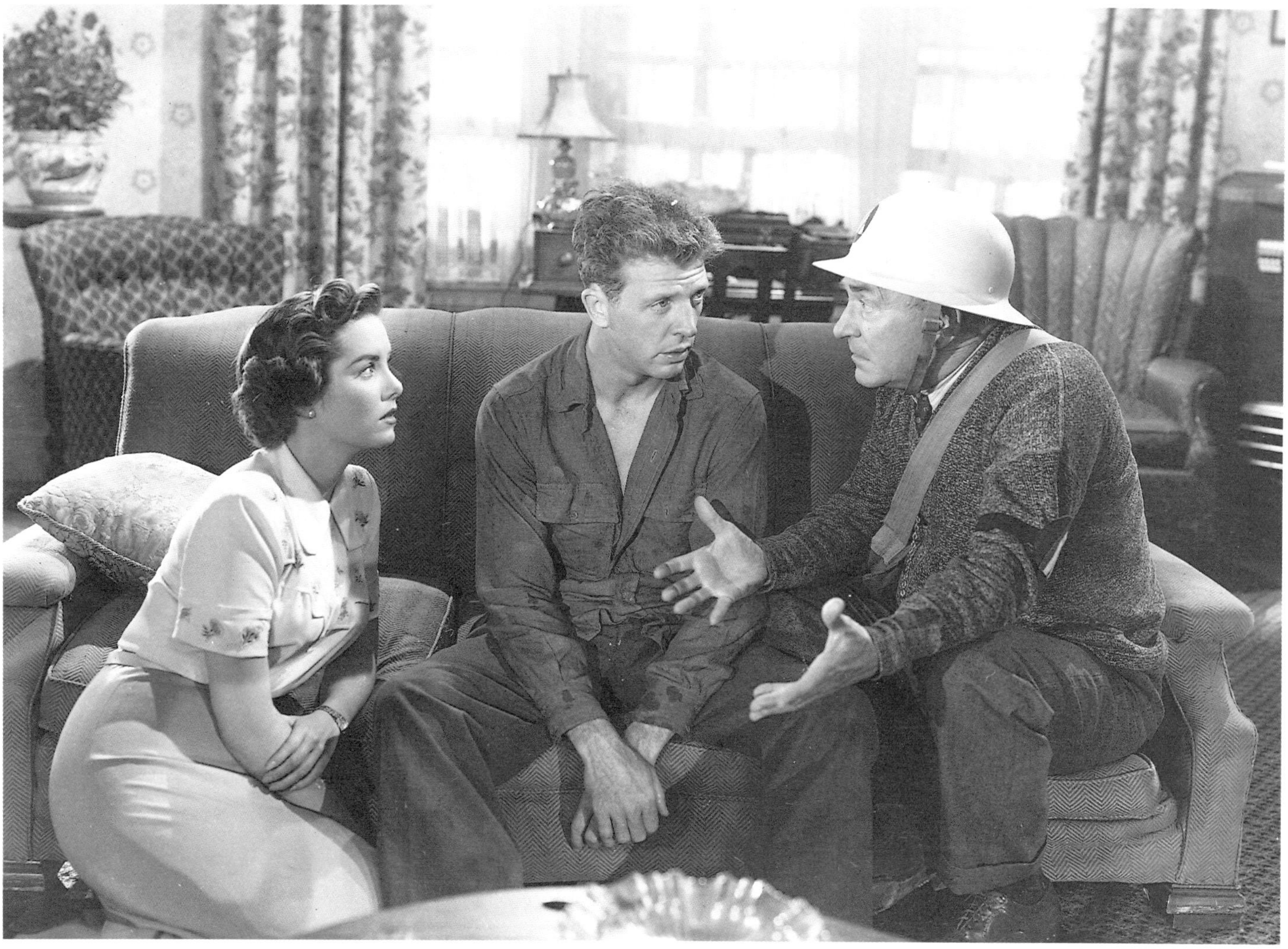

Colleen Townsend, Dan Dailey et William Demarest (de gauche à droite) dans *When Willie Comes Marching Home.*

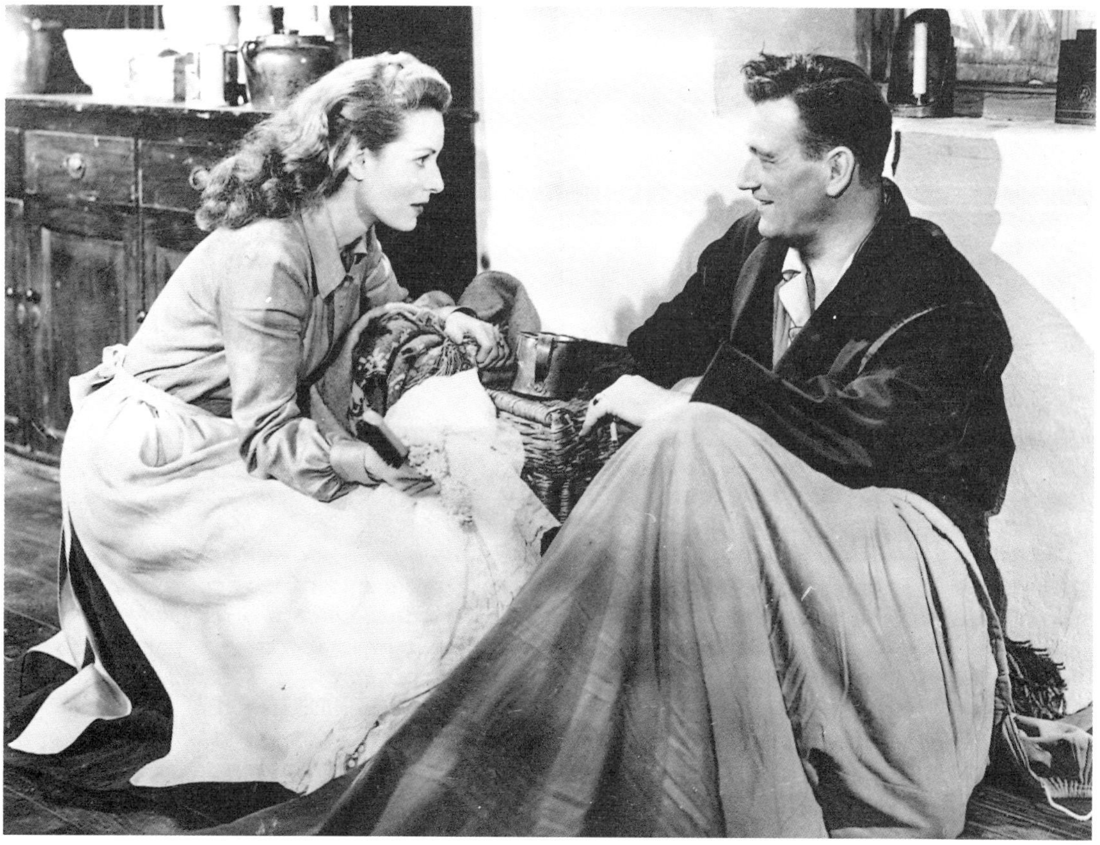

Maureen O'Hara et John Wayne dans *The Quiet Man.*

connaissons rien, c'est à vous de le faire ». Et là je dis toujours, d'un air pensif, comme si j'étais profondément inquiet ou stupide : *« Dans ce cas-là, je ne sais vraiment pas ce que nous pourrons faire »*. C'est toujours la simplicité qu'il faut rechercher. Dans le scénario, la musique, le jeu des acteurs, le style. J'aime beaucoup les plans fixes, je fais quelquefois des mouvements d'appareils, des travellings très, très lents, si doux que les spectateurs ne les remarquent pas. Je ne fais jamais de zooms ou de trucs comme ça. J'aime laisser les acteurs à la hauteur du regard des spectateurs. J'aime pouvoir voir les yeux des gens à l'écran.

Vous avez reçu six Oscars pour vos documentaires et pour The Informer, Grapes of Wrath, How Green was My Valley *et* The Quiet Man, *mais jamais pour un de vos grands westerns...*

Il est difficile pour moi d'émettre une opinion là-dessus. Je sais que *Stagecoach* est à l'origine de toute une tendance du cinéma. J'aime aussi *She Wore a Yellow Ribbon* et *The Searchers* et je me souviens avec affection de *The Iron Horse* et de *Wagonmaster*, *When Willie Comes Marching Home* est le morceau de cinéma le plus comique que j'aie fait et, pour vous dire que je ne suis pas si prude que ça, qu'est-ce que *The Quiet Man* sinon l'histoire d'un type qui a tellement envie d'une fille qu'il l'épouse sur-le-champ et passe le reste du film à essayer de coucher avec ? D'ailleurs le prix que je trouve le plus équitable est le prix de la Critique new-yorkaise. Bien sûr, cela me fait plaisir, un prix, mais ça ne me trompe pas. Un prix n'est pas un critère valable. Je sais que John Wayne ne se sent pas diminué parce qu'il n'a pas eu de prix. Je l'espère, du moins. J'aime ce damné républicain. Il y a de grands Américains qui ont été des férus de westerns, vous savez, pour qui les westerns étaient le meilleur divertissement du monde : Woodrow Wilson, Franklin Roosevelt, Jack Kennedy, tous des amateurs de westerns. Ils étaient démocrates, bien sûr, mais il y avait aussi des amateurs républicains, je dois avouer, comme Douglas MacArthur. Il y a quelques années, MacArthur m'a demandé de passer le voir à Tokyo. Il m'a dit : *« On projettera un de vos films ce soir :* She Wore a Yellow Ribbon. » Il a ajouté qu'il le faisait passer au moins une fois par mois et qu'il n'en était pas encore las. C'est un honneur !

L'éventail de sujets et de pays que vous avez filmés est large, de la Corée à l'Angleterre...

J'ai fait *This is Corea*, un documentaire sur l'action des Marines en Corée et j'ai tourné bien ailleurs. Vous savez, on fait des films bien, maintenant, en Angleterre. Ils travaillent dans de meilleures conditions que nous, on ne les pousse pas comme ici. Ils ont du temps pour faire leurs films et ils aiment des histoires qui n'ont pas nécessairement à voir avec l'érotisme et le sadisme. Ils savent une chose : se moquer d'eux-mêmes, chose que les Français n'ont pas encore apprise. Sauf dans des cas bien précis.

Y a-t-il une période historique, un lieu qui vous attirent spécialement ?

J'aime le western, l'époque du western. Pas parce que c'est le western, mais à cause des gens avec qui je suis appelé à travailler. Des gens sympas, des cow-boys, des cascadeurs, des gens qui aiment le plein air. C'est toujours agréable d'être entouré de gens agréables, non ? Ils font un remake de *Stagecoach*, vous savez ? Mais je n'aime pas ça. D'ailleurs les remakes ne sont jamais des réussites. Le côté le plus sympathique du western, je pense, est que tout le monde peut s'identifier aux cow-boys. C'est ça qui est remarquable. Nous avons tous le désir de laisser derrière nous le monde civilisé et nous sommes jaloux, moins d'eux en tant qu'individus, que de la vie simple et droite qu'ils peuvent vivre. Nous nous imaginons tous faire des choses héroïques. Le héros du western est peut-être trop grand, surhumain, mais pas plus que d'autres héros de l'Histoire. Et puis nous faisons jouer des acteurs et des actrices qui sont beaux, pourquoi pas ? En faisant interpréter par des hommes beaux des rôles semi-authentiques, nous ne faisons que suivre la tendance générale du cinéma. Je suis plutôt moche et personne ne sortirait de l'argent pour me voir à l'écran. Il y a péché seulement quand nous idéalisons ce qui est fondamentalement laid, quand nous faisons des héros à partir de personnages fondamentalement répugnants. Billy The Kid, par exemple. C'était un bandit brutal et vicieux. Ce qui n'empêche que le western, par exemple, est bourré de clichés et même de redites morales.

Je ne pense pas avoir sciemment habillé mes héros en blanc et mes méchants en noir. La vertu ne triomphe pas toujours, ni dans la vie, ni dans le western. Quelquefois elle triomphe et au fond de moi, je trouve ça bien. Je me rappelle, une fois dans une salle de projection, je visionnais la version finale d'un western et quelqu'un qui était là (peu importe qui) me disait — et c'est tout au début du film — qu'il savait déjà qui était le méchant : *« C'est le gars là, au fond, habillé en noir, sur un cheval noir »*. Je suis devenu furieux et j'ai arrêté la projection, j'ai viré le type et fait enlever le plan. Ce n'était pas juste. Il faut être équitable dans la vie. L'équité est ce qui nous sauve, c'est notre rédemption, non ? ■

Propos recueillis au magnétophone le 14 mars 1966 par Axel Madsen et parus dans les *Cahiers du cinéma*, n° 183, octobre 1966.

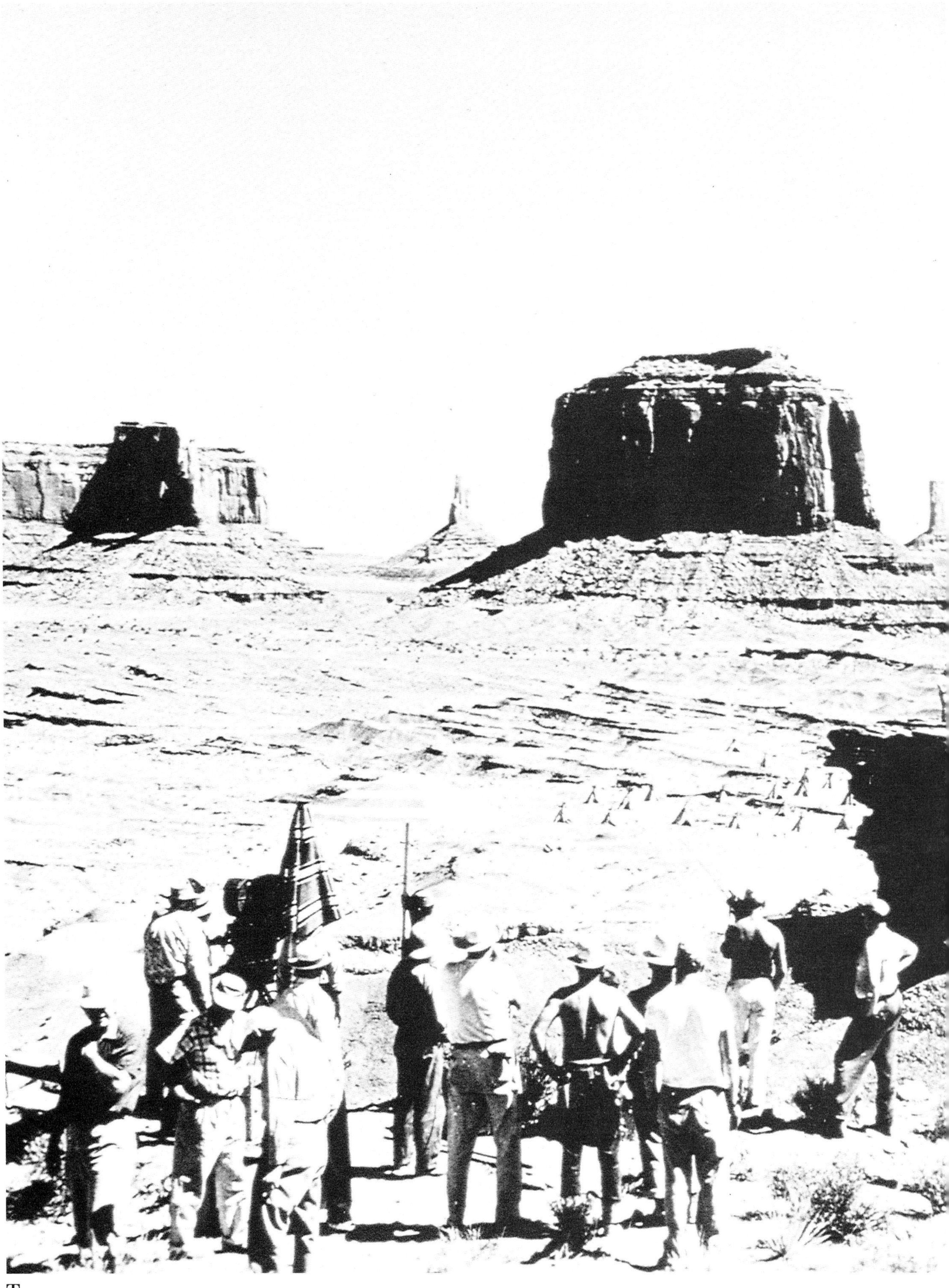
Tournage de *The Searchers* à Monument Valley

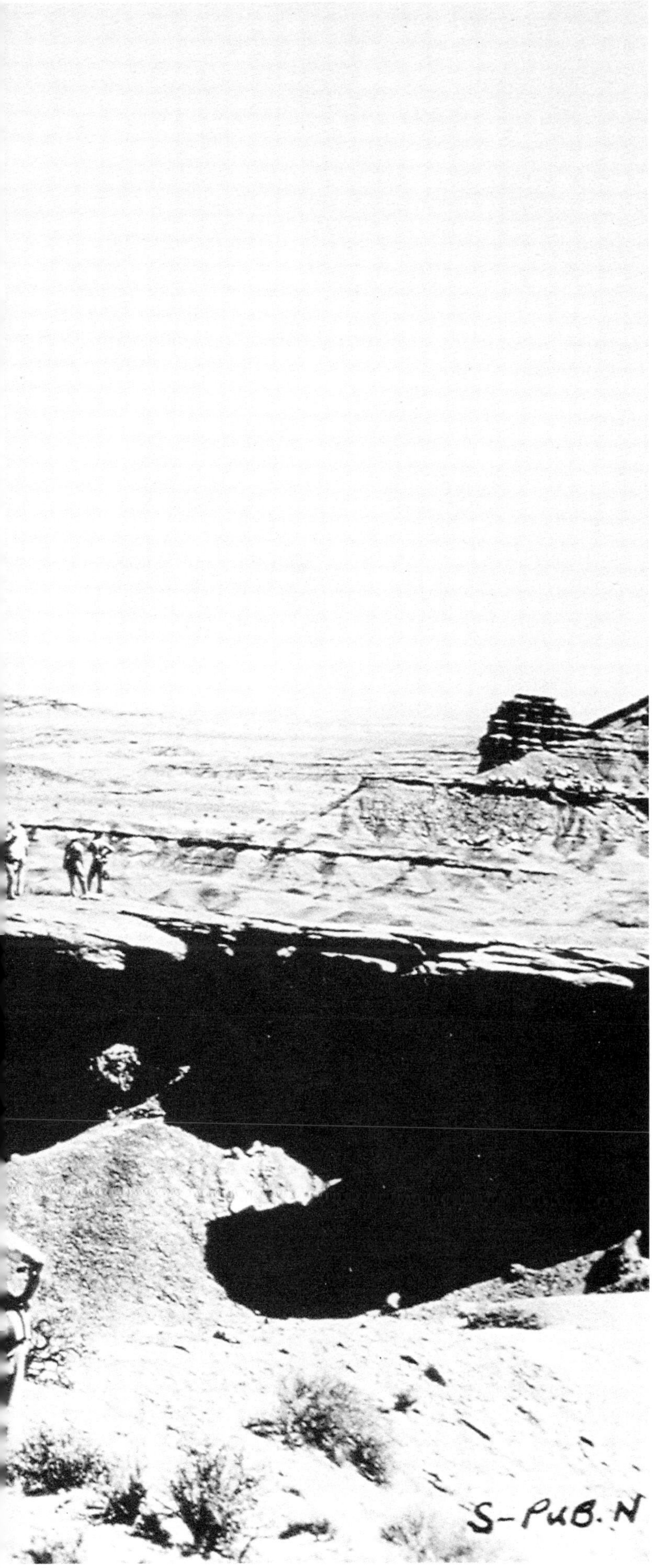

II

Ford au travail

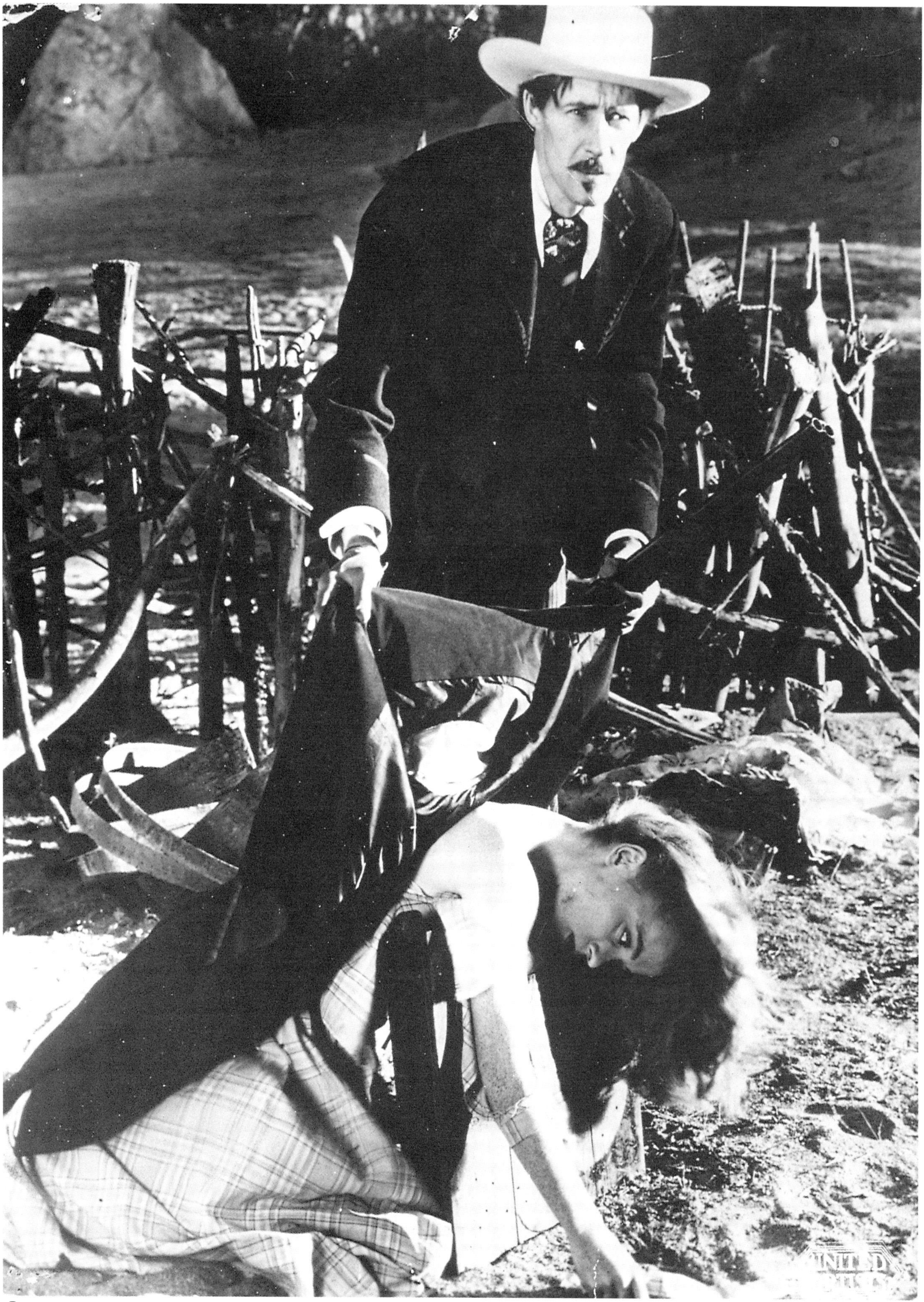

John Carradine et Elvira Rios dans *Stagecoach*.

Je ne vais jamais voir de western

A propos de *Stagecoach*

John Ford.
J'ai trouvé l'histoire en la lisant dans *Collier's*, je crois bien. Elle n'était pas bien exploitée, mais j'ai aimé les personnages. Je l'ai achetée pour presque rien — 2500 dollars, je crois.
J'ai essayé de vendre le projet aux grands studios, mais personne n'en voulait. Après l'avoir lue, les directeurs de majors m'ont dit : « *Mais c'est un western ! Plus personne ne tourne de westerns !*
— *C'est sûr*, ai-je répondu, *c'est un western, mais les personnages sont formidables. Quelle différence si c'est tourné dans l'Ouest ou autre part ?* »
Impossible de les convaincre. J'ai fini par aller à la RKO. Le président en était, à l'époque, un certain Joseph P. Kennedy qui se trouvait être également un ami. Je suis allé voir Joe et je lui ai raconté l'histoire, ainsi que toutes les difficultés que j'avais à la vendre aux studios.
« *Pourquoi refusent-ils ?* m'a-t-il demandé.
— *Ils me disent que c'est un western !*
— *Eh bien*, m'a répondu Kennedy, *il serait peut-être temps de refaire des westerns. Voilà ce que tu vas faire. Je vais envoyer ton histoire aux producteurs du studio et je verrai bien ce qu'ils en pensent.* »
Il l'a donc envoyé aux soi-disant producteurs de la RKO — quatre types qui étaient aussi des amis. L'un d'entre eux m'a déclaré : « *Je ne fais que des classiques !* » — ça devait être un mot qu'il venait d'apprendre.
Je lui ai répondu : « *Une histoire est une histoire ; peu importe qu'elle se passe dans l'Ouest ou que ce soit* Les deux gentilshommes de Vérone. »
Joe Kennedy ne put convaincre ses producteurs. Il me dit : « *Je ne sais foutre pas pourquoi je paye ces types-là ! Ils ne me font même pas de bons films. Je me souviens quand tu étais venu à la RKO avec un scénario sur la révolution irlandaise,* The Informer, *personne ne s'y est intéressé non plus. Le studio t'avait expédié de l'autre côté de la rue pour tourner sur un plateau unique. Ce film a beaucoup fait pour le prestige de la RKO. Est-ce que tu as un scénario ?*
— *Je suis en train d'écrire une continuité avec Dudley Nichols* », lui ai-je répondu.
Joe Kennedy m'a dit qu'il aimerait y jeter un coup d'œil. Mais entre-temps, Walter Wanger, qui avait encore un film à faire pour remplir son contrat avec la United Artists, m'a appelé.
« *On m'a dit que tu avais une bonne histoire*, me dit Walter. *Comment ça s'appelle ?*
— *Stagecoach*, ai-je répondu.
— *C'est un western, non ?*
— *Ouais !*
— *C'est peut-être pas une mauvaise idée... Est-ce que c'est marrant à faire ?*
— *A mon avis, oui !*
— *O.K., parlons-en !* »
Je lui ai donc envoyé la nouvelle et il m'a dit : « *C'est une très bonne histoire. J'aimerais prendre Gary Cooper pour le rôle principal.* »
Je lui ai dit que je ne voyais pas Coop accepter de jouer dans un western de ce type.
« *J'aimerais avoir deux grandes vedettes*, m'a répondu Wanger.
— *Je ne pense pas que Gary fasse l'affaire.*
— *Je pensais à Gary Cooper et Marlène Dietrich*, m'a-t-il répondu.
— *Je ne crois pas que tu puisses te permettre des salaires de ce niveau*, lui ai-je dit. *C'est le type de film qu'il faut faire pour quatre sous.*
— *Tu as pensé à quelqu'un en particulier ?*, m'a demandé Wanger.
— *Eh bien, il y a un type que je connais qui a été mon machino et qui a même un peu joué pour moi*, lui ai-je répondu. *Il s'appelle Michael Morrison, mais maintenant qu'il tourne des westerns de série Z, il se fait appeler John Wayne.*
— *Tu penses qu'il peut faire l'affaire ?*
— *Oui*, ai-je répondu. *Et en plus on peut l'avoir pour pratiquement rien.*
— *Et la fille ?*
— *Écoute, je pense que Claire Trevor est une sacrée actrice ! Elle sera parfaite dans le rôle.*
— *D'accord ! Vas-y ! Fais-moi la distribution*, m'a dit Wanger. *Mais je pars pour New York. Je pars dix jours ; à mon retour, j'aimerais que le scénario soit prêt.* »
Il est donc parti. J'ai rassemblé une bonne petite équi-

Trente ans après, John Ford et ses principaux collaborateurs de l'époque (acteurs, assistants ou techniciens) se souviennent du tournage de *Stagecoach*. Manquent malheureusement à l'appel Dudley Nichols et Bert Glennon, morts tous deux quelque temps auparavant (respectivement en 1960 et 1967).

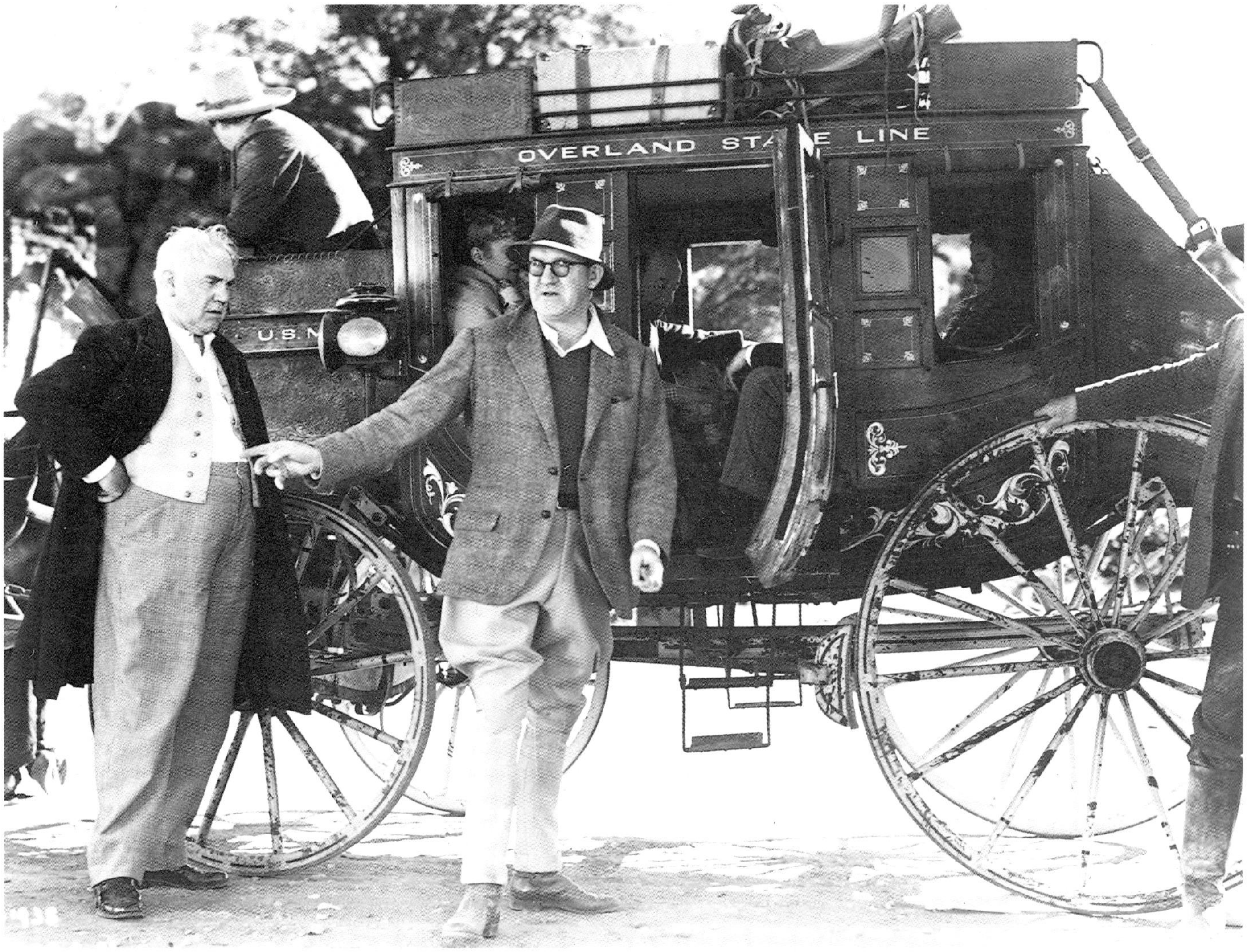

Berton Churchill et John Ford devant la diligence de *Stagecoach.*

pe. A part John Wayne et Claire Trevor, j'ai pris Thomas Mitchell, Andy Devine, John Carradine ; Wanger avait une fille sous contrat, Louise Platt ; elle convenait parfaitement. Ensuite j'ai pris ce merveilleux second rôle — comment s'appelle-t-il ? Ah, oui ! Berton Churchill : il jouait le rôle du banquier-escroc. Donald Meek faisait le représentant en alcools, et George Bancroft le cocher. Une bonne équipe.

J'ai commencé par tourner les extérieurs.

J'étais passé, un jour, par Monument Valley, et je m'étais dit que c'était l'endroit idéal pour un western. C'est dans *Stagecoach* que je l'ai utilisé pour la première fois.

Il y avait un lac asséché qui convenait parfaitement à l'attaque des Indiens. A l'époque, on n'avait pas de voiture-travelling ; on mettait juste une caméra sur une bagnole et on tournait comme ça. Ça allait vite. J'ai demandé au chauffeur jusqu'où on était monté, et il m'a dit qu'on avait atteint les 65 km/heure. On ne croirait pas que les chevaux aillent aussi vite, mais c'est vrai.

Il nous a fallu deux jours pour tourner la poursuite.

Cette foutue poursuite... tous ces crétins de critiques m'ont dit : « *Pourquoi est-ce si long ? Pourquoi les Indiens ne tirent-ils pas tout simplement sur les chevaux ?*

— *Si les Indiens faisaient ça*, leur ai-je répondu, *il n'y aurait pas eu de film !* »

La vérité c'est que les Indiens s'intéressaient plus aux chevaux qu'aux hommes blancs. La plupart du temps, ils combattaient à pied. En plus, tout le monde sait qu'à cheval, ils tiraient très mal.

Je suis resté près de quatre jours en extérieurs ; ensuite, on est rentré et on a tourné la fin dans un studio de la Goldwyn. Le scénario était très laconique ; il n'y avait pas de longues tirades. Dudley Nichols était toujours sur le tournage, même s'il n'était pas payé pour ça. Si j'avais besoin d'un bout de dialogue en plus, on y travaillait ensemble.

Le duel de la fin était un truc que j'avais déjà fait une fois avec Harry Carey — j'ai réalisé des tas de westerns muets avec Carey et Tom Mix, mais jamais un parlant. J'ai réutilisé la même idée dans *My Darling Clementine.*

Je me suis souvenu de ce que Wyatt Earp m'avait dit un jour. Wyatt Earp était un ami — d'ailleurs, j'y pense, j'ai toujours son fusil accroché au mur de ma chambre. Il m'avait dit : « *Je ne suis pas un tueur. J'avançais toujours très près de l'autre type avant de tirer. La légende veut que j'aie tué un tas de gens. En fait, je n'ai jamais tué personne. Je tirais dans l'épaule ou dans la jambe du type, mais je n'ai jamais tué personne. Je laissais ça à mon partenaire, Jones, qui, lui, était un tueur.* »

J'ai fait le film pour rien — 220.000 dollars, je crois. 8.000 dollars en-dessous du budget. Aujourd'hui, il en faudrait 10.000.000 pour faire un film comme ça !

Duke a été très bien. Il connaissait ses répliques et il

obéissait aux ordres. Bien sûr, je l'ai entouré d'acteurs géniaux et il en a beaucoup profité. Mais depuis, il est toujours au top avec eux. Il est sacrément bon !
Après le tournage de *Stagecoach*, j'ai travaillé de très près avec le monteur. Mais il n'y avait pas trop de boulot, j'avais fait le montage à la caméra.
Quand le montage a été terminé, Wanger a invité quelques types de la crème — les plus brillants rejetons de Hollywood — qui ont commencé par nous expliquer comment ils auraient fait *Stagecoach* à notre place. Sam Goldwyn a déclaré : « *Walter, tu n'as fait qu'une faute : tu aurais dû le tourner en couleurs. Tu devrais le refaire immédiatement en couleurs.* » Douglas Fairbanks Jr. a dit : « *La poursuite est trop longue.* »
Ensuite on l'a projeté devant les grands producteurs de la RKO. L'un d'eux a dit : « *Ce n'est qu'une série B !* » Un autre : « *C'est pas mal, mais c'est quand même un western !* »
Et bien sûr le film est sorti et a rapporté une petite fortune. Ça a donné lieu à tout un flot de westerns qu'on est forcé de se farcir depuis.
Les westerns, je ne vais jamais les voir, mais comme j'aime les réaliser ! Pourquoi ? Parce qu'on les tourne surtout en extérieurs. On est là-bas, perdu dans l'immensité, loin de la pollution et des autoroutes. On est avec une bande de cascadeurs qui sont des copains et qui n'arrêtent pas de jouer au base-ball. On mange bien — j'insiste toujours pour que la bouffe soit parfaite, quand on tourne en extérieurs. On travaille du lever au coucher du soleil, et la nuit, on dort comme une souche. C'est super, qui n'aimerait pas vivre comme ça ?

John Wayne, acteur.

Cela faisait dix ans que je connaissais Jack Ford ; j'avais été accessoiriste dans un de ses films. Un jour il me donna à lire une nouvelle.
« *Qui verrais-tu dans le rôle ?*, me demande-t-il.
— *Je ne vois vraiment qu'un acteur qui puisse jouer ça. C'est Llyod Nolan !*
— *Mais non, espèce de con, c'est* toi *que je veux dans ce rôle.* »
J'avais espéré comme un fou qu'il ne prononce pas le nom de Lloyd Nolan.
Pappy voulait me donner le premier rôle ; mais il était bien le seul. Il y eut beaucoup de résistance contre moi — non sans raison, d'ailleurs. Après tout, n'importe qui pouvait m'avoir dans un western de la Republic pour cinq dollars, alors pourquoi m'en donner vingt pour me voir dans *Stagecoach* ?
Mais Ford tint bon et finalement Walter (Wanger) se décida en ma faveur.
Est-ce que Ford était dur avec moi ? Ça, on peut le dire ! Mais j'avais appris à le connaître quand j'avais travaillé avec lui. Ford était très protecteur avec son équipe. Ce qui ne l'empêchait pas de prendre des têtes de Turc. Surtout les assistants-metteurs en scène. Il était terrible avec ses assistants.
On ne peut pas dire qu'il m'ait ménagé. Je me souviens d'un jour, au début du tournage, où j'avais une scène dans laquelle je devais m'asperger le visage avec de l'eau. Je me tourne donc, et je commence à me frotter la figure à l'aide d'une serviette, mais ça ne semblait pas le satisfaire. Il m'a fait recommencer, une fois, dix fois, jusqu'à ce que mon visage soit devenu tout rouge. Finalement, le fils de Jack Holt, Tim, lui a dit : « *Jack, tu ne pourrais pas laisser ce pauvre garçon tranquille ?* ».
Une autre fois, j'avais une scène avec Claire (Trevor) où je devais lui dire adieu ; ensuite elle devait se diriger vers le bordel. Je l'ai refaite trois fois ; à chaque fois, Ford me disait : « *Mais bon dieu, ne baisse pas le regard ! Ne regarde pas tes pieds !* »
Je n'arrivais pas à comprendre ce qui se passait, car je n'avais pas cessé de regarder droit devant moi. C'est alors que j'ai compris qu'il me parlait alors qu'en fait il voulait que ce soit Claire qui regarde droit devant elle.
Je n'oublierai jamais la preview. C'était au Village Theater, à Westwood, et ce fut vraiment sensationnel ! Le public criait, hurlait et finit par se lever en applau-

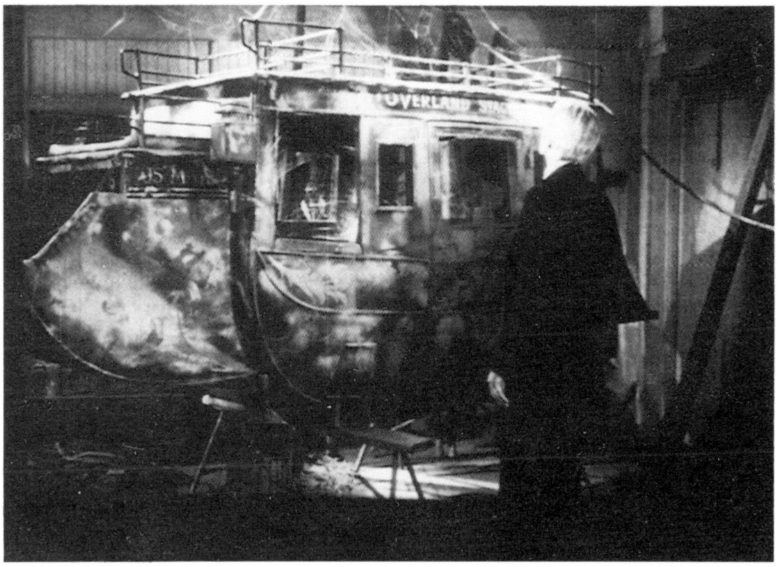

James Stewart devant celle de *The Man Who Shot Liberty Valance.*

dissant. Je n'ai jamais vu ça de ma vie!
J'avais envoyé des tickets à mes patrons de la Republic. Je les ai vus se tirer en douce du cinéma, à la fin de la séance ; c'est comme ça que j'ai su qu'ils étaient venus. Quelques jours plus tard, j'en rencontre un ; je lui dis : « *Qu'est-ce que vous pensez de* Stagecoach *?*
— *Tu sais, moi et les autres, on est parti à la fin pour boire un café et on a décidé que s'ils aimaient les westerns, ils feraient mieux de nous les laisser faire !* »
Stagecoach était vraiment un sacré bon film ! Il n'y avait que Ford pour oser montrer une très longue attaque indienne et *ensuite*, me montrer aller à la ville pour terminer le job que j'avais à faire.
Qu'est-ce que *Stagecoach* représente pour moi ?
C'est le film qui m'a mis en selle !

Claire Trevor, actrice.

Stagecoach fut mon premier film après cinq ans sous contrat à la Fox. Quel plaisir ça a été ! La plupart des films que j'ai faits à la Fox étaient assez ennuyeux. J'allais de l'un à l'autre et on travaillait toujours énormément. Je ne pouvais jamais sortir le samedi soir parce qu'on terminait le travail à des heures insensées.
Et soudain, un film avec John Ford ! Non seulement nous quittions toujours le plateau à cinq heures, six heures au plus, mais Ford arrêtait le tournage chaque après-midi pour que nous puissions boire un thé !
Aussi curieux que cela puisse paraître, Ford s'intéressait à moi en tant qu'actrice. Je ne comprends pas pourquoi

puisqu'à l'époque je n'avais rien fait d'intéressant à la Fox. Il avait voulu m'engager sur un autre film et j'avais été très déçue d'apprendre que c'était impossible. J'avais une forte grippe et des boutons de fièvre étaient apparus sur ma lèvre supérieure. Il ne m'avait pas crue et m'avait convoquée. Je suis donc venue en me cachant la bouche et il avait tenu à ce que je joue le rôle. « *Tu peux le faire*, m'avait-il affirmé.
— *Impossible !*, lui avais-je répondu.
— *Laisse-moi te regarder !* »

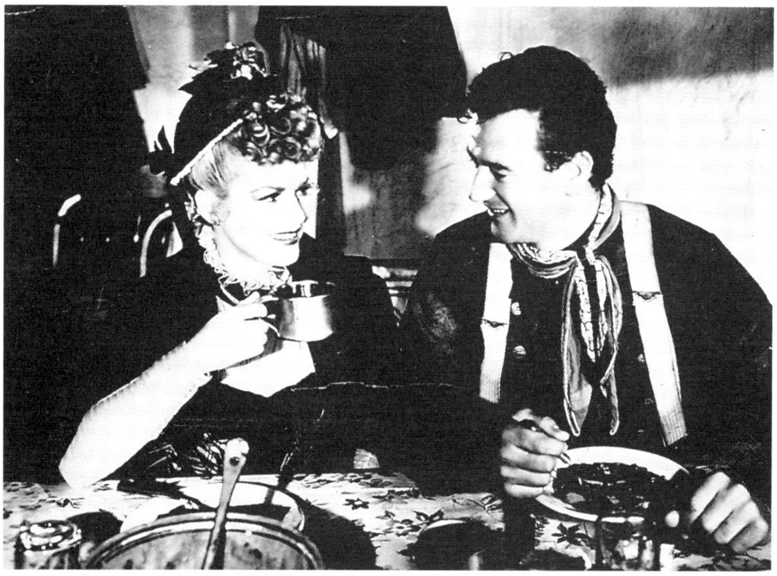

Claire Trevor et John Wayne.

Je lui ai alors montré mon visage et il m'a dit : « *C'est vrai !* »
Vous pouvez donc imaginer à quel point j'étais heureuse lorsqu'il m'a envoyé le scénario de *Stagecoach*. C'était d'ailleurs plutôt un synopsis. Pas beaucoup de dialogue, sauf ceux entre Tommy Mitchell et Donald Meek. Le reste était plus que succinct.
J'ai fait un essai avec Duke Wayne, que je rencontrais pour la première fois. En fait c'était lui qui faisait un essai, pas moi. Ford nous a fait répéter la scène juste après la naissance du bébé — qui était d'ailleurs la seule vraie scène que nous ayions ensemble. L'idée générale est qu'il devait avoir l'air très respectueux. Il ne savait pas que j'étais une prostituée.
Ford nous a fait jouer la scène debout contre une barrière. Soudain, Ford a pris Duke par le menton et a commencé à le secouer.
« *Qu'est-ce que tu fais avec ta bouche ?* lui a-t-il demandé. *Pourquoi bouges-tu autant ta bouche ? Tu ne sais donc pas qu'on ne joue pas avec sa bouche, dans un film. On joue avec ses yeux !* »
C'était dur à avaler pour Duke. Mais il n'a rien dit. Et je peux dire qu'il en a appris des tonnes dans ce film.
La distribution était remarquable. Chaque personnage était vraiment un individu, chacun était remarquable à son niveau.
Ford a réussi à obtenir le meilleur de nous tous. Moi, il me fascinait littéralement. Une des choses importantes que j'ai apprises durant le tournage de *Stagecoach*, c'est que les plus grands metteurs en scène sont presque incapables de faire une phrase. Ford avait une espèce de radar. Il disait des choses comme :
« *Tu sais, Claire... tu ne peux pas... ce type n'est pas...*
— *Oui, je sais !* » Et tout devenait subitement très clair pour moi.Il aurait pu me dire : « *Claire, je veux que tu te mettes au bord de ce ravin et que tu sautes !* » — et je l'aurais fait.
Ford ne m'a vraiment engueulée qu'une fois. C'était un jour où je suis arrivée sur le plateau en sifflant, comme ça m'arrive parfois. Ford a hurlé :
« *Qui est-ce qui siffle ?*
— *C'est moi*, ai-je avoué.
— *Eh bien arrête !* »m'a-t-il dit durement.
Je croyais qu'il plaisantait et je me suis remis à siffler.
« *Bon dieu, quand je te dis t'arrêter, je veux que tu t'arrêtes !* »
J'étais à la fois choquée et embarrassée. Puis j'ai pris conscience que je l'avais probablement interrompu dans une méditation. Mais l'incident fut vite oublié. Et je me suis souvenu de ne pas siffler sur un plateau.
Pendant le tournage de *Stagecoach*, je savais que le film serait bon. Mais je ne savais pas que ce serait un chef-d'œuvre. Je n'ai pas suivi le début du tournage. Ford disait : « *On a fait du bon boulot, en Arizona !* », mais c'était tout.
Pendant les prises, les acteurs n'avaient pas le sentiment de jouer un drame ; les plans étaient trop fragmentés. Mais tout était en train de se construire dans l'esprit de Ford. Il savait exactement comment il allait assembler toutes ces pièces disparates.
Il y avait une scène que j'attendais avec beaucoup d'appréhension. C'était celle où Duke me dit que, finalement, il aimerait bien me revoir une fois que tout serait fini. Jusque-là, Ford n'avait construit notre histoire d'amour que par les regards que Duke et moi échangions. J'arrivais enfin au moment où j'allais pouvoir montrer ce que je valais dans une scène d'amour !
Quand je suis arrivée sur le plateau, Ford regardait la page et demi de script ; il déclare : « *Trop touffu !* » Il coupe tout sauf deux répliques. J'étais catastrophée.
Plus tard, je rencontrai Ford aux studios de la Goldwyn, alors qu'il montait le film. « *Ça va être fantastique*, me dit-il. *Et tu es si bonne que personne ne s'en apercevra. Ça va leur passer au-dessus de la tête !* »
Il avait raison. *Stagecoach* a fait Duke Wayne, mais moi, ça ne m'a pas trop aidée dans ma carrière. Il y a des rôles qui imposent, comme celui de Jack Nicholson dans *Easy Rider*. Pour moi, ce fut *Dead End* et *Key Largo*. Mais pas *Stagecoach*. C'était trop subtil.

Yakima Canutt, cascadeur.
J'avais travaillé avec John Wayne sur tout un tas de westerns depuis 1932. Quand on l'engagea pour *Stagecoach*, il me recommenda à John Ford qui demanda à me voir.
Quand on s'est rencontré, Ford m'a dit : « *Alors, Enos, comment ça va ?* »
Ça m'a laissé sur le cul. Personne, à Hollywood ne savait que mon vrai nom était Enos. J'ai dit à Ford : « *Je vois que Wayne vous a filé des tuyaux à mon sujet.*
— *C'est vrai*, m'a dit Ford. *En fait il m'a dit tant de bien sur toi qu'il va t'être difficile d'être à la hauteur de ta réputation.* »
Ford m'a donné à lire le scénario et j'ai trouvé que c'était un sacré bon western. Je suis allé le voir et je lui ai confié quelles idées j'avais sur la façon de réaliser les cascades. J'allais engager des cascadeurs et les « driver » pendant toute la durée du film.
La première chose dont on ait parlé avec Ford, c'était cette scène où la diligence arrive devant un torrent et où

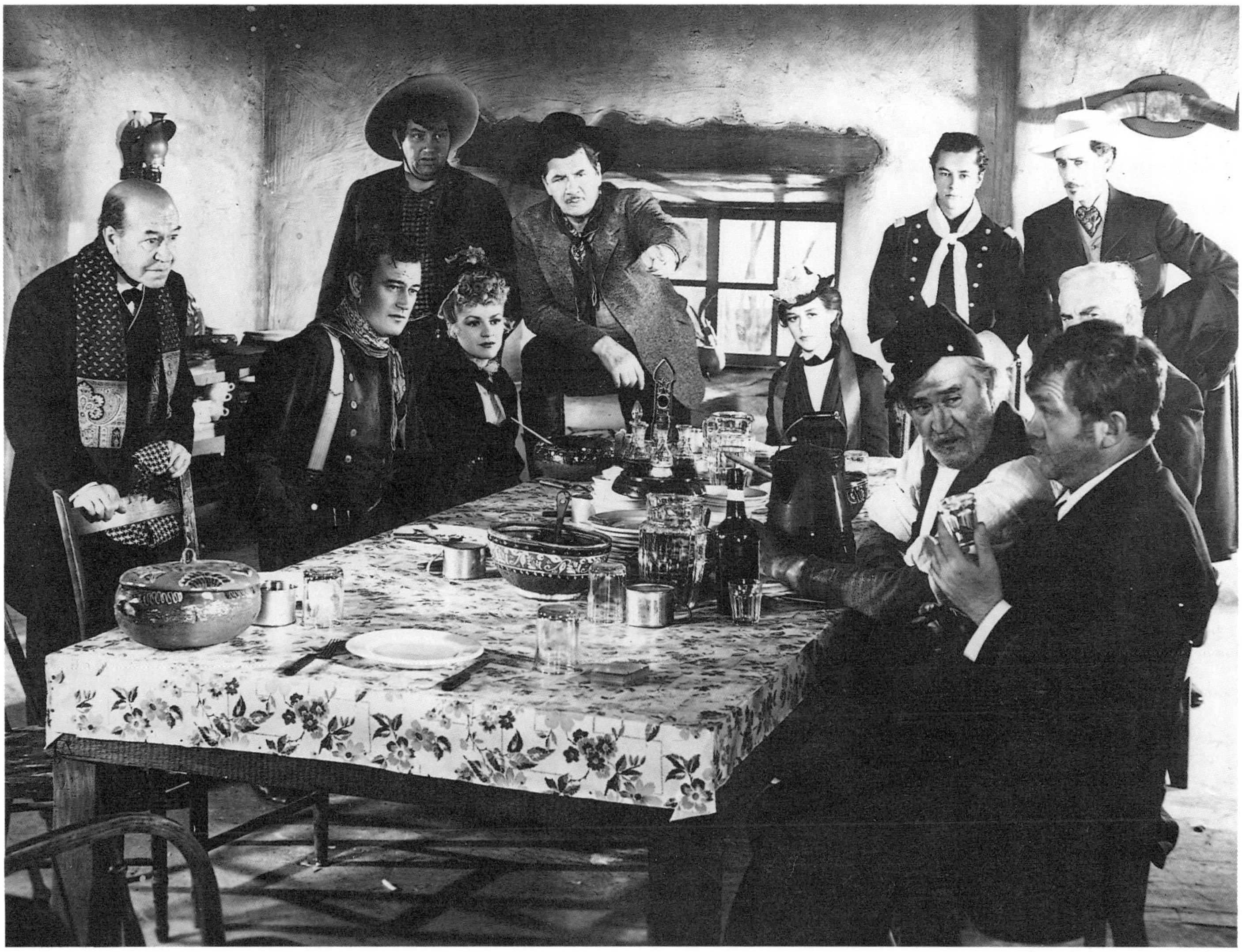

l'on voit le relais de poste brûlé par les Indiens, sur l'autre rive. Dans le script, on devait mettre la diligence sur des troncs d'arbre et lui faire descendre la rivière pour échapper au danger.
« *Oublions ça*, m'a dit Ford. *On m'a dit que c'était impossible à faire.*
— *Alors là, M. Ford, je ne suis pas d'accord. On peut tout faire avec du temps et de l'argent.* »
Ford me donna son accord pour que je trouve un moyen de mettre cette diligence sur un radeau. Des types de la Paramount m'ont aidé à inventer un système de troncs d'arbre creux qu'on attacherait à la diligence ; deux de chaque côté. Il fallait tout prévoir au millimètre près — qu'ils soient assez gros pour flotter, mais placés assez haut pour que les roues touchent le sol.
J'ai alors ajouté un câble immergé qu'on pouvait arrimer à l'avant de la diligence et qui serait hélé par un camion hors-champ, de l'autre côté de la rivière. J'avais prévu un crochet-pélican qui se décrochait automatiquement quand la diligence arrivait sur la berge. Les chevaux étaient attachés normalement, mais je les avais accrochés également pour qu'on puisse les tirer de l'eau s'ils arrêtaient de nager.
Ford approuva mes plans et m'envoya à Kernville pour tester le matériel. Je mis tout au point et lui donnai un coup de fil. « *Mets huit personnes dans la diligence et regarde si ça marche !* », me dit-il.
C'est ce que j'ai fait ; je lui ai téléphoné le soir même pour lui dire que tout allait bien. « *D'accord ! On sera là demain pour la tourner !* », m'a-t-il répondu.
Quand l'équipe est arrivée, tout était prêt pour le tournage. J'avais attelé des chevaux dociles pour faciliter la tâche d'Andy Devine. Ford a filmé la traversée en une prise.
Après, il m'a demandé : « *Tu penses qu'Andy est capable de conduire cet attelage ?*
— *Aucun problème*, lui ai-je répondu. *Avec mon système, tout ce qu'il a à faire, c'est de se tenir aux rênes.*
— *D'accord ! Je veux la refaire en plan rapproché pour qu'on voie tous les personnages.* »
La deuxième fois, ça a marché aussi bien.
On a terminé le film par l'attaque des Indiens sur le lac asséché de Victorville. J'avais déjà compris que Ford aimait tourner vite et détestait les dépassements ; j'ai donc tout réglé dans cette optique. Il fallait d'abord tourner les chutes de cheval. Aussi, la veille, j'ai loué un fermier avec son tracteur pour qu'il retourne près de dix hectares de terrain. Ainsi, le sol devenait plus tendre pour les chutes et le travail plus rapide et plus sûr.
Quand on a eu fini les chutes, Ford m'a dit : « *Yak, mets tes peintures de guerre ! On va faire ton truc indien !* »
C'était une cascade que j'avais faite dans un *serial* et que j'avais recommencée deux ou trois fois. Ça consistait en ce que l'Indien saute de son poney sur le cheval

De gauche à droite autour de la table de *Stagecoach* : Donald Meek, John Wayne, Andy Devine, Claire Trevor, George Bancroft, Louise Platt, Tim Holt, John Carradine, Berton Churchill, Francis Ford et Thomas Mitchell.

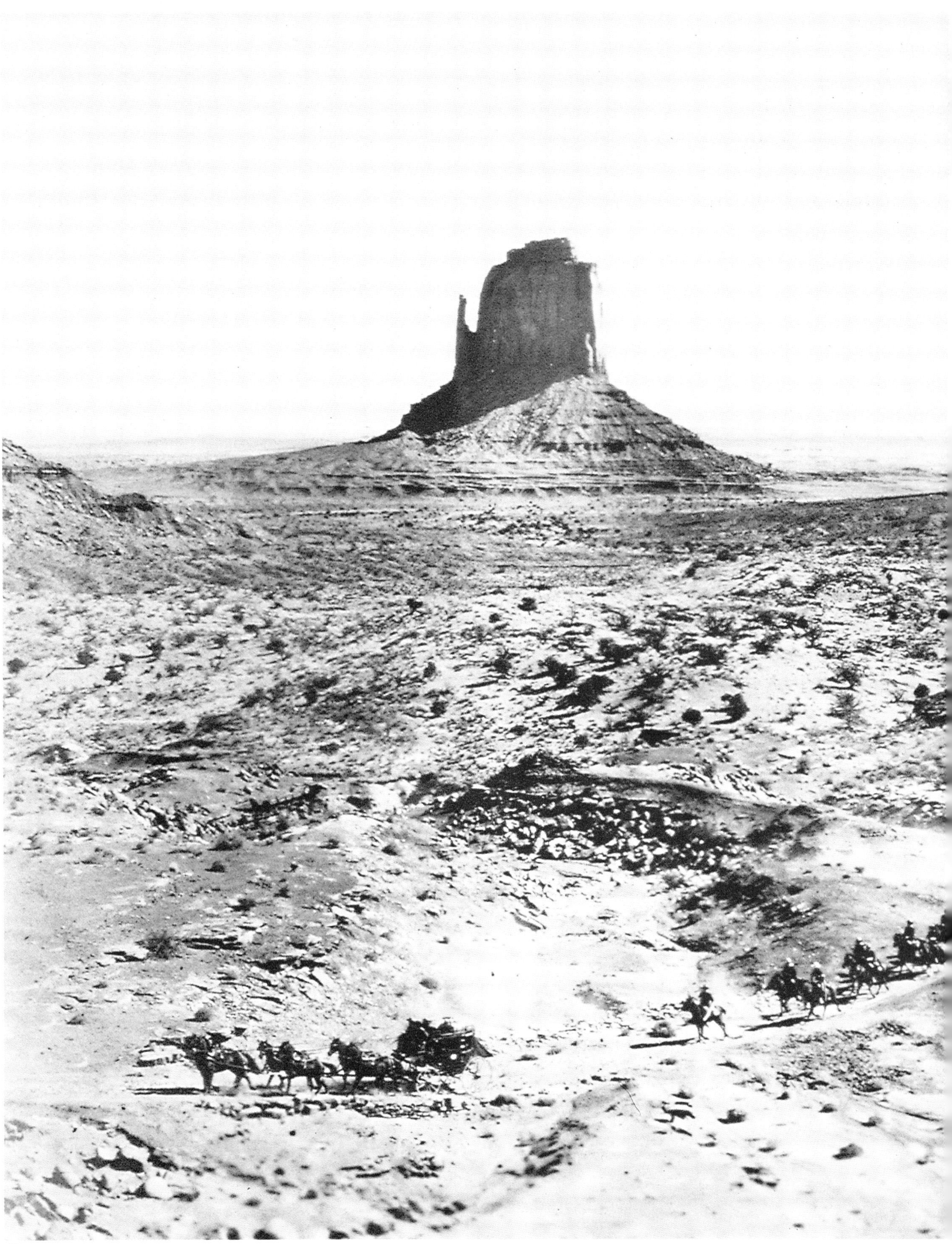

Stagecoach : Monument Valley.

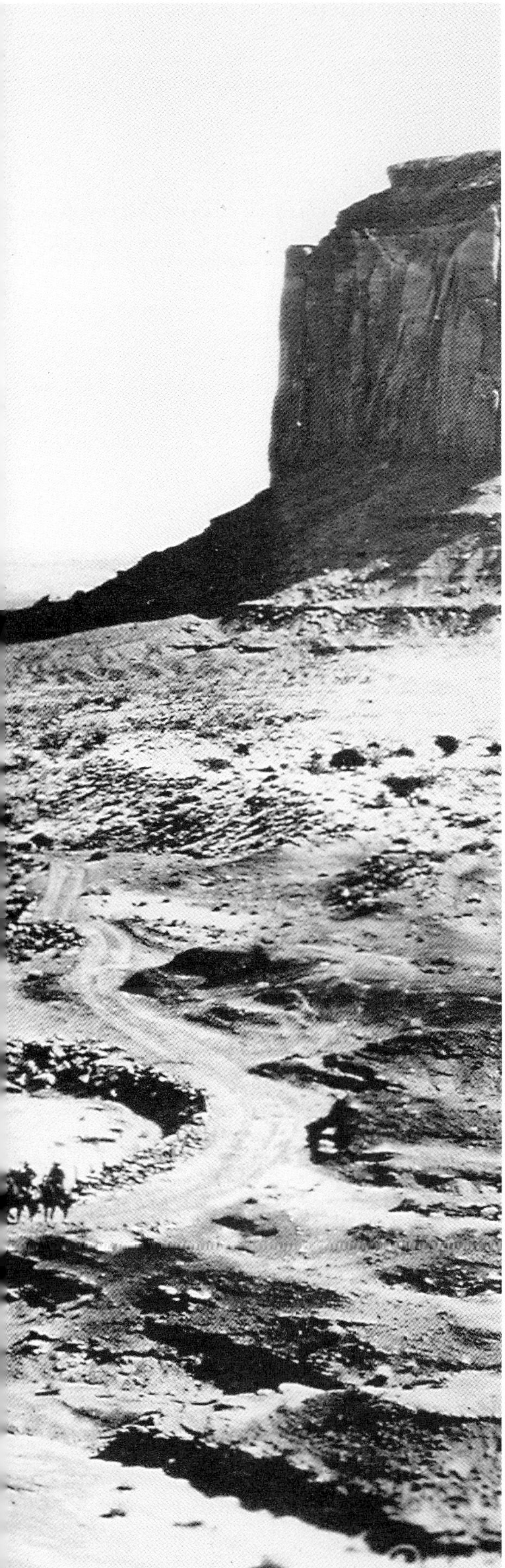

de tête en essayant de tirer les rênes. Le cocher tire sur l'Indien qui tombe sur l'ardillon de la boucle entre les deux chevaux de tête, se laisse traîner un peu et lâche tout... ensuite les chevaux et la diligence lui passent dessus.
C'était un truc assez dangereux parce qu'il n'y avait que quatre-vingt centimètres à un mètre entre les deux chevaux et qu'il fallait s'aplatir parfaitement pour ne pas se faire écraser par la diligence.
J'ai fait le truc une fois, et ça n'a pas été facile. Le *pinto* que je montais s'est écarté de l'attelage et j'ai dû faire un très long saut. Mais j'ai réussi, et Ford m'a dit : « *Tu ne feras jamais mieux de ta vie !* »
Ensuite, on a tourné la chute. Wayne m'a tiré dessus de la diligence et je suis tombé sur l'ardillon. Il devait me tirer dessus une deuxième fois et je devais tomber. Ça foutait les jetons de se laisser traîner et de regarder ces sabots à quelques centimètres de soi... Mais ils galopaient bien droit et je me suis laissé aller.
J'ai gardé mes bras le long de mon corps et les jambes bien droites et tendues et rien ne m'a touché. Dès que la diligence m'a eu passé dessus, j'ai fait une roulade et je me suis relevé puis je me suis écroulé en faisant le mort. C'était ma petite touche finale. Après coup, les caméramen n'étaient pas sûrs d'avoir bien filmé le plan.
« *Pas question qu'on la refasse*, a dit Ford. *Il vaudrait mieux pour eux qu'ils l'aient, ce plan.* » Ils l'avaient.

Wingate Smith, assistant metteur en scène.
Je me souviens des tournages en extérieur en Arizona, quand nous habitions dans la petite ville de Caliente. Je fus réveillé vers 3 heures du matin par un type de la production qui m' a dit, tout excité : « *Il neige ! Va réveiller Ford tout de suite, il faut qu'il le sache !* »
Je ne suis pas allé réveiller Ford à cette heure-là. J'ai attendu une heure décente et je lui ait dit : « *Jack, il est tombé beaucoup de neige !*
— *Génial !* a-t-il répondu à ma grande surprise. *C'est juste ce dont on avait besoin.* »
On a fait venir toute l'équipe dans la neige pour tourner des scènes de diligence. Merian C. Cooper, qui était resté au bureau, n'arrêtait pas de nous appeler sur ondes courtes pour demander ce qu'on allait faire de ces scènes. Mais Jack refusait de répondre.
Il ne dévoila rien pendant des jours. Puis un jour, comme on filmait la diligence arrivant au relais, il écrivit cette réplique pour Andy Devine : « *J'ai pris la piste des sommets parce que je sais que les Apaches n'aiment pas la neige !* »
C'est sa façon de travailler, à Jack Ford. Un metteur en scène normal n'aurait pas tourné ce jour-là, mais pas Ford. Et le résultat fut sans doute les scènes les plus étonnantes du film.
Il n'y avait jamais de friction sur un tournage de Ford. L'équipe le respectait parce qu'on savait que Ford utilisait ce qu'il tournait. Ils n'auraient peut-être pas respecté un autre metteur en scène qui aurait tourné des tas de plans pour avoir une sécurité au cas où... Mais avec Ford, ils acceptaient n'importe quel ordre. Tout le monde savait qu'il faisait ce qu'il fallait.
Même quand il leur demandait l'impossible, ils le suivaient. Pas la peine de dire : « *Ça ne marchera pas !* » à Ford ! Même si ça semblait impossible, tout ce qu'il exigeait s'avérait faisable. Comme la séquence dans la neige.
Il était évident que les acteurs respectaient Jack Ford. Tout le monde savait qu'il n'y avait qu'un patron. Lui. Ils savaient

qu'il valait mieux pour eux qu'ils sachent leurs répliques. Sinon, Ford pouvait toujours filmer sans les mettre dans le champ.

La plupart du temps, les acteurs étaient tous sur le tournage, même durant leur jour de repos. Ils disaient : « *On ne sait jamais quand Ford vous donnera une panouille !* » Et c'était vrai. Ford arrivait toujours avec un truc à faire, un bout de dialogue qu'il venait d'écrire, des petits riens qui faisaient que la scène fonctionnait. C'est comme ça qu'il arrivait à faire de grands films.

Ford avait parfois des accès de colère. Il lui arrivait d'engueuler un assistant pour une faute qu'un acteur venait de commettre. Il y avait un assistant qui ne comprenait pas ; il n'arrêtait pas de dire : « *Mais pourquoi est-ce moi qu'il engueule ?* »

Personnellement, ça ne m'a jamais gêné. Après sa crise, il venait vous voir et disait : « *Je me suis un peu énervé. Si tu m'en veux, tu auras raison. Mais je voulais que tu saches que je ne l'ai pas fait exprès.* »

On a eu de sacrées cascades dans *Stagecoach*, et jamais un accident. Il n'y avait pas mieux que Yakima Canutt et Yak ne prend jamais de risques. Ford non plus.

D'habitude, le metteur en scène mettait sa caméra à un endroit et disait au cascadeur de tomber sur une marque précise. S'il la ratait, il fallait qu'il recommence.

Ford ne travaillait pas de cette façon. Il demandait au cascadeur : « *Où est-ce que tu comptes tomber ?* » Et alors il plaçait sa caméra. Ford ne demandait jamais quelque chose de risqué ou de superflu.

Je vais vous donner un exemple de la chance qu'il avait. On était en extérieurs et on devait tourner la poursuite par les Indiens. Ce matin-là, toute une tribu d'Indiens est arrivée sur la colline. Ils avaient senti qu'il allait neiger et avaient décidé de bouger. J'ai parlé au chef et il a été d'accord pour que ses braves jouent dans le film. La compagnie voulait les payer deux dollars par jour, mais Ford n'a accepté qu'à condition qu'ils soient payés au tarif syndical. C'est une des raisons pour lesquelles il a été fait chef honoraire par les Indiens.

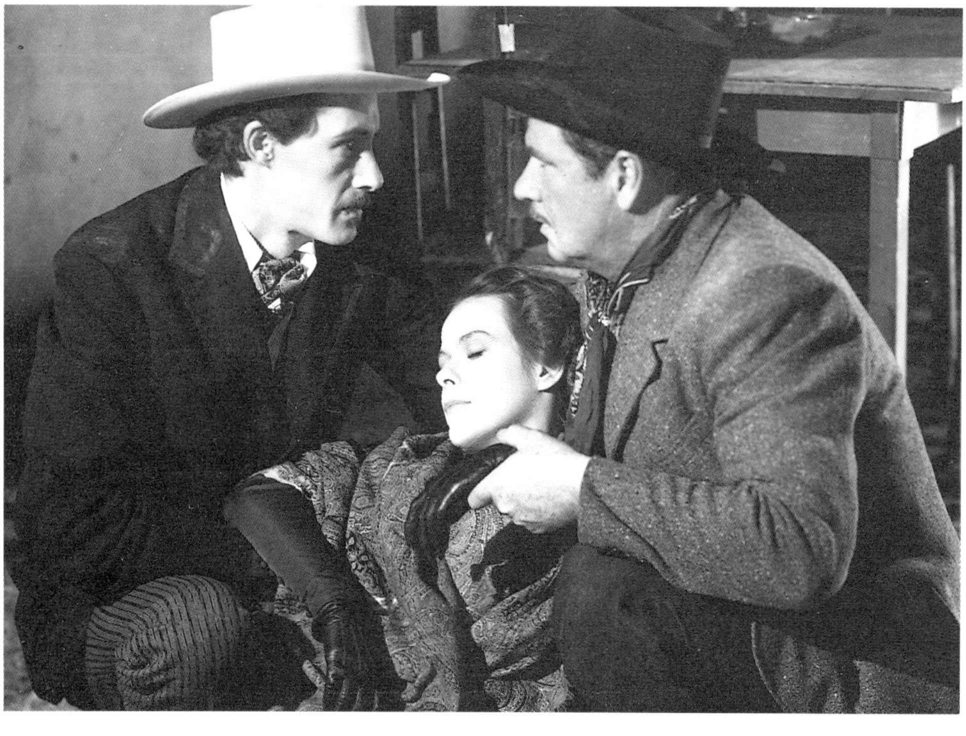

John Carradine, Louise Platt et George Bancroft.

Walter Reynolds, ingénieur du son.

J'ai fait tous les effets sonores de *Stagecoach* et toute la post-synchronisation. C'était un boulot formidable et j'étais aux anges de pouvoir travailler avec un metteur en scène tel que Ford.

Il avait des idées très arrêtées. Un jour qu'Otho Lovering avait fait des plans avec la seconde équipe, Ford ne fut pas d'accord. Lovey restait sur ses positions. Ford envoya donc le deuxième assistant, Sammy Bricker, au restaurant pour rapporter un plateau d'argent avec un couvercle. Ford souleva le couvercle ; il n'y avait qu'une pomme de terre bouillante.

« *Très bien*, dit Ford. *Tu as toujours tout en main ! Eh bien voyons comment tu vas tenir ça en main !* »

L'un des souvenirs les plus précis du tournage, c'est une scène de John Wayne avec Claire Trevor. Il n'y arrivait pas. Alors Ford lui a dit : « *Tu n'a qu'à hausser les sourcils et te rider le front !* » Depuis, Wayne fait ça dans tous ses films.

En ce temps-là, on ne prenait pas de son direct dans des séquences comme la poursuite. On tournait tout en muet. Après, il fallait que je fasse le son d'ambiance et les effets sonores.

Il fallait grapiller ici et là ; à l'époque, il n'y avait pas de sonothèques où trouver ce dont on avait besoin, comme aujourd'hui. Pour la poursuite, je suis allé à la Columbia et j'ai payé à Eddie Hahn trois dollars le mètre de bande sonore.

Je n'ai pas pu acheter assez d'effets sonores pour toute la séquence ; pour 500 mètres, ça m'aurait coûté 1.500 dollars. C'était trop. J'ai donc acheté deux fois trois mètres de chevaux au galop et je les ai mis en boucle.

Ford aimait la sobriété. Pour la charge des Indiens, j'avais mis tout un tas de cris de guerre. « *Enlève ça !* », m'a-t-il dit. J'ai obéi et je dois avouer que c'était bien mieux.

Dorothy Spencer, monteuse.

Mon dieu ! c'est si loin ! Mais je me souviens parfaitement de *Stagecoach* parce que c'est l'un des premiers bons films sur lequel j'ai travaillé. C'était formidable d'en être. Même si Ford me fichait une de ces trouilles ! On ne savait jamais s'il fallait le prendre au mot.

J'ai monté le film entier sous la supervision d'Otho Lovering. La poursuite par les Indiens était la séquence la plus difficile. Il y avait un métrage colossal. A part les extérieurs en Arizona, Ford avait fait une scène dans la diligence avec des plans que Lovey avait tournés en seconde équipe.

Ford avait raison : Il faisait le montage à la caméra. Il avait ce qu'il voulait sur la pellicule et il laissait le monteur rassembler le tout. Contrairement aux autres metteurs en scène, il n'allait jamais voir les rushes.

Il vous laissait vous débrouiller tout seul. Mais si vous faisiez une chose qu'il n'aimait pas, il vous le faisait savoir.*Stagecoach* est sorti la même année que *Gone With The Wind*, ce qui fait que le jury des Oscars n'y a pas fait attention. Mais c'était un film formidable. Dommage qu'il ait été en noir et blanc.

Andy Devine, acteur.
C'est en 1919 que j'ai travaillé pour Ford la première fois ; j'étais allé en Arizona tourner *Ace of the Saddle* avec Harry Carey. A l'époque, je travaillais dans un ranch ; je gardais le bétail et je m'occupais des chevaux ; il m'a donné un rôle dans le film. Je n'ai pas retravaillé avec lui jusqu'à 1933 ; c'était dans *Dr. Bull*, avec Will Rogers.
Il m'a fait demander pour *Stagecoach*. Un jour, il s'en est pris à moi : « *Espèce de gros tas ! Je ne sais vraiment pas pourquoi je te fais jouer dans ce film !*
— *C'est simple*, lui ai-je répondu. *C'est parce que Ward Bond ne sait pas conduire six chevaux.* »
Ford ne m'a plus adressé la parole pendant six ans.
Mais j'ai quand même retravaillé pour lui, bien sûr. A chaque fois, il s'est débrouillé pour que j'aie une femme mexicaine et neuf gosses.
Des fois, on aurait envie de tuer ce fils de pute. Mais Dieu me pardonne, c'est un grand bonhomme.

Walter Plunkett, costumier.
J'avais travaillé avec Ford sur *Mary of Scotland*, *The Informer* et *The Plough and the Stars*. Je me souviens de *The Informer*. Jack insistait pour que je mette de plus en plus de châles noirs. A la fin, toutes les femmes du film en portaient un. Je suis revenu au bureau, déprimé ; je me disais qu'il était obstiné et qu'il allait me rendre ridicule en tant que costumier. Quelques années plus tard, j'ai visité Dublin et quelle n'a pas été ma surprise de constater que toutes les femmes de la ville portaient des châles noirs sur la tête. J'ai envoyé un télégramme à M. Ford pour lui demander de m'excuser.
Bien entendu, mon travail pour *Stagecoach* fut terminé avant le début du tournage, mais j'en ai gardé un souvenir très vif.
Lorsque nous avons essayé les costumes, c'était une période de ma vie où j'avais encore beaucoup à apprendre sur mon travail. On essaya le costume écossais de Claire Trevor et je fus horrifié de m'apercevoir que son jupon dépassait de sa robe, en particulier derrière.
Je dis à Jack que j'allais arranger ça tout de suite. Il me foudroya du regard et me dit qu'il était très déçu, qu'il avait pensé que c'était un coup de génie que j'avais eu — et maintenant, il se rendait compte qu'il n'y avait pas de quoi.
Je m'en suis toujours souvenu, surtout quand mes projets tendaient à être trop théâtraux ou trop irréels.

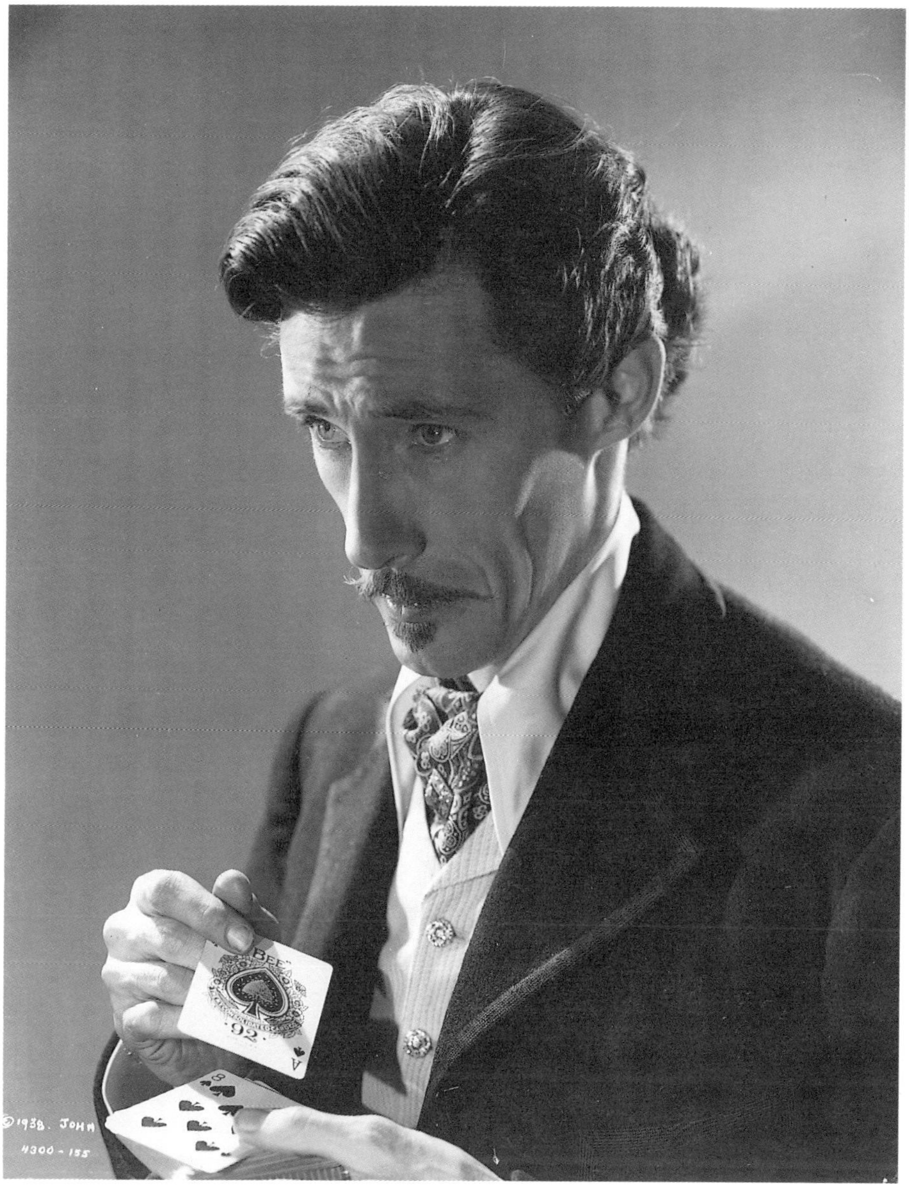

John Carradine

John Carradine, acteur.
Ford trouvait toujours une tête de Turc parmi les acteurs et le menait en bateau pendant tout le tournage. Généralement, il choisissait un acteur de théâtre, parce qu'il avait un certain mépris pour ceux qui étaient des « artistes dramatiques ».
Sur *The Hurricane*, ce fut Raymond Massey. *Sur Grapes of Wrath*, ce fut O.Z. Withehead. Sur *Stagecoach*, ce fut Tommy Mitchell.
Ford n'arrêta pas une seconde de le mettre en boîte. Le sommet ce fut la scène du bar où l'on trinque à la santé du nouveau-né. C'était une scène difficile ; nous nous tenions à deux mètres les uns des autres, et chacun avait une réplique à dire. Ford envoya les doublures pour que nous puissions répéter la scène entre nous.
Nous nous sommes mis à badiner, ce qui énervait Ford au plus haut point. Il commença à nous insulter, tous en bloc ; mais il prit un malin plaisir à insister sur Mitchell. Pendant un moment, Tommy supporta ses sarcasmes ; mais soudain, il lui dit : « *Allez-y, monsieur Ford, mais souvenez-vous d'une chose : j'ai vu* Mary of Scotland. »
Ford quitta le plateau un quart d'heure. Quand il revint, il ne fit jamais plus aucune allusion à l'incident. ■

Ce texte a été publié dans Action, *Directors Guild of America*, septembre-octobre 1971, vol. 6, n° 5. Traduit de l'américain par Serge Grünberg.

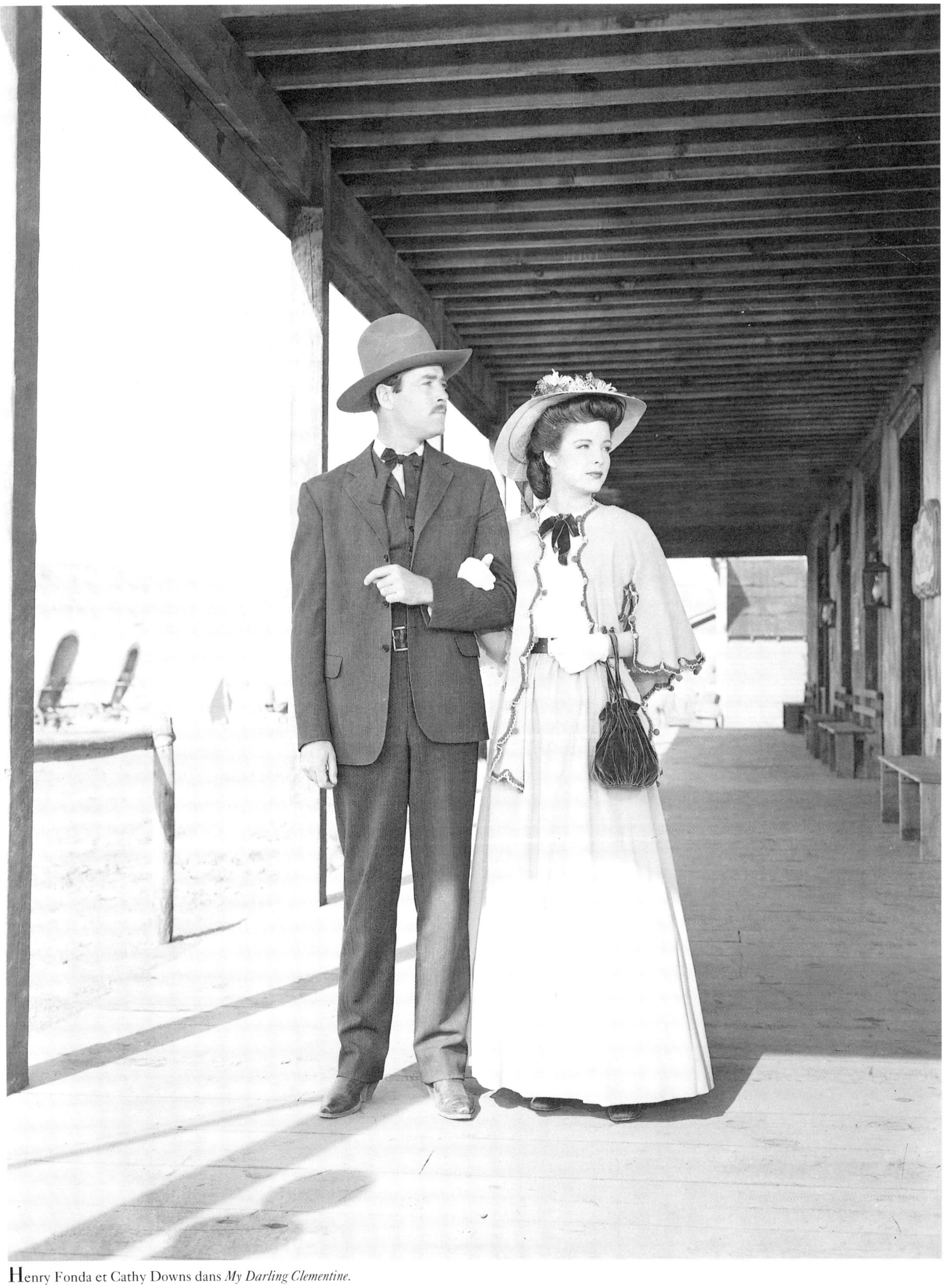

Henry Fonda et Cathy Downs dans *My Darling Clementine.*

Tant que l'histoire est intéressante

Entretien avec Winston Miller

Comment êtes-vous intervenu sur My Darling Clementine *?*

Un jour, mon agent m'appelle et me demande si je veux travailler à la Twentieth Century. Je lui réponds : « *Pas avant quinze jours* ». — « *Dommage ! c'est pour un film de John Ford !* », me dit-il. — *Je serai là ce soir !* », lui ai-je immédiatement répondu. J'ai pris ma voiture et j'ai négocié. La Twentieth m'a accordé mes quinze jours ; ensuite je suis allé travailler avec John Ford.

C'était une drôle de situation. Je sortais juste des Marines, Ford sortait de la marine, Henry Fonda aussi, et Victor Mature des gardes-côtes. Pour tout le monde, c'était le premier film d'après-guerre.

John Ford et moi sommes restés près de six semaines à une table à essayer de tirer quelque chose de cette histoire, enfin... à concocter un scénario. La Twentieth avait déjà produit un film sur Wyatt Earp et tout Hollywood avait, d'une manière ou d'une autre, utilisé son personnage. Mais ça ne nous intéressait pas ; on est parti de zéro et on a construit notre histoire. Pour moi, c'était un rêve, car déjà à l'époque, Ford était pratiquement devenu une légende vivante ; j'ai pris un grand plaisir à travailler avec lui.

Ce qui est également passionnant, c'est qu'à l'exception de Stagecoach, *Ford n'avait pas fait de western depuis vingt ans*

Ce film a été conçu selon le canon classique. J'y ai pris un grand plaisir, parce que je connaissais le style de Ford. J'avais vu tous ses films. Je savais qu'il aimait les dialogues laconiques et c'est ce que j'ai toujours préféré moi-même.

Ford avait donc la responsabilité de la préparation du film ? Est-ce que, dans votre collaboration, vous discutiez sur ce que vous alliez faire ?

Mais oui ! Le patron, c'était lui ! C'était une production John Ford, aucun doute là-dessus ! On se voyait tous les jours et on parlait, rien que nous deux dans son petit bureau. A propos, il y a deux ou trois choses intéressantes que j'ai apprises sur Ford. La première, c'est qu'il refusait absolument de parler de son travail. Il était impossible de lui tirer un mot.

C'est vrai, j'ai lu ça dans un tas d'articles sur lui.

Je me souviens qu'une fois, il m'a convoqué dans son bureau. Mel et Joe Ferrer étaient présents ; ils étaient assis au pied du maître, en train de parler de mise en scène, de motivations et de tout le tintouin. Et Ford m'avait fait venir pour lui éviter ça ; Mel, Joe et moi avions fréquenté la même université — on était tous de Princeton. Eux voulaient discuter de cinéma, alors que Ford désirait que nous parlions de nos souvenirs de l'Académie et des chansons de Maine Stein. Ils étaient si déçus de ne pas pouvoir lui dire un mot sur son génie ! Si quelqu'un essayait de voir des motivations ou des significations dans son travail, il se contentait de lancer : « *Ah bon ? C'est ce que tu penses ?* » J'ai lu des articles sur *My Darling Clementine*, où les gens décryptent des choses qui n'y étaient pas. Je le sais, parce c'est quand même moi qui l'ai écrit ! C'est un film où il n'y a à voir que ce qu'on y voit. Pas de second degré !

Mais Ford était un type fascinant parce qu'il n'arrêtait pas de jouer au chat-et-à-la-souris. Tôt ou tard, il voulait dominer l'autre. Il essayait de vous manœuvrer pour vous mettre dans la pire des situations. Il n'y est arrivé qu'une fois, avec moi. Il y une scène, à la fin du film, où Victor Mature vole la diligence et s'enfuit de la ville. Nous étions en train d'en discuter avec Zanuck. Ford et moi, nous nous entendions bien, jamais un mot de travers ; je faisais attention à ne pas le heurter, mais je faisais mon boulot, aussi. C'est moi qui ai écrit les trois quarts de l'histoire ; je n'avais pas à me concentrer sur autre chose, comme lui avec les acteurs et tout le reste. On en arrive donc à cette scène ; il voulait que Victor Mature emmène le cocher avec lui pour la confrontation avec Henry Fonda. Moi je voulais qu'il s'en débarrasse afin qu'ils restent seuls, l'un face à l'autre. On discutait ferme sur ce point, et Ford et Zanuck me demandent pourquoi je ne voulais pas que le cocher soit là ; j'ai eu une parole malheureuse : « *Ça foutrait la pagaille dans la scène !* » Quand je dis que ce fut une parole malheureuse, c'est que Ford a sauté sur la planche que je lui avais tendue et qu'il s'est lancé dans un monologue de dix bonnes minutes sur le thème : est-ce que je pensais

Crédité avec Samuel G. Engel comme co-scénariste de *My Darling Clementine,* Winston Miller n'a travaillé qu'une seule fois avec John Ford. C'est cette expérience qu'il décrit ici.

qu'il n'était pas capable de diriger une scène avec trois acteurs ?

Apparemment, vous avez fait un compromis, puisque le cocher est là, mais qu'il reste sur la diligence.

Ce n'était pas un compromis. Ford a filmé cette scène exactement comme il la voulait. Sur le moment, j'ai tenté de lui expliquer que je n'avais pas voulu dire qu'il n'était pas capable de diriger trois acteurs dans une scène. Mais il avait réussi à me mettre sur la défensive, et ça lui faisait plus plaisir qu'une augmentation de salaire.

A l'inverse, j'ai vu un jour Zanuck le blouser comme un bleu. Zanuck propose un truc, et Ford répond : « *C'est ringard !* » Et Zanuck continue en lui disant : « *Jack, avec n'importe qui d'autre, c'est vrai que ce serait ringard, mais avec toi...* » et Ford a marché. Ce sont ces petites

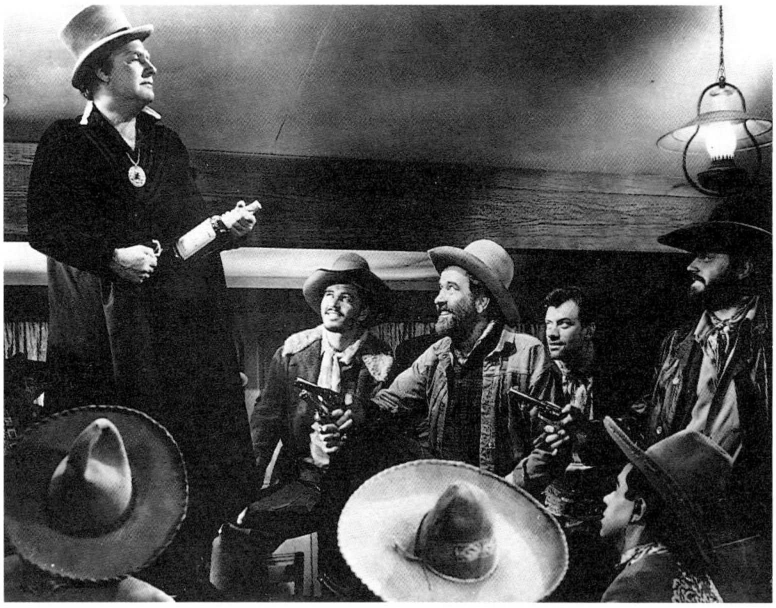

Granville Thorndyke (Alan Mowbray) sous la menace des frères Clanton : « *To die, to sleep* », Shakespeare selon Ford.

choses qui m'amusent.

Est-ce que les rôles avaient déjà été distribués lorsque vous écriviez le scénario avec Ford ? Pensiez-vous à des acteurs précis en écrivant les rôles ?

J'ai bien peur de ne pas m'en souvenir. Fonda était prévu, ça j'en suis sûr. Ford aimait travailler avec lui parce qu'ils avaient le même rythme, tous les deux. Ward Bond, je crois bien, devait en être ; il faisait partie de la famille.

John Ford aimait rester sur un personnage, comme dans cette scène du bar où la caméra reste sur Fonda. C'était l'un des rares acteurs avec qui on pouvait se le permettre. Même s'il avait un visage hiératique, le spectateur savait qu'il était en train de réfléchir. Et Ford aimait sa démarche. Il adorait suivre un homme ; il n'aimait pas trop les panoramiques à la caméra, il préférait qu'elle reste aussi statique que possible. Et il aurait pu regarder Fonda marcher tout au long d'une rue. C'était une démarche unique. En d'autres termes, le style de Fonda s'accordait totalement au style de Ford.

C'est vrai que Ford agit très souvent comme ça dans Clementine. *Il se contente de laisser Fonda s'éloigner de la caméra et il en tire un effet fantastique.*

Ford n'aimait pas du tout les effets de caméra. C'était le génie du noir et blanc ; on dirait qu'on avait inventé ça pour lui. Il aimait cette impression de sobriété, de dépouillement.

J'aimais aussi travailler avec lui à cause de sa manière de voir les gens. Il restait assis à mâcher son mouchoir, mais il voyait tout par le filtre de sa dinguerie d'Irlandais que, pour ma part, je trouve merveilleuse. C'était l'un des rares cinéastes dont on pouvait voir un film sans avoir besoin de regarder le générique ; on disait tout de suite : « *Ça, c'est du John Ford !* », à cause du rythme et du style. Mais il adorait tourner un western avec sa « compagnie », J. Farrell MacDonald, Ward Bond...

Et son frère, bien sûr, y figurait presque toujours, comme dans Clementine.

Il y avait aussi quelque chose qu'il adorait : il a réalisé un film intitulé *Young Mr. Lincoln* où Fonda exécutait son fameux numéro de valse... ou de gigue, en levant les genoux très haut. Ford adorait ça ; alors il l'a refait pour *Clementine*. On a écrit toute cette séquence de bal de charité, rien que pour qu'il puisse faire son numéro.

Je me souviens d'une autre scène, dans Young Mr. Lincoln, *où Fonda va sur la tombe d'Anne Rutledge et lui parle, après sa mort. Dans* Clementine, *Fonda va sur la tombe de son frère et fait à peu près la même chose.*

Tiens, c'est drôle ! Je viens de jeter un œil sur ce scénario — ça doit faire trente ans que je ne l'avais pas relu — et j'ai remarqué cette scène. Avant que vous ne m'en parliez, je présumais que c'était moi qui y avais pensé, mais maintenant que vous me parlez de *Young Mr. Lincoln*, je pense que l'idée est probablement venue de Ford. On oublie, en trente ans, et on a tendance à s'attribuer des choses qui ne vous appartiennent pas.

Il y a un incident qui vous intéressera peut-être ; en tout cas, il montre bien la façon dont Ford travaillait. Je ne l'ai jamais oublié. Un jour, comme on parlait dans son bureau, il s'est mis à penser en terme de scènes. Il m'a dit qu'il aimerait faire une scène d'enterrement d'une putain dans un petit western. On porte le cercueil à travers la ville jusqu'au cimetière sur un charriot, et il n'y a que la patronne et les filles qui le suivent. Comme le cortège passe devant tous les magasins, le banquier de la ville l'aperçoit et sa conscience s'émeut. On imagine qu'il faisait partie des clients. Finalement, sa virilité prend le dessus, il sort, et se met en queue du cortège. Et un à un, tous les hommes de la ville s'en vont faire comme lui. Quand le cortège arrive au cimetière, il s'est transformé en parade. C'est le genre de trucs auxquels seul Ford pouvait penser.

Oui, c'est à la fois très drôle et très émouvant.

C'est vrai, ça implique des tas de choses. Mais quand la conversation fut terminée, il retourna à son boulot et moi au mien, et j'ai écrit le script. On ne se voyait que de temps en temps ; parfois avec des intervalles de trois semaines. Un jour, donc, je tombe sur lui et on fait un bout de chemin ensemble ; il me demande : « *Alors, comment ça va ?* » Je lui réponds que ça va bien. « *Et l'enterrement de la pute ?* » Je lui ai dit : « *Écoutez, Jack, j'y ai pensé très longtemps et ça ne marche pas ; tout simplement parce que ce n'est pas une putain au grand cœur.* » C'était le personnage joué par Linda Darnell.

Je vois. Il voulait utiliser la mort de Chihuahua comme point de départ de la scène.

C'est cela, parce que, d'une certaine façon, c'était la putain de la ville. J'ai dit à Ford que ce n'était pas le genre de la fille. C'était une rien-du-tout, et j'ai commencé à lui expliquer longuement pourquoi la scène ne pourrait pas marcher. Il n'a pas pipé mot ; il continuait à marcher la tête basse. Puis, quand j'ai eu terminé, il m'a dit : « *Écoute, je ne sais pas ce que tu écris, mais à l'écran, ça va vachement ressembler à l'enterrement d'une pute.* » C'est comme ça qu'il fonctionnait. Finalement il n'a pas filmé la scène, parce que j'avais raison. Mais c'était lui qui avait pris la décision, pas moi.

Dans votre scénario, il y a beaucoup de scènes avec Jane Darwell qui joue Kate Nelson, tenancière de la « pension »... le bordel, quoi ! J'ai lu quelque part que Ford a tourné beaucoup de ces scènes, mais qu'il y a eu un problème de censure à la fin. Vous vous souvenez de tels problèmes ?

Il faut se souvenir que c'étaient les années quarante. Pour Ford, c'était le bordel municipal, mais sur le papier c'était ce que vous venez de dire.

Une « pension pour dames ».

C'était très clair. Mais les bureaux des censeurs, Breen et Hays, nous ont envoyé les admonestations habituelles en nous disant que c'était inacceptable. Ford a réfuté tout ça en leur envoyant une note qui disait, en gros, que le sujet serait traité « avec le bon goût habituel de John Ford ». Il se fichait un peu des autorités de tutelle. Si je me souviens bien de la scène d'ouverture avec l'Indien saoul et les filles qui sautent des fenêtres, ça montrait bien la nature de l'établissement.

Mais il y a aussi deux ou trois jolies scènes comiques, avec Jane Darwell et les filles, qui ont été coupées ; il y a aussi une partie du bal de charité où Fonda danse avec Darwell qui n'est pas dans le film. De toute façon, dans la version finale, le rôle de Darwell est devenu si minuscule, qu'il va de soi qu'on a dû cisailler beaucoup.

J'ai revu Ford longtemps après la sortie du film ; il était très mécontent. Zanuck, qui se vantait également d'être un très bon monteur, avait coupé derrière Ford, ce que Ford n'appréciait pas du tout. Vous le savez, Ford essayait de faire ses films de façon à ce que personne ne puisse les monter différemment de ce qu'il avait prévu. Mais Zanuck — qui était réellement un bon monteur, mais pas nécessairement du goût de Ford — avait décidé qu'il voulait faire quelques changements, ce qui avait mis Ford en rage. Il se sentait dépossédé de son film. Il en avait conçu beaucoup d'amertume.

J'ai remarqué qu'à la fin de sa vie, dans plusieurs interviews sur ses films préférés, il cite différents titres, mais jamais My Darling Clementine. *Est-ce parce qu'il pensait qu'on le lui avait volé ?*

Oui, et apparemment ça ne lui était pas arrivé souvent. En fait, en matière d'autorité sur la chose filmée, il aurait fait passer la dictature pour de la démocratie laxiste.

Ce qui n'arrivait que très rarement à Hollywood, pour les metteurs en scène.

C'est grâce aux Oscars qu'il a atteint ce statut. Ensuite, il a dicté ses propres règles. Ce qui était vraiment bien, dans ce temps-là, c'était de venir s'asseoir à la table des scénaristes, au studio, avec des membres de l'équipe qui avaient travaillé avec lui, et de les écouter raconter des histoires sur Ford. Certaines devaient être apocryphes, mais beaucoup étaient vraies. Par exemple, celle où il est convoqué par Zanuck. Zanuck devait être retenu par quelque chose d'important et Ford fait antichambre. Au bout de vingt minutes, il se lève et dit à la secrétaire de Zanuck : « *Dites à Mr Zanuck que Mr Ford lui a fait faire des économies !* » Il est sorti du studio, monté sur son yacht et parti vers Catalina. Ce n'était pas le genre à se faire marcher sur les pieds. Si un acteur se laissait aller à améliorer le scénario ou à ajouter une réplique, Ford était capable de lui écrire une scène rien que pour le mettre mal à l'aise ; et le type, après ça, faisait tout ce qu'on lui disait. A cette époque, les metteurs en scène avaient tous un profil militaire ; Ford était un général.

On raconte une autre histoire où Ford avait oublié de filmer un plan dans le plan de travail quotidien. Le producteur — je crois bien que c'était Arthur Hornblow, un type assez respecté, dans le métier — avait été désigné pour parler à Ford, parce que personne d'autre ne l'osait. Il entre donc sur le plateau, fait signe à Ford et

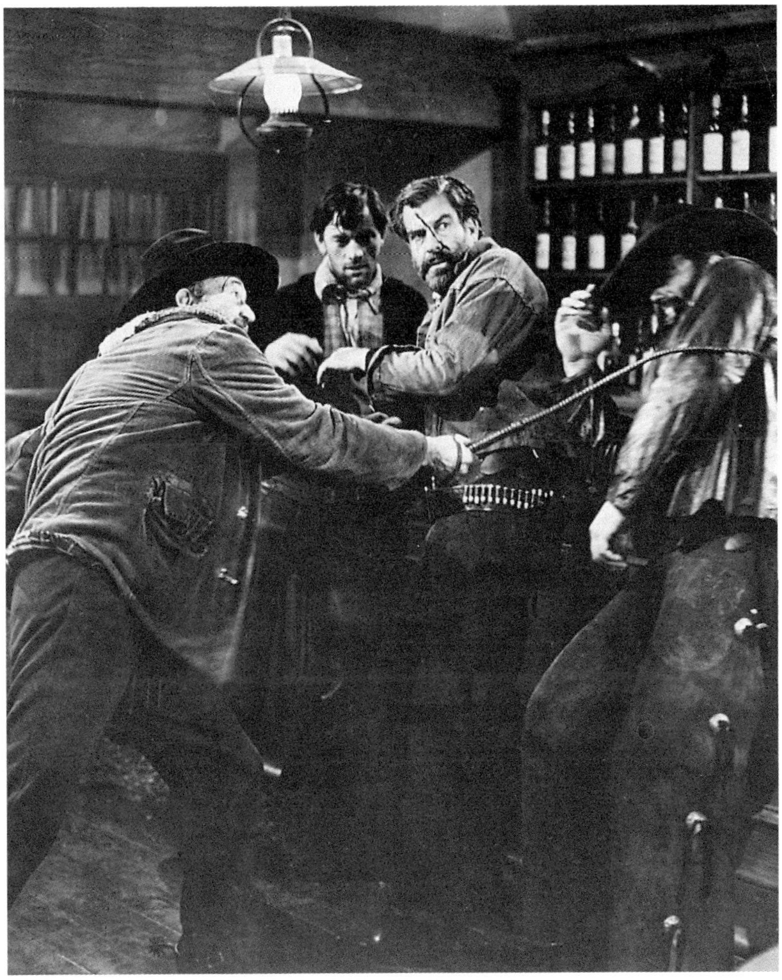

Le marquage des corps : Old Man Clanton (Walter Brennan) corrige son fils.

lui dit que la scène est magnifique et tout ça, mais que ce plan lui semble indispensable. « *Vous croyez qu'il est vraiment indispensable ?* », lui demande Ford. Et Hornblow lui répond « *Oui, Jack, vraiment !*

— Eh bien, tournez-le vous-même ! » Et il sort ! Vous comprenez que ce genre d'attitude aide à ce qu'on ne vienne pas trop vous ennuyer ; et je crois bien que c'était son désir le plus cher.

Quel rôle a joué Samuel Engel, dans l'écriture du film ? (Engel figurait au générique comme producteur et co-scénariste)

Il est arrivé sur le tard. Nous avions, Ford et moi, pratiquement fini nos conversations. Je connaissais Sam Engel d'avant, quand j'étais chez Selznick qui avait les droits d'un livre de Nevil Shute intitulé *Ordeal*. Il voulait tourner en Angleterre, me faire écrire le scénario et le faire produire par Sam Engel. J'ai donc rencontré Sam et nous avons eu une petite conversation, et nous avons réservé sur le *Queen Mary*. Puis Selznick nous a dit qu'il ne pouvait plus rien faire d'autre que *Gone With the Wind*. Sam a quitté le studio et j'ai fait d'autres choses de mon côté ; on ne s'est pas vus pendant des années. Et puis il revient à la Twentieth — il y était avant-guerre — et Zanuck le bombarde producteur de *Clementine*. Mais à ma grande surprise, j'ai découvert qu'au fur et à mesure où j'envoyais mes scènes écrites — et par politesse je les lui envoyais en priorité — il y introduisait des changements.

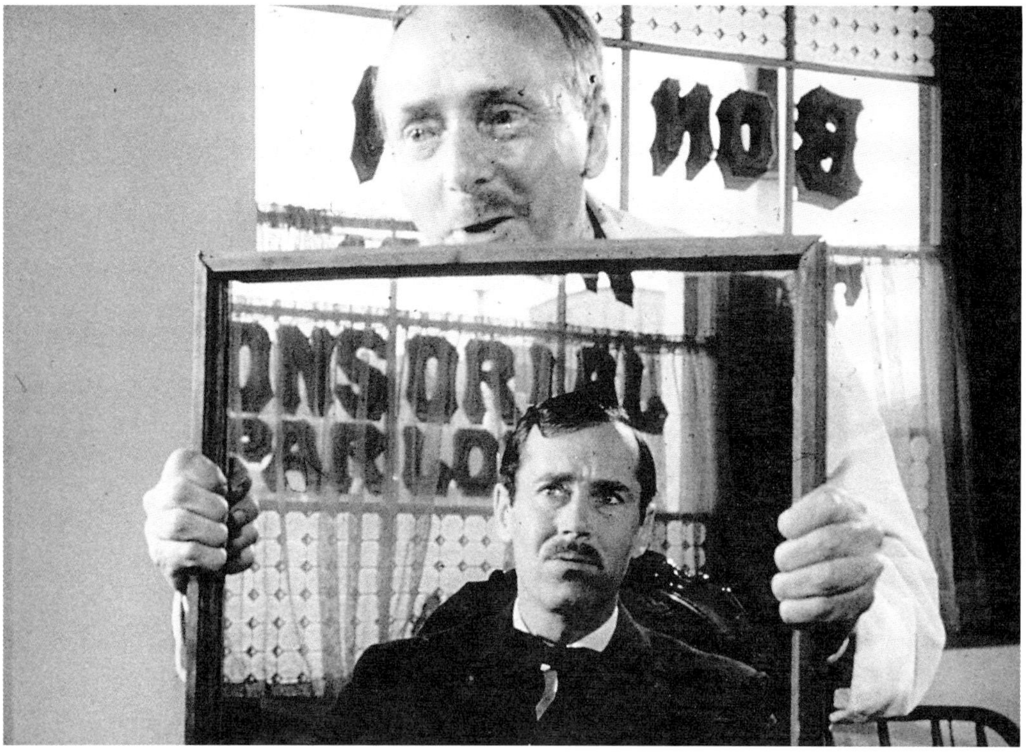

Jeu de cadres : Wyatt Earp chez le barbier.

Je suis allé le voir un jour et je lui ai dit : « *Sam, je travaille seul, jamais en collaboration !* » Il n'avait pas grand-chose à faire, sur ce film. C'était John Ford, le producteur, et John Ford ne traîtait généralement pas très bien ceux qu'on appelait producteurs. Quand on a terminé le tournage, je suis parti de mon côté, comme tout le monde, et Sam Engel a voulu figurer au générique. J'ai protesté. On est passé devant une commission de la Writer's Guild (syndicat des scénaristes) et il a perdu. Il est revenu en appel quelques semaines après, et il a encore perdu. Je suis parti, à cette époque, en voyage avec ma femme, Ford s'était envolé je ne sais où et quelques semaines plus tard, je reçois une note où on me disait qu'Engel était crédité au générique. Au terme de notre deuxième audition, je lui avais demandé pourquoi il tenait tant à être crédité en tant que co-scénariste, et il m'avait répondu : « *Figurer comme producteur sur un film de John Ford ne vaut rien !*

— *Pas de chance pour toi ! Mais ce n'est pas ma faute !* »

J'ai donc appelé le syndicat pour leur demander ce qui s'était passé, et on m'a dit qu'Engel avait dit qu'il était sur le tournage et qu'il avait fait quelques dialogues additionnels. Ça faisait très lontemps que j'étais sur un autre film.

Ce qui veut dire que votre travail sur le scénario était fini bien avant que Ford ne tourne ?

Oui, j'avais fini bien avant le premier jour de tournage. J'étais parti dans un autre studio, sur un autre film. Sam s'est accroché à cette histoire et c'est sur cette base qu'il a eu son nom crédité. Tant d'eau avait coulé sous les ponts ! J'en avais marre de ce truc ! Le seul incident déplaisant qui me soit arrivé avec Ford, c'était un jour où je suis tombé sur lui au Golf Club de Lakeside, auquel nous appartenions tous les deux ; on était sur le « practice » et il s'est montré très sec avec moi. Je lui ai demandé ce qui n'allait pas et il m'a répondu qu'il était vexé que je ne l'aie pas fait citer comme témoin à l'audition. « *C'était mon problème*, lui ai-je répondu, *pas le vôtre.* » Ça ne m'a pas plu du tout, mais j'avais fait ce que j'avais pu. En fin de compte, ça a contribué à modifier une des règles de la Writer's Guild — tout producteur de métier, qui porte le titre de producteur (ce qui veut dire que techniquement il peut engager ou renvoyer) n'a pas le droit d'être co-scénariste sans que le scénariste donne son accord préalable. Voilà comment c'est arrivé. Nous n'avons plus jamais travaillé ensemble et j'ai à peine revu Sam Engel.

C'était donc une étroite collaboration entre Ford et vous ?

Certainement ! Nous discutions de chaque scène, au moins les plus importantes. Les choses de base, comme la croix d'argent. On avait besoin d'un moyen, intuitivement — mais sans savoir quoi, exactement — pour mettre Wyatt Earp sur la piste des Clanton. En fait, si vous analysez bien le film, il y a des tas d'erreurs de construction. Earp reste en ville pour tuer le meurtrier de son frère, et on a bricolé une soixantaine de pages avec des scènes qu'on pensait être intéressantes. On ne revient au meurtrier du frère que très tard, dans le scénario. Enfin il y a la scène où il découvre la croix d'argent, on passe au troisième round et on revient à la case départ. Mais c'est comme ça que ça s'est construit, et Ford s'en souciait très peu. Notre théorie c'était : tant que c'est intéressant...

Et c'est également au milieu du film qu'Earp commence à s'investir personnellement dans les affaires de la ville de Tombstone.

C'est ça la chair du film. S'il reste si longtemps sans rien faire pour venger la mort de son frère, c'est qu'il ne sait pas ce qu'il doit faire.

Ou alors, il fallait arrêter le film !

On l'aurait fini en deux bobines. Le problème était sim-

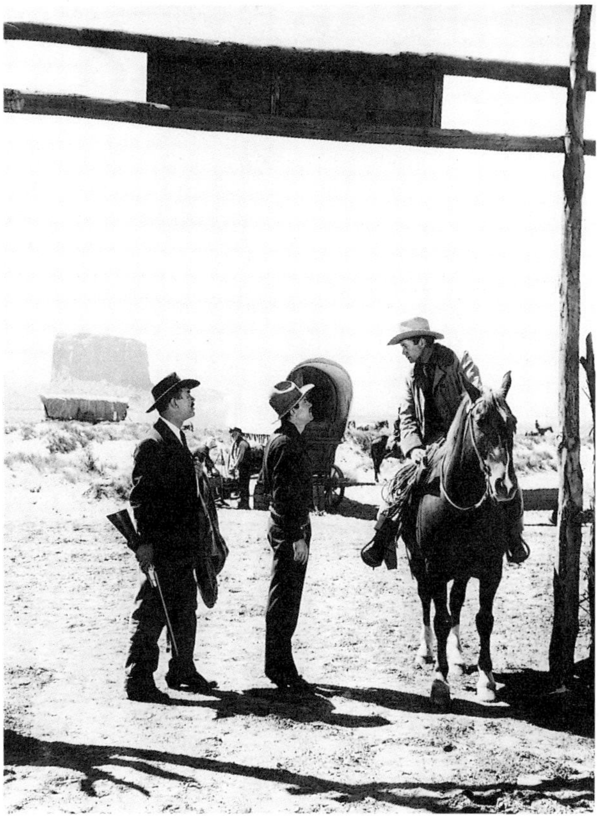

Les frères Earp (Ward Bond, Henry Fonda et Tim Holt).

plement d'essayer de dire ce qui pouvait se passer d'intéressant. Si, à l'époque, j'avais su que le film deviendrait quasiment un classique, au moins si l'on en juge par le nombre de rediffusions-télé, j'aurais peut-être été un peu plus exigeant.

L'élément que Ford et vous avez ajouté à Clementine, *c'est le conflit entre les familles Clanton et Earp. On ne le trouve pas dans* Frontier Marshall, *qui n'est qu'un film sur Wyatt Earp et Doc Holliday.*

Cet élément était présent depuis le tout début. On connaissait la fin du film avant d'en écrire la première ligne. Tout le monde avait écrit son truc sur le réglement de comptes à O.K. Corral, nous n'avons fait qu'écrire *notre* version. Mais c'était un peu la finalité du film. C'était un événement dont tout le monde, fans de westerns ou non — et, personnellement, je n'ai jamais été aficionado de l'Ouest, bien que j'aime les westerns comme tout le monde — dont tout le monde, disais-je, a entendu parler. Mais personne, en revanche, ne savait trop ce qui s'y était exactement passé.

Ce qui vous laissait pas mal de liberté.

Oui. On savait que ce seraient les Earp contre les Clanton.

Dans certaines interviews, Ford laisse percer son insatisfaction quant à la fin de My Darling Clementine. *Il affirme avoir voulu que Wyatt reste à Tombstone et épouse Clementine, mais que le studio lui avait imposé une autre fin. Vous vous souvenez de ce conflit ?*

C'est la première fois que j'entends une chose de ce genre.

La fin que nous voyons à l'écran figurait dans le scénario final et, comme vous nous l'avez dit, Ford avait participé de près à son élaboration ?

Peut-être qu'il avait une idée derrière la tête, ou des regrets de dernière minute, après mon départ, mais il n'a jamais été question qu'Earp ne parte pas pour la Californie.

Comment Clementine *a-t-il été reçu, à sa sortie ?*

Je crois me souvenir que les critiques étaient bonnes. On n'a pas considéré ça comme un classique, bien sûr, parce qu'à la base ce n'était qu'un western, même s'il était réalisé dans le style de Ford, ce qui le mettait un cran au-dessus. Je crois qu'on a considéré que c'était un bon film commercial, et les critiques qui espéraient y voir des choses plus profondes de la part de Ford ont dû être déçus. Mais c'était un contrat qu'il devait honorer avec la Fox et qui datait d'avant-guerre.

Mais quand vous travailliez sur Clementine *avec lui, il ne vous a pas laissé l'impression que c'était une corvée dont il s'acquittait ?*

Pas du tout ! Il y prenait beaucoup de plaisir. Il adorait ce genre de truc. Ça allait droit dans son sens. Tout le monde, d'ailleurs, était partant ; pour des raisons différentes. Comme je l'ai dit, c'était notre premier film à tous, après trois ou cinq ans d'absence des écrans. Et Ford a adoré ça ; c'était le genre d'histoire qu'il aimait vraiment ; il pouvait être à la base du projet et le guider dans son sens en y mettant les acteurs qu'il aimait. Non, tout était parfait jusqu'à ce que Zanuck fasse des coupes derrière son dos.

Il se peut donc qu'il ait remonté le film, voire qu'il en ait supprimé certains passages ?

Certainement ! J'en suis sûr ! Je ne connais pas le découpage par cœur, puisque je n'ai jamais vu le montage originel de Ford ; donc, je ne sais pas ce que Zanuck a traficoté. Je sais que Zanuck pensait pouvoir améliorer le film. Ford, lui, aimait son rythme particulier. Je crois que Ford a dû penser que Zanuck a détruit le rythme qu'il croyait indispensable, et surtout qui constituait comme sa marque personnelle. Zanuck, selon moi, était beaucoup plus impatient.

Moi, j'aime écrire des dialogues sobres et laconiques ; c'est ce que j'ai toujours fait et tous ceux qui m'ont engagé le savaient. Mais une fois sur le tournage, Ford élagait souvent davantage encore. Dès qu'il pensait pouvoir obtenir quelque chose sans dialogue, ça lui plaisait encore plus. C'est une chose qu'on peut se permettre quand on a les acteurs en face de soi. Surtout s'il s'agit d'Henry Fonda. Mais une fois que Ford est entré chez Argosy, je ne crois pas que quiconque ait jamais coupé après lui. ■

Propos recueillis à Beverly Hills en avril 1982 par Robert Lyons et publiés dans *My Darling Clementine, John Ford,* director Robert Lyons, éditions Rutgers University Press, 1989. Traduits de l'américain par Serge Grünberg.

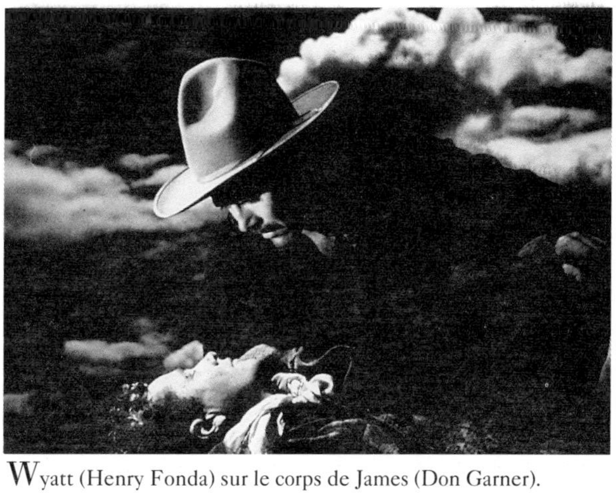

Wyatt (Henry Fonda) sur le corps de James (Don Garner).

Si je faisais

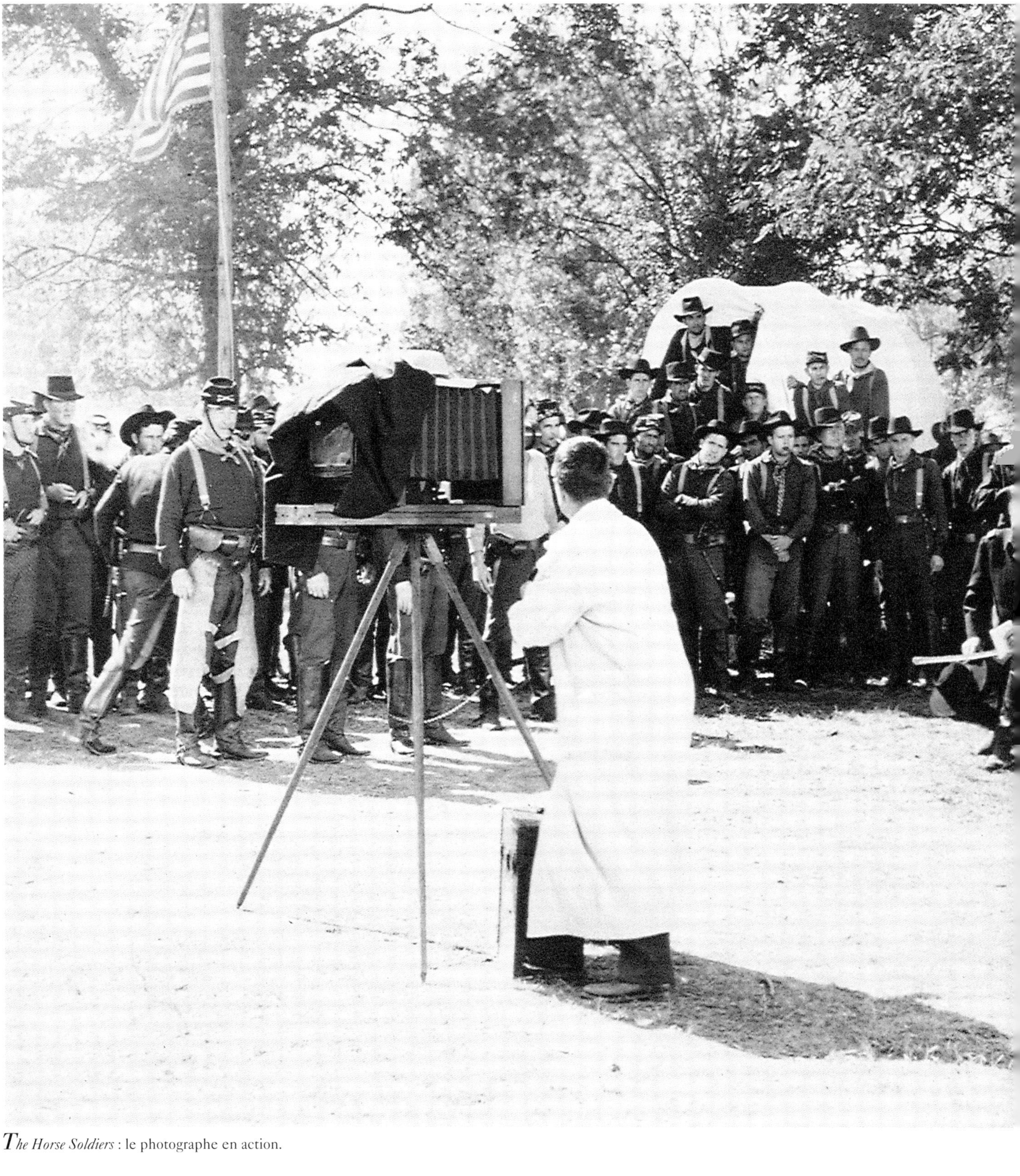

The Horse Soldiers : le photographe en action.

ce plan, ils l'utiliseraient

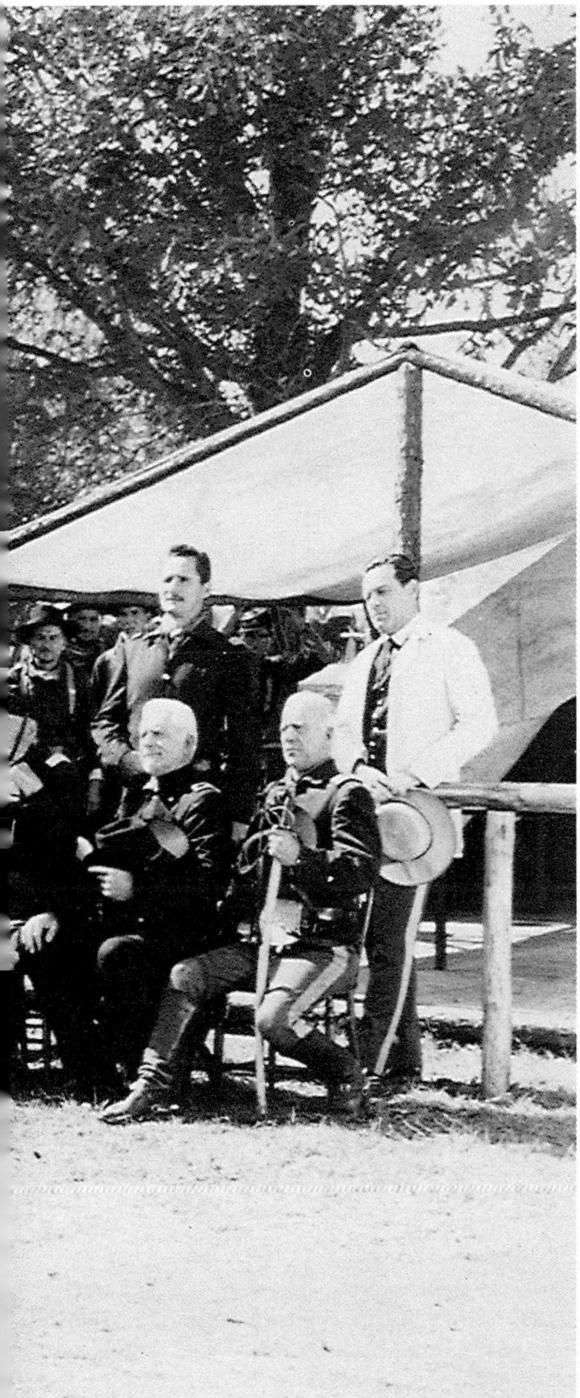

Entretien avec William Clothier

Comment avez-vous travaillé avec John Ford ? A-t-il eu une influence spécifique sur votre photographie ?

Comme la plupart des metteurs en scène, il convoquait le caméraman et on partait en voyage de reconnaissance sur les extérieurs. Entre-temps, il me donnait un découpage ; je le lisais et je savais exactement de quoi il parlait. Il me montrait ce qu'il avait en tête, et tout ce que je peux dire, c'est que M. Ford est un grand photographe. Croyez-moi, on apprend plus en l'écoutant qu'en suivant sa petite idée ! J'ai beaucoup appris en travaillant avec cet homme.

Quand je travaillais comme opérateur pour M. Ford, la plupart du temps j'allais m'accroupir à côté de sa chaise ; lui s'asseyait et étudiait son script. Il me regardait et disait : « *Qu'est-ce que tu veux ?* » Jamais je ne l'interrompais dans ses pensées. Je lui répondais : « *Jack, est-ce que voulez bien venir jeter un œil à la caméra ? J'ai une idée.* » Il se levait, venait à la caméra et disait soit « *Oui, c'est une bonne idée* » ou « *Non, et je vais te dire pourquoi !* ». Et il avait sa raison pour ne pas vouloir le faire. Voilà ! C'était aussi simple que ça. C'était vraiment merveilleusement simple de travailler avec lui. J'ai vite compris qu'il en connaissait plus sur la photo que moi, à cette époque.

Cet homme ne faisait jamais d'erreur. Un jour, alors que nous tournions *Fort Apache*, il m'a dit : « *Si je demande à un caméraman de tourner quelque chose et que ce n'est pas bon, je suis le premier à enlever le mauvais plan du film.* » Vingt ans plus tard, il m'a demandé de faire un plan dont je savais qu'il ne serait pas bon ; et je le lui avais dit à ce moment-là. C'était sur *Donovan's Reef* ; on était en extérieur, très loin d'ici. Il m'a dit : « *Écoute, faisons-le quand même. C'est probablement un préjugé de ta part ; je suis sûr que ce sera formidable !* »

Quand on est rentré au studio, le plan n'était pas bon

Après Georges Schneiderman, Joe August, Arthur Miller, ou Gregg Toland, William Clothier a été le dernier grand chef opérateur de Ford. Il a signé, en particulier, l'image de *The Horse Soldiers*, *Liberty Valance* et *Cheyenne Autumn*.

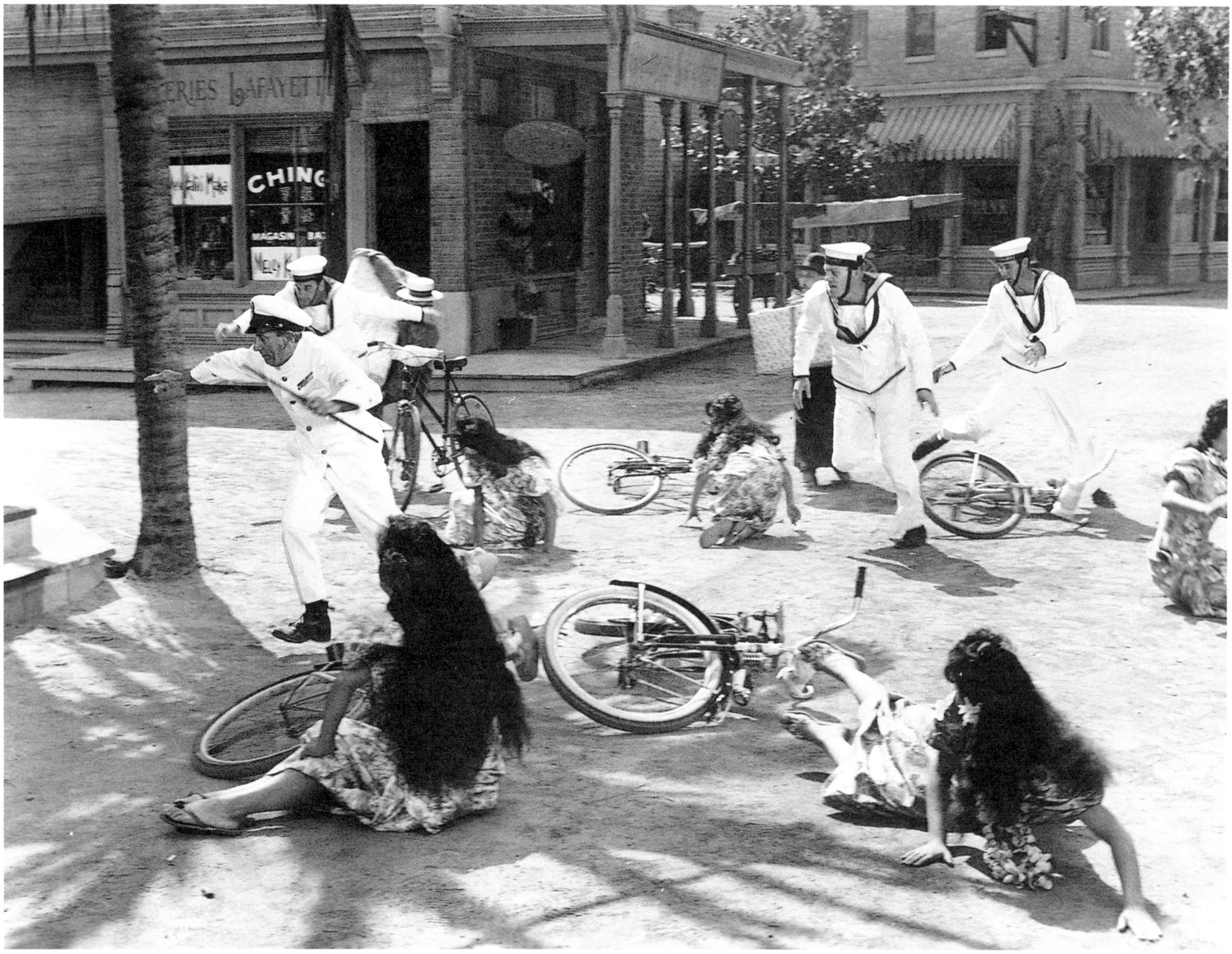

Donovans's Reef

du tout. J'ai été voir les rushes et je lui ai dit : « *Vous savez, Jack, un jour vous m'avez dit que si vous demandiez à un caméraman de faire un mauvais plan, vous seriez le premier à l'enlever du film.* » Il a réfléchi un instant et il m'a dit : « *C'était sur* Fort Apache, *non ?* » Il s'en souvenait ! Alors, il a poursuivi : « *Bill, j'ai autant envie de cette séquence que de me pendre ! Jamais je ne la mettrai dans le film !* » Et il l'a coupée.

J'ai l'habitude de voir des directeurs de la photo qui s'attribuent tout le mérite des plans qu'ils font. Vous semblez résigné à donner aux cinéastes ce qu'ils veulent.

Je travaille pour un metteur en scène. S'il me dit : « *Je n'aime pas ça* », je réponds :« *D'accord, qu'est-ce que vous voulez ?* ». Je ne crois pas que ce soit bien de discuter avec un metteur en scène. C'est lui qui fait le film ; c'est lui qui met son nom dessus. Je n'ai jamais entendu parler d'un metteur en scène qui demanderait à son directeur de la photo de faire quelque chose qui abimerait l'image. J'aime travailler avec les metteurs en scène.

Est-ce que Ford travaillait vite ?

Oh oui ! Ford n'économisait pas ses efforts. Il venait sur le plateau à neuf heures du matin et partait en milieu d'après-midi, mais il avait fait tout ce qu'il avait prévu. Il employait toujours une expression merveilleuse. Parfois, je lui demandais : « *Est-ce que vous voulez que je prenne un plan plus rapproché, dans cette scène ?* » Et il me répondait : « *Si je le faisais, ils l'utiliseraient, et on n'en a pas besoin !* » Alors, on ne le faisait pas. Ford était de la vieille école : tout ce qu'il tournait se retrouvait dans le film. On ne tournait pas des tas de plans de sécurité, mais on faisait beaucoup de plans en une journée.

Est-ce que la vue de Ford a toujours été assez bonne pour qu'il vérifie les cadrages ?

Écoutez, on a toujours dit sur Mr Ford une chose qui est très vraie. Quand il veut vous entendre, il vous entend. Et quand il veut voir quelque chose, il le voit ! Peu importe la distance. Alors, faites gaffe ! Il a un bandeau sur un œil, ce qui veut dire qu'il ne voit que d'un œil, mais il s'en tire très bien comme ça !

Est-il vrai que Ford ne suit jamais ses films en salle de montage et au labo ?

Tout à fait ! Ford ne va jamais voir les rushes. Moi, j'allais au rushes, j'en sortais et il me demandait : « *Alors, elle était comment, cette scène ?* » Et je lui disais exactement ce que j'en pensais. Mais jamais il ne se déplaçait pour les rushes.

Est-ce que vous pouvez me dire pourquoi il a choisi de tourner The Man Who Shot Liberty Valance *en noir et blanc ?*

Mais oui ! A l'époque, j'admets que ça m'avait étonné. M. Ford m'avait dit : « *On va se le faire en noir et blanc !* » Et je me suis demandé pourquoi. Puis j'ai lu le scénario et j'ai réalisé qu'une grande partie de *Liberty Valance*,

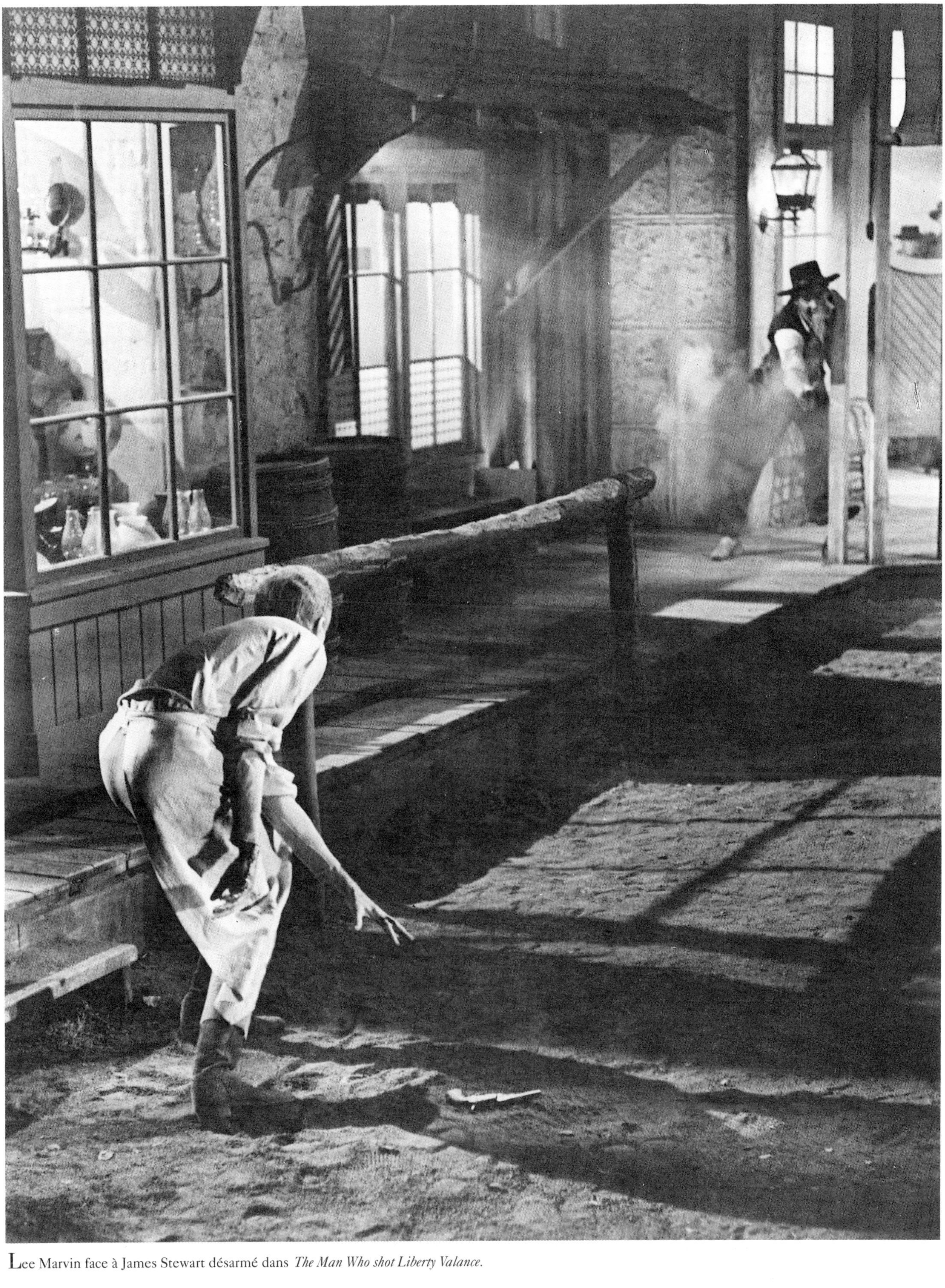

Lee Marvin face à James Stewart désarmé dans *The Man Who shot Liberty Valance.*

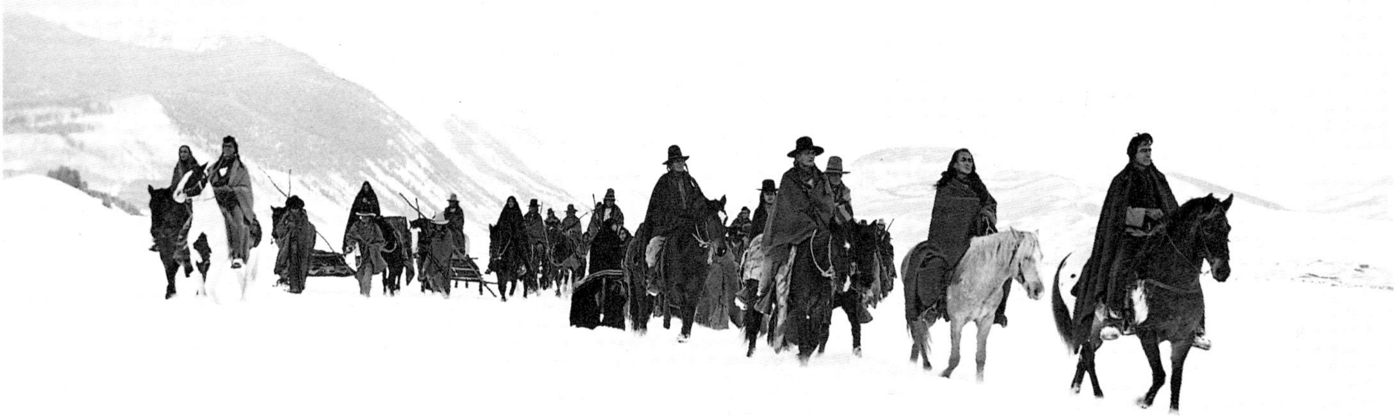

Cheyenne Autumn

comme vous le savez, se passe de nuit, dans une petite ruelle, et que ça sortirait beaucoup mieux en noir et blanc qu'en couleur.

Alors c'était principalement pour des raisons pratiques ?

De la part de M. Ford, sans aucun doute ! C'est d'ailleurs, j'y pense, le dernier film en noir et blanc que j'aie jamais fait.

James Stewart a l'air très jeune, dans ce film. Est-ce que les acteurs vous demandent souvent de les épargner ?

Ça, ça ne fait aucun doute ! J'ai fait des tas de films avec Jimmy. Il faut que vous alliez voir le dernier, *The Cheyenne Social Club* de Gene Kelly ; regardez bien Jimmy. Il a l'air d'avoir trente ans de moins. Et ce n'est pas par hasard, c'est parce que je sais photographier les hommes. Je me considère comme un photographe pour hommes, pas pour femmes.

Vous savez, il y a très longtemps, quand je débutais dans le métier, certains directeurs de la photo étaient mes idoles — comme Charlie Rosher, qui savait photographier les femmes. Ou Archie Stout, qui en connaissait plus sur les filtres que quiconque. Ou Victor Milner, qui était un grand artiste et qui pouvait inventer des millions d'éclairages différents. Bert Glennon était un peu spécial. C'était un homme qui peignait au couteau ; Vic Milner peignait à l'aquarelle. J'ai travaillé avec tous ces messieurs et, en fin de compte, vous choisissez ce qui vous paraît le plus profitable au film. Je crois que certains opérateurs devraient avouer : « *C'est vrai, je suis plus un photographe pour femmes que pour hommes !* »

Dans notre métier, les grandes stars qui ont duré, ce sont les hommes. Et je mets un point d'honneur à photographier John Wayne ou Jimmy Stewart de façon flatteuse, comme ils *devraient* être. C'est drôle, mais il y a des caméramen qui oublient que ces gens se préoccupent beaucoup de leur image ; après tout, ils ne sont plus tout jeunes ! L'opérateur doit s'efforcer de leur donner la meilleure apparence possible, il doit les éclairer de son mieux. Parce que c'est eux qui font l'affiche ; c'est eux qui font tourner le business.

Beaucoup de critiques ont affirmé que Ford, aux plans de la photo et du scénario, idéalisait *certains aspects du passé de l'Amérique afin de créer, par le film, une espèce de légende, une autre Histoire…*

C'est vrai ! Je vois tout à fait de quoi vous voulez parler. Mais laissez-moi ajouter quelque chose. Je n'ai jamais rencontré de ma vie quelqu'un qui connaisse aussi bien l'histoire de la Guerre de Sécession que Ford. Il peut vous donner les noms de tous les généraux

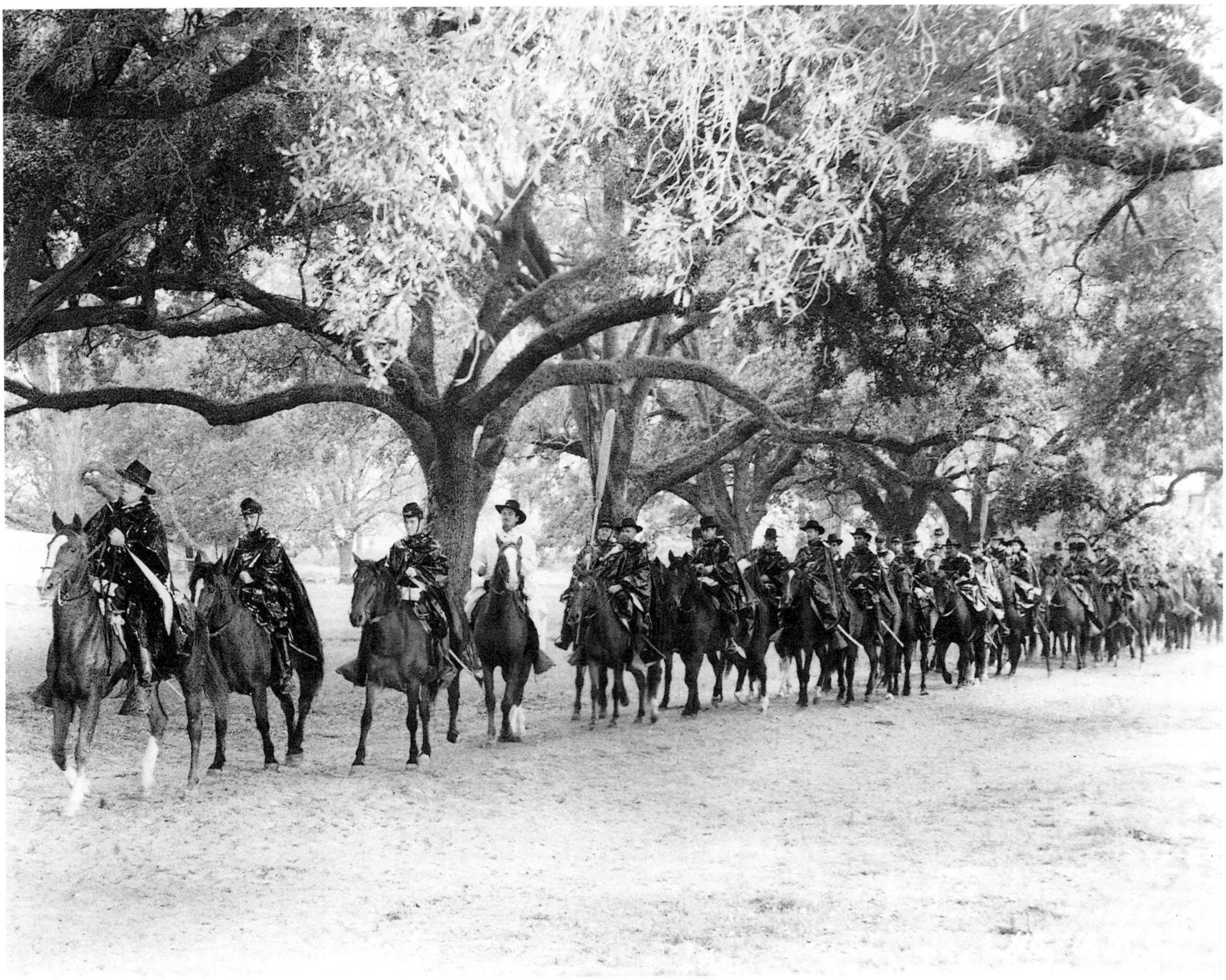

The Horse Soldiers

du Nord et du Sud. Il connaît par cœur tous les détails des uniformes que les deux armées portaient pendant la Guerre de Sécession. Quand il allait en extérieur — par exemple sur *The Horse Soldiers* qui est un film sur la Guerre de Sécession — Mr Ford emportait une pleine malle de livres, plus grande que sa garde-robe. Et il lisait deux ou trois livres par jour.

C'est un homme très très cultivé. Il savait exactement ce qu'il faisait, dans un film. A mon avis, John Ford était un grand metteur en scène, et je ne vois pas qui pourrait le surpasser. Bien entendu, des tas de gens disent : « *C'est la petite compagnie de Mr Ford ; il utilise toujours les mêmes !* » Mais dans chaque film, il y a toujours un petit quelque chose de différent.

Avec quel matériel aimez-vous travailler ? Quelles sont vos caméras préférées ?

D'abord, j'aime qu'une caméra soit posée sur un plateau. Je n'apprécie pas beaucoup tous ces trucs avec caméra portée sur l'épaule ! J'ai eu de très mauvaises expériences avec ça. Un jour, un producteur m'a dit : « *Je veux que vous engagiez un bon porteur de caméra.* » Je lui ai répondu : « *Faites-le, parce que moi, je n'en connais pas un seul !* » Alors il a engagé un type qui était censé être le meilleur. Et bien, ce type a shooté pendant des semaines et jamais on n'a pu utiliser un seul de ses plans. Chaque fois que je lui demandais : « *Comment il est, ce plan ?* » il me répondait : « *Super !* ». En fait, c'était toujours dégueulasse.

J'essaie toujours de rendre le plan aussi plaisant que possible. Je crois ne pas avoir un mauvais sens de la composition. Je crois que c'est une chose que je comprends bien et que je vois vite. Dès que je regarde dans un objectif, je panoramise et je trouve toujours une composition à faire. Vous savez, John Ford m'a fait un grand compliment quand je n'étais qu'opérateur ; il m'a dit : « *Toi, tu as l'œil pour la composition.* »

A l'évidence, vous aimez faire des westerns.

J'en ai fait tellement ! Si ça ne tenait qu'à moi, je ne ferais que ça. Si on me proposait de faire une comédie musicale, je refuserais ; je n'aime pas ce genre de films. J'aime les films en extérieurs. Et j'ai eu la chance de pouvoir faire ça toute ma vie.

Avec ma conception de la photo, je crois qu'il m'est très difficile d'améliorer la nature. Je ne vais pas en extérieur pour foutre un tas de peinture sur les rochers et sur les collines et tout ce genre de conneries. Je ne crois pas que ce soit nécessaire. Je pense que quand le bon Dieu a créé ce monde, il a fait un sacré bon boulot. Et moi, ce que j'aime mettre sur l'écran, c'est ce qu'Il nous a donné, à nous autres. ■

Propos recueillis par Tim Hunter, et parus dans la revue *On Film*, n° 2. Traduits de l'américain par Serge Grünberg.

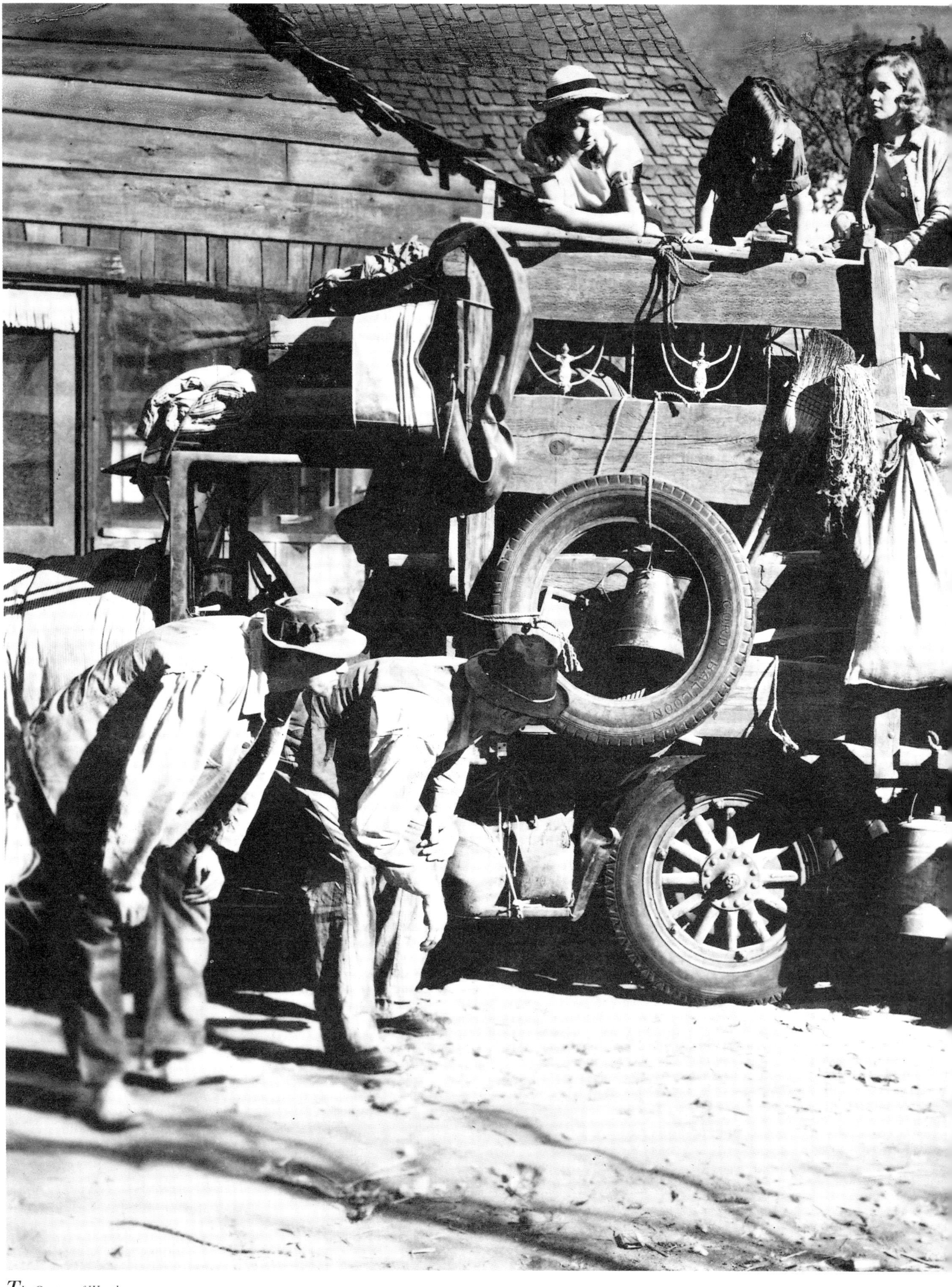

The Grapes of Wrath

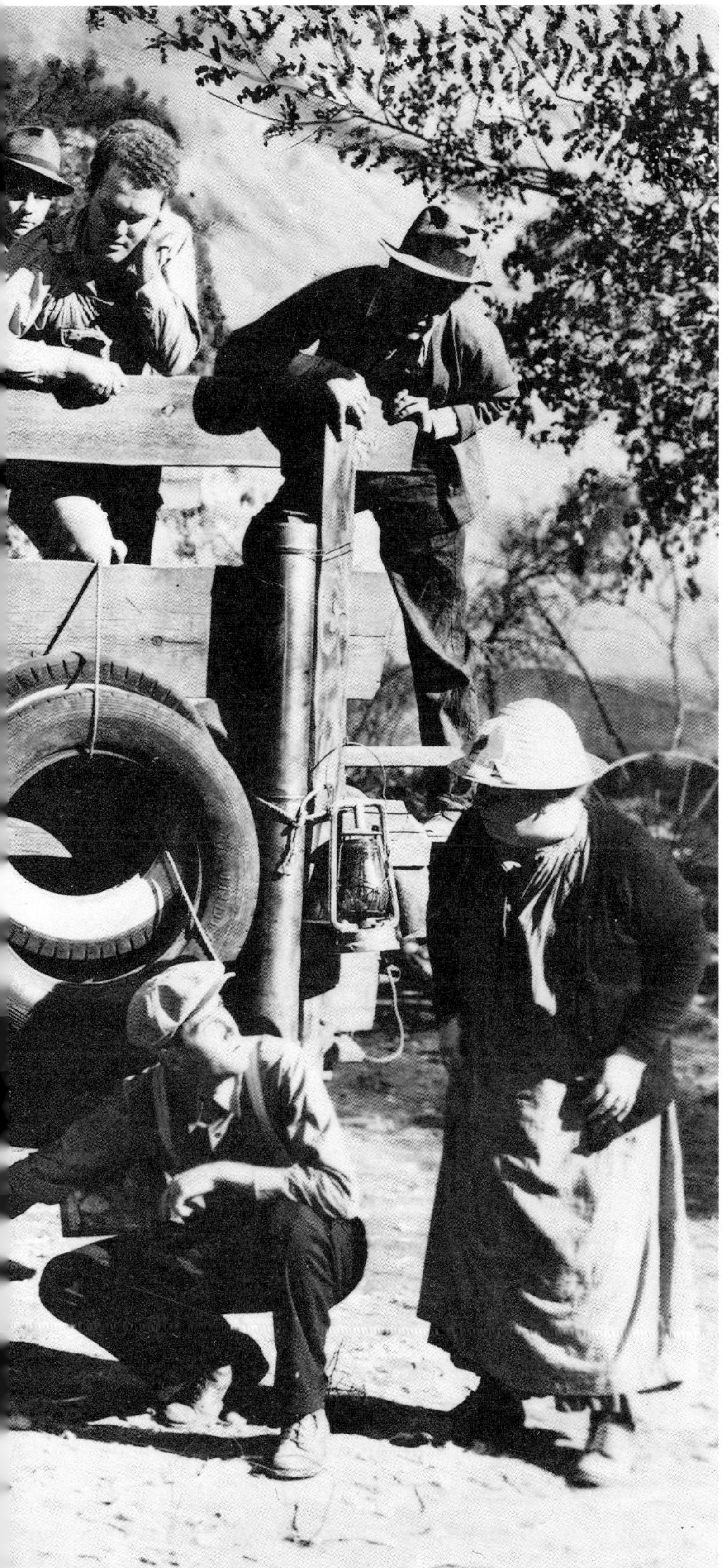

III

Ford à l'essai

Le théâtre des entrées

▶ par Serge Daney

Batard » est le dernier mot jamais prononcé par un personnage fordien dans un film de John Ford. « *So long, bastard !* », dit le docteur Cartwright à Tonga Khan qui s'écroule. Puis le docteur avale sa strychnine et lance la coupe dans un geste de défi désolé. Beau geste et fondu au noir : fin du cinéma de Ford (1966). « *Un sacré bon film* », dit-il plus tard à Bogdanovich et comment ne pas lui donner raison ?

Lorsque vient le mot fin, le docteur Cartwright s'est sacrifié pour que l'insupportable Florrie Pether ait, à quarante ans passés, un enfant — et qu'il vive. L'enfant n'aura pas de père, pas plus que le docteur ou les missionnaires de *Seven Women* n'auront d'enfant. Elles n'auront pas même le droit de se plaindre : n'ont-elles pas choisi leur sort ?

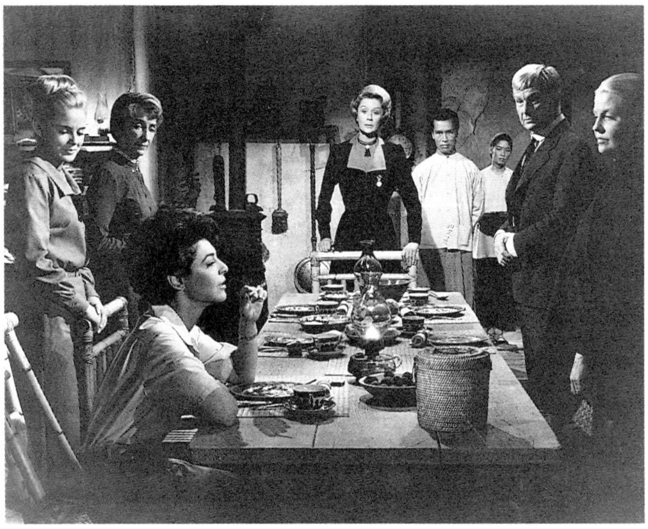

Seven Women

Ces sept femmes, coupées du monde et de la Chine — ce monde bis —, ne sont pas des cas pathologiques sur lesquels Ford se serait penché *in extremis*, ayant pris conscience qu'après les Indiens l'autre groupe à réhabiliter était celui des femmes. La chose est sans doute plus radicale : c'est tout le cinéma de Ford qui dit sur tous les tons que si « je » est bien « je » — c'est même la seule et pauvre certitude dans un monde où, par ailleurs, tout dérive —, *l'enfant, lui, est par définition, un autre*. Perdu, adopté, trouvé, sauvé, l'enfant est le *gag le plus grave* qui puisse arriver à l'homme. C'est pourquoi Tonga Khan et ses hommes se tiennent les côtes de rire quand ils découvrent, dans un coin de la cabane, posés par terre, la « vieille » Florrie Pether et son nourrisson. Scène incroyable qui devrait changer l'avis de ceux qui trouvent encore Ford bien pensant, sentimental, en un mot « humaniste ».

Humaniste, il l'est, mais comme Mizoguchi. Par désespoir. Lorsque, chez Ford, on a ajouté tout à rien et que la somme reste égale à rien, il ne reste qu'à jouir et à jouer du mince privilège du « pithécantropus erectus » : la station debout, la pose, la *tenue*. L'homme est ce qui persiste et qui signe, rien de plus. Plutôt le Sternberg dernière manière que Hawks, pourtant grand cinéaste et ami de toujours. Nous sommes loin, en effet, de la coquetterie hawksienne d'un quant-à-soi si sobrement exhibé qu'il en devient tonitruant. Ford, moins subtil, est plus raffiné.

Quel plus beau thème de *disputatio* cinéphilique, aujourd'hui encore, que le parallèle Ford-Hawks ? Les *Cahiers* jaunes avaient raison de trouver Hawks moderne. Hawks est moderne parce qu'il inaugure tout un cinéma où n'a droit de cité que le « spécialiste de lui-même », le professionnel, l'individu auto-légitimé dont Besson aujourd'hui continue la saga et dont Moretti moque la « professionalità ». Car, comme tous les vrais cinéastes, Hawks a une conception de l'enfant, lui aussi : l'enfant est un petit singe qui imite tout à la perfection, et qui commence par contrefaire l'autonomie des adultes. Il est une singularité « en plus » dans un musée permanent de l'espèce humaine. C'est pourquoi le cinéma de Hawks est plus racial que raciste. L'individu y fonctionne comme « race à un seul exemplaire », comme chez son disciple Rohmer. Ford, lui, voit dans l'enfant l'énigme de ce qu'il *faut adopter à tout hasard*, sans garantie.

Il n'y aurait jamais eu de cinéma américain sans la nécessité pour les cinéastes de nourrir — même implicite — une « théorie de l'autre ». Dix ans avant l'extraordinaire *Deer Hunter*, Ford que Cimino admire, fait le décompte dans *Seven Women* de tout ce qui peut menacer « de l'extérieur » une communauté obsidionale : le désir, le mal, la maladie, la barbarie, etc. Mais ce sont là des figures dérivées : leur modèle est la naissance de cet enfant dans la mission, naissance qui va précipiter les événements et détruire la mission. La vie, toujours, doit être continuée, transmise, protégée, écrite. Mais jamais du point de vue de la communauté, jamais du point de vue du consensus moralisateur, toujours du point de vue d'un individu par nature célibataire, pur passeur mais pas géniteur. C'est souvent un médecin ivre, (comme l'est parfois le docteur Cartwright). C'est celui qui laisse à d'autres le soin d'écrire l'Histoire parce qu'il se contente d'assurer le scénario, comme Tom Doniphon. En 1990, quand de partout reviennent les groupes obsidionaux et les dettes enfouies, l'individualisme fordien revient lui aussi de loin et sonne juste.

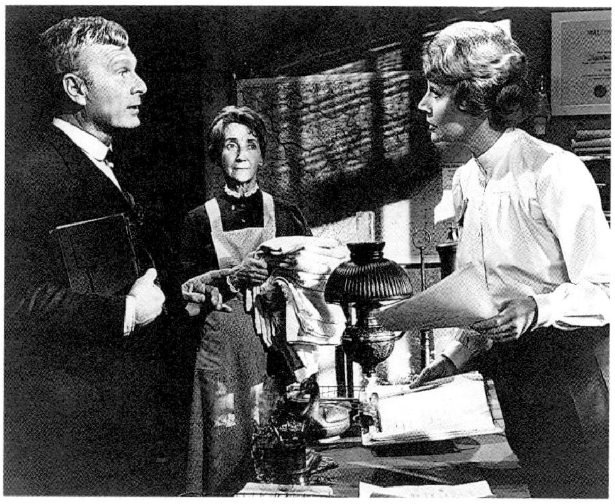

S'agissant du cinéma, le mot « *profond* » est étrange et toujours un peu suspect. Ford cinéaste profond ? Creusons donc. Par exemple, la profondeur de champ fordienne n'est pas — comme chez Wyler — le lieu de l'ambiguïté mais — comme chez Bunuel — une courbure de l'espace telle que le refoulé — *et lui seul* — peut l'emprunter pour revenir sans crier gare, en accéléré. Innombrables exemples de ce qui « revient ». Du fond noir de la nuit, comme ce chef indien des *Deux cavaliers*, phalène que Guthrie Mac Cabe a juste le temps d'effacer, comme on se débarrasse d'un reste de mauvais rêve. C'est, dans *Seven Women* la pauvre Agatha Andrews comme projetée malgré elle à quelques centimètres du corps de la jeune Emma. Trop vite. C'est la courbure zéro, la ligne droite. C'est, si l'on veut, la ligne « célibataire », celle des vies une par une, de leurs remords portatifs et de leurs secrets de polichinelle. Du fond de l'image, en plein milieu de celle-ci, vient ce qui confronte le personnage à sa solitude ou à son impasse. Faut-il parler de « refoulé » ? Souvenons-nous que Freud préférait le mot « renoncement ». Faut-il parler de « forclusion » ? Retour hallucinatoire *dans le réel* de ce qui ne s'est jamais inscrit symboliquement ? Il faut les deux.

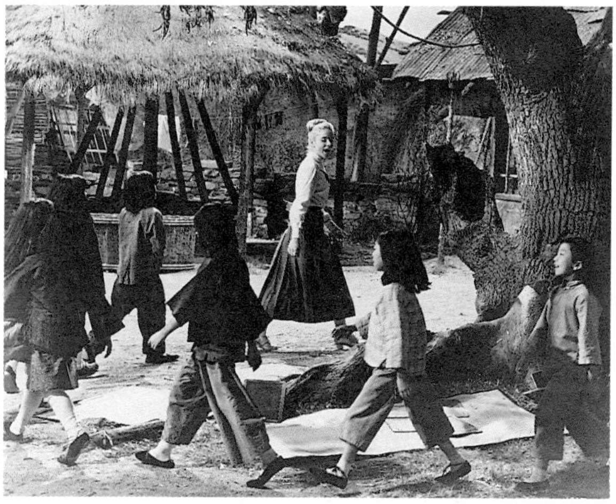

La solitude fordienne — contrairement à l'autonomie hawksienne — expose à de tels « retours ». L'être seul est immédiatement peuplé ; l'être collectif, seul, fait l'expérience d'une « bonne » solitude, celle du bal, par exemple, dont Comolli montra qu'il était la seule communauté possible. Le plan rapproché, c'est le plan où quelque chose se rapproche du personnage : la menace de *se voir en peinture* et d'avoir à *trinquer à son image*, comme le docteur Cartwright dans le miroir. C'est l'écho du *wake* irlandais, veille sur cette image qui, à la façon d'un ange gardien, veille sur chacun, persiste et signe en lui. Même Miss Binns — l'admirable Miss Binns de *Seven Women* — réalise soudain que, fille de missionnaires, elle n'a jamais connu Noël ni l'Europe, puisqu'elle est née en Chine.

Ce ne sont pas là des choses « refoulées » que le film aurait pour fonction de lever peu à peu. C'est la possibilité toujours ouverte d'un *court-circuit* dans l'espace-temps et de la rencontre du personnage et de l'image endeuillée de son désir. Un désir sans mystère, presque oublié mais jamais tout à fait. Une image toujours-déjà-là et toujours-déjà-fixe. Plutôt un portrait, un visage. De par le choix du thème — le renoncement sexuel — *Seven Women* a quelque chose d'exemplaire.

Ford est un cinéaste à part. Chez lui, en Amérique, on le tenait pour « un cinéaste pour cinéastes ». Très respecté mais, à la fin de sa vie, trop esthète, trop contemplatif, pas assez commercial. D'où, de *Wagonmaster* à *Seven Women*, une suite de films qui est un grand moment du XXe siècle. Mais pourquoi est-il un cinéaste pour cinéastes ? Parce que pour lui, prioritairement à tout, il y a le « cinéma ». Pas au sens trivial du cinéma-art du mouvement ; pas même au sens plus raffiné du cinéma comme modulation de la durée, mais, plus radicalement, parce que le cinéma donne la possibilité d'enregistrer ce toujours-déjà-là qui nous regarde un par un, qui fond sur nous et nous enchaîne. Ange gardien, l'image fondamentale est aussi une boîte noire.

Image arrêtée plus ancienne que tout arrêt sur l'image. Droit de préemption de cette image sur celles de « la suite du monde ». Défi à une humanité elle-même *« arrêtée »*, parce qu'affrontée au problème de la transmission, à l'impasse de l'éducation, au risque de la disparition ou de la dispersion, à la menace de la stérilité ou, pire, à l'apparition d'enfants méconnaissables, de petits *autres*. Une Irlande généralisée, peuplée d'Indiens condamnés, de femmes stériles, de pauvres mascottes du régiment qui ont oublié de « fonder un foyer ». L'humanité de ce qui se reproduit mal. Cette image est comme la boîte noire qui préexiste à l'accident et subsiste après lui.

Chacune des femmes de *Seven Women* repasse ainsi par un moment de boîte noire. Mais il ne s'agit jamais de prise de conscience, de révélation ou de grâce. C'est la foi qui intéresse Ford — celle du médecin, de l'avocat ou du prêtre, à égalité. Comme Tarkovski, il devait penser que Dieu n'existe que pour ceux qui croient en lui. Au fond, donc, comme une donnée première : ce pouvoir natif qu'a le cinéma de dire je = je, de s'y sentir tenu et, mélancoliquement, de s'y tenir. Reste le reste, c'est-à-dire la surface, c'est-à-dire le lieu du théâtre.

De nos jours, beaucoup de cinéastes confient au cinéma le soin d'enregistrer, d'objectiver, ce que produit le théâtre. Chez Oliveira, Rohmer ou Fassbinder, le regard sur le théâtre produit un cinéma au carré. Le cinéma sauve le théâtre du faux et le théâtre sauve le cinéma de l'ankylose. La démarche fordienne est plus étrange. Non seulement, elle met le cinéma au fond et le théâtre au premier plan, mais elle prononce un jugement de *non-réconciliation* entre les deux. Peu de cinéastes, en ce sens, ont été aussi « matérialistes » que Ford. Entre le droit de regard fixe du cinéma et la nécessité théâtrale de « ne pas tenir en place », il n'y a pas de pont. Si le cinéma, c'est la courbure zéro, le théâtre est l'espace sacrificiel, toujours brisé, biaisé, maniéré *à en mourir*, de toutes les autres courbures. De celles des mains d'Agatha Andrews qui dessinent dans l'espace des arabesques convulsives à celle des mains de Tonga Khan quand d'un geste sec, il tord le cou de son lieutenant.

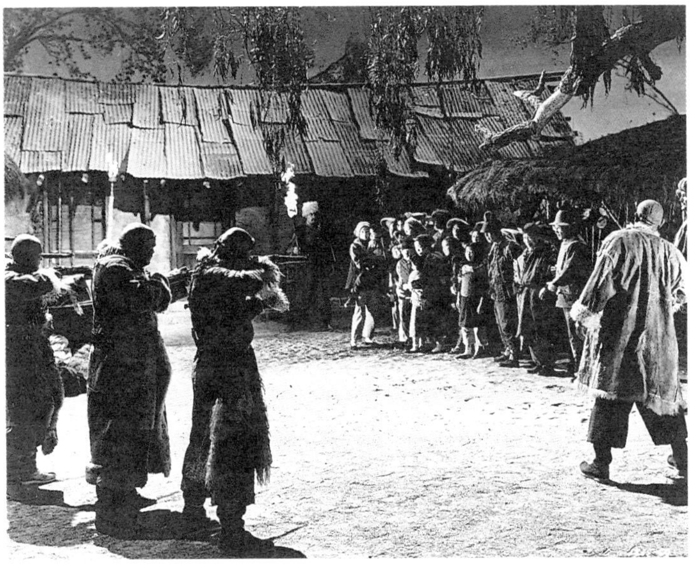

Seven Women a pour scène une mission encerclée, une porte et une cour intérieure qui, bien que de sable, sent les *planches*. Il n'y a rien d'autre à faire, pour les personnages, que de ne pas y rater leurs « entrées » et leurs « sorties ». Il n'y a rien de plus « divertissant », pour le cinéaste, que de jouer avec eux à la fausse alerte, à la fausse sortie, à l'entrée différée. La *porte* de la mission devient un vrai personnage qui pivote souvent sur le vide. Une première fois, Charles Pether la franchit et revient les mains vides : il n'a pas trouvé le docteur. Mais celui-ci arrive juste après, à cheval, presque en catimini. Une seconde fois, Pether la franchit et ne revient pas. Mais au son du klaxon de son auto, on ouvre grand les portes à Tonga Khan et à ses cavaliers qui ramènent la voiture et le chauffeur chinois. Il y a un art des entrées et des sorties qui est l'autre face de l'animal humain. A la fin, la troupe des missionnaires quitte la mission sous les quolibets des bandits, comme une troupe de comédiens amateurs à qui le public aurait lancé des tomates. « The stage is a world », certes, mais le monde n'est pas une scène. Le cinéma de Ford ne replie pas le cinéma sur le théâtre et vice versa. Cette quadrature du cercle serait trop confortable. Au lieu de cela, la lézarde de ce qui vient du « fond ».

L'arabesque est ce qui s'oppose au court-circuit. Elle ne mène jamais à lui. Il ne mène jamais à elle. Le cinéma est l'image fixe au fond du puits, le théâtre est ce qui se joue à la margelle, sans fin. Il y a chez Ford un mélange de rigueur et de jeu, de hiératique et d'erratique, qui vient de ce qu'à la différence des moralistes de profession, ses ennemis de toujours, il laisse du jeu au jeu et s'y laisse lui-même aller. Gravité et préciosité. La vérité, chez Ford, n'est pas « au bout du chemin », elle est toujours avant qu'il y ait eu une route. Nous voyons toujours les tours de piste inutiles d'une pièce déjà jouée, quand tout est *jugé* et qu'il faut — quand même — assurer le spectacle. ■

Pour une gorgée de notes

▶ par Michel Chion

Longtemps, *The Informer* — salué comme un événement à sa sortie — a été rangé dans la liste des dix plus grands films du cinéma. Aujourd'hui, beaucoup de fordiens ne lui accordent plus guères de considération : l'expressionnisme de ce film jure avec l'idée de sérénité et de hauteur de vue qu'ils ont été habitués à associer à leur cinéaste favori. Pourtant, cette œuvre, bien qu'ayant vieilli (sa principale faiblesse réside dans l'écriture et dans l'interprétation des rôles féminins), reste très forte.
On notera — c'est une chose, je crois, peu souvent soulignée — un certain nombre de rencontres entre l'*Informer* de Ford et le *Mörder* de Lang, apparu sur les écrans deux ans plus tôt. Dans les deux cas nous avons affaire à un homme qui, sous l'emprise d'une force incontrôlable, commet des actes affreux et que nous voyons se prendre la tête dans les mains en s'écriant : « *Je ne sais pas pourquoi j'ai fait ça* ». Nous trouvons aussi dans les deux films, réuni pour juger cet homme traqué, un tribunal clandestin constitué de hors-la-loi : truands chez Lang, indépendantistes irlandais chez Ford ; avec chez l'un et l'autre le même malaise de voir des hommes, quels qu'ils soient, s'arroger le pouvoir de juger. Enfin, dans les deux cas, un aveugle joue le rôle du dénonciateur ! Mais les films ont des dénouements radicalement différents : M. est arrêté « au nom de la loi », tandis que Gypo Nolan meurt exécuté, mais pardonné par la mère de celui qu'il a fait mourir.

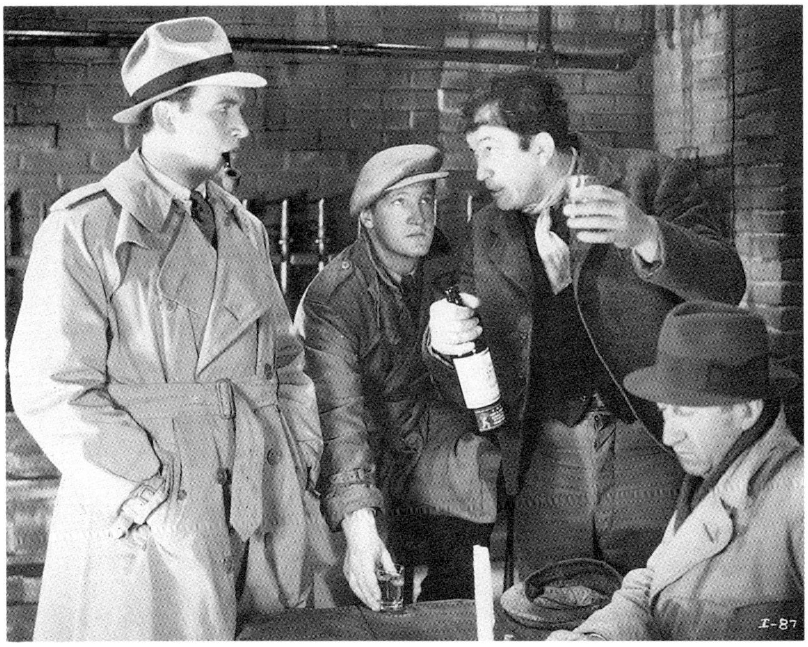

The Informer

Pourtant, ce n'est pas pour ses qualités et ses résonances que *The Informer* court les histoires du cinéma, c'est pour une histoire de gorgée de bière, qui est pure légende.
Car ce n'est pas seulement dans l'Ouest que, pour citer une formule de *The Man Who Shot Liberty Valance*, l'on préfère imprimer la légende lorsque celle-ci est jugée plus séduisante que la réalité. Il en est de même partout dans le monde. Comment naissent les légendes ? D'une absence, d'un trou à remplir. Elles ne s'établissent que lorsqu'on leur en a laissé la place. C'est le cas de l'anecdote, présentée comme le sommet du ridicule en matière de musique de film, de la déglutition d'un buveur que, dans sa frénésie imitative, aurait mise en musique le compositeur Max Steiner, dans sa partition pour *The Informer*. Une pure imagination, de fait. Pourtant, n'y a-t-il pas de bonnes raisons pour qu'elle s'établisse ?

En tout cas, elle ne date pas d'hier. Déjà le compositeur Maurice Jaubert, dans un célèbre article souvent repris, épinglait le procédé soi-disant employé par Steiner : « ... *Dans* Le Mouchard, *la technique (du synchronisme) est portée à son plus haut point de perfection, c'est la musique qui est chargée d'imiter le bruit des pièces de monnaie tombant sur sol et même – par un coquin petit arpège — la dégoulinade d'un verre de bière dans le gosier d'un buveur...»* (1).

The Informer

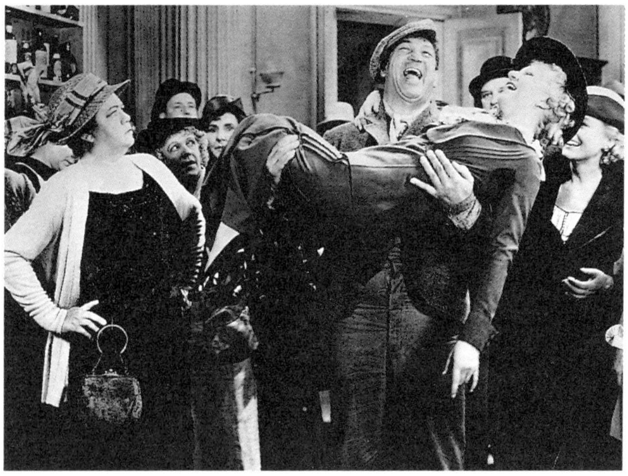

On voit bien la filière par où cette histoire court les ouvrages sur la musique de cinéma, y compris notre *Son au cinéma* (2), dans lequel, n'ayant pas vu le film à l'époque, nous l'avons reprise sur la foi de la tradition (ce qu'il ne faudrait jamais faire). Mais lorsque Tag Gallagher raconte la même anecdote dans son livre sur John Ford (3), et retrouve quasiment les mêmes termes (*beer gurgling in a man's throat)*, la doit-il à Jaubert ? J'en doute. On assiste là à la formation spontanée d'une légende.

La réalité, comme on peut le vérifier sur cassette, c'est qu'il y a bien un moment où le héros boit et où un thème musical accompagne son geste, mais d'abord il s'agit d'un verre de whisky — et surtout le thème qui retentit alors ne peut pas être moins imitatif qu'il ne l'est. Loin d'être un « coquin petit arpège » descendant, c'est un motif résolu joué sur un cor (ou un trombone ?) solo, et se terminant par une quinte diminuée ascendante, avec quelque chose d'héroïque et d'interrogatif à la fois, qui ne peut évoquer le moins du monde un gargouillis. Nous y reconnaissons un des thèmes principaux de la partition, plus précisément les cinq premières notes du « thème de Gypo », déjà exposé au générique. Dans tout le film, ce motif accompagne le héros et en « épouse » les péripéties, sur un mode plus expressif qu'imitatif.

(1) Conférence prononcée en 1937, et citée par Henri Colpi dans son excellent ouvrage, *Défense et illustration de la musique dans le film*, Éd. Serdoc, Lyon, 1963.
(2) Cahiers du cinéma, Éd. de l'Étoile.
(3) *John Ford, The Man and His Films*, University of California Press, L.A., 1986.

La partition de Max Steiner pour *The Informer* est écrite en effet sur le principe qui, par la suite, dominera 90% de la musique d'écran ; celui du leitmotiv, en vertu duquel chaque personnage clé, ou chaque idée-force du récit, sont dotés d'un thème de Gypo, relativement neutre d'expression, mais plutôt énergique et marcato (dans son intégralité, il a des accents de musique populaire irlandaise), le thème de Katie — la prostituée au grand cœur dont Gypo est amoureux —, qui est espressivo et legato, un motif spécial pour le personnage symbolique de l'Aveugle (une formule plaintive évoquant l'expression du vague, de l'informe chez Debussy), et ainsi de suite, ces thèmes se succédant dans l'orchestre en rapport avec les apparitions des personnages, et subissant des transformations qui reflètent les variations de leur habitus extérieur et de leur état intérieur. Bien sûr, la théorisation et la systématisation du leitmotiv remontent à Wagner, mais s'il est un opéra qui a pu inspirer Steiner pour *The Informer*, ce serait plutôt bizarrement Debussy, et son *Pelléas et Mélisande*. Un opéra dans lequel l'auteur, bien qu'il eût moqué le procédé en termes sarcastiques chez Wagner, le reprit en essayant de le faire plus discret, avec des thèmes plus laconiques et moins triomphalistes. Également debussystes sont, dans *The Informer* — on le verra plus loin — l'insistance sur les silences et une certaine esthétique de l'entrecoupé : lorsque la musique s'arrête et qu'une parole s'inscrit dans le silence.

Tout cela procède d'une tentative de faire du cinéma sonore une sorte d'opéra parlé, tentative où l'on peut voir la main de John Ford autant que celle du compositeur. *The Informer* n'a rien en effet du film sur lequel on aurait lâché un musicien après le tournage pour passer une couche de Ripolin musical. Le film avait fait l'objet d'une concertation préalable entre le réalisateur, le décorateur (Van Nest Polglase) et le compositeur — concertation qui, de l'aveu des participants, fut poussée beaucoup plus loin qu'il n'est d'habitude dans le cinéma. Les choix musicaux de *The Informer* ont donc été non seulement tolérés par Ford, mais aussi ils ont obtenu son accord, et peut-être suivi ses suggestions.

La clé stylistique de l'*Informer* est une volonté de stylisation et d'expression symbolique au sein d'un cinéma qui, à la suite de l'arrivée du parlant, venait de subir les assauts du naturalisme. Cette stylisation vise évidemment à retrouver l'esprit du muet, et même à accomplir ce dont le muet n'avait été que le rêve. La ponctuation par l'orchestre de certains gestes, de certaines répliques, vise à leur ôter leur caractère purement réaliste et momentané pour en faire des éléments signifiants au sein d'une mise en scène globale.

De fait, la musique de Max Steiner dans ce film est fort peu imitative de la matérialité immédiate des événements, beaucoup moins que la grande majorité des musiques pour l'écran actuelles et passées. Elle ne souligne pas le bruit des éléments, les fermetures de porte, les chutes de corps et, quand elle se fait entendre sur un geste particulier, son contour prend garde à ne pas imiter la forme de celui-ci. Par exemple, dans la scène du bistrot, à laquelle Jaubert faisait allusion de mémoire.

Pour la situer, rappelons que Gypo, la brute mal aimée, vient de donner à la police son ami Frankie, un indépendantiste irlandais traqué, et de recevoir l'argent de sa délation. Très vite il apprend que Frankie a été tué par la police. Lorsqu'il entre dans un café, demande un whisky et penche la tête pour boire — c'est qu'il veut oublier. Or, le thème qui résonne sur ce geste est le sien : comme si derrière son absence à lui-même, perçait et s'affirmait son identité. Moitié souffrante dans le couple qu'il formait avec Frankie — lequel le traitait, avec mépris, comme le « corps » dont il aurait été le « cerveau » —, Gypo, être inachevé, ne se trouvera qu'en donnant l'autre et en se perdant lui-même, et le film est l'histoire de son accession à la conscience.

Chez Wagner déjà, dans le tissu orchestral, un thème fait apparaître l'inconscient du personnage, énonçant ce qu'il ignore encore de lui-même. Par exemple, dans le premier acte de la *Walkyrie*, le motif de l'Épée qui travaille, par orchestre interposé, l'inconscient du héros Siegmund avant que celui-ci ne « trouve » l'arme dans la hutte où il s'est réfugié. Toute l'ambiance de la scène du bistrot, dans *The Informer*, a d'ailleurs un certain caractère de méditation, de remuement de choses obscures, de préparation, qui est très proche de ce premier acte wagnérien, lequel présentait déjà un tissu musical très éclaté et d'aspect discontinu, avec des arrêts, des reprises, des silences, etc.

On peut de même estimer ridicules les quatre notes instrumentales qui ponctuent, en synchronisme, la chute sur la table des pièces que rend le cafetier à Gypo. Mais il ne faut pas oublier que cet argent est la monnaie de la trahison, l'argent de Judas. La chute des quatre pièces est fatale : elle amorce une addition qui aboutira à la condamnation du mouchard (en effet, c'est en additionnant toutes les sommes répandues autour de lui par le pauvre Gypo que les indépendantistes, reconnaissant dans le total dépensé le montant de la prime, verront leurs soupçons sur lui se confirmer). Max Steiner ne fait ici que reprendre un procédé de symbolisation expressive des actions par la musique, qui avait déjà de nombreux exemples dans l'opéra. D'ailleurs, la musique ne se substitue pas au bruit des pièces, bruit que l'on entend en même temps, très légèrement décalé ; et d'autre part, le contour des notes n'est pas indifférent, puisqu'il reprend précisément un des leitmotive de la partition, celui de la trahison.

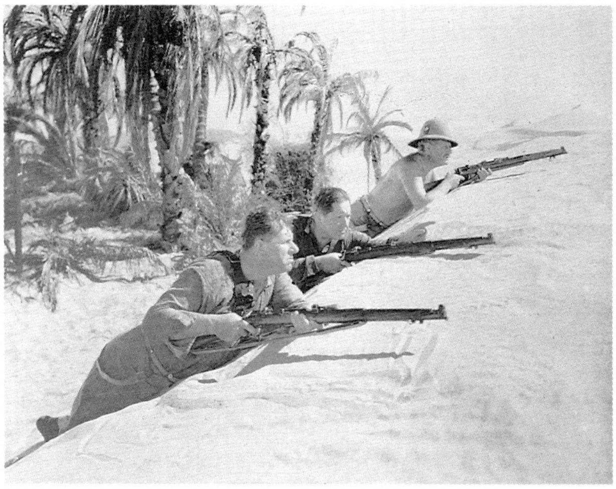

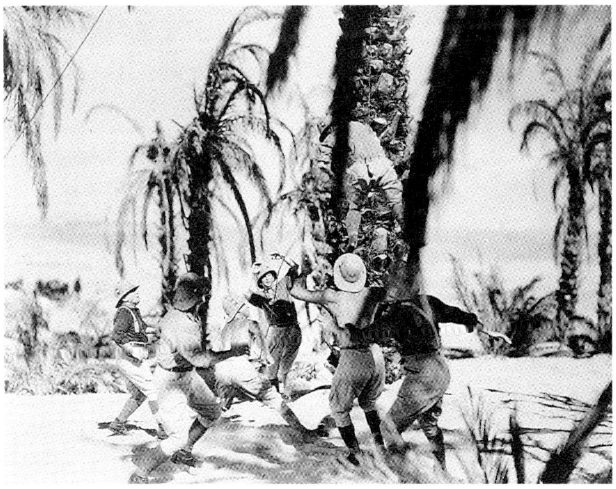

The Lost Patrol

Qu'est-ce qui donne cependant à ces interventions musicales une allure imitative ? C'est qu'elles sont synchrones. Car, comme nous l'avons dit ailleurs (4), la synchronisation est au cinéma un critère prédominant, parvenant à « coller » ensemble des sons et des images que pourtant tout oppose. Dans l'opéra, ce synchronisme musique-actions, couramment utilisé, ne pose pas de problème, puisqu'il va avec une certaine stylisation gestuelle et décorative. Au cinéma, il doit être manié de façon plus retorse, voire « honteuse », pour ne pas être perçu dans une intention seulement imitative ou verser dans le pur gag de cartoon. Et si les tentatives de stylisation opératique de *The Informer* ont peut-être mal vieilli, en utilisant ce synchronisme « à découvert », on peut leur trouver cependant le mérite de l'audace et de la franchise. Sans doute, le cinéma est un art réaliste, dans lequel une certaine stylisation passe autrement que sur la scène ; reste que cet art réaliste n'a progressé que par des entorses à son propre principe, et par des coups de force d'irréalisme.

Qu'est-ce qui fait la grande particularité de l'emploi de la musique dans certaines scènes de *The Informer*, et lui donne une présence qui peut sembler fastidieuse ? C'est la façon dont elle s'arrête. Elle ne s'éclipse pas par une porte comme elle a appris à le faire, mais s'interrompt brutalement, le pied en l'air, créant un silence dans lequel la réplique qui suit retentit différemment. Tout se passe alors comme si la musique se désignait elle-même, en s'arrêtant et en passant le relais à la parole. On en devient conscient d'une manière différente. Par

(4) Voir *La Toile trouée*, le chapitre « Le clap », Éd. de l'Étoile.

la suite, le cinéma évitera plutôt cet effet de passage, de relais explicite, en lui substituant un mode d'existence plus fluide, plus mélangé au film, plus constant et indistinct en même temps. (Chez Godard, il y a aussi des entrées et des sorties « à vue » de la musique symphonique, mais la plupart du temps celles-ci sont marquées au coin d'un modernisme revendicatif, perçu comme tel, qui n'acquiert que rarement — ici et là tout de même dans *Le Mépris* — sa pleine maturité formelle et expressive).

Le même effet de présence envahissante avait déjà été produit par la musique du même Steiner pour *The Lost Patrol* film à propos duquel Maurice Jaubert, reflétant là encore une opinion très partagée, affirmait que le metteur en scène nous y infligeait *« sans nous accorder un instant de répit, une partition dont la constante présence risque à tout moment de détruire, par sa gratuité, la poignante réalité des images »*. Or, des scènes entières de *The Lost Patrol* ne comportent aucune musique, laquelle y est non pas « constamment présente », mais au contraire des plus intermittente. Là encore, c'est le style même de cette intermittence qui donne à la musique l'allure d'être partout ; il est vrai que dans ce cas-là, celle-ci fut rajoutée après coup selon le désir de la production.

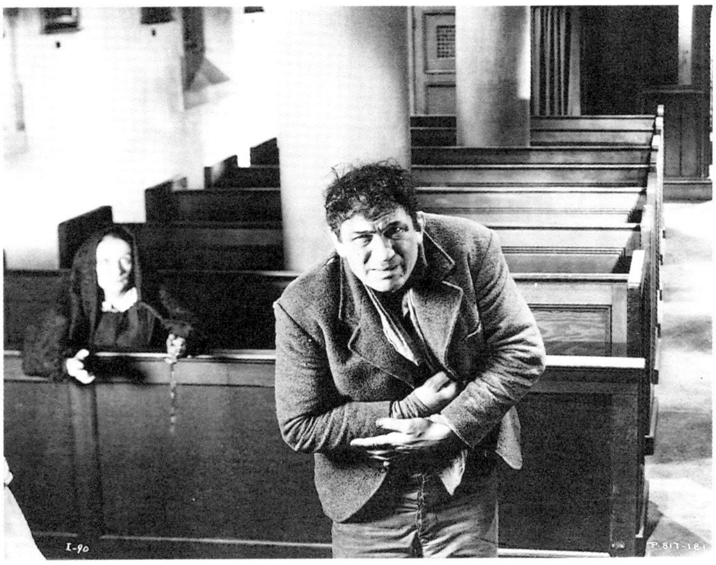

The Informer

The Lost Patrol est d'ailleurs un faux film d'action dans lequel les personnages (une patrouille anglaise perdue dans le désert et peu à peu exterminée par des bédouins invisibles), passent la moitié du temps allongés ou assis par terre à monologuer, à évoquer le bon vieux temps, etc. Une situation statique qui au cinéma peut très bien fonctionner, et qui ne serait pas pesante si la musique n'était, elle, sans cesse en train d'évoquer de son côté l'idée d'action, par l'adoption de rythmes de marche très dynamiques, correspondant non à ce que les personnages font dans le même temps, mais à ce qu'ils disent. Si les dialogues et les scènes de *The Lost Patrol* nous semblent aujourd'hui statiques — c'est parce que nous percevons la musique comme si elle ne cessait de dire : *« si on bougeait un peu, les gars ? »*, au lieu de lui donner la signification symbolique et indirecte qu'elle vise.
Par exemple, un jeune bleu et le sergent qui mène la patrouille dialoguent-ils tout en faisant le guet ? Une musique martiale se fait entendre. Un soldat au repos évoque-t-il à ses camarades, allongés comme lui sous des palmiers, les souvenirs agréables de son service en Malaisie ? L'orchestre d'accompagnement se fait guilleret, posant une ambiance animée qui contredit l'aspect visible de la scène. Lorsqu'un soldat monte sur un arbre dans l'espoir de voir arriver des secours, le même orchestre, venant incarner son attente et son désir, entonne une marche fringante, que rien ne vient concrétiser : ce n'était qu'un mirage. Le film comporte ainsi beaucoup de « musique mentale ». Apparemment, cette tentative séduisit beaucoup à l'époque, puisque cette partition valut un premier Oscar à Max Steiner. Aujourd'hui, elle nous déconcerte, en choisissant d'évoquer constamment un ailleurs de l'action, au lieu de soutenir le *hic et nunc* sur l'écran. Il y avait donc là bel et bien un essai de « contrepoint » audiovisuel. L'étonnant est que non seulement on ne le remarque pas comme tel, mais qu'on en garde l'impression du contraire : c'est-à-dire d'un mot à mot servile. De même que la tentative de symbolisation non imitative des gestes, dans *The Informer*, sera rabattue sur une idée triviale d'imitation.
Autrement dit, ces codes sont tellement puissants qu'ils guident à leur insu ceux qui s'en font les critiques, lesquels ne reconnaissent pas pour tel l'effort de s'en écarter. D'où la mise au point par la suite d'un statut plus retors, plus sournois de la musique, veillant par exemple à ne pas la faire remarquer alors qu'elle est tout le temps là... Par rapport à cette situation, nous ne sommes pas tellement plus avancés aujourd'hui, tant est encore installé le refus d'une présence « à vue » de l'effet musical.
Il est bon aussi de rappeler que cette simplicité et cette évidence qui définiront plus tard le cinéma dit classique (et dont Ford sera considéré à une certaine époque comme l'un des plus grands représentants) auront pour source un renoncement et une fermeture à des potentialités qui sont toujours là, toujours vivantes et toujours dignes d'être explorées, même en dehors d'une perspective de distanciation moderniste, laquelle se borne souvent à n'être que le reflet grimaçant de l'académisme qu'elle combat. ■

Bals

▶ par Jean-Louis Comolli

Dans bien des films de John Ford, que ce soit dès le début *(The Long Voyage Home)*, près de la fin *(Two Rode Together)* ou au centre même du film *(Fort Apache)*, il y a un bal ; et ce n'est pas au seul plaisir pris à la danse, bien certainement, qu'il convient d'attribuer le goût (ou le besoin, plutôt) du cinéaste et de ses personnages pour cette fête païenne, ni l'étonnante persistance de celle-ci dans les déserts ou les ghettos *(The Grapes of Wrath)*, chez les Mormons ou les soldats.

Ce bal unique de film en film maintenu finit par nous apprendre non seulement que le monde de Ford est celui des parias (de la société, des convenances, des règles : c'est-à-dire un monde de révolutionnaires), non seulement que nostalgie de l'ordre et regret de la coutume les conduisent à célébrer ensemble, jusque dans leur dénuement ou leur égarement et avec d'autant plus de ferveur qu'ils se savent davantage proscrits, ces brèves retrouvailles avec la commune mesure : il nous apprend tout autant que l'art de Ford est un art du contraste, des oppositions.

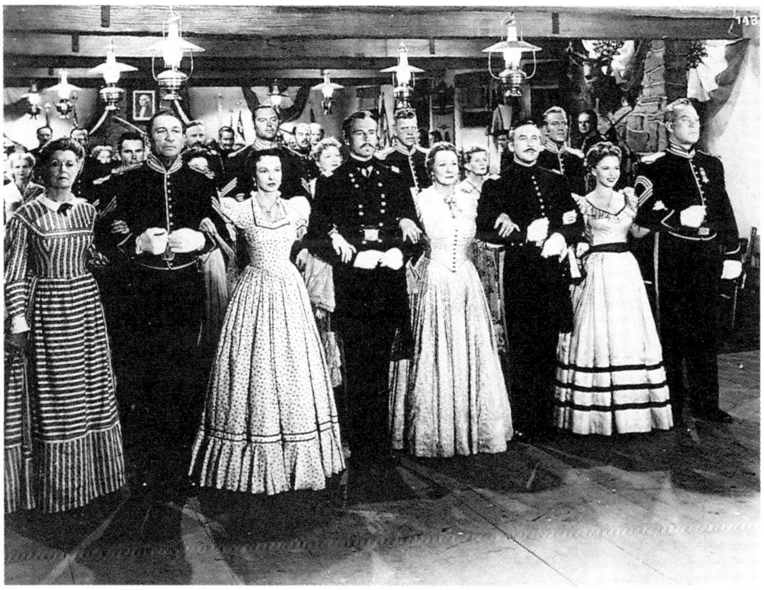

Fort Apache

Que sont ces bals, sinon la réunion dans l'espace et le temps clos d'une représentation (de nature théâtrale : danse, spectacle, parade, désuet bouquet de rites, rare occasion de se conformer aux règles les plus rigides et les plus abstraites) données aux autres, de forces antagonistes, de formes détonnantes, dont l'affrontement ou l'appariement constituent déjà la matière du film, ordonnent son cours et définissent, au fond, sa mise en scène ? Dans le temps figé d'un bal, un bref instant les ennemis coexistent, les groupes s'affermissent ou se scindent, les menaces se précisent sous les courtois sourires, les querelles s'exacerbent d'être retenues : c'est un résumé du drame, et c'est aussi le moment où sa mise en scène est le mieux lisible.

Les films de Ford content une seule lutte : celle d'un individu ou d'un groupe contre les autres, qui sont aussi bien l'arrière, le passé, le familier, que l'avant, l'inconnu, l'étranger. Quand les repères commencent de manquer (isolement, vie marginale et précaire), c'est là que les repères anciens (et rejetés) prennent force d'obsession et rôle de sauf-conduit. Traditions, souvenirs, inertie des pouvoirs, règles, habitudes, conventions, ces émanations d'un

Ordre contesté mais protecteur deviennent les moteurs dramatiques des films de Ford : puisque leurs héros s'en savent séparés (par la distance, le temps, la « vie » ou même par l'idée, le progrès, la lucidité), mais qu'en même temps ils ne peuvent les effacer de leur mémoire (à moins de se nier eux-mêmes) ni se priver de leur renfort. C'est-à-dire qu'elles sont, en même temps que les moyens du drame, ceux de sa narration. La violence des héros se plie comme celle du cinéaste aux « figures imposées » ; ces conventions qui sont la matière dramatique du film, qui en sont la part la plus voyante, celle que les personnages mettent en avant ou laissent affleurer, aux mêmes conventions formelles se plie la mise en scène, et dans le même but : en faire l'objet des tensions et des élans, des éclats ou des appels sans écho.

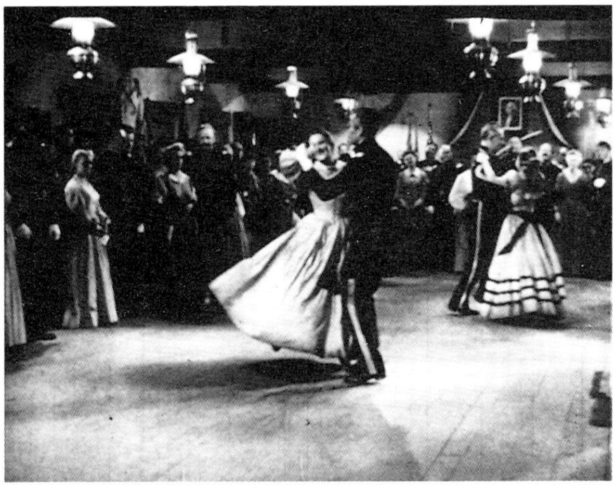

Fort Apache

C'est pourquoi le cinéma de Ford, dont les audaces sont coulées au moule le plus « classique », s'est vu suspecter de conformisme (les moyens confondus avec la fin), et c'est pourquoi à ses beautés longtemps furent préférées celles des autres grands Américains, plus immédiatement repérables et analysables, plus voyantes (jusque dans leur secret) et moins ambiguës (de Hawks à Vidor, de Hitchcock à Lang, en passant — comble d'ironie — par Wyler, dont la « mise en scène » certes se remarque au premier coup d'œil, pourvu qu'on ne lui en accorde aucun autre).
Ford a été victime de son propos, de sa maîtrise, et donc d'une certaine idée du cinéma qui voulait la primauté de la forme, et situait son originalité davantage au niveau du plan, du cadre, du montage ou de la caméra qu'à celui du film tout entier et de l'agencement de ses séquences, de la force de ses portraits, comme fait Ford. Et c'est pourquoi, enfin, l'étude de l'œuvre fordienne ne fait, ici, que commencer. ■

Ce texte est paru dans les *Cahiers du cinéma*, n° 183, octobre 1966, p. 55.

Les lois de l'hospitalité

Ford et la communauté

▶ par Charles Tesson

Il faut de tout pour faire un monde », entend-on à la fin de *La Chienne.* De l'œuvre de Ford, il est facile de voir qu'elle a fait le tour de ce Tout qui fait un monde. A ceci près que la problématique qui traverse la représentation amusée ou tragique de ce Tout prend la proposition renoirienne à rebrousse-poil. S'il y a un sujet et un fait que Ford a réellement filmés, c'est qu'il y aura toujours trop de monde ou pas assez pour faire un tout. Pas assez : la communauté fermée, dont l'autarcie est synonyme d'asphyxie, symptôme à venir de sa disparition. Trop : la communauté ouverte et la peur de l'Autre qui menace son existence. Problèmes de flux. Entre le trop ouvert et le pas assez fermé, les films de Ford n'ont jamais eu le temps d'en finir, encore moins, par souci moral, de caler définitivement la question, de la *normaliser.*

The Sun Shines Bright. Le titre français dit une chose juste, à savoir que le « Le Soleil brille pour tout le monde ». Le monde, c'est la chose publique *(la res publica),* la société civile et militaire. Comme il est clairement dit dans *Fort Apache, « l'armée n'est pas l'univers, c'est ton monde ».* Difficile d'être plus clair sur le refus de la métaphore, de l'assimilation abusive. *Un* monde n'est pas *le* monde (il n'est pas la mesure de l'univers) et cet écart entre les deux, cette nécessaire mise à distance, Ford l'a soigneusement mise en scène. Entre un monde au premier plan et le monde à l'arrière-plan, il y a ce jeu entre la figure (le groupe, la communauté) et son inscription dans le paysage. La récurrence de Monument Valley est le signe de cet arrière-plan. C'est le Sinaï fordien par excellence, le théâtre des origines, le lieu de la fondation et l'enjeu de tous les conflits. A sa dimension religieuse et sacrée (les commandements) s'ajoute la fondation d'un État de droit : le code civil et le code pénal avec et après la Bible, les Tables de la Loi de l'Amérique.

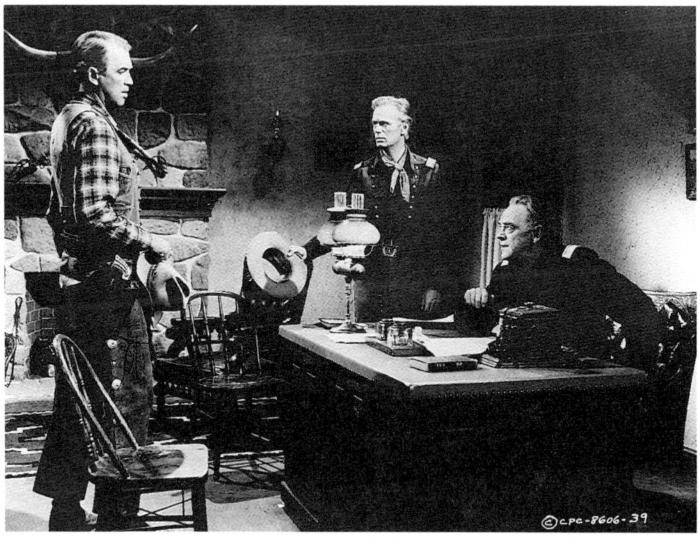

Two Rode Together

La communauté fordienne n'est pas un instantané figé dans le théâtre d'une représentation mais une donnée en perpétuel mouvement. Dans l'espace : la dialectique entre un monde et le monde est le schéma conducteur de la narration qui doit beaucoup à la théorie des ensembles et des sous-ensembles (superpositions, croisements, fusions et imbrications de groupes). Dans le temps, car Ford met en scène la communauté dans la perspective de son devenir (instincts de survie et mécanisme de perpétuation) et le prisme de son passé (ses origines). Il n'y a de communauté chez Ford que saisie à l'intérieur d'une vaste entreprise généalogique (l'œuvre est cet arbre), d'une monumentale archéologie du savoir (la naissance d'une nation) qui fonctionne sur le mode abstrait et général (les institutions) et sur le mode concret et particulier : l'individu, la famille, le groupe et la lignée.

Le métier et le lien social. Il n'y a pas d'individu chez Ford au sens d'individuel. On est toujours l'être de quelqu'un, ne serait-ce que de la loi (*« The law will take care of this »* est le refrain comique de *Just Pals*). Le lien de parenté et le lien social le définissent. Il arrive au personnage de travailler mais c'est secondaire dans la mesure où il exerce avant tout un métier, une fonction, élevée parfois au rang de mission. Par le travail, il appartient au collectif, à la société, non sans mal *(Just Pals)*, à l'image d'Anne Bancroft qui, dans *Seven Women* s'impose à la communauté par l'exercice de son métier (elle enraye une épidémie) dans la mesure où il redistribue les frontières (chez Ford, on soigne ses ennemis).
Il arrive que l'exercice du métier déclenche un processus d'exclusion *(Judge Priest, Dr Bull)* mais, en règle générale, la logique et la morale du métier finissent par l'emporter. Le médecin de *Prisoner of Shark Island* sera jugé et condamné pour avoir soigné l'assassin de Lincoln et il sera libéré du bagne pour avoir soigné son bourreau. Chez Ford, on ne travaille pas pour soi ni pour de l'argent. Il n'est jamais montré en tant que tel (la juste rançon) mais sert à désigner la frontière du hors-la-loi (hold-up) par opposition à l'argent légal, tabou et infilmé. L'exception confirmant la règle étant James Stewart dans *Two Rode Together* qui, ne croyant plus à sa mission, le fait pour de l'argent et demande à se faire payer au prix fort. Formulation cynique et obscène (*« Que vaut la vie d'un homme ? Le prix du marché »*) contrebalancée par le geste de la mère qui, dans *Rio Grande*, vient racheter son fils à l'armée : échange symbolique et amoureux (la pièce d'or et le billet conféré) avec pour seule valeur de sceller et réconcilier quatre groupes (la famille, le sud, l'armée, la nation) en un seul.

En son fort intérieur. On retrouve dans l'espace militaire la même opposition que dans l'espace civil (exemplairement, *The Sun Shines Bright*) entre l'espace habité, statique (les lieux de l'institution), et l'espace parcouru, ouvert (la scénographie de la rue, très complexe chez Ford), mais de manière ramassée, plus radicale, plus violente : le camp, son dehors et son dedans. *Seven Women* est l'aboutissement scénographique de ce dispositif, le retour du même ailleurs qui fait pour la première fois l'économie de l'espace extérieur. Ford filme le camp comme une frontière artificielle et naturelle entre deux mondes et, à la limite, deux sexes. Dedans, les lieux de la femme. Dehors, ceux de l'homme. Le fort est filmé comme un vase clos, un sexe de femme, un réceptacle qui vit dans la crainte de sa pénétration, articulant ainsi la scénographie de la violence sexuelle, en écho à l'autre sexualité, déjà là (maternité, accouchement), sur l'autel de la reproduction de la communauté.

The Sun Shines Bright

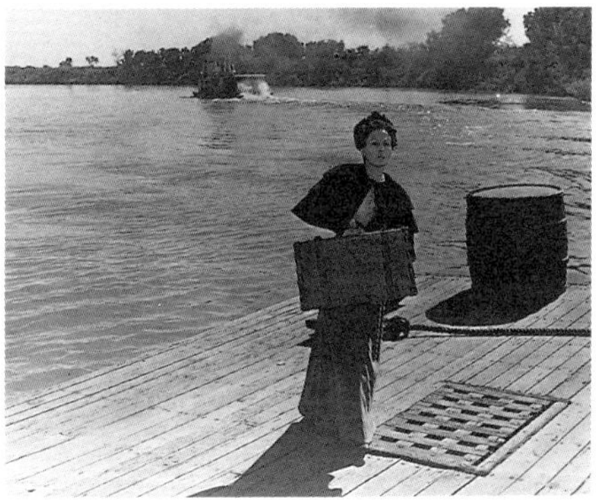

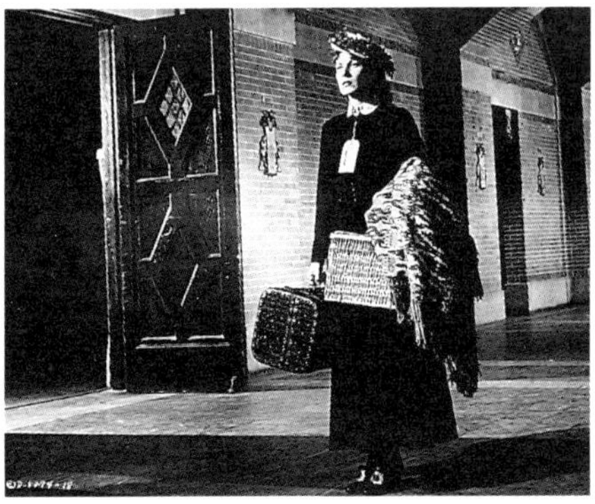

The Long Gray Line

Frontières sournoises. Les deux seules frontières qui lui résisteront toujours, filmées comme telles, sont celles de la vie et de la mort ainsi que la différence des sexes. Les autres sont fluctuantes et fragiles et ressemblent à celle, précaire, que le juge Priest de *The Sun Shines Bright* trace sur le sol, la caméra cadrant très scrupuleusement ce morceau de terre et la division géographique et symbolique qu'il impose entre les deux camps de la violence et de la loi ; les fourches des paysans, chez Ford, servant moins à travailler la terre qu'à vouloir tuer les gens. Il n'y a pas différentes frontières mises sur le même plan (amalgame) mais plusieurs plans, plusieurs niveaux amenés à se heurter, se recouper dans l'espace (géographie et territoires) et dans le temps (généalogie historique). La réunion des divers blocs en formant un autre (la communauté du sud) qui divise à la mesure de ce qu'il réunit : le montant vertical du cadre, le hors-champ étant chez Ford la frontière, la plaie de l'Amérique, la cicatrice inaltérable de l'histoire.
Chez Ford, l'armée réunit sans effacer les divisions, elle marque et révèle les différences sans jamais les abolir. Que ce soit à travers l'affrontement des deux personnages « non-réconciliés » de *Fort Apache* (l'écart entre John Wayne et Henry Fonda est bien plus profond, plus grave, que celui entre John Wayne et le chef indien), ou bien, plus généralement, de tous ces anciens soldats confédérés aujourd'hui noyés dans les rangs de l'armée yankee *(Rio Grande)* mais qui se souviennent. La réalité n'étant rien d'autre chez Ford que l'exercice de la mémoire. C'est elle qui dessine les lignes, tisse les fils et déjoue la frontière attendue, prévisible (l'armée et les Indiens) pour en souligner d'autres, plus souterraines.
Au-delà de la frontière visible qui opère la division des territoires (la frontière naturelle des fleuves, du Mississipi au Rio Grande), Ford a toujours filmé une frontière invisible et réelle : l'horizon. Une scène de *Honky Tonk Man* de Clint Eastwood pourrait servir d'emblème. On y voit un homme dire que les pionniers, pour s'approprier la terre, se servaient de la ligne d'horizon pour délimiter leur terrain. Il n'y a que le western et Ford pour avoir donné une

dimension politique et militaire à cet acte élémentaire de perception qui veut que « *tout ce que je vois est par principe à ma portée, au moins à la portée de mon regard, relevé sur la carte du "je peux"* » (Merleau-Ponty, *L'Œil et l'esprit*). L'espace fordien est programmatique pour les personnages (la carte, la portée de fusil) et contemplatif pour les spectateurs. En revanche, il arrive souvent que le personnage fordien regarde la terre sur le mode contemplatif mais autrement car la terre regardée est proche et elle révèle une autre présence : le mort dans sa tombe. En contemplant une tombe, le personnage parle au-delà de ce qu'il voit et en parlant au mort sur le mode familier, il tisse un fil qui cherche à abolir la frontière entre la vie et la mort, le présent et l'absent, le visible et l'invisible (enfoui). On pourrait dire que Ford filme les paysages (pour le spectateur) de la même façon que ses personnages regardent les tombes (pour eux-mêmes). En filmant une tombe, un paysage, il nous met pareillement en communication avec son au-delà, son invisible. La très belle formule de Merleau-Ponty (« *Le paysage ne célèbre jamais d'autre énigme que celle de la visibilité* ») croise pleinement le cinéma de Ford. On a trop parlé de la métaphysique du ciel chez Ford mais pas assez de sa physique de la terre. Voir l'invisible de la terre, c'est regarder la mort en face. Chez Ford, le paysage, filmé en plan large, a la même signification que le cinéma des Straub lui accorde : il est le cimetière de la résistance, celui des Indiens qui se sont battus et sont enterrés là.

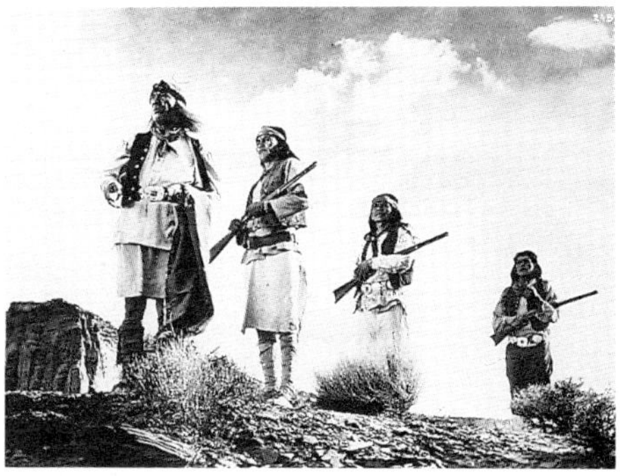

Fort Apache

Les frontières du corps. Le plaisir sexuel chez Ford n'existe pas. L'acte sexuel est parfois lié à la mort et au sacrifice *(Seven Women)* et le plus souvent s'inscrit dans un comportement hors-la-loi (le viol) qui articule une première altérité (la différence des sexes) sur une autre (les races). Surdétermination souvent abusive qui prête à confusion et généralement est condamnée comme telle *(The Sun Shines Bright, Sergeant Rutledge)* ou bien clairement désignée : l'un des fils du bandit Clegg dans *Wagon Master* qui viole une Indienne et sera tué par la communauté blanche. Chez Ford, il y a l'Autre du dedans (le Noir : la communauté du sud, l'armée) et l'Autre du dehors (l'Indien, jusqu'aux hommes de Tunga Khan). Si Ford dénonce souvent les préjugés racistes à l'encontre des Noirs et les présomptions de culpabilité à l'encontre d'innocents *(Steamboat Round the Bend)*, sa mise en scène de l'Indien relève d'un autre principe. Il faudrait faire l'inventaire très précis de l'entrée en scène des Indiens dans les films de Ford et voir par exemple *(Fort Apache, Rio Grande, Wagon Master)* qu'ils sont toujours montrés la première fois, par un plan fixe ou un panoramique, comme étant déjà là dans le champ. L'image où on les verrait entrer dans un cadre vide, surgir dans l'image n'existe pas. Aucun signe de transgression, de violation de l'espace. Ils sont dans le paysage car ce paysage leur appartient et ils le défendent contre ceux qui le traversent par effraction (une incrustation). C'est le montage qui rend la confrontation violente, le choc brutal, et lui seul.

Le corps généalogique. Au croisement de l'admiration que Ford porte au Juge Priest (il ne cherche pas à plaire à autrui mais obéit à ses propres valeurs), *The Sun Shines Bright* tisse le schéma vertical de la filiation à partir de ce vieux général sudiste qui refuse de reconnaître sa petite-fille — le portrait de sa femme, que le Juge Priest cache, lui ressemble. L'objet de tous les maux, rejeté en tant que tel, étant la figure centrale de la mère, une ancienne prostituée, une fille à soldats qui a donné naissance à cette enfant illégitime. La mère revient au village pour y mourir, recueillie par la prostituée, et son enterrement, la longue procession derrière le cercueil, oblige chacun à décliner son identité et son lien. Concrètement, dès que le vieux général rentre dans le rang, la procession ressoude l'arbre généalogique familial jusqu'ici brisé et l'homme reconnaît cette femme morte en tant que mère et admet ainsi sa petite-fille dans sa lignée. Cette généalogie rompue et restituée à travers deux figures de femmes (la prostituée et l'institutrice) vaut également à l'échelle de l'Amérique, de la même façon que dans le premier *Judge Priest*, la reconnaissance de Gillis par la loi s'articule avec la reconnaissance de sa fille (la scène de cimetière), car chez Ford, la réconciliation généalogique familiale fonctionne avec la réconciliation généalogique institutionnelle (le bagne, l'armée et le tribunal). De la même façon, on peut voir dans *The Sun Shines Bright* que la première génération, celle du général, ne jure que par le sud tandis que la seconde est celle qui a copulé avec l'Autre, le nord, et que, de cette liaison est né un bâtard, un enfant illégitime qui a pour nom l'Amérique. Le caractère généalogique de cette naissance d'une nation, via son prisme biblique (la femme-mère et la femme pécheresse, d'Ève à Marie-Madeleine, de l'Ancien au Nouveau Testament), étant le sujet central de toute l'œuvre de Ford.
Le personnage fordien, en tant que corps, est fondamentalement, au sens où l'entend Pierre Legendre, « *une chose généalogique, une preuve de l'identité, c'est-à-dire premièrement la preuve que les*

(1) *L'Inestimable objet de la transmission (étude sur le principe généalogique en Occident)*, Leçons IV, Éd. Fayard, p. 28.

autres ont un titre à faire valoir sur nous-mêmes ; un corps est un symbole (symbolon), *au sens du droit grec de l'hospitalité. (...) Le terme d'hospitalité se rapportant à la pratique des* symbola, *désignant des objets coupés en deux parties, échangés entre deux hôtes ou deux individus liés par une obligation* » (1). Et c'est précisément « *la mort qui fait entrer le corps dans la catégorie des choses* ». Ce qui est vrai du cercueil de *The Sun Shines Bright* et plus généralement des nombreuses conversations avec les morts qui parsèment l'œuvre de Ford : « *Sur l'autre versant de la généalogie, son activité symbolique, il s'agit de mettre en scène l'humanité périssable en tant que telle, de faire société avec ce qui est déjà mort* » (*id.*, p. 49). C'est pour cela que le personnage fordien, pour solitaire qu'il soit (de John Wayne à Anne Bancroft) est pris au moment où il redevient un corps-hospitalité, aussi bien envers les morts qu'avec les vivants (le gosse de *Just Pals*, le Wayne du *Three Godfathers*, James Stewart et la veuve indienne dans *Two Rode Together*). Le corps comme hospitalité étant finalement la forme narrative, le motif central du récit fordien et le plan comme hospitalité (une structure d'accueil infinie, ouverte à toutes les intrusions) étant le maillon d'une invisible chaîne généalogique, la dynamique centrale de l'espace fordien.

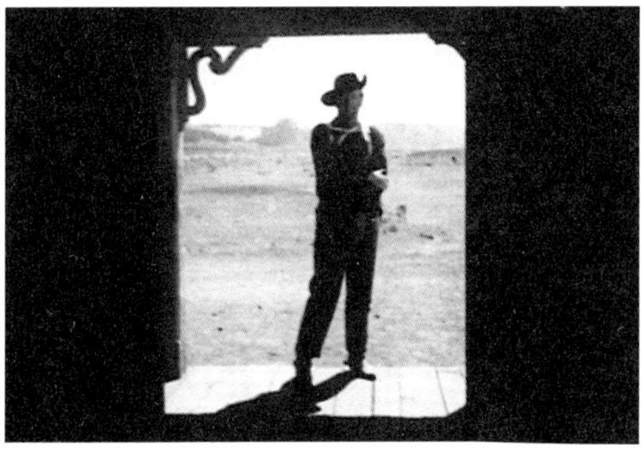

The Searchers

De Ford, on sait qu'il n'aime guère les communautés figées, sclérosées et qu'il ne les a jamais montrées sous un jour favorable. Pour Ford, une communauté fermée (le mirage communautaire qu'il a toujours dénoncé) équivaut à un Tout se suffisant à lui-même, ne produisant que du semblable, de l'indifférence. Elle commence à l'intéresser dès qu'elle est fissurée par l'intrusion de l'Autre, menacée dans son identité.

La communauté puritaine de la bourgeoisie bostonienne (haine féroce qui mobilise de nombreux films, dont ceux avec Will Rogers) jusqu'à celle de *Seven women*. Même dans *Wagon Master* (les Mormons vers la Terre Promise), la communauté, pour accomplir sa destinée, se doit d'être ouverte (les deux vendeurs de bétail pour guides, la cérémonie avec les Indiens) pour le meilleur et pour le pire (Clegg et sa bande) ; la communauté fordienne sans limite dans sa capacité d'accueil étant par définition l'armée.

Le scénario du cinéma fordien tient tout entier dans les limites paradoxales de cette phrase : « *Puisque la nature a établi entre nous une sorte de parenté, il s'ensuit qu'il y a interdit pour l'homme de s'en prendre à l'homme* » (2). Interdit qui, sur une petite échelle vise l'inceste (par définition, ce qui n'a pas de fin car on ne sait plus qui est qui, toutes les places s'équivalant) et qui, en plus large, vise la frontière fluctuante entre la « sorte de parenté » et le « lien » : le racisme dénie à l'autre tout lien de parenté et s'en prend à lui en tant que tel. La loi de l'espèce impose ses obligations (la loi de l'hospitalité, la reproduction du genre humain) et applique un processus de différenciation. Ce qui explique la générosité du cinéma fordien, sa modestie.

Il faut de tout pour faire un monde mais le monde fordien ne sera jamais un Tout, une catégorie du fini mais son exact contraire. « *Tout système clos est aussi communicant* » et, comme le souligne Gilles Deleuze (3), « *il y a toujours un fil pour rattacher le verre d'eau sucrée au système solaire* ». Ainsi le Tout « *est ce qui empêche chaque ensemble, si grand soit-il, de se fermer sur soi, et ce qui le force à se prolonger dans un ensemble plus grand. le tout est donc comme le fil qui traverse les ensembles, et donne à chacun la possibilité nécessairement réalisée de communiquer avec un autre, à l'infini. Aussi le tout est-il l'Ouvert* ». D'où la nécessité de ne pas confondre « le prolongement des ensembles les uns dans les autres » (le sujet *apparent* des films de Ford : l'emboîtement des communautés, le jeu des ressemblances et des différences) et « l'ouverture du tout qui passe en chacun des ensembles » (son sujet profond). Manoel de Oliveira parle dans ce numéro de l'importance des portes dans le cinéma de Ford et on pourrait dire justement que le sas du fort qui laisse pénétrer Anne Bancroft est la figure possible, récurrente, de cette ouverture du tout qui passe en chacun des ensembles, de nous.

Un plan n'est pas une prison. Un plan n'est pas un tombeau. Jamais un cinéaste, à l'exception de Renoir, mais avec d'autres moyens (à la continuité vivante du recadrage, Ford lui préfère le plan fixe et large), n'avait été aussi loin pour dire qu'un plan relève ontologiquement de l'Ouvert qui ne communique pas avec de l'homogène mais avec un Ailleurs, dans l'espace, et surtout, dans le temps, avec un invisible qui serait le fil généalogique dans sa capacité à faire revenir les morts pour leur parler, afin de faire communiquer le plan avec eux, de faire lien. Drôle de hors-champ, drôle d'invisible. Comme si le cinéma, pour Ford, avait pour fonction de mettre en scène l'absolu généalogique qui est, pour Legendre, la référence à la perfection de l'immortalité du genre humain. Non pas la caméra, le plan *à hauteur d'homme* (se mesurer à, le défi) mais le plan à *ouverture d'homme*. Ouvert sur quoi ? A l'image du dernier plan de *The Searchers* et de *The Sun Shines Bright*, sur l'incommensurable du genre humain et son vertige généalogique. ■

(2) Juriste du IIe siècle, cité par Legendre, p. 113.
(3) *L'Image-mouvement*, Éd. de Minuit, p. 29.

Ford et Hawks

▶ par Tag Gallagher

La première partie de ce texte a paru dans *John Ford, The Man and His Films*, par Tag Gallagher, University of California Press, L. A., 1986, pp. 81-83. Que l'auteur et son éditeur soient ici remerciés de nous avoir aimablement autorisés à la reproduire.

Aux yeux du public, John Ford et Howard Hawks sont souvent pris l'un pour l'autre. Ford lui-même reçut maints éloges pour le *Red River* de Hawks. Et pourtant, même si *Airmail* a un air de ressemblance avec le *Only Angels Have Wings* (1939) de Hawks, comparer Ford à Hawks revient souvent à comparer des fruits à des poissons : les points communs sont aussi rares que les points de différence. On pourrait classer Hawks avec Chaplin, Lubitsch, Wilder et Cukor qui plaisent tous à ceux qui conçoivent le cinéma comme une extension du théâtre, alors qu'on devrait classer Ford avec les expressionnistes ou même avec certains réalistes (Rossellini, Flaherty, Straub). La distinction est moins celle du « théâtre » contre le « cinéma » qu'un accent mis sur le corps et le dialogue, contre un accent mis sur la composition. Là où l'expressionniste Eisenstein élaborera quelque chose par une série de *cuts*, Chaplin fera un ballet en solo, tandis que Hawks mettra en scène un long « duo » absurde, tel le célèbre dialogue « *Do you think I should ?* » entre Jean Arthur et Dutch vers la fin de *Only Angels*. Les dialogues de Ford, en général, ne sont que très rarement expressionnistes (comme dans *How Green Was My Valley*), mais il ne dédaignera pas non plus le mot-pour-le-plaisir-du-mot, surtout dans ses films irlandais ; le « *Will you be wanting the car, inspector ?* » entre Cyril Cusack et un planton au début de *The Rising of the Moon* en est un exemple célèbre. Mais ces dialogues ne sont que rarement les pièces de résistance qu'ils sont chez Hawks, et on a tendance à se souvenir des mots de Ford à l'intérieur d'une composition, alors qu'on se souvient de ceux de Hawks en même temps que de ses acteurs et de leurs gesticulations souvent frénétiques, plus que de ses compositions.

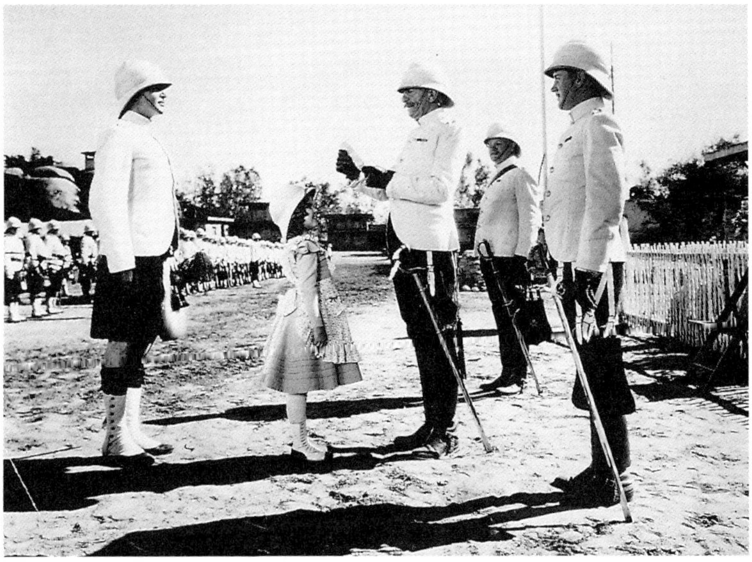

We Willie Winkie

Ces distinctions faciles correspondent à des différences plus profondes. On pourrait décrire les films de Ford et de Hawks comme des séries de petites parodies jouées par des acteurs de genre. Mais là où les acteurs de Ford finissent par devenir des êtres de fiction, les personnalités-vedettes de Hawks sont ses personnages. Sur le papier, Cary Grant, joue des rôles totalement différents dans *His Girl Friday*, *Only Angels*, et *Bringing Up Baby*, mais dans la pratique, il semble ne composer qu'un seul individu, « Cary Grant » dans toutes ses façons d'être. L'artifice, au meilleur sens du terme, semble être le but que Hawks s'est défini ; son réalisme se fonde sur le plaisir que nous prenons à ce que Cary Grant soit « Cary Grant ». John Wayne, en revanche, dans *Stagecoach*, *The Quiet Man*,

The Searchers, *The Wings of Eagles*, et *Liberty Valance* semble être moins « John Wayne » que cinq personnages différents. Il est vrai qu'aucun critique auteuriste ne persuadera certains que *The Searchers* n'est pas un « film de John Wayne ». Pourtant, Ford veut que nous rencontrions Ethan Edwards (John Wayne) et que nous croyions aussi fermement en la réalité de ce personnage et de cet univers cinématographique qu'en ceux de *La Comédie humaine* de Balzac. Il utilise moins les stars pour leur personnalité que pour leur présence, leur capacité à rendre vivant un personnage de roman.

De même, les personnages de Ford ont des identités culturelles différentes, alors que ceux d'Hawks n'ont que des métiers différents. Il est vrai que les gens, chez Hawks, ont tendance au déracinement (pas de familles chez Hawks !) et que la localisation de leur histoire — culture spécifique, atmosphère, être-là — n'a relativement que peu d'importance. *Rio Bravo*, un western, et *The Big Sleep*, un film de gangsters, pourraient échanger costumes et plateaux au prix de petits ajustements scénariques. Chez Hawks, l'atmosphère n'est qu'un rideau de scène (l'obscurité dans *Only Angels* possède l'invariante constance d'un rideau de théâtre) et comme par hasard, l'action n'est chez lui que le *développement* prolongé des quelques personnages principaux (deux ou trois, le plus souvent) dans un nombre donné de situations avec des séquences extrêmement longues. A l'inverse, chez Ford, l'intensité du pictural sert à créer des univers, dans l'espace d'abord, mais aussi dans la conscience culturelle. Ainsi ses atmosphères ont la variété, la fantaisie et la vigueur dont il truffe la vie quotidienne à l'aide de détails de style documentaires que Hawks réserve aux exploits d'ingénierie, et son intrigue, souvent compliquée et mettant en scène de nombreux personnages, génère une *exposition* constante de situations romanesques ; c'est par une insertion continue dans des séquences courtes et contrastées qu'il fait naître un personnage.

En résumé, les films de Ford impliquent une dialectique entre le monde et la sensibilité ; les films de Hawks, ce sont des gens ensemble. Les gens, chez Hawks, sont liés les uns aux autres parce qu'ils le veulent bien : dans *Only Angels*, faire passer le courrier n'est qu'un prétexte pour être ensemble. Chez Ford, les gens sont plus liés par l'idéologie ou par un but commun que par l'affection : dans *Airmail*, faire passer le courrier est une raison d'être. De même, les sacs postaux jouent une part infiniment plus grande dans *Airmail* que dans *Only Angels*, mais souvent par une ironie un peu lourde : la tradition, pratiquement inexistante chez Hawks, est toujours infamante chez Ford. D'ailleurs, alors que les pilotes d'*Airmail* évitent le pilote qui a abandonné ses *passagers*, ceux de Hawks évitent le pilote qui a abandonné sa *machine*. Pour Ford, ce sont devoir et honneur qui sont en cause ; pour Hawks, c'est l'équipe. Ainsi l'homme hawksien peut se racheter et être réintégré à l'équipe, mais l'homme fordien qui a offensé Dieu est condamné par ses collègues à une damnation qui surpasse la miséricorde humaine.

Airmail de John Ford

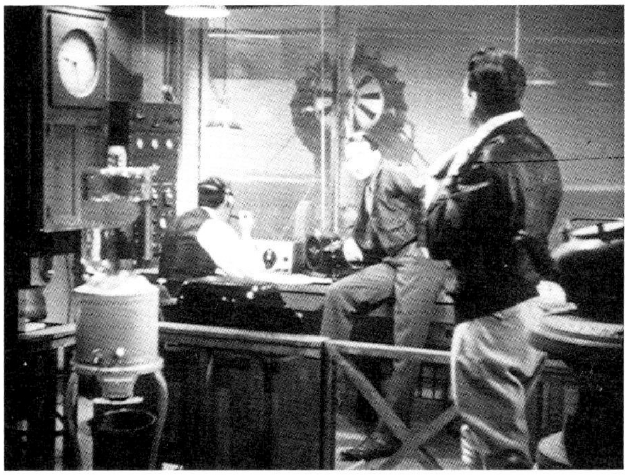

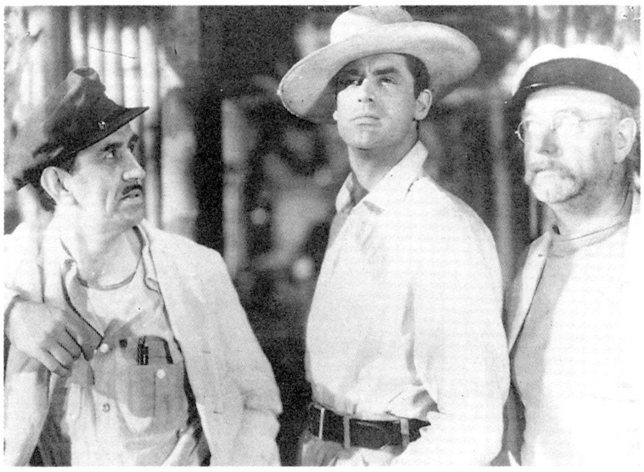

Only Angels Have Wings de Howard Hawks

Les personnages de Hawks sont presque des caméléons. Chez Ford, le caractère c'est le destin ; les gens ne changent pas ; ils subissent la fatalité et s'éveillent à une destinée. Le cinéma de Ford est une tapisserie d'excommunications — dans ces seules années : des Noirs, des métis, des femmes perdues, des enfants illégitimes, des médecins impopulaires, des fils et des ferronniers — et les victimes d'ostracisme ne peuvent être sauvées que par le héros solitaire (absent d'*Airmail*). Hawks s'oppose à l'idée fordienne du solitaire qui est un géant. Ses films parlent de la façon dont les gens se changent les uns les autres pour former une communauté. Toute la structure gargantuesque de l'idéalisme transcendental qui fait fonctionner les univers fictifs du très catholique Ford se trouve réduite, dans ceux du protestant Hawks, aux structures immédiates de loyauté personnelle, de désir et de biologie. Ce n'est pas tant que les gens, chez Ford, soient asexués ou idéalisés (encore que ses clichés sont parfois de vraies icônes) ; même s'il est vrai que, chez Ford, les gens sont plutôt moins *physiques* que chez Renoir, Rossellini, Sirk, Walsh, Bresson, Hitchcock, Cukor, Minnelli, Ophuls,

Sternberg, Capra ou Godard. C'est chez Hawks que les gens sont hyperboliquement physiques, avec comme force motrice le sexe, et les animaux ou les hordes comme métaphores les plus fréquentes (troupeau, chevaux, léopards, favoris bâtisseurs de pyramides). La personnalité ou l'émotion physique sont au faîte du matérialisme hawksien, comme une force transcendentale ; chez Ford, tout participe déjà du monde culturel que les ancêtres ont légué, force sourde qui lutte pour émerger, comme dans *Tabu*, des masses qui forment la nature.

Red River de Howard Hawks

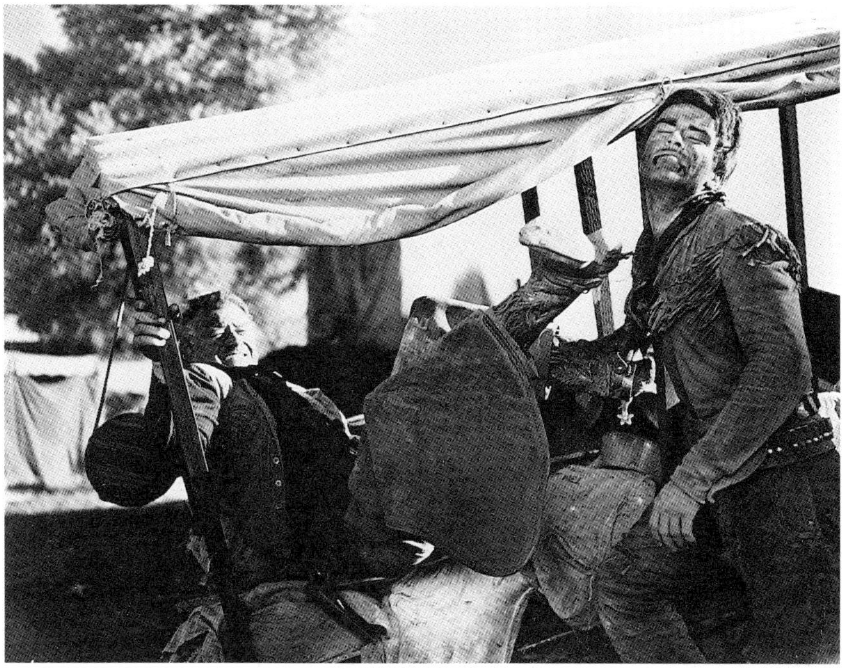

Curieusement, la nature est plus métaphorique chez Hawks que chez Ford, tout comme Hawks est verbal alors que Ford est visuel. En nous décrivant la fatale tentative d'atterrissage dans le brouillard d'un pilote, Hawks met l'accent sur le dialogue entre ceux qui sont restés sur terre et la voix d'un pilote essentiellement invisible ; Ford fait alterner des plans visuels. Pour Hawks, qui déteste les dissensions, la « morale » réside dans ces tardives tentatives stoïciennes par lesquelles une communauté se renforce dans la mort. Mais Ford insiste sur ce que Hawks élide : l'angoisse immédiate des gens, juxtaposée avec le pilote en flammes ; et sa « morale » c'est cet ensemble de conflits multiples et diffus que l'accident a fait éclater : l'ironie des sacs postaux, les rapports entre Mike et Ruth qui contrastent avec la haine que se vouent Irene et Dizzy (quatre scènes de genre) et cette observation pédante, presque brechtienne à un adolescent : « *Tu veux toujours être pilote, imbécile ?* » De la même façon, le film de Ford traite précisément de ces réalités prosaïques que Hawks ignore : ce qui arrive à Jean Arthur et à Cary Grant une fois qu'ils ont décidé de vivre ensemble.

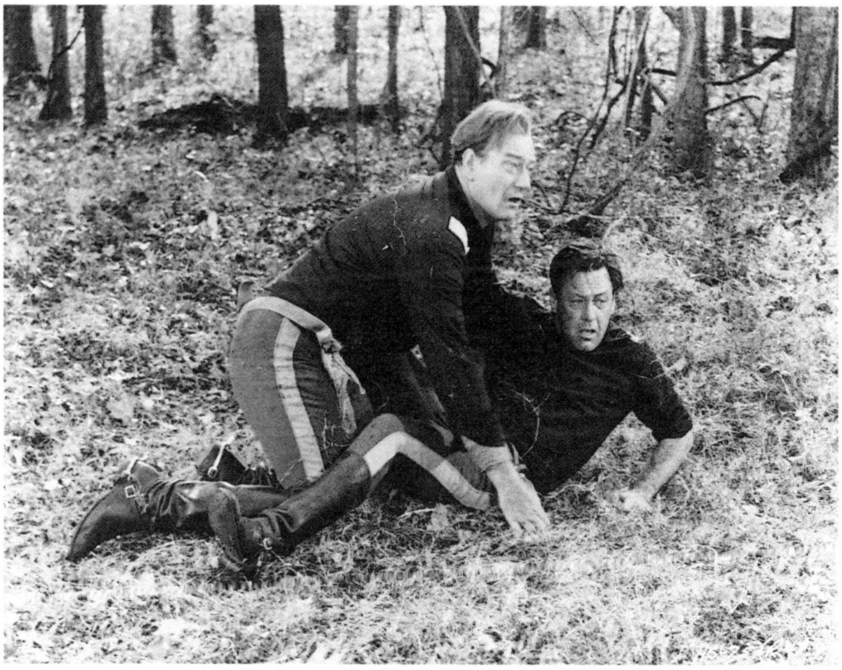

The Horse Soldiers de John Ford

Les marxistes européens aiment Ford parce qu'il met l'accent sur la contrainte. C'est pour cette raison que les progressistes anglo-saxons le qualifient de réactionnaire et préfèrent Hawks. Les personnages déracinés de Hawks se promènent libres moralement et idéologiquement. Nulle règle astreignante ; nul guide institutionnel. La « société » n'existe pas, les « problèmes sociaux » non plus. Les héros, comme dans Hemingway, sont tout à leur travail mais pas à la manière des artisans pour qui le travail a une valeur en soi, plutôt comme des adolescents qui utiliseraient leur talent pour éprouver leur courage. Ils profitent de la sauvagerie de la frontière, d'une liberté sans limite (même lorsqu'ils prennent le *Twentieth Century*) et ne connaissent qu'un seul commandement : Respecte ton contrat (ou rends l'argent). Ils n'ont même pas de liens d'amitié. On s'occupe de ses affaires, un point c'est tout ! Lorsque Ricky Nelson intervient pour sauver John Wayne dans *Rio Bravo*, tous deux considèrent cet acte comme irrationnel (même si Wayne est un shérif qui doit faire respecter la loi). C'est pourquoi le paysage-type du western hawksien est la plaine déserte, car — contrairement à la Monument Valley de Ford où les formations rocheuses, comme autant de temples grecs ou de ruines romaines, symbolisent des vérités éternelles — elle ne contient rien qui puisse influencer l'homme.

Les drames sont intériorisés, les défis participent de travers privés (l'ivrognerie, par exemple), mais ni du monde, ni de la société ; la vacance du paysage efface, en faveur du symbole, le processus d'accumulation éthique qui, chez Ford, est partie intégrante de l'être humain. Hawks ne serait-il donc pas le tenant de cette conscience moderne de l'esseulement total, où on ne dépend de rien ni de personne, si ce n'est de ses propres dons et de ses déterminations ?

Rio Bravo de Howard Hawks

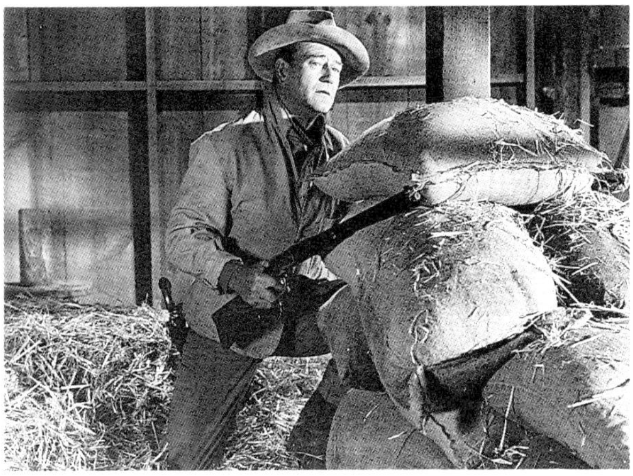

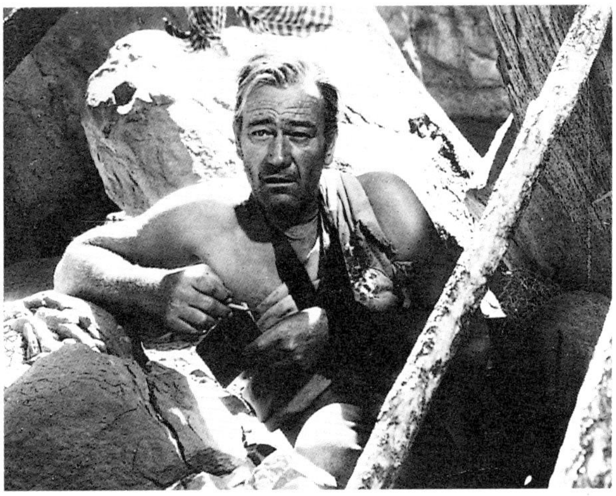

The Searchers de John Ford

Il est étrange de constater que c'est le héros fordien qui s'avère le plus seul des deux. Quand un héros de Hawks est sur la corde raide, ses compagnons de beuverie sont toujours là pour l'encourager (Monty Clift défie John Wayne dans *Red River* — mais uniquement après avoir été unanimement soutenu). Le héros fordien, lui, est un marginal par définition, un innovateur moral, celui qui défie la tradition (1). Et chez Ford, il n'y a pas d'issue de secours, ni frontière, ni sauvagerie de la liberté découlant de l'acculturation humaine (pas plus que la mer ne représente une échappatoire dans *Tabu*). Chez Ford, le drame résulte de ce que Hawks ignore : les contraintes oppressives que les idéaux, concrétisés en structures sociales ou en croyances philosophiques, imposent lorsqu'ils ne sont qu'imparfaitement réalisés. Nous n'avons pas la bonne couleur (U.S. Woodford), le bon sexe (Dr. Cartwright), nous ne sommes pas assez sociables (Jack Gillis), pas assez doux (Dr. Bull), pas assez gentils (Tom Doniphon), pas assez macho (Sean Thornton), ni assez vertueux ni assez innocents. Ford sait qu'être idéaliste, c'est être complètement frappé. Chez Hawks, il y a de la pureté. Mais c'est une pureté néolithique : l'instinct à l'état pur (contrairement à ce que *Monkey Business* pourrait laisser croire) est la valeur suprême, même dans la violence où l'opposition entre Ford et Hawks est la plus claire. Dans les westerns et les films de guerre de Hawks, il est juste de haïr et il est bon de tuer ses ennemis ; la joie libératrice de la vengeance est aussi naturelle et saine que la respiration. Mais chez Ford, même en temps de guerre, la violence entraîne l'angoisse morale ; seul l'aliéné mental (les Clanton de *Wagon Master* ; Ethan et Scar) y prend du plaisir, seul l'idiot (ces créatures de pureté instinctive comme le frère Finney ou Mose Harper) tue en toute impunité. Les films de Ford donnent bien l'exemple du concept de « vérité négative » tel que l'entend Adorno : plutôt que de sanctifier un *statu quo* (comme le fait Hawks) ils révèlent une dissonance.

Dissonance augustinienne, où le déterminisme se mêle à l'existentialisme et où la terrifiante liberté de l'homme dans un cosmos prédestiné, rôde comme LE grand mystère sous-jacent. La vie n'est pas une dérive insensée mais un pèlerinage menant au décret de quelque épiphanie. Et c'est chemin faisant que les personnages trouvent une rédemption (presque une immolation). Comme dans *Three Godfathers* (et de *Straight Shooting* jusqu'à *Seven Women*), le salut nécessite généralement un grand effort, mais à la fin, c'est la grâce de Dieu qui sauve, et cette grâce (qui arrive souvent comme un Noël) dépasse presque toujours l'entendement, quand elle n'est pas tout simplement miraculeuse. Pourquoi *Stagecoach* est-il devenu si vital, aujourd'hui, si ce n'est parce que huit itinéraires différents parviennent à nous convaincre de la possibilité d'une rédemption ? ■

Traduit de l'américain par Serge Grünberg

1. La majorité des films de Ford se résument à des variations sur la « même intrigue de base » qu'on pourrait réduire à la formule : « *Tabu* plus Christ ». Le héros fordien, comprenant que les mythes (traditions, rites, lois, institutions, idéologies, etc.) sont nécessaires à notre survie, cherche à imposer sa médiation lorsque, comme c'est toujours le cas, les mythes se transforment en un ordre et une réalité répressifs qui préfigurent le chaos. Le Mal est cette forme d'intolérance qui, d'une façon ou d'une autre, divise la famille que le héros fordien va réunir. Mais le héros est toujours personnellement un solitaire et un célibataire, donc hors de l'histoire, possédant la connaissance intuitive d'une vérité supérieure, et ne craignant pas d'intervenir, même violemment, dans la vie des autres. Lincoln et le juge Priest en sont des archétypes, mais il y a aussi des héroïnes (le Dr. Cartwright de *Seven Women* ; Shirley Temple dans *Wee Willie Winkie*) et des prétendants-héros qui échoueront à cause de leur arrogance.

Monument Valley

Variation et immobilité

▶ par Jean-Louis Leutrat
et Suzanne Liandrat-Guigues

Stagecoach en 1939, *My Darling Clementine* en 1946, *Fort Apache* en 1948, *She Wore a Yellow Ribbon* en 1949, *The Searchers* en 1956, *Sergeant Rutledge* en 1960 et *Cheyenne Autumn* en 1964, autant de films que John Ford a réalisés totalement ou partiellement dans Monument Valley. *Wagon Master* et *Rio Grande*, tous deux de 1950, l'auraient été également. Toutefois, les lieux que montrent ces films ne se retrouvent pas dans les sept autres. Comme l'endroit où les Mormons rencontrent les Navajos dans *Wagon Master* apparaît également dans *Rio Grande*, ces œuvres semblent constituer un groupe à part échappant à la série des sept films. Parmi ces derniers, seul *She Wore a Yellow Ribbon* a été entièrement tourné dans Monument Valley. Néanmoins, tous comportent d'importants passages se déroulant dans le prestigieux décor : ainsi le spectateur peut-il identifier des configurations récurrentes.

Monument Valley se trouve au centre géographique du plateau du Colorado, à cheval sur deux États, le sud de l'Utah et le nord de l'Arizona. C'est une fantaisie de formes rocheuses dues à l'érosion. Son paysage est composé d'imposantes mesas, d'aiguilles ou de pitons effilés, de « buttes » massives, de rochers aux formes travaillées par le temps, de sable, de peu de végétation, de quelques points d'eau ou cours d'eau, le tout dans une couleur dominante rouge-orangé.

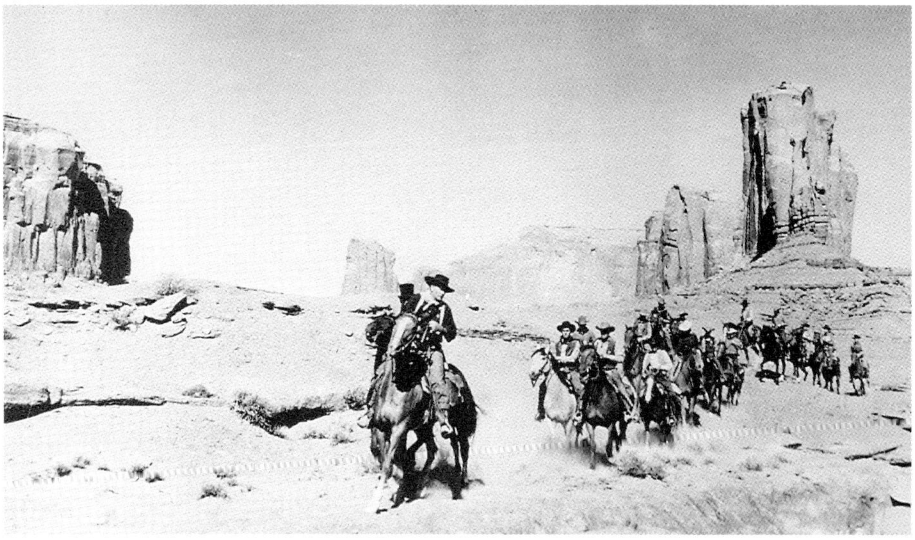

The Searchers

Dans les sept films de Ford, la Vallée apparaît sous les formes suivantes. Quatre ensembles se trouvent au nord ; ils sont pratiquement dans tous les films. Les autres qui sont au sud, reviennent moins fréquemment.

1) Une zone très vaste au nord-ouest comprend les concrétions rocheuses bordant le Butte Wash, Rock Door Mesa, l'espace entre Rock Door Mesa et Mitchell Butte (c'est là que Ford installe Tombstone dans *My Darling Clementine*, et que se produisent un certain nombre de poursuites dans *Fort Apache* et *She Wore a Yellow Ribbon* ; c'est là que dans ce dernier film la patrouille qui escorte les deux femmes erre avant de regagner Fort Starke) et s'étend plus au nord jusqu'au Capitan et à l'ouest jusqu'à la rivière que franchissent les personnages de *She Wore a Yellow Ribbon*, *The Searchers* et *Sergeant Rutledge*.

2) Les mesas et les buttes du nord-est (Eagle Mesa, Setting Hen, Saddleback, King-on-His-

Throne, Stagecoach, Bear and Rabbit, Castle Rock et Big Chief) sont montrées tout ou partie généralement sous forme d'une frise à l'horizon.
3) Sentinel Mesa et les trois buttes, West Mitten, East Mitten et Merrick Butte, composent le paysage le plus célèbre qui apparaît dès *Stagecoach*.
4) Mitchell Mesa, flanquée de Mitchell Butte et de Gray Whiskers, est notamment présente dans l'ouverture de *The Searchers*.
5) Les buttes entourant North Window (Elephant Butte, Cly Butte et Camel Butte accompagnée de The Tumb) constituent l'espace dans lequel les personnages au début de *The Searchers* trouvent le bétail massacré par les Comanches.
6) La vue panoramique prise depuis ce qu'on appelle désormais le John Ford's Point et qui montre East Mitten, Merrick, West Mitten, une partie de Sentinel Mesa, avec, dans le fond, les silhouettes de Castle Rock et de Big Chief, et, au premier plan, les contreforts d'Elephant Butte et le plateau rocheux qui domine la rivière San Juan, est utilisée à deux reprises pour montrer des personnages en posture d'observation, dans *The Searchers* (à la fin, lorsque Ethan épie le camp indien en contrebas, au pied de Merrick) et dans *Cheyenne Autumn*.
7) L'ensemble des Three Sisters se détachant d'une extrémité de Mitchell Mesa est surtout utilisé dans *Sergeant Rutledge*.
8) Au sud de la Vallée, Totem Pole et Yei Bi Chei avec, parfois dans la perspective, Rooster Rock et Meridian Butte, est le lieu réservé aux Indiens dès *Fort Apache* : c'est là que se trouvent les campements des tribus comanche et cheyenne dans *The Searchers* et *Cheyenne Autumn*.
9) Non loin de Totem Pole, Big Chair dans Thunderbird Mesa, avec Sand Springs, est le lieu de la rencontre de Debbie et de Ethan et Martin dans *The Searchers* ; dans le même secteur se trouve la petite butte nommée « The Hud » devant laquelle passent les Comanches à la poursuite de Ethan et de Martin.

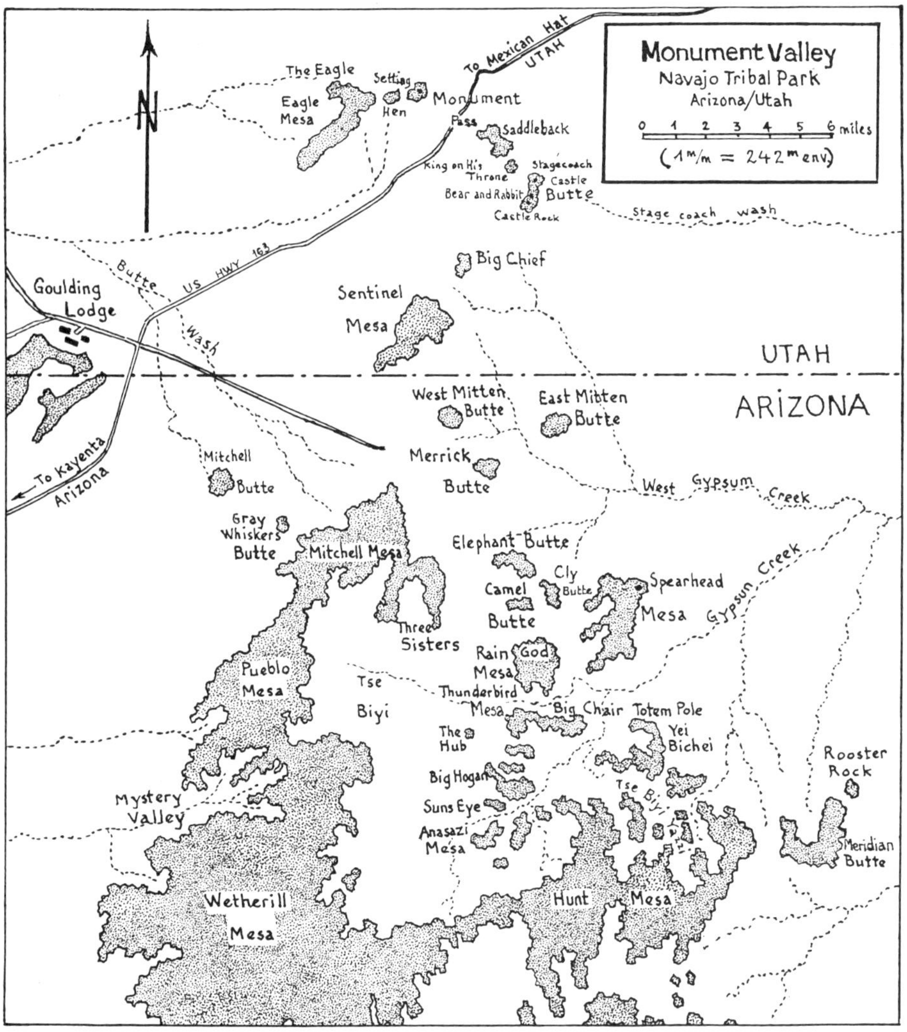

Les configurations énumérées sont les plus remarquables. Ford peut choisir de ne montrer qu'une partie des buttes du nord-est, ou encore d'isoler Sentinel Mesa ou West Mitten. Il peut également cadrer de loin les massifs, les transformant en une frise à l'horizon, ou alors établir une échelle de grandeur d'elles aux humains : soit les « monuments » sont en plan d'ensemble, distincts, et les humains minuscules à leurs pieds, soit ces derniers sont plein écran et les « monuments » ne constituent plus qu'un fond indistinct ; toute identification devient alors impossible. Ce sont surtout les angles de prise de vue qui créent la diversité, au point de donner parfois l'impression que l'on n'est plus dans le même lieu. West Mitten de face présente une masse imposante ; latéralement, « sur la tranche », elle n'offre plus au regard qu'une épaisseur relativement mince. Yei Bi Chei et Totem Pole peuvent former un seul bloc ou être séparés. The Thumb, de face ou de dos, n'a pas le même aspect. Selon la perspective, l'emplacement des buttes les unes par rapport aux autres diffère. Les couleurs, les éclairages, la présence ou non d'une couverture de nuages sont des paramètres météorologiques ou autres qui peuvent entrer en jeu.
Ford constitue ce que Gilles Deleuze et Félix Guattari appellent un espace lisse, par opposition à l'espace strié, c'est-à-dire un espace directionnel et non pas dimensionnel ou

métrique, un espace intensif plutôt qu'extensif. Monument Valley comporte des points fixes et des formes distinctives : on peut en établir une carte. Mais, en même temps, cet espace est soumis à une variation continue. Les aiguilles, les « buttes » se ressemblent trop, le même lieu selon l'angle de prise de vue paraît autre. Les distances et les configurations, pour le spectateur, ont changé. « *Le lisse, c'est la variation continue, c'est le développement continu de la forme, c'est la fusion de l'harmonie et de la mélodie au profit d'un dégagement de valeurs proprement rythmiques, le pur tracé d'une diagonale à travers la verticale et l'horizontale* » (*Mille Plateaux*, p. 597). La variation permet de donner l'idée d'un vaste espace multiforme. Si le découpage, selon une stratégie banale au cinéma, aide Ford à associer des lieux différents pour une même action (la bataille finale de *Fort Apache*, par exemple), ou à faire croire que ses personnages se déplacent sur de grandes distances (ce qu'ils font dans la fiction) alors que les acteurs évoluent dans un périmètre restreint (dans *The Searchers* ou *Cheyenne Autumn*), un simple mouvement de caméra peut en sens inverse réunir des lieux proches que l'on croyait éloignés *(She Wore a Yellow Ribbon)*.

Avec *Stagecoach*, Ford s'approprie un lieu, il l'investit. Il est remarquable que, d'emblée, il ne l'utilise que parcimonieusement, soit trois buttes (West Mitten, East Mitten, Merrick) et la *skyline*. Le début, principalement le générique, montre Mitchell Butte et Gray Whiskers ainsi que le Capitan et un espace avoisinant. Monument Valley représente l'intervalle sauvage compris entre deux villes, le domaine des Indiens ; pour les Blancs qui y tournent en rond, il est avant tout un labyrinthe. *Stagecoach*, qui devrait être le film par excellence du trajet, ne l'est pas du tout ; l'impression ressentie à sa vision est celle d'une circularité. Les trois buttes n'ont pas toujours la même apparence. Associées aux Apaches, elles acquièrent l'élégance hiératique de ces Indiens dont la frise immobile rappelle les monuments naturels (il n'est pas jusqu'au doigt tendu de l'un des hommes qui n'évoque le piton de West Mitten) et multiplie l'opposition buttes-mesas. Les plans consacrés aux hommes rouges s'insèrent entre ceux des buttes ; ils sont le pendant de ces autres plans intercalés entre les vues précédentes des buttes dans la première partie du voyage. Aux divisions qui règnent à l'intérieur de la diligence, ils opposent l'impassibilité des guetteurs postés sur les hauteurs. La civilisation emprunte les signes du désordre et de la confusion à la sauvagerie qui, elle, se présente sous les apparences immuables de la statuaire.

My Darling Clementine débute au milieu des trois buttes (West et East Mitten, Merrick) et s'achève sur le Capitan, manière de rappeler le film précédent. Autrement, l'action se déroule surtout au nord-ouest, là où Ford a situé Tombstone, avec sur sa ligne d'horizon la *skyline* obsédante. Un nouvel espace apparaît qui appartient aussi à la zone du nord-ouest, dans le prolongement de Mitchell Butte. C'est là que Wyatt Earp rattrape la diligence où a pris place Doc Holliday, et c'est en partie là que se dérouleront plus d'une poursuite dans *Fort Apache*, *She Wore a Yellow Ribbon*... Mais l'attaque de la diligence de *Stagecoach* par les Indiens a été tournée ailleurs, signe peut-être que Ford n'avait pas alors apprécié toutes les potentialités offertes par la Vallée. *Fort Apache* réutilise tous les lieux déjà mentionnés. West Mitten est placée dans le générique en position emblématique dominant à ses pieds la silhouette de profil d'un cavalier soufflant dans un bugle ; *Rio Grande* gardera la silhouette et éliminera West Mitten ; si ce film appartient bien au cycle de la cavalerie, il ne relève pas du cycle de Monument Valley. Comme *My Darling Clementine*, *Fort Apache* introduit un nouveau décor, cette fois plus au sud : Totem Pole, associé aux Indiens et à l'univers labyrinthique. Avant de retrouver Cochise, Kirby York et son compagnon surplombent un canyon au fond duquel serpentent les méandres intestinaux

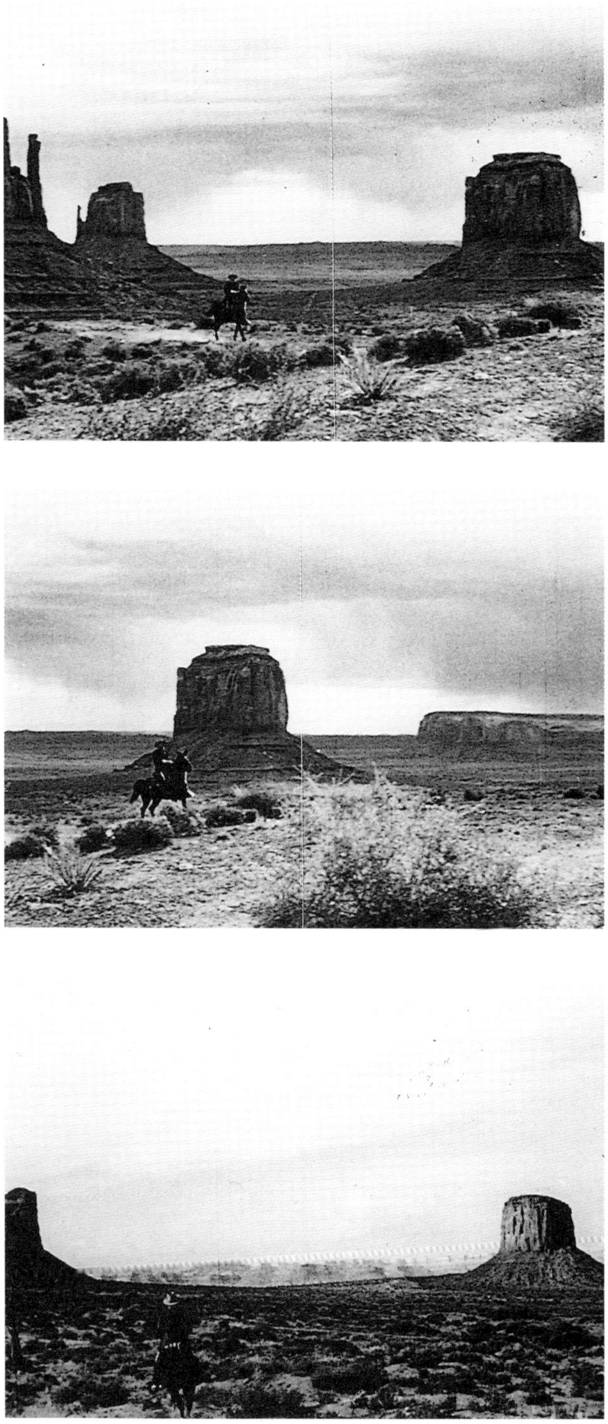

De West Mitten, East Mitten et Merrick Butte à Gray Whiskers et Mitchell Butte dans *She Wore a Yellow Ribbon*

d'une rivière. Ce canyon ne se trouve pas dans la vallée, Ford a donc inséré ce plan pour la seule valeur métaphorique de ce cours d'eau qui semble se replier sur lui-même.

Jusqu'ici Ford a procédé par reprises et additions ; *She Wore a Yellow Ribbon* marque un tournant dans l'utilisation de la Vallée. D'abord il n'y a pas, dans cette œuvre, adjonction d'un nouveau lieu mais soustraction de Totem Pole et repli sur le nord de la Vallée, systématiquement exploité. West Mitten apparaît comme point focal où l'on ne cesse de revenir ; à l'idée du labyrinthe se substitue celle du pôle aimanté. Pour la première fois, Ford semble envisager le site comme lieu de mémoire. La séquence d'ouverture du film est une sorte de condensé des trois œuvres précédentes : la diligence, le télégraphe servaient à *Stagecoach* (le thème musical qui accompagne la diligence est même repris fugitivement) ; les lieux habités où s'arrêtent le Pony Express et la diligence se trouvent à l'emplacement de Tombstone *(My Darling Clementine)* ; au nom de Owen Thursday se substitue celui de Custer qu'il recouvrait : *She Wore a Yellow Ribbon* prend donc la suite chronologique de *Fort Apache* (1876) qui, lui-même, succédait à *Stagecoach* (1875) — l'action de *My Darling Clementine*, qui prend place en 1882, échappe à cette série. Au moins cinq panoramiques caractérisent *She Wore a Yellow Ribbon*. Le dernier est celui qui décrit le parcours accompli par Nathan Brittles alors que, à la retraite, il vient de quitter Fort Starke. Se succèdent à l'image West et East Mitten, Merrick, Elephant, Camel (et derrière Spearhead Mesa), Mitchell Mesa, Gray Whiskers et Mitchell Butte. Ce mouvement est tout à fait exceptionnel parce qu'il montre des espaces toujours disjoints dans l'œuvre de Ford : il suffit de regarder *Stagecoach* ou *The Searchers* pour le vérifier. Ford en cet instant ne cherche pas tant à restituer la vérité de Monument Valley qu'à établir une récapitulation. Dans le plan suivant, relié au précédent par un fondu-enchaîné, Nathan Brittles poursuit sa route et se dirige vers la frise que constituent King-on-His-Throne, Saddleback, Setting Hen, Eagle Mesa. Les deux plans doivent être lus ensemble. Le parcours qu'ils montrent trace sur la carte de la Vallée la forme d'une spirale qui réunit tous les lieux parcourus dans sa carrière par Nathan Brittles. La récapitulation vaut donc pour lui, mais aussi pour le spectateur, comme le rappellent les plans par lesquels commence le film ; ce spectateur est convié à évoquer les films précédents à partir de la vision que propose *She Wore a Yellow Ribbon* de la Vallée.

Sept ans plus tard, Ford revient dans Monument Valley pour y réaliser *The Searchers*. Cette œuvre d'une grande richesse l'est également par l'utilisation qui y est faite du site. Les deux buttes, Gray Whiskers et Mitchell remplissent dans ce film la fonction de West Mitten dans *She Wore a Yellow Ribbon*. La ferme des Edwards se trouve aux pieds de Sentinel Mesa et son horizon est délimité par les deux buttes. La mort de Brad Jorgensen se déroule non loin de là, et la ferme des Jorgensen est installée aux pieds de Mitchell Butte. West Mitten apparaît aussi ; elle est associée, comme dans le film précédent, aux stèles. Les photos de la femme et des deux filles de Nathan Brittles sont dans trois cadres qui ont pour répondant les trois pierres tombales et les trois buttes (West Mitten, East Mitten et Merrick). Dans *The Searchers*, West Mitten domine le petit cimetière familial des Edwards. L'art de John Ford se fait égyptien, au sens où Henri Maldiney, commentant Riegl, définit l'art de l'Égypte : *« Le motif se distingue du fond par cela qui l'unit au fond et qui le constitue lui-même : le contour. (...) La limite, en déterminant, protège. Toutes les lois stylistiques de l'égypte (primauté de la droite et des courbes régulières, planitude des surfaces, organisation du motif en secteurs définis soutendus par la ligne enveloppante, intégration de vues de face et de profil dans une forme unique qui les récapitule dans sa définition close, frontalité) convergent dans un seul dessein qui est celui aussi des rites de la sépulture : protéger l'intégrité et la permanence de l'individu — vivant ou mort — contre ces forces de corruption que sont l'espace et le temps »* (*Regard Parole Espace*, p. 195-197). Ces termes sont transposables pour parler de *She Wore a Yellow Ribbon* ou de *The Searchers*. Qu'il y ait dans le premier de ces films quelque chose de funèbre dans la délimitation des enclos sacrés et dans leur substitution possible est assez évident : la pierre tombale et la masse de West Mitten ne font qu'un. Fond et motif sont *« le moment duel d'une perception une »*, comme l'écrit Henri Maldiney. Lorsque Ethan part à la recherche des voleurs de bétail, un plan le montre de dos regardé

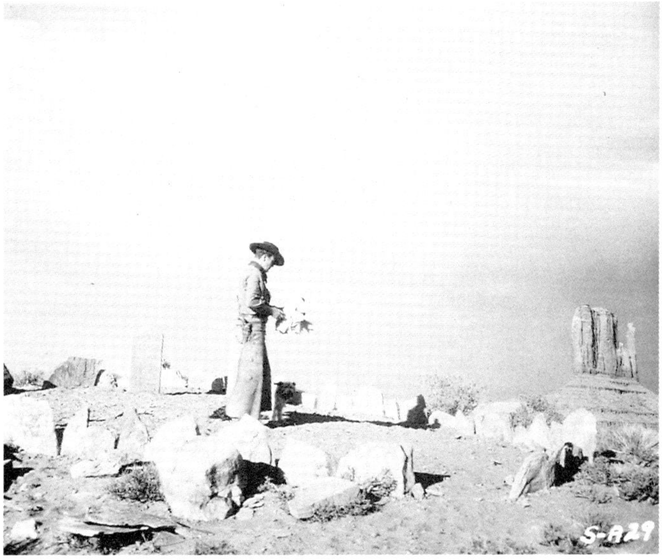

West Mitten à l'horizon du cimetière dans *The Searchers*.

par Martha et Debbie, également de dos et serrées l'une contre l'autre. Un fondu-enchaîné inscrit en surimpression pendant un temps assez long à leur côté l'image d'une butte sur un socle élevé (West Mitten), constituée d'un bloc massif auquel fait corps une aiguille plus fragile. L'association avec la femme adulte et la petite fille est assez évidente. La prémonition de leur disparition ne l'est que dans la mesure où les monuments de la Vallée sont identifiés à des tombeaux.

The Searchers utilise certes le nord de la Vallée, mais ne néglige pas le sud. Le camp du chef Scar au Nouveau-Mexique est placé auprès de Totem Pole et de Yei Bi Chei. De nouveaux lieux sont introduits : The Thumb, Big Chair et The Hub. Les deux films suivants accentuent un déplacement vers le sud de la Vallée. Le générique de *Sergeant Rutledge* montre d'abord la *skyline* du nord, puis Three Sisters, décor nouveau réapparaissant à plusieurs reprises dans ce film, qui ignore West Mitten, East Mitten et Merrick, et dans *Cheyenne Autumn*. Dans la dernière œuvre fordienne tournée dans la Vallée, Totem Pole éclate en majesté, bien évidemment. Les paysages du nord font une apparition. Un panoramique récapitule Camel, Cly Butte, Elephant, East Mitten, West Mitten et Merrick. Surtout, un plan nocturne dans la dernière partie du film (il pourrait provenir du tournage de *She Wore a Yellow Ribbon*) montre une file de soldats de la cavalerie passant entre Gray Whiskers et Mitchell Butte. Or c'est ce que donne à voir le troisième plan du générique de *Stagecoach* ; Ford termine donc par où il a commencé.

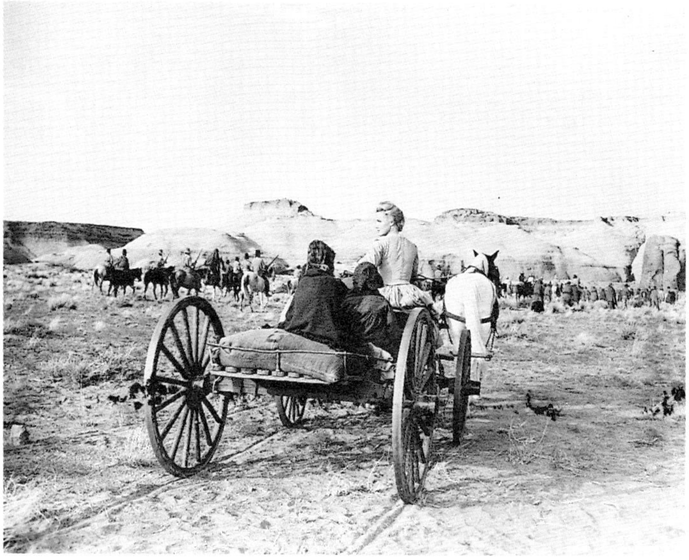

Cheyenne Autumn

Monument Valley renferme le souvenir des films de Ford auxquels elle servit de décor — films qui, d'ailleurs, par association peuvent en rappeler d'autres extérieurs à la série. Chaque secteur de la Vallée est plein de toutes les séquences qui y ont été tournées. Ford a vu dans Monument Valley un lieu de mémoire, ou plus exactement un théâtre de la mémoire, comme on en faisait à l'époque de la Renaissance (à laquelle renvoie le nom de John Ford), c'est-à-dire une scène avec ses entrées, un espace circonscrit avec un dedans et un dehors, un assemblage de monuments destinés à faciliter le souvenir de quelque chose, à condition d'en suivre l'ordre d'apparition. Le réalisateur a voulu inscrire dans ce paysage ce qui, selon lui, faisait l'essentiel de l'expérience américaine : le voyage allégorique de la ville de l'ordre moral à celle du vice en passant par l'expérience de la Nature sauvage, l'établissement de la loi, la constitution de la légende, Wyatt Earp et Custer, les héros anonymes, la fêlure nord-sud, la ligne qui divise tout être comme cette frontière invisible qui partage la Vallée entre l'Utah et l'Arizona ; le panoramique qui accompagne le départ de Nathan Brittles permet de replacer imaginairement la caméra sur cette frontière. La force de Ford a été d'avoir associé si étroitement Monument Valley à son œuvre qu'il a enveloppées l'une dans l'autre. Il n'est plus possible de rappeler l'une sans l'autre si bien que la décantation qu'a opérée le regard du réalisateur sur la Vallée s'applique du même coup à son œuvre, et que ce travail donne à sentir « un peu de temps à l'état pur ». Il s'agit tout simplement de la constitution d'une image-temps. De ce hiéroglyphe minéral soumis aux variations qu'est la Vallée jaillit l'intensité : ainsi le paysage monte-t-il en majesté dans sa singulière puissance. ■

La ligne d'ombre

▶ par Patrice Rollet

« Il me semble que toute ma vie avant ce jour capital est infiniment lointaine, souvenir estompé de quelque chose qui se cache de l'autre côté d'une ombre. » Conrad

La scène se passe à la tombée du soir, entre chien et loup, dans cet entre-deux du jour et de la nuit qu'affectionnait particulièrement le cinéaste de *My Darling Clementine*, *The Horse Soldiers* ou *Seven Women* pour ouvrir ou refermer ses films.

Le capitaine Nathan Brittles s'est retiré dans le petit cimetière adjacent au fortin. Jambes à demi croisées, tête penchée, visage sombre, il est assis au pied de la tombe de sa femme. L'incandescence plombée de la lumière, le temps comme suspendu qui l'enveloppe, l'irrésolution de son attitude sont ceux-là même de la mélancolie et de son soleil noir. « *Cette "brune" ou, soit dit littéralement, ce* twilight, *cette lumière intermédiaire qui plonge toute l'image dans l'extrême du fantastique, ne tient pas seulement aux conditions naturelles d'une heure du jour : elle indique la brune inquiétante de l'esprit qui ne peut ni rejeter ses pensées dans l'ombre, "ni les mener à la lumière"* » (1). Mais la mélancolie fordienne n'est jamais muette, elle est vouée au symbolique. Nathan parle. Arrosant les quelques fleurs qu'il a sans doute plantées lui-même, il converse avec la morte.

Tout dans le découpage de la scène concourt au surgissement, par vagues successives, d'une « *nappe de passé* » : l'évocation hésitante des souvenirs, la ritournelle militaire qui les accompagne et les replace discrètement dans l'Histoire, la diagonale des compositions qui fait communiquer, par l'obliquité légère de la profondeur de champ, selon une perspective proprement temporelle, les stèles funéraires du premier plan et la silhouette affaissée de Nathan au fond, de face. Contrairement à son habitude, John Ford raccorde ici, dans l'axe, sur Nathan dont les yeux se sont soudainement embués de larmes. Le plan suivant révèle, après coup, la cause de l'émotion qui l'étreint : la lente, erratique apparition, à même la pierre tombale, de l'ombre d'une jeune femme. Un court instant, prélevé sur l'éternité

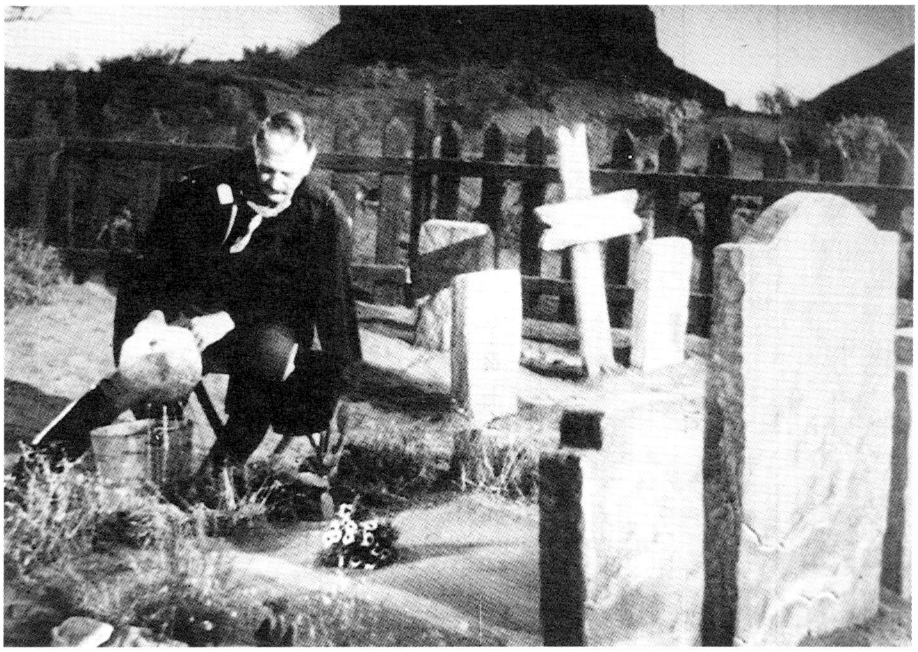

She Wore a Yellow Ribbon

(1) Raymond Klibansky, Erwin Panofsky et Fritz Saxl, *Saturne et la Mélancolie*, Gallimard, Paris, 1989, p. 497.

indéterminée d'un autre état, Nathan lâche la proie pour l'ombre. Par la toute-puissance de sa pensée, dans une espèce d'involution évanescente du temps sur lui-même, la femme qu'il invoquait revient littéralement d'entre les morts. Elle est l'ombre portée du passé sur le présent. Cette épiphanie inchoative, presque hallucinatoire, va s'évanouir aussitôt, rendue à son corps d'origine, celui de la jeune Olivia qui a suivi Nathan dans le cimetière, et dont le visage restera, quelques secondes encore, empreint de l'aura de la femme morte.

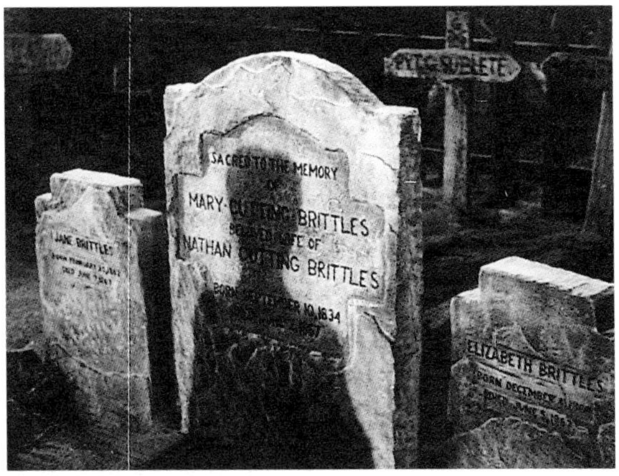

She Wore a Yellow Ribbon

D'où vient que cette scène de *She Wore a Yellow Ribbon* pourrait résumer, à elle seule, l'œuvre de John Ford ? C'est qu'elle cristallise en un plan, celui de l'apparition de l'ombre sur la tombe, trois dimensions essentielles à son cinéma, ontologique (l'être comme épiphanie), éthique (l'envers nocturne de la vie) et historique (la mémoire comme pétrification).

Il y a un paradoxe du plan fordien qui le définit comme lieu possible d'une épiphanie. Souvent fixe, il semble d'autant plus ouvert à ce qui arrive, capable de capter ce qui advient, le temps qui passe, le cycle des saisons ou l'ombre portée d'un nuage sur un enterrement (*The Searchers*), que son point de vue est assuré, son cadre intraitable (Ford, à de rares exceptions près, répugne au panoramique) et qu'il a su prendre ses distances (« *si une scène ne lui semblait pas assez bonne, il la tournait en plan éloigné* » (2)).
Aucun fétichisme non plus dans la recherche du « bon » point de vue. Ford refuse de se « couvrir » (« *si je faisais ce plan, "ils" l'utiliseraient* ») mais aime cueillir à froid ses acteurs, fait peu de prises (trois ou quatre en général), va rarement visionner les rushes et se flatte de ne jamais mettre les pieds dans une salle de montage. Dans *Stagecoach*, le « bon » point de vue sur un visage ou sur un paysage sera simplement celui qui sauve l'un (celui de Dallas) du mépris de ses compagnons de voyage ou rend l'autre (Monument Valley) à ses habitants naturels. Et il arrive parfois à Ford de filmer l'un comme l'autre (l'expressivité du paysage ou le visage minéralisé, stratigraphié d'Ethan Edwards dans *The Searchers*). Dans tous les cas, il n'y a pas à forcer le réel dans ses retranchements. Le monde s'offre encore à qui sait le voir.

(2) *Hawks par Hawks*, Ramsay, Paris, 1987, p. 157.

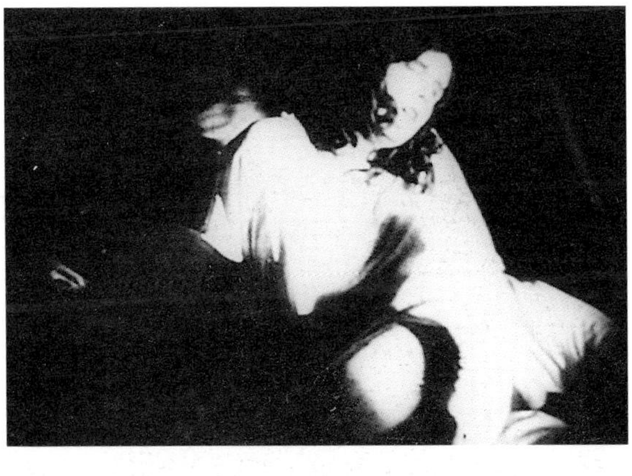

Le héros fordien, étrangement, en a peu conscience. Il s'inscrit dans le paysage sans vraiment le regarder, ou souffre d'un double aveuglement. Au champ-contrechamp identificatoire du cinéma classique, Ford préfère le point de vue scotomisé d'un personnage de dos ou le regard de face, médusé, pétrifié, sans contrechamp possible, comme celui d'Ethan, au début du film, quand il refuse de rebrousser chemin : sans objet, lointain, au-delà de tout, ce regard n'est plus qu'un trou noir qui a intériorisé le paysage lui-même.
« *Le paysage, bien contemplé, n'est pas autre lui-même que la peau — trouée par les sens — de l'immense visage humain* », écrit Ségalen.
Il y a une énigme du plan fordien qui tient à cet effet d'absorption réciproque du paysage et du visage, à ce sentiment contradictoire d'une appartenance et d'un détachement absolus de la figure et de son lieu (la frise des Indiens sur la Skyline de Monument Valley) qu'on ne trouve dans aucun autre western, ni chez Hawks où l'espace reste asbtrait (le champ clos de l'affrontement) ni même chez Mann où le corps doit affronter l'environnement (le lieu de la survie).

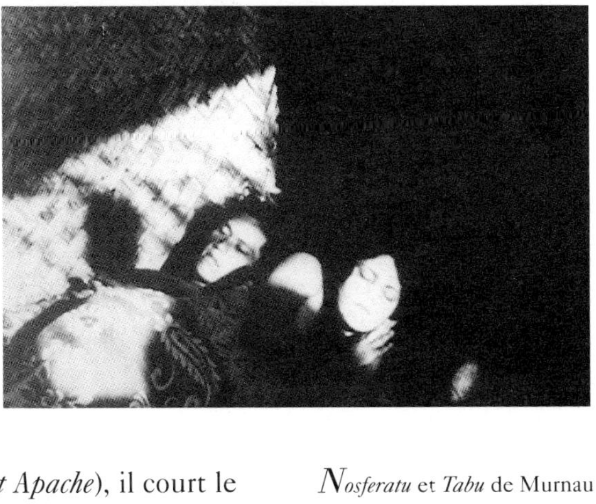

Nosferatu et *Tabu* de Murnau

Il y a enfin une fatalité du plan fordien. Monumental et aéré, encadré et décentré, avec ses lignes d'horizon surbaissées et ses faibles contreplongées qui, sans jamais dramatiser l'espace (ni raccourci violent, ni ligne serpentine chez lui), manifestent la présence du ciel comme « *englobant ultime de la communauté humaine* » (3), le plan fordien ne touche au sublime qu'au prix de la tentation d'un effet-tableau. Au moment où son cadre s'ouvre à l'éventualité d'une épiphanie (le nuage de poussière qui irréalise la défaite de Kirby dans *Fort Apache*), il court le risque de la figer en une vignette intemporelle.
D'où parfois chez Ford, l'effraction violente, presque langienne, de ce continuum par la révélation après coup de la présence de l'autre (l'homme au bandeau ou l'Indien de *Drums*

(3) Gilles Deleuze, *L'Image-mouvement*, Minuit, Paris, 1983, p. 202.

De haut en bas : *The Searchers*, *The Horse Soldiers* et *Two Rode Together*.

Along the Mohawk) : l'apparition semble s'être jouée dans la césure même de la coupe. D'où surtout l'irruption énigmatique de l'ombre, déchirant le bas du cadre, flottant dans l'image, un moment suspendue sur une tombe ou un visage. C'est le versant Murnau de Ford, celui de *Tabu* plus que de *Nosferatu*, quand l'ombre portée de Hitu sur Reri et Matahi endormis, incarne le destin plus que la peur.

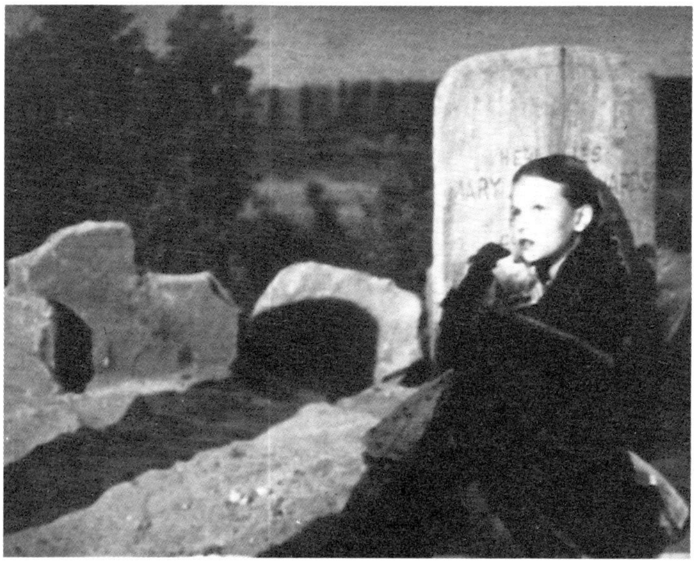

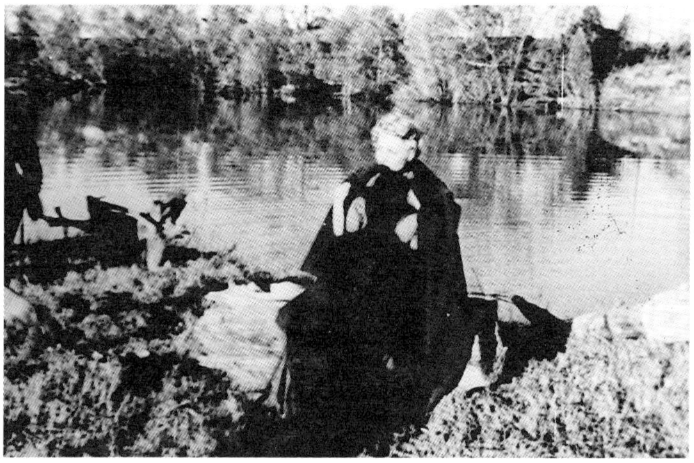

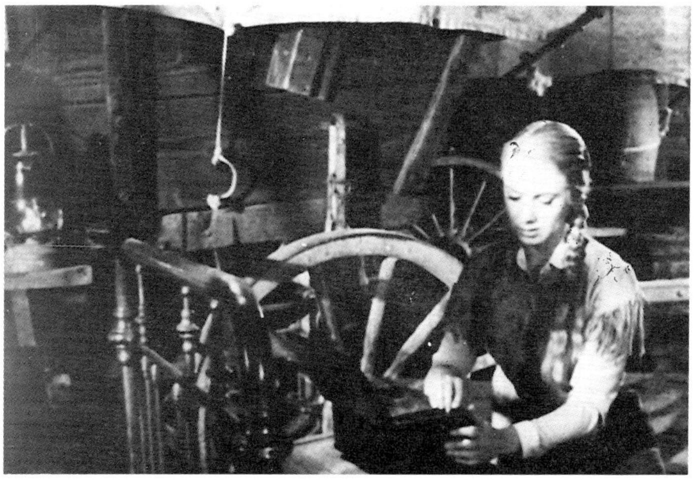

Ambiguë, indécise, presque balbutiante, l'ombre fordienne ne se réduit jamais à une simple menace. Quatre exemples parmi d'autres :

— Dans *Four Sons* (touné sur le *set* même de *Sunrise*), l'ombre de la main de la mère se pose tour à tour sur le visage de ses deux fils qui partent à la guerre où ils vont mourir. Cette main qui les bénit, les effleure de l'ombre de la mort.

— Au début de *The Searchers*, l'ombre de Scar vient se projeter sur le corps et le visage de la petite Debbie blottie contre une tombe. Il pourrait la tuer mais va l'enlever et décide ainsi des sept années de sa vie durant lesquelles elle sera recherchée par Ethan Edwards et Martin Pawley.

— A la fin de *The Horse Soldiers*, l'ombre du colonel John Marlow vient recouvrir Hannah Hunter avant qu'ils ne s'embrassent et ne soient aussitôt séparés.

— Dans *Two Rode Together*, c'est l'ombre du père sur Marty tandis qu'elle écoute la boîte à musique qui évoque son enfance et l'enlèvement de son frère par les Indiens. Puis c'est l'ombre de Running Wolf sur celle qui se croit sa mère, quand il va la tuer. Les deux ombres communiquent quand Running Wolf, dans l'une des scènes les plus déchirantes jamais tournées par Ford, reconnaît, au moment d'être pendu, la musique de la boîte.

Chaque fois, le surgissement de l'ombre donne à voir le point de vacillement d'une existence, l'événement pur qui la fait basculer. La destinée du héros fordien se trouve scellée par ce qui nous apparaît simultanément comme un « précurseur sombre » de sa vie et un « échangeur de temps » où le présent est nostalgiquement ou violemment submergé par le retour du passé, quand il n'est pas livré au présage incertain de l'avenir.

A Peter Bogdanovich qui lui demandait comment il travaillait avec George Schneiderman et ses autres chefs-opérateurs, John Ford répondit avec la concision sibylline qu'on lui connaît : « *J'aime bien que les ombres soient noires et la lumière du jour blanche* » (4). Façon de rappeler sa préférence jamais démentie pour le noir et blanc, son goût presque expressionniste pour les images fortement contrastées, la désinvolture souveraine de ses contre-jours et de ses passages intérieur-extérieur. Mais, ajouta-t-il, « *j'aime bien aussi mettre quelques ombres dans la lumière* ». C'est le secret de son cinéma, sa manière à lui de le mettre en scène : la ligne d'ombre qui envahit imperceptiblement le mur blanc de l'écran. A quoi il faut opposer la figure complémentaire du rayon de lumière qui fend l'obcurité.

Avant d'être une fenêtre ouverte sur le monde, un cache apposé sur un paysage, les portes, porches ou portails des films de Ford décrivent la trace de ce rayon qui troue la nuit du cinéma pour offrir un « *commencement de visible qui n'est pas encore une figure, qui n'est pas encore une action* » (J.L. Schefer).

En retrait, plus fugitive et mystérieuse, il y a la lueur du regard dans l'ombre, le « *motif du*

(4) Peter Bogdanovich, *John Ford*, Edilig, Paris, 1988, p. 51.

visage assombri, d'où se projette le regard fixe et appuyé, quasi spectral, de Melancolia ». Elle peut seule soutenir l'altérité absolue de la folie et de la mort : le regard de Luke qui abat son jeu avant d'affronter Ringo et révèle l'as de pique de la mort, celui de Doc Holliday penché sur Chihuahua à l'agonie, celui d'Ethan surtout, inhumain, quand il se retourne vers les deux jeunes Blanches hébétées reprises aux Indiens.

A-t-on assez remarqué combien *Clementine* mais aussi *Stagecoach* et *Liberty Valance* avec leur *gunfight* final sont des westerns crépusculaires avant la lettre ? A quel point, des échauffourées de *The Informer* aux combats de *The Plough and the Stars*, de la prise de conscience politique de *The Grapes of Wrath* aux grèves de *How Green Was My Valley*, de l'encerclement de *Drums Along the Mohawk*, à celui de *Seven Women*, Ford est un cinéaste profondément nocturne ?
Chez lui, c'est toujours dans l'obscurité, à la tombée du soir ou au petit matin, que la vérité se fait jour, même dans *The Sun Shines Bright*, contrairement à son titre, avec la réapparition et l'enterrement nocturnes de le mère de Lucy (le retour du refoulé et sa reconnaissance). Elle donne sa forme si déconcertante, si peu classique, au récit fordien, somnambule et déambulatoire, comme un rêve éveillé. A l'image de la nonchalance du juge Priest ou de Wyatt Earp : après tout, que fait donc ce dernier entre le moment où il découvre le meurtre de son frère et le règlement de compte à O.K. Corral ?
Il y a aussi le théâtre d'ombres de *Sergeant Rutledge*, cette nuit improbable qui s'abat sur la salle du tribunal pour ne plus isoler que la lumière bleutée de la robe de Mary Beecher tandis qu'elle raconte la soirée du meurtre. Un « théâtre de la mémoire » mais porté par une scénographie des ténèbres. Des souvenirs qui émergent et retournent à la nuit qui les a vu naître, souvent tracés au fouet, dans la cruauté du marquage des corps, dans l'inscription en pleine chair des lois non écrites du Sud (*The Sun Shines Bright*) ou de l'Ouest (*Liberty Valance*). Comment faire à l'homme une mémoire ? Grande question fordienne dont la réponse rejoint celle de Nietzsche : « *Seul ce qui ne cesse de faire souffrir reste dans la mémoire* ». Aussi longtemps du moins que la mémoire des corps n'aura pas été remplacée par celle de l'école, de la presse et du livre. La violence ou la Loi. D'une écriture l'autre, Ford qui ne croit guère aux vertus du dialogue, laisse peu de place à la parole (ce sont plutôt, on le sait, les rituels en tout genre, du bal et de la parade, de la bagarre et de la course, qui ont charge, chez lui, d'assurer le lien social). Entre les deux, seule la pierre gravée de la sépulture, inépuisable lieu fordien de méditation et de remémoration, suscite l'avènement somptuaire de la parole : le jeune Lincoln sur la tombe enneigée d'Ann Rutledge, Wyatt Earp sur celle de son frère James, Ransom Stoddard devant le cercueil de son ami Tom Doniphon. Au cérémonial collectif de l'enterrement qui ressoude la communauté, répond le retranchement solitaire et crépusculaire de l'adresse au défunt bien-aimé. La mémoire des pierres, l'ombre des morts, la parole des vivants.

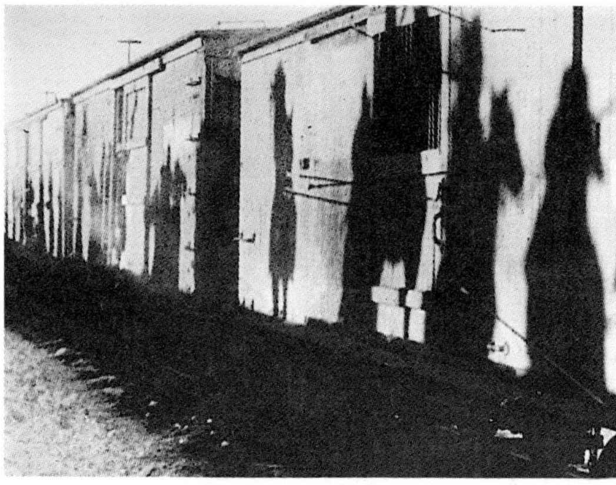

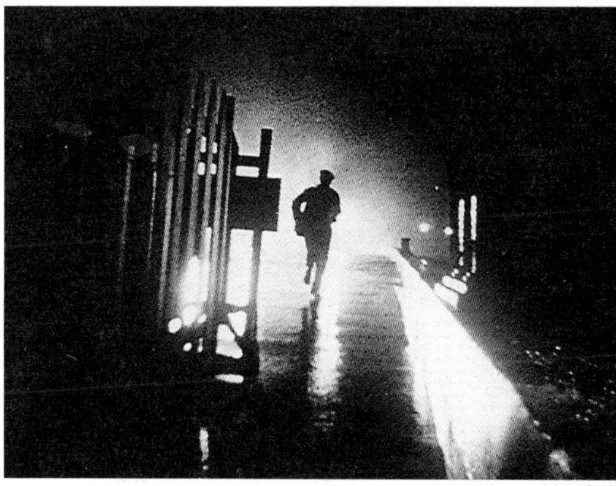

Ligne d'ombre et rayon de lumière : *The Iron Horse* et *The Long Voyage Home.*

My Darling Clementine

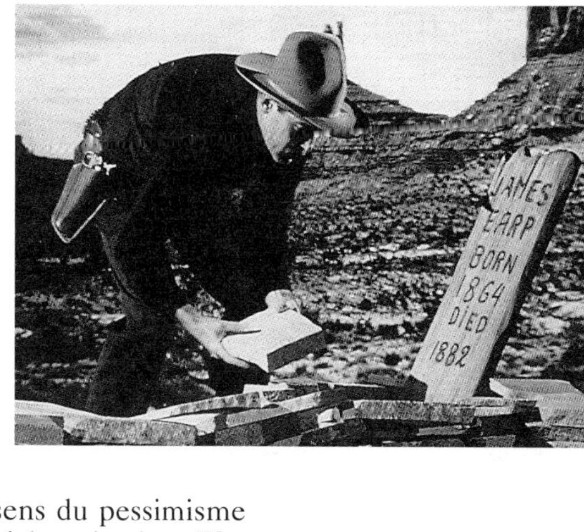

Comme Doc Holliday, Ethan Edwards ou le docteur Cartwright, Nathan Brittles arrive au soir de sa vie, sans illusion sur la communauté qu'il doit défendre, envahi par une immense fatigue. Il y a une solitude mais surtout une lassitude essentielle au héros fordien, un « *à-bout-de-course* » qui en fait un héros tragique beaucoup plus qu'épique, c'est-à-dire, selon Lacan, un « *personnage situé d'emblée dans une zone limite entre la vie et la mort* » (5). L'apparition de l'ombre sur la tombe de sa femme renvoie à Nathan l'image fragile de sa propre finitude. A quelques jours de la retraite, déjà mort à son métier, voici un mort en sursis. Tel Antigone, il se tient désormais au seuil du *no man's land* de « *l'entre-deux-morts* ». La ligne d'ombre incarne cette limite mobile qui, franchie, donne à Nathan une lucidité nouvelle, désabusée, étrangère à toute grégarité. C'est peut-être le sens du pessimisme fordien, cette « *grandeur dans l'échec* » dont parlait si justement Bogdanovich, qui anime *They Were Expendable*, *The Last Hurrah* ou *Two Rode Together* et dont l'expression la plus poignante sera, à l'échelle de tout un peuple, *Cheyenne Autumn*. ■

(5) Jacques Lacan, *L'Ethique de la psychanalyse*, Seuil, Paris, 1986, p. 317.

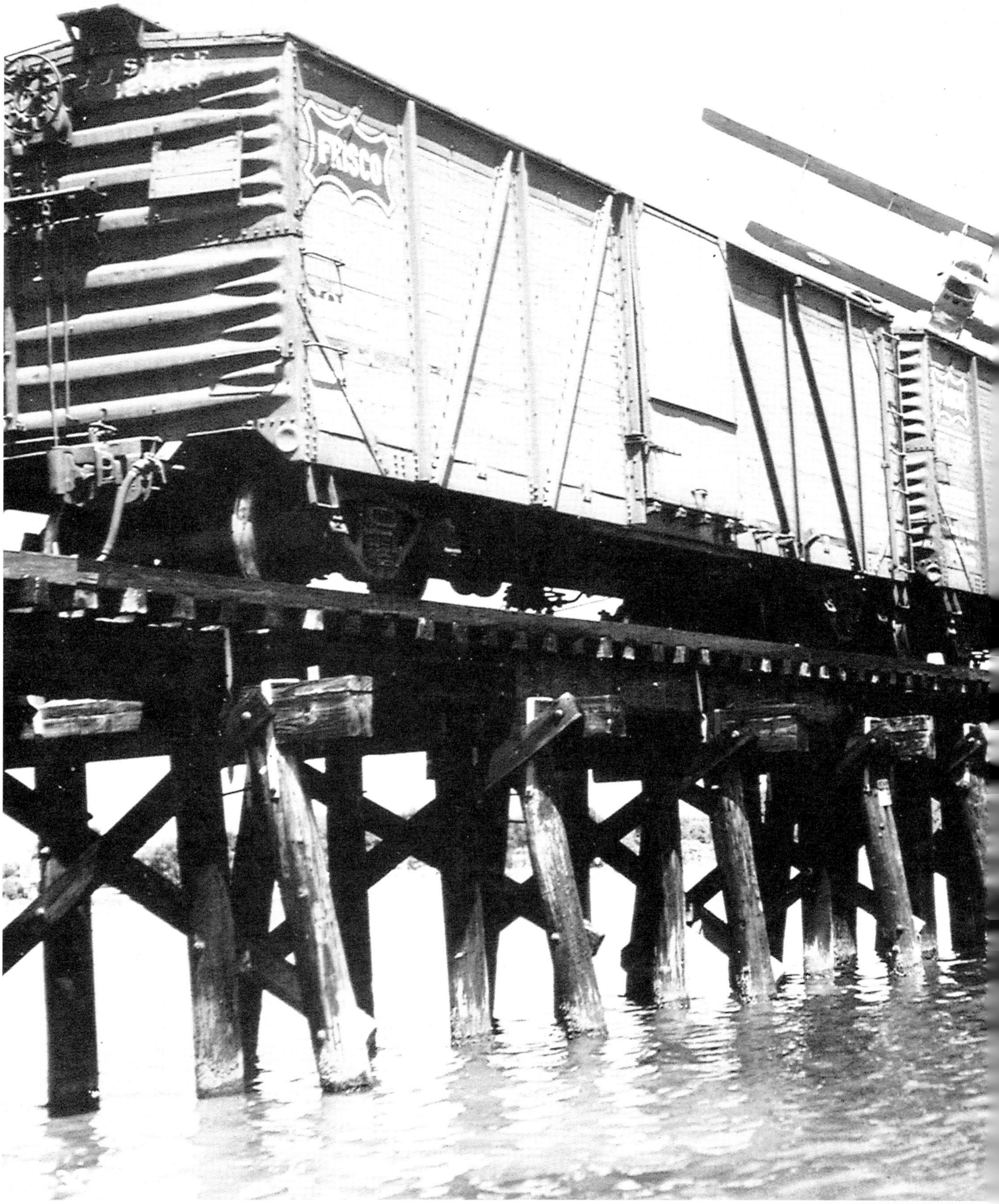

The Wings of Eagles

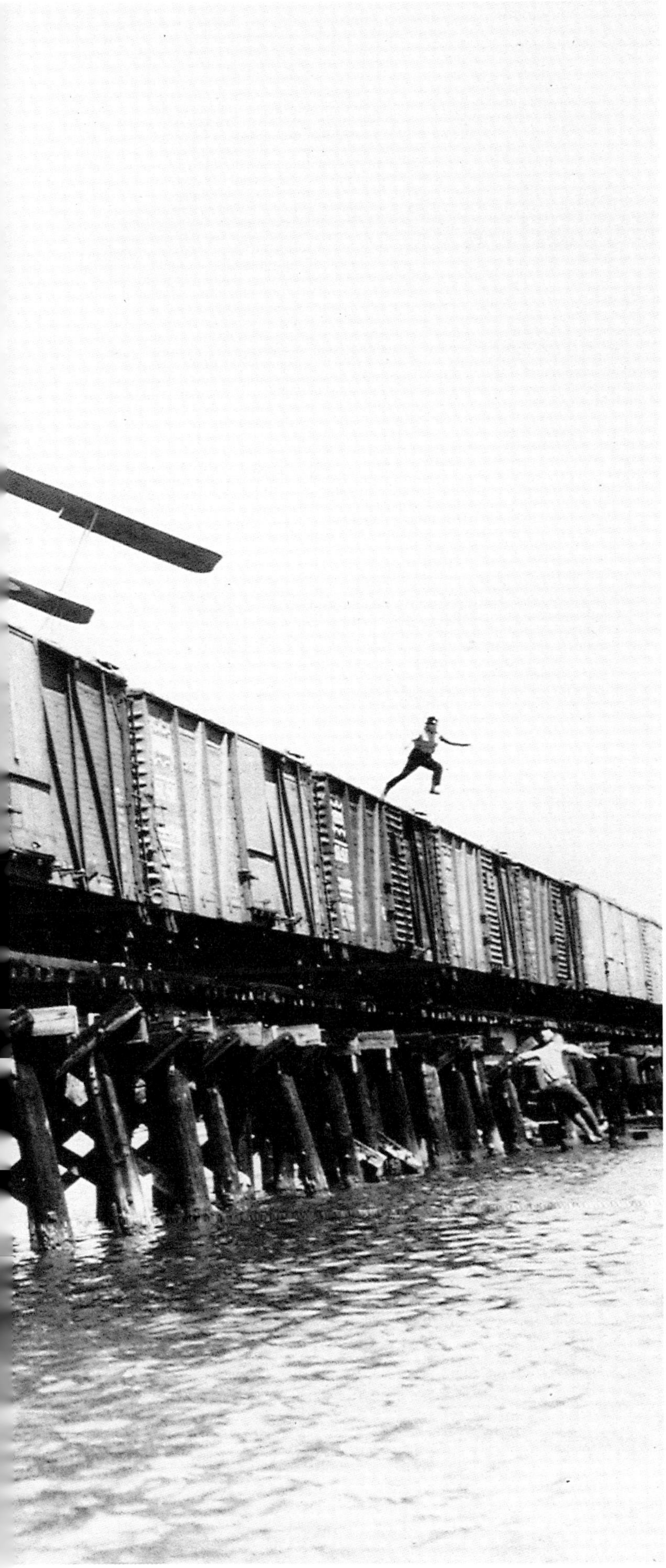

IV

Ford galaxie

L'Élu

Entretien avec Orson Welles

Je crois que vous avez pu être influencé par certains films de Ford.

Je ne vois pas ça de cette façon, mais je l'aime tellement que ce ne serait pas surprenant. Un jour (après avoir réalisé mes deux ou trois premiers films), il m'a décerné une sorte de diplôme, on pourrait appeler ça une citation. Ça s'est passé dans un bar, dans une espèce de village de pêcheurs à Baja, en Californie, et il me l'a écrit sur un vieux bout de carton ; il n'était pas à proprement parler « sobre ». Ce document a été orné de maints tampons d'allure officielle, comprenant plusieurs marques de bière mexicaine... Bien entendu, je l'ai fait encadrer. Ça a été pendant de longues années, jusqu'à ce que quelqu'un me le fauche, la seule récompense que j'ai affichée dans mon bureau.

Qu'y avait-il écrit ?

Le texte était très laconique. Il y avait simplement : « Orson Welles a été *élu.* »

Élu à quoi ?

Le nom de l'institution qui m'avait élu n'était pas précisé, mais Duke Wayne avait paraphé de sa signature en tant que vice-président de quelque chose d'illisible, au-delà du Grand Sceau de Cresta Blanca. Et il y avait tous ces noms que vous connaissez bien, Peter — tous ces bons compagnons du fameux clan de Ford...

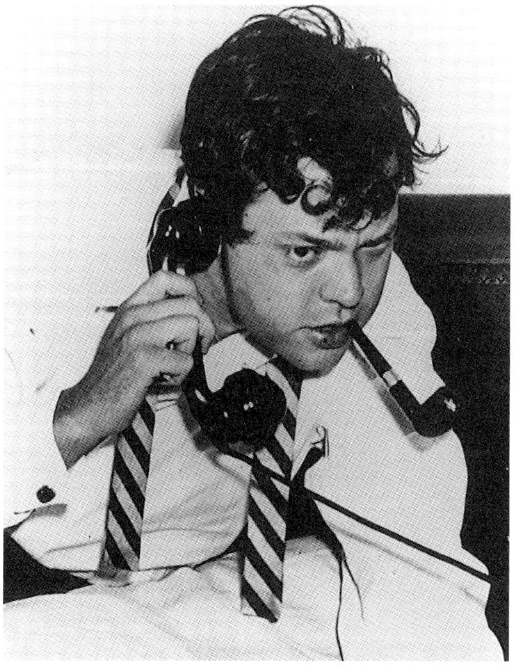

Je ne savais pas que vous en faisiez partie.

Je n'en faisais pas partie, c'est pour cela que j'ai eu tant de plaisir et d'honneur à me voir accordé ce document de la part de Ford et de sa joyeuse équipe. Ce n'était pas une convocation pour un meeting ou quelque chose comme ça, vous comprenez ? Je venais juste d'être... *élu.*

Je ne vous imagine pas en membre d'un clan, pour tout dire.

En fait, c'est vrai que je ne suis pas très membre... Mais je fais vaguement partie du club Sinatra. J'ai certainement été son premier ami à Hollywood. Je l'ai bien connu quand il n'était qu'un chanteur de big band. Cependant, vous avez raison, ce n'est pas trop mon genre, mais Frank est resté un ami très proche...

Et il y a Hemingway, un autre chef. J'ai eu des cartes de certains clubs d'Ernest. Il changeait les réglements trois fois par an, mais c'est comme si vous saviez toujours qui présidait.

Mais vous n'avez jamais eu votre propre club ?

Grand dieu, non !

N'est-ce pas le Mercury ?

C'était une famille. Une famille de type anglo-saxon où les membres se foutent la paix entre eux. On s'amusait ensemble pendant les heures de travail. Et je peux vous assurer qu'on se *marrait* ! Il y avait comme une atmosphère de fête. Pour vous donner une idée, on avait toujours soin d'inviter un pianiste sur le plateau. Mais en dehors du boulot, on avait tendance à faire chacun son truc.

Vous n'avez jamais travaillé pour Ford...

J'ai bien failli. Il m'a offert le rôle principal de *The Last Hurrah.*

Que s'est-il passé ?

Au moment de la signature des contrats, j'étais parti sur un tournage et un avocat — si on peut concevoir ce genre de type — a fait capoter le truc. Il a dit à Ford que ce n'était pas assez payé ou que l'affiche n'allait pas, une connerie de ce genre, et quand je suis revenu, c'est Tracy qui avait eu le rôle.

Quand l'avez-vous rencontré pour la première fois ?

Il est venu sur le tournage de Kane pour me souhaiter bonne chance. Il y avait un premier-assistant (appelons-le Eddie), dont j'ai appris plus tard qu'il mouchardait pour une faction anti-moi à la direction générale. Lorsque Ford lui a dit bonjour, ça a été notre première piste dans les soupçons que nous entretenions à son égard. « *Alors*, a dit Ford, *comment va ce vieil-Eddie-le-serpent-caché-dans-l'herbe ?* » C'était une façon de me le désigner.

Est-ce que Ford savait que vous aviez étudié Stagecoach *?*

Non, pourquoi ? Ça n'a pas constitué ce qu'on pourrait appeler un « grand événement public ». Je me le suis juste fait projeter un grand nombre de fois.

Pourquoi Stagecoach *?*

Pourquoi pas ? Je voulais étudier la façon de faire des films, et celui-là est un classique parfait — vous ne pensez pas ? Ce n'est certainement pas mon Ford favori, mais quel bouquin de classe !

Je crois qu'on en sent l'influence dans Kane.

Ah oui ?

Par exemple, il y a deux ou trois plafonds, comme dans Stagecoach...

Bien sûr ! J'espère que vous n'avez jamais pensé que je prétendais être l'inventeur du plafond.

Un tas de gens le croient.

Un tas de gens feraient bien d'étudier *Stagecoach*.

Vous disiez que ce n'est pas votre préféré...

Oh, mais j'aime presque tous ses films, *The Informer* et *The Quiet Man* un peu moins. Et ce truc avec Duke Wayne dans le Sud Pacifique...

Donovan's Reef.

Et *The Grapes of Wrath* — il l'a transformé en film sur l'amour maternel. Le vice de Jack, c'est le sentiment. Quand il s'en débarrasse, on retrouve une forme parfaite d'innocence... *Young Mr. Lincoln*, par exemple. Comme il est bien, ce film ! Et quel sens il a toujours eu pour la texture — pour l'existence physique des choses... *The Iron Horse* — je n'oublierai jamais l'effet qu'il a eu sur moi, enfant.

Orson Welles dans *Citizen Kane*

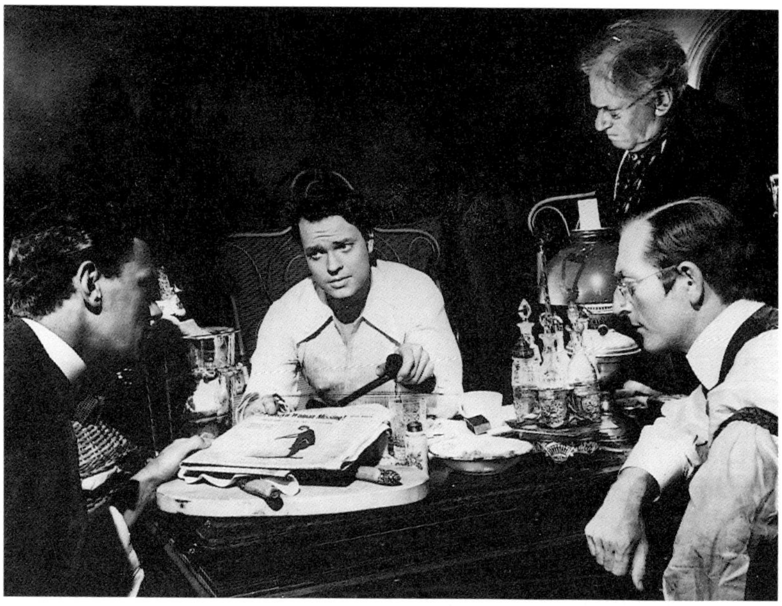

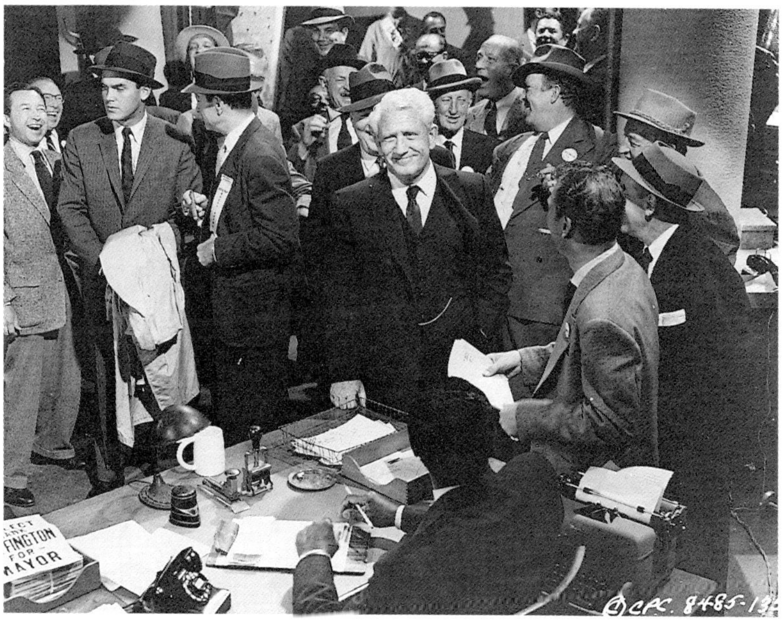

Spencer Tracy dans *The Last Hurrah* de John Ford

Orson, vous prétendez que les films ne vous intéressaient pas, quand vous étiez petit.

J'adorais les films. Je n'avais absolument pas envie d'en faire, c'est tout. Peter, il y a peut-être quelques douzaines d'individus dans le monde qui sont passionnés de cinéma et qui ne veulent pas mettre en scène. J'en faisais partie. Et ses comédies ! Et Judge Priest ?

Vous vous en souvenez ?

C'est un si bon metteur en scène de comédies — les gens ont tendance à oublier ça.

*Selon le livre que Peter Noble vous a consacré (*The Fabulous Orson Welles, *1956), quand vous prépariez* Kane, *vous vous faisiez projeter des tas d'autres films — Hitchcock, Lang, Vidor, Capra.*

Je n'ai jamais vraiment parlé à Noble lorsqu'il écrivait son bouquin — il a dû trouver ça dans des journaux et des magazines, c'est pour cela qu'il ne faut pas lui en vouloir si son livre est un véritable sommet de la désinformation. Non, le seul film que j'ai visionné, c'est *Stagecoach* — je veux dire, dans ce but précis. Vous comprenez, je n'arrivais pas à me forcer à aller sur les tournages. Tout le monde s'arrête et se met à être poli, et on sent qu'on gêne. Mais si je n'avais pas pu voir, comment aurais-je appris ? En fait, le premier jour où j'ai mis les pieds sur un plateau, ça a été mon premier jour de tournage en tant que metteur en scène. Tout ce que j'ai appris, je l'ai appris en salle de projection — et je l'ai appris de Ford. Tous les soirs, pendant un mois, après le dîner, je me passais *Stagecoach*, souvent avec un technicien ou un chef de département du studio, et je posais des questions. « *Comment il a fait ça ? Pourquoi il a fait comme ça ?* » Comme à l'école... ■

Cet entretien a été réalisé par Peter Bogdanovitch à Rome en 1969. C'est un extrait d'un livre à paraître, que nous publions avec l'aimable autorisation de Oja Kodar, Peter Bogdanovich et Jonathan Rosenbaum.
Traduit de l'américain par Serge Grünberg.

Les petits westerns et les grands

Entretien avec Budd Boetticher

Comment avez-vous rencontré Ford ?

J'avais terminé *The Bullfighter and the Lady*, et je n'avais personne pour le visionner, alors j'ai appelé John Ford, que je n'avais jamais rencontré auparavant, en me disant qu'il voudrait peut-être y jeter un œil. A Republic Pictures, mon film avait été titré *The Mexican Hassle*. On l'avait mis dans un coffre-fort et je n'avais même pas le droit d'y aller. Finalement, j'ai donc appelé Jack Ford et je lui ai dit : « *Mr. Ford, je m'appelle...* » et il m'a interrompu : « *Je sais qui vous êtes, nom de dieu! Quand est-ce que je pourrais voir votre film ? — J'ignorais que vous étiez au courant*, lui répondis-je. — *Mais merde, enfin, vous savez que j'aime le Mexique. Je vais me le faire projeter et je vous dirai ce que j'en pense !* »

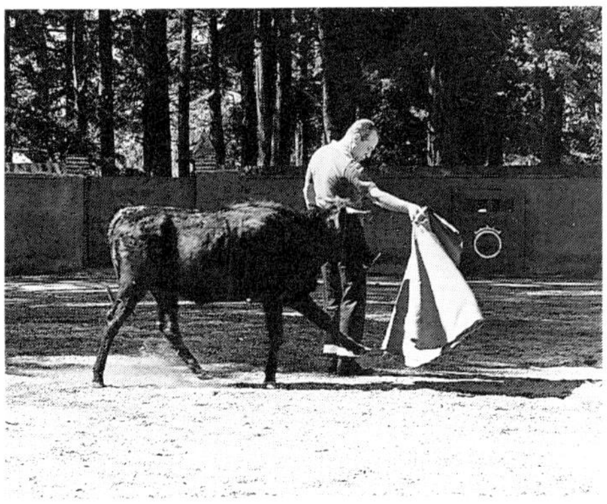

C'était un lundi ; les mardi, mercredi, jeudi, vendredi, je n'en entends plus parler. Je ne suis qu'Oscar Boetticher Jr., j'ai mis en scène dix-huit navets et, pour une fois, je pensais avoir fait un bon film... Puis, à quatre heures, comme les trompettes de l'arène, le téléphone sonne, et j'ai sa secrétaire. Elle me le passe : « *Budd ? C'est Jack Ford. J'ai vu votre film.* » Jamais de ma vie je n'avais posé cette question, et je ne devais jamais plus le faire, mais je lui ai demandé : « *Vous trouvez ça bien ?* » Est-ce que vous pouvez m'imaginer en train de poser cette question ? Je ne demanderais pas ça à Jésus en personne. Et il m'a répondu : « *Non, c'est génial ! — Vous plaisantez ? — Pourquoi plaisanterais-je ?*, m'a dit Ford. *C'est un grand film. Je veux vous parler; passez me voir au studio. — Je n'ai pas la carte pour entrer au studio* », lui ai-je répondu. On m'avait interdit d'accès. Alors, il m'a dit : « *Vous savez où Mr. Yates* (c'était le patron du studio) *gare sa Rolls Royce ? Eh bien, il est en Europe... garez-vous là, et prenez les clés !* »

Je suis donc allé au studio en voiture en pensant : « *Ça va être le plus beau jour de ma vie...* ». Puis je suis entré dans son bureau et il m'a dit : « *Franchement, c'est un très bon film. Il y a encore une demi-heure de conneries dedans... vous voulez que je les coupe ?* » Je n'en croyais pas mes oreilles ; j'étais tellement fier de mon œuvre! Mais je lui ai quand même lâché : « *J'aimerais beaucoup que vous m'aidiez... — Je ne vous ai pas parlé d'"aide"; je vous ai dit :* "Est-ce que vous voulez que je coupe ?" *Je peux vous faire obtenir l'Oscar !* » En fait, il me l'a fait perdre. Il a remonté le film et j'ai dû signer un papier qui lui donnait pleine autorité... Plus tard, il a affirmé qu'il avait coupé mon film pour qu'on le sorte en première partie d'une série A ; il est possible qu'il ait conçu la chose de cette façon, mais ce qu'il a enlevé, c'était la relation entre Stack et Rowland et tout ce qui touchait aux toréadors, toute la musique, tout mon Mexique qui n'était pas *son* Mexique. Mais c'était un type tellement extraordinaire, et il souffrait tellement de ce qu'il m'avait fait, qu'on n'en a plus jamais parlé une seule fois.

Etes-vous devenus amis, après cet épisode ?

Nous ne sommes vraiment devenus amis qu'après *Arruzza*. Quand je suis revenu du Mexique, Peter Bogdanovich, comme vous le savez peut-être, vivait en face de chez Ford et Ford avait demandé à me voir. Il était déjà malade et Peter m'a dit : « *Va le voir !* » Dans ma tête, je pensais : « *Putain ! Ce type m'a complètement bousillé un film, mais c'est un génie, et au moins je me sens fier qu'il me considère comme un ami...* » Aussi, un soir, je suis allé lui rendre visite avec Mary et Peter ; et il était tellement heureux de me voir que j'ai failli chialer ; et à partir de là, nous sommes réellement devenus très amis.

Est-ce qu'il vous avait déjà vu toréer ?

Pas vraiment ; il m'a vu en film... Mais ça ne l'a pas beaucoup impressionné. Il avait des couilles aussi, vous savez. Ce qu'il aimait, c'était ma façon de me battre contre Hollywood — même si, parfois, je perdais. Il admirait beaucoup ça. A mon avis, c'était, avec DeMille, le metteur en scène le plus formidable de l'histoire de Hollywood. Jack Ford et moi étions des durs, mais

pas de la même manière... Un jour, il m'a dit très sérieusement : « *Tu sais, tu n'auras jamais de succès parce que tu aimes tout le monde ! Tous les hommes sont des bons-à-rien de fils de putes et, tant que tu ne le comprendras pas, tu ne seras jamais personne !* » J'ai pensé : « *Je préfère mille fois aimer les gens et être déçu que vivre comme vous !* »
Et lorsqu'il est mort, abandonné de tous, je crois bien que seules Maureen O'Hara et Katharine Hepburn sont venues le voir.

Pourquoi le considérez-vous comme le plus grand ? Est-ce que vous pensez à la beauté visuelle de ses films ?

Je crois que c'est le mélange de beauté visuelle et de mise en scène d'acteurs. Ses personnages étaient toujours formidables... on les comprenait vraiment. Il prenait des acteurs de troisième zone et il en faisait des stars ; mais uniquement dans *son* film. Surtout les femmes. On ne penserait pas qu'il était un grand directeur d'actrices, mais souvenez-vous de la mère dans *The Grapes of Wrath*. Je pense que c'était le plus grand, le numéro un dans son domaine, comme Stevens dans le sien. Mais je crois aussi que sa légende tenait à sa personnalité, et Dieu sait que, par certains côtés, il était méprisable.

Quand vous l'avez rencontré, la première fois, connaissiez-vous bien ses films ?

Mais je les avais tous vus ! Surtout les trucs magnifiques qu'il avait tournés au Mexique. J'ai revu *The Fugitive* il y a peu, et c'est vraiment un film merveilleux, fantastique !

Est-ce que ça vous a influencé quand vous tourniez The Bullfighter and the Lady, *par exemple ?*

Du point de vue de la photo, sûrement ! Mais c'est tout !

Dans ce cas, qu'est-ce que vous avez appris de lui ?

Je ne crois pas avoir appris quoi que ce soit de lui ; je ne faisais pas le même genre de films. Ses méchants étaient des méchants — les miens sont charmants. Il faisait des grands westerns. Moi j'en faisais des petits qui parlaient de géants et je crois que j'étais meilleur que lui pour ça. J'étais un individualiste, alors que Ford faisait des films sur des tas de gens ; il le faisait très bien, d'ailleurs. John Wayne, Fonda, Ward Bond et tous les autres aidaient les gens, ou ils les remettaient en selle, ou ils sauvaient la vie de plein de gens ; alors que chez moi, c'est un truc individuel où un type a un boulot à faire et le fait. Bien sûr, il a trouvé le plus beau décor naturel du monde : Monument Valley. Beaucoup de gens m'ont demandé, naïvement et un peu bêtement, pourquoi je n'y étais pas allé. Je leur ai demandé à mon tour s'ils n'étaient pas cinglés. Moi, j'ai trouvé Lone Pine ; c'était mon lieu. Je n'allais pas me mesurer à Ford, c'était impossible.

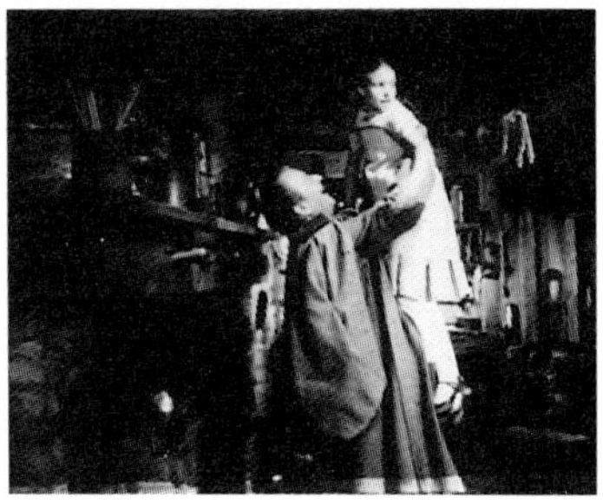

John Wayne et Lana Wood dans *The Searchers*

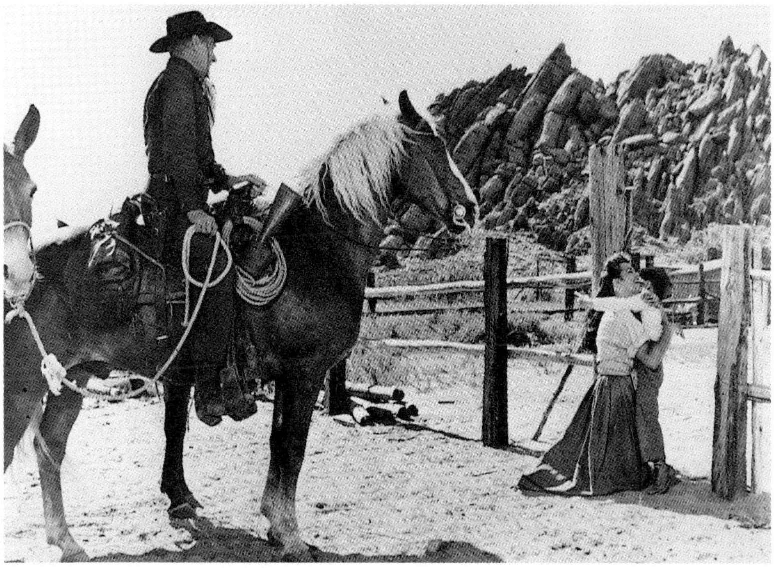

Randolph Scott dans *Commanche Station* de Budd Boetticher

Mais il aimait mes westerns. Et j'ai été le chercher dans mon *station wagon* pour voir *Arruzza* lorsqu'il était devenu infirme. Je l'ai mis sur son fauteuil roulant dans le fond de la bagnole, comme si on allait à l'hôpital ; et on est allé tous les deux à la Warner Bros. Il a vraiment aimé mon film. Il était presque étendu dans la salle de projection. Il n'y avait que nous deux.

Est-ce que vous vous êtes beaucoup vus, dans les dernières années ?

Je le voyais en moyenne une fois tous les deux mois, à l'époque de Copa de Oro et ensuite à Palm Desert ; c'était vraiment déprimant, là-bas. On restait assis pendant des heures ; Mary tenait compagnie à Mme Ford et pendant ce temps-là, il me parlait du film qu'il allait faire. Je me sentais un peu comme le George de *Des souris et des hommes* avec Lenny. Pour essayer qu'il reprenne un peu goût à la vie, je lui demandais toujours : « *Jack, dites-m'en plus sur votre prochain film !* »

Il avait un film particulier en tête ?

Oui. Un seul.

Celui sur les soldats noirs ?

Oui ! Il voulait le faire et il me décrivait les scènes, les idées qu'il avait, et les problèmes que ça entraînerait que ce soit un Noir... Et deux semaines avant sa mort, je lui ai posé la même question et il s'est levé pour me tenir la main. Il était devenu très, très tendre avec moi, vers la fin — c'était une drôle de situation. Il était devenu si foutrement doux — je ne pense pas que quelqu'un ait jamais dit de Ford qu'il était doux, mais avec moi, il l'était. Il s'est donc soulevé de son lit, il m'a pris la main et il m'a dit : « *Budd, tu le sais bien que je ne ferai plus jamais de film.* »
Et j'ai vraiment aimé John Ford, parce que j'ai vu ce très vieil homme, si fragile, si malade, mourant... et j'ai découvert en lui une douceur que personne peut-être n'avait encore vue. Je l'ai découverte de semaine en semaine, de mois en mois, année après année, et ça m'a touché comme personne. Il comptait beaucoup pour moi. Je roulais en voiture avec Mary et soudain, nous nous retrouvions complètement en dehors de notre route, et nous réalisions que nous allions chez lui, et j'étais si impatient de le voir. C'était une situation vraiment étrange. Je n'ai jamais entendu parler de quelqu'un qui ait été content de rencontrer John Ford. C'était un grand metteur en scène et un très, très grand bonhomme, et j'ai tellement de peine qu'il n'ait pas vécu beaucoup plus longtemps ; je crois que ce film qu'il préparait aurait été un putain de chef-d'œuvre ! J'aurais tellement aimé le voir. ■

Propos recueillis par Bill Krohn, traduits de l'américain par Serge Grünberg.

Le Renoir américain

Entretien avec Peter Bogdanovich

*Vous avez consacré à Ford un film (*Directed by John Ford*, 1971) et un livre (Ed. Edilig, 1988), et je crois même que vous avez été voisins, un certain temps…*

Pas longtemps. Un an peut-être. Je l'ai regardé travailler durant trois semaines à Monument Valley, sur *Cheyenne Autumn*.

Comment était-ce ?

Mon Dieu ! Il était unique dans son genre ! Formidable et dangereux, difficile, exagéré et drôle, divers et compliqué, effrayant et surtout, terriblement gentil. Et faible parfois, et paradoxal…Un jour, je lui ai demandé : « *Etes-vous catholique, Mr Ford ?* » Et il m'a répondu : « *Je suis un catholique pas très catholique !* »

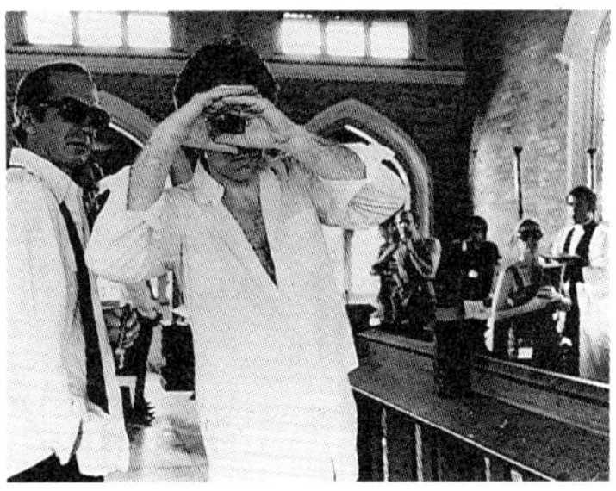

Il serait difficile d'égaler la sorte d'autorité qu'il avait sur un plateau : une main de fer, mais très fragile, en même temps. On avait l'impression qu'on aurait pu l'écraser sous une plume, mais il avait une autorité absolue. Ça faisait peur.

Est-ce qu'il vous a appris des petits trucs techniques ?

Oui. Il avait une façon merveilleuse de travailler avec les acteurs. Il s'asseyait et parlait de la scène et soudain, il changeait quelques répliques, il en écrivait d'autres. J'ai appris que c'était un bon moyen d'obtenir de la fraîcheur ; ne donner les mots aux acteurs que quelques secondes avant le « moteur ». J'ai fait ça souvent, surtout sur *They All Laughed*.

Il est également évident que vous avez beaucoup regardé les films de Ford. J'ai toujours considéré The Last Picture Show *comme particulièrement fordien.*

Ça oui ! Un jour, j'ai demandé à Hawks : « *Est-ce que vous avez subi l'influence de Ford en tournant* Red River *?* » et il m'a répondu : « *Il est impossible de songer faire un western — ou quelque film que ce soit — sans penser à Jack Ford.* » Mais surtout les westerns et après tout, *The Last Picture Show* est une espèce de western.

Avez-vous jamais pensé faire en sorte que Bridges et Bottoms regardent Wagonmaster *au lieu de* Red River *?*

En fait, je voulais qu'ils regardent *Wagonmaster*, mais j'ai pensé que *Red River* aurait plus d'écho sur ces gosses assis dans cette salle de cinéma, et donc sur le public : le Texas, l'Ouest, le bétail, plutôt que de faire monter des collines à des chariots…

Vous avez aussi utilisé Ben Johnson dans The Last Picture Show. *Qu'est-ce qu'il avait fait, avant ?*

Il travaillait sur les films de John Wayne, et c'est Ford qui l'a convaincu de faire mon film. Ben ne voulait pas et Ford lui a dit : « *Mais qu'est-ce qui te prend, Bon dieu ! Tu veux jouer les seconds couteaux de Duke toute ta vie ?* »

Et à la fin de The Last Picture Show, *vous utilisez le procédé fordien de faire revenir les acteurs.*

C'est vrai ! J'ai beaucoup fait ça… j'aime ça. Mais je l'ai fait de façon un peu formelle, alors que lui ne mettait même pas leurs noms à l'écran. C'est dans *How Green Was My Valley* qu'il a atteint son summum, puisque ça fait partie de l'histoire. C'est dans *They All Laughed* que je préfère ce procédé, pour la même raison.

Plus tard, vous avez employé Harry Carrey Jr., dans Mask. *Je crois bien avoir distingué quelques mesures de* Red River Valley, *quand il est assis sur le porche avec les autres motards.*

Peut-être bien ; je n'en suis pas sûr, mais il y a dans *Mask* une scène qui est particulièrement orientée sur son personnage — celle des funérailles — car, dans la version originale, il mourait. Il y avait trois scènes où il apparaissait, qui ont toutes été coupées ; sinon, il aurait eu un rôle beaucoup plus important. Peut-être un jour…

En tout cas, pendant l'enterrement, on les voit mettre sa moto dans le cercueil. L'enterrement devient très touchant et ensuite ça tourne à la dérision ; tout le monde boit et tire des rafales en l'air. *Mask* représente le côté sombre de la mythologie fordienne, une espèce de résidu sombre — ce qui s'est passé après *The Man Who Shot Liberty Valance.* C'est le même pays, mais des années plus tard !

Disons les choses comme elles sont : les films ne font

pas que refléter la vie ; ils l'influencent. Ils reflètent bien sûr ce qui se passe, mais quand on dit « l'état de l'art cinématographique », ça me fait rigoler ! Je pense que Ford a été une figure embryonnaire qui a exercé une influence extraordinaire sur le cinéma américain et probablement sur l'histoire américaine. On n'a toujours pas suffisamment analysé l'étendue de cette influence. Après tout, John Wayne n'était qu'une de ses créatures — pas comme personnalité politique, mais comme grande figure américaine. De même pour Hank Fonda. Tous deux se sont contenté de faire des variations sur le même thème le reste de leur vie.

Mais l'Amérique de John Ford n'est pas celle où nous vivons. C'est un des problèmes ! Je crois qu'en faisant *The Man Who Shot Liberty Valance*, il s'est montré prophétique. Il a vu que tout se délitait et qu'il n'avait aucune prise sur ce processus.

Je suis certain que vous allez aimer *Texasville*, la suite de *Picture Show*, puisque ça va dans le sens de votre thèse. Pas seulement parce que ça se passe au Texas, mais parce qu'il y a également un extrait d'un film de Ford.

Laissez-moi deviner — Tobacco Road *?*

Non, je ne pense pas que vous trouverez. C'est un drôle de choix : *Mogambo* ! Ça doit faire deux ou trois ans que je suis tombé amoureux de ce film, quand je l'ai vu sur grand écran pour la première fois. Je me le suis fait projeter... c'est tellement bien fait, mieux fait encore que *The Quiet Man*, vous savez ? Il a dû se dire : « *O.K., je peux le faire !* » et il a réalisé cette histoire d'amour extraordinairement compliquée.

La scène que je montre est celle où Ava Gardner est avec Clark Gable. C'est très court, et ensuite il y a cette scène où elle chante et je montre Cybill qui la regarde. C'est une scène assez bizarre. Cybill est très sentimentale à cause de ce qui se passe dans sa vie ; une larme coule sur sa joue et elle l'essuie rageusement.

Est-ce que vos conceptions critiques sur l'œuvre de Ford ont changé, avec les années ? Est-ce qu'il y a des films de Ford que vous auriez découverts et que vous aimez plus (ou moins) qu'à l'époque où vous écriviez votre livre ?

Mogambo, par exemple ! Je n'ai réalisé que tardivement à quel point ce film était important. Le fait qu'il n'y ait pas de partition musicale, d'abord ! C'est sorti bien avant *Rear Window*, où il n'y en avait pas non plus — encore que Hitchcock ait un peu triché ; il y a un peu de musique. Mais pas dans Ford : on n'entend que des tambours. C'est si rare, chez lui, et ça marche tellement bien ! Je sais que ça m'a beaucoup marqué puisque je n'ai utilisé de partition musicale que deux fois.

C'est aussi une petite œuvre de Ford où il n'est question ni du passé ni de la mythologie de cette Amérique qui n'existe plus.

C'est très moderne. Toute la relation homme/femme est parfaitement vue. Il offre le film à Ava Gardner, comme ça, c'est incroyable ! Il fait le film en sorte que scène après scène, elle devienne le personnage dominant de l'histoire. Même si, au niveau des répliques, il donne tout à Gable, c'est à elle qu'il offre le film visuellement.

Il y a quelques années, je vous ai entendu dire à UCLA que vous veniez de découvrir à quel point Fort Apache *était un grand film.*

Je l'aimais déjà beaucoup lorsque j'écrivais le livre, mais des trois films de cavalerie, je n'avais pas encore compris que c'était probablement le meilleur. On y trouve tout. Les deux autres sont un peu plus rudimentaires.

L'attitude de Ford envers la chose militaire a toujours été un point de rupture pour la plupart des gens.

Je crois qu'il adorait l'armée, mais n'oubliez pas que nous sommes tous passés par cette période hypocrite, dans les années cinquante, où on faisait comme si tout ce qui était militaire était démodé. On avait Eisenhower comme président, un sacré général, bon dieu ! et tous les gens de gauche affirmaient que l'armée était devenue une chose inutile et que tous les militaires étaient des fascistes. C'est des conneries. Ford traitait du réel. Il savait qu'une armée était nécessaire. Il avait vu ce dont Hitler et d'autres étaient capables — il avait fait la guerre. Mais ça ne veut pas dire que les films de cavalerie soient des films pour-la-guerre. Au contraire, tous trois sont anti-guerre ; mais il n'était pas anti-militariste. L'homme qui a fait *Fort Apache* — film qui, fondamentalement, décrit l'officier supérieur comme un psychopathe, mais pense que l'on doit respecter les traditions militaires — je suis avec lui.

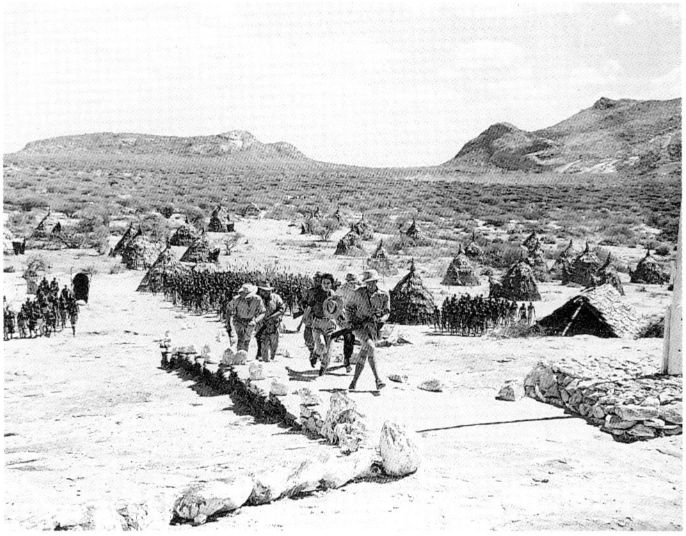

Mogambo
de John Ford

Qu'est-ce que Ford a apporté au film américain, d'après vous ?

Je crois qu'il a donné aux films parlants une vision de l'Amérique aussi fondamentale que celle de Griffith dans le cinéma muet. Et un grand sens de l'Histoire, avec une sensibilité beaucoup plus moderne que celle de Griffith ; la notion de doute — et l'œil du poète humaniste.

Il n'était pas parfait. Il a fait des films qu'il aurait pu éviter. Mais, en dépit de tout cela, il reste le grand poète du cinéma américain. Sternberg était un poète d'un autre genre, et il y en a eu quelques autres, mais pas tant que cela ! Certains, comme Lubitsch, pouvaient transformer la prose en quasi-poésie, si vous voyez ce que je veux dire. Mais nous n'avons pas de Renoir américain. Celui qui s'en approche le plus, c'est Ford.

C'est ce que Truffaut disait quand il a fini par se réconcilier avec l'œuvre de Ford : « Je me suis rendu compte que c'était le Renoir américain ! *»*

Presque ! Mais c'est quand même lui faire trop d'honneur ! Renoir lui était supérieur ! ■

Propos recueillis par Bill Krohn, traduits de l'américain par Serge Grünberg.

Un drame irréfutable

Entretien avec Monte Hellman

Avant de commencer à nous attaquer aux scénarios de *The Shooting* et de *The Ride in the Whirlwind*, Jack Nicholson et moi avons décidé de visionner quelques westerns que nous aimions tous les deux : *Stagecoach*, *My Darling Clementine*, *One-Eyed Jacks*, et je crois aussi *The Gunfighter*, et *Shane*. Je me souviens ne pas avoir beaucoup aimé *Stagecoach*. J'ai changé d'avis depuis. Mais j'ai adoré *Clementine* et malgré les années, j'en suis resté amoureux. A cette époque-là, je n'avais pas encore vu *The Searchers*. Plus tard, je l'ai vu, et c'était difficile, parce que c'est un film tellement vénéré — on se pose des questions si on ne réagit pas de la manière dont on est supposé réagir. Aussi, est-ce la première fois que j'ose dire que je déteste *The Searchers*.

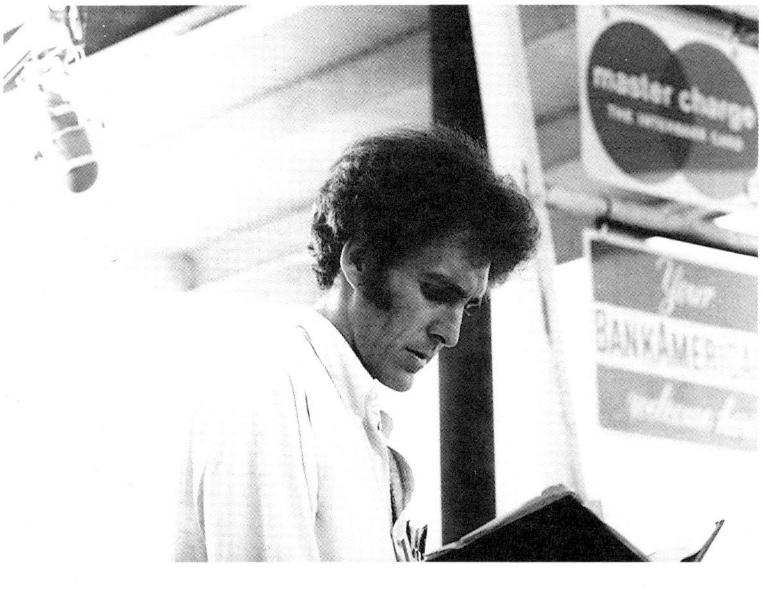

Après avoir vu à nouveau ces deux films la nuit dernière, je persiste à penser que *The Searchers* est aussi mauvais que *Clementine* est excellent. Pratiquement toutes les images de *Clementine* sont fascinantes. On ne peut détourner son regard de l'écran. C'est ce qu'un film doit être : une image sur un mur qui est complètement hypnotisante, et dans le même temps, un argument irréfutable puisque c'est une image animée. *The Seachers* est une histoire intense, mais le scénario est horrible, comparable au premier script d'*Iguana* qui me fut présenté, où l'histoire entière est racontée à travers les lettres que quelqu'un écrit à sa mère. Une conception qui va à l'encontre des lois du cinéma ! *The Searchers* contient tous les trucs, tous les clichés, toutes les caricatures, tous les personnages excentriques qu'on trouve habituellement dans les plus mauvais films de Ford. Et les acteurs y jouent mal, à l'exception bien sûr de Wayne, qui est merveilleux. De plus le film donne une vue raciste, bigote, terrible de l'humanité.

Tu as dit une fois que tu n'aimais pas particulièrement les films de cavalerie...

En fait, j'en aime certains éléments — je suis fou de Ben Johnson. Mais ce ne sont pas des structures véritablement puissantes et dramatiquement intégrées.

C'est drôle, parce qu'en regardant Clementine *à nouveau, je me suis dit que c'était un film qui partait un peu dans tous les sens. Le frère d'Earp se fait tuer. Earp se fait déclarer Marshall, et dans la scène suivante, il joue au poker !*

Oui, mais la structure est parfaite. On y trouve les frères Earp contre les Clanton, et l'idée d'une haine entre deux familles qui ne pouvait aboutir qu'à l'extermination complète d'une des familles. La stupidité de toute cette histoire. Je me demande si Ford l'a vue ainsi.

Dans *Clementine*, le « picturalisme » de Ford s'exprime par des compositions précises. Il tourna le film comme un magnifique tableau, et en même temps, c'est dramatiquement irréfutable. Alors que dans *The Searchers*, c'est presque comme s'il essayait d'imiter les plans magnifiques qu'il avait faits autrefois. C'est quand même un peu difficile en couleur après le noir et blanc. Les compositions dans *The Searchers* sont emphatiques. Quand quelqu'un se tient au premier plan en train de faire signe de la main, à quelqu'un qui disparaît au loin, on est conscient d'une composition, pas d'une scène. Et dans *Clementine*, on n'est pas conscient de ce genre de chose. Tout semble organique.

Le film est plein de moments pendant lesquels les personnages et les rapports entre ces personnages sont mystérieusement transformés, comme la première fois que Earp et Doc Holliday se rencontrent dans le bar. On ne sait jamais ce qui fait que le massacre, n'a pas lieu.

Pour continuer la comparaison, toutes les scènes dans *The Searchers* sont des scènes d'exposition. Et il n'y a pratiquement pas d'exposition dans *Clementine*. L'histoire se développe, et on n'a rien besoin d'expliquer. Je pense que c'est peut-être le plus grand western de tous les temps.

Je n'aurais jamais imaginé que tu aies pu être autant influencé par Ford, pas de la même manière que l'a été quelqu'un comme Fuller. En regardant cet après-midi My Darling Clementine, *par exemple, j'ai réalisé que Fuller en avait imité le générique dans* I Shot Jesse James, *son premier film.*

Je l'ai utilisé aussi, dans *China 9, Liberty 37* ! Vous savez, Jerry Harvey, qui a écrit *China 9*, était un grand fan de Ford. Donc il y a beaucoup de John Ford dans ce film à cause de Jerry. On m'accuse de misogynie, et ça, c'est à cause de Jerry et de son amour pour Ford.

Mais toi et Ford êtes des cinéastes très différents. Tu es un grand fan de Hawks, dont le style de mise en scène est plus invisible, plus au service de l'acteur. Et il y a toutes ces divergences entre toi et Ford. Les sujets de ses films sont communauté, tradition, des conflits entre des groupes, et...

Mais ce qui est étonnant, c'est que dans ses films de famille, comme *The Searchers*, on ne trouve pas un sens véritable de la famille. C'est toujours des clichés, beaucoup de niaiserie. Où voyez-vous une famille dans laquelle se reconnaître dans *The Searchers* ? Je crois qu'il aimait la notion de famille, mais c'était dans sa tête une telle fantaisie. Je dirais que Ford était quelqu'un qui s'isolait des gens. Même sa fameuse camaraderie était une manière de garder ses distances. Je ne peux imaginer qu'il ait vécu dans une ambiance familiale véritablement chaleureuse. Il n'y a qu'à regarder les frères Earp et la famille Clanton — il n'y a aucune chaleur entre eux. S'il y en a, c'est du faux-semblant. La scène d'ouverture de *Clementine* est la pire de tout le film.

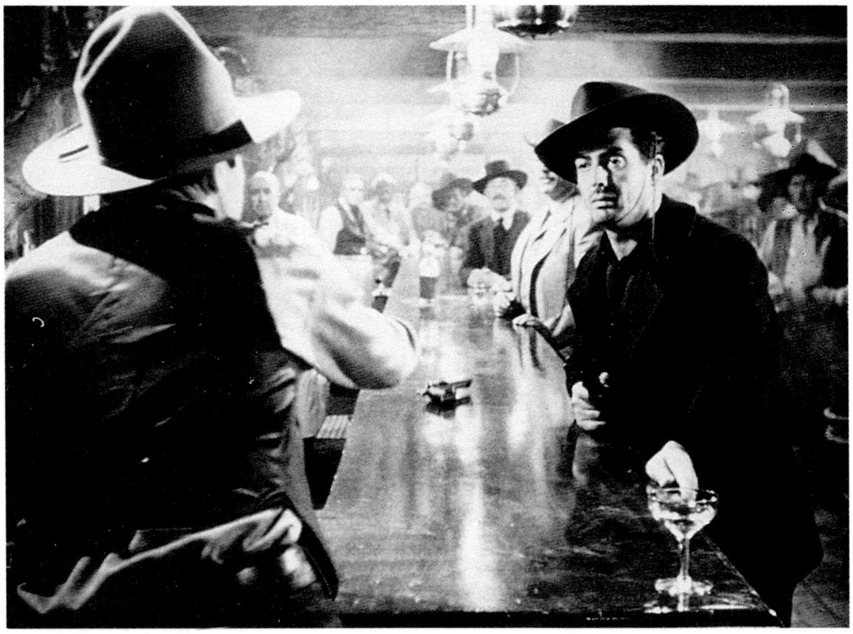

My Darling Clementine : Victor Mature face à Henry Fonda

Regardant le crucifix, parlant de Papa et Maman...

Ouais. En fait, cela a influencé *Ride in the Whirlwind* d'une manière inverse. On avait décidé de n'utiliser aucun stratagème pour faire aimer les personnages du film par le public, et au contraire de les faire accepter tels qu'ils sont, comme des êtres humains, avec leurs défauts et qualités. On ne voulait pas forcer le public à s'apitoyer devant la mort de ces personnages. On aurait pu facilement le faire avec le personnage de Tom Filer. On a décidé de s'abstenir. Donc, non seulement *Clementine* a été une bonne influence mais nous a aussi montré ce qu'il ne fallait pas faire.

C'est drôle, en regardant Clementine *aujourd'hui, je n'arrêtais pas d'y voir du Monte Hellman. La première rencontre des Earp avec les Clanton est comme la scène où les cow-boys rencontrent les hors-la-loi au commencement de* Whirlwind. *Et d'habitude, le héros d'un film de Ford est un outsider.*

Tout comme les héros de mes films. Voilà le lien entre nous. Le personnage de John Wayne dans *The Searchers* est un personnage sur lequel je pourrais travailler. Mais j'aurais à écrire. Je pense avoir une proximité avec le « picturalisme » de Ford, et la composition précise et tout le

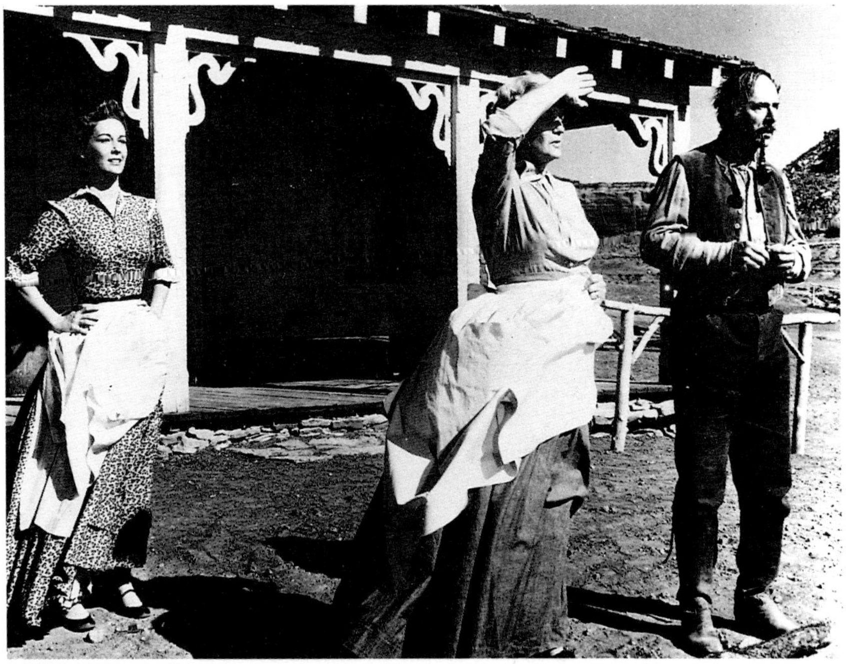

The Searchers : Vera Miles, Olive Carey et John Qualen

reste, et certainement j'aime un très bon jeu d'acteur, ce qu'il obtient la plupart du temps. J'essaie d'éviter certaines de ses caricatures, et je dois dire pour sa défense que, moi-même, j'ai mon propre humour que d'autres personnes peuvent trouver stupide.

Dans Clementine *il y a ces moments où un personnage semble être sauvé comme par la respiration de Dieu soufflant sur la scène. Il est difficile d'imaginer ce genre de scènes dans tes films.*

Il y a une chose que j'aurais faite différemment. J'aurais laissé Walter Brennan partir. Je l'aurais laissé errer pour toujours.

Quand il décide d'affronter Earp et meurt, c'est une convention qui s'impose. Mais c'est aussi un acte de pardon de la part du metteur en scène.

Je ne lui aurais jamais pardonné.

Ford t'a-t-il apporté quelque chose du point de vue technique ?

J'ai appris qu'il était capable de s'en tirer sans aucun problème malgré tous ces drôles de raccords contraires à toutes les règles. Comme je pense ne pas pouvoir m'en tirer aussi bien, j'ai toujours essayé d'éviter ce genre de chose.

Tu as dit que la chose qui t'avait marqué le plus dans Clementine *était un raccord dans le bar.*

C'est la scène dans laquelle Fonda est en train de parler à Victor Mature. Vous connaissez le principe de la ligne invisible : vous prenez deux personnages placés ici et ici, vous pouvez les photographier d'ici ou là, mais vous ne pouvez les photographier de là, parce que tout à coup les positions des deux personnages se retrouveront inversés sur l'écran. Et c'est pourtant ce qu'il fait dans cette scène ; Hitchcock aussi le fait.

Ford a ceci de commun avec Hitchcock : il ne se sent pas très concerné par l'intégrité spatiale de la scène.

Oui, c'est vrai. Comme par exemple dans la scène finale de *Clementine*. L'organisation géographique d'OK Corral n'est pas assez pensée. On ne sait pas qui se trouve où. Peut-être que mon plus gros défaut est que j'apporte trop d'attention à ce genre de chose. Je suis très précis en ce qui concerne la disposition géographique, et je passe beaucoup de temps à choisir mes extérieurs en fonction de cela.

Comment Ford fait-il pour s'en tirer en agissant de manière si arbitraire ?

Ford monte dans la caméra, et s'il se trompe, comme dans la scène de *Judge Priest* dans laquelle Will Rogers change soudainement de position par rapport à l'écran, c'est parce qu'il ne fait pas attention. Mais dans *Clementine*, quand Ford traverse la ligne invisible dans la scène du bar, ce n'est pas une erreur. Il savait que le pistolet glisserait sur le comptoir du bar à la fin de la scène — c'était très précis.

C'est évident que Ford n'était pas un théorique. Je ne crois pas qu'il s'imposait beaucoup de règles. Il mettait en scène instinctivement. On l'a appelé un populiste, et je crois que c'est vrai. C'en est un. C'est un poète du Peuple.

Comment as-tu rencontré Ford ?

Lors du Festival du Film de Montréal. Ils montraient *Straight Shooting* et *The Shooting.*

A-t-il vu The Shooting *?*

Je ne me souviens pas. J'ai vu *Straight Shooting*, on y trouve le même plan d'ouverture que dans *The Searchers*, il n'a jamais abandonné son fameux plan — vous savez, celui à travers l'ouverture de la porte, le paysage au dehors. Je pense qu'il l'a utilisé dans beaucoup de ses films. Et j'avoue qu'inconsciemment j'ai utilisé le même plan dans *Beast from Haunted Cave.* Ford n'était pas quelqu'un de particulièrement ouvert. Je l'admirais beaucoup. Je n'ai pas retiré grand-chose de ma rencontre avec lui — rien à voir avec ma rencontre avec King Vidor qui, lui, devint immédiatement un ami. ■

(Propos recueillis par Bill Krohn et Anne-Marie Mangin, traduits de l'américain par Joëlle Bentolila)

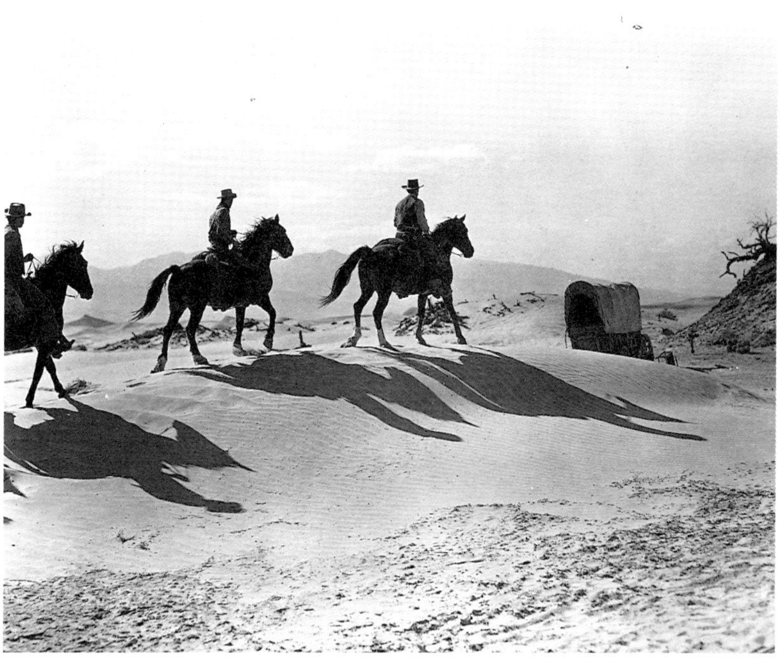

Three Godfathers de John Ford

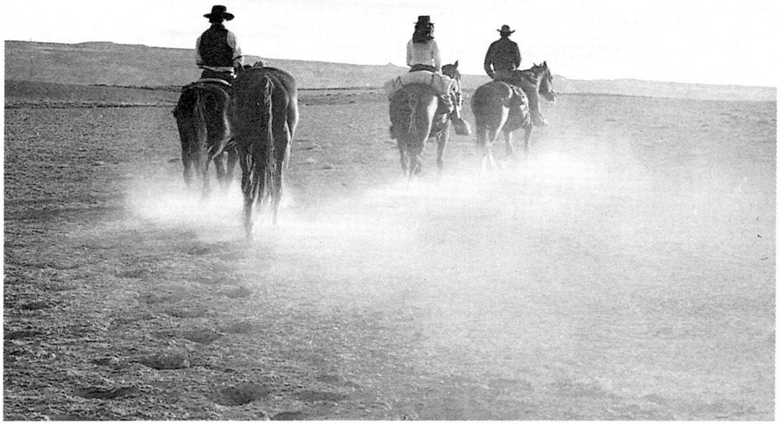

The Shooting de Monte Hellman

Les portes du paradis

Entretien avec Manoel de Oliveira

Si l'on devait diviser les cinéastes en familles, estimeriez-vous appartenir à la même famille que John Ford ?

John Ford est un des réalisateurs que j'estime le plus. Il se distingue des autres réalisateurs américains par une sorte de sublimation que l'on retrouve dans tous ses films. Chez lui, le spectacle est fondé sur les contrastes et sur la combinaison de rythmes rapides et de rythmes lents, plus sereins ou plus dramatiques ou plus poétiques. On trouve chez Ford une force qui n'a aucun équivalent dans l'histoire du cinéma : une force volcanique, intérieure, véritablement spontanée et authentique. Personnellement, je partagerais les réalisateurs en deux grandes familles. Les réalisateurs « sérieux » — et cela ne veut pas dire qu'ils sont incapables de rire, entendons-nous — et les réalisateurs qui sont des *jongleurs* (1), des prestidigitateurs. Je mettrais Dreyer, Renoir ou Ford parmi les « gens sérieux ». Orson Welles, Fellini, Bergman font partie des prestidigitateurs. D'une manière générale, je dirais que les « réalisateurs sérieux » sont plus clairs, plus sobres. Ils choisissent la technique la plus adéquate à leur manière de s'exprimer et ne font pas des plans à effet. Les autres mettent ces effets à profit, ce qui est aussi une qualité : comme les illusionnistes, ils essayent de subjuguer l'émotion du spectateur. Dans le cinéma de John Ford, il n'y a aucune manœuvre destinée à subjuguer le spectateur. Il cherche la vérité du mouvement, du rythme et du sentiment. J'ai l'impression que cet aspect de Ford a laissé des traces en moi. Mais je ne sais pas lesquelles... De même, j'ai gardé quelque chose de Dreyer. Et ce sont des hommes tellement différents. Tandis que Dreyer est profondément triste et pessimiste, John Ford est optimiste et franchement joyeux.

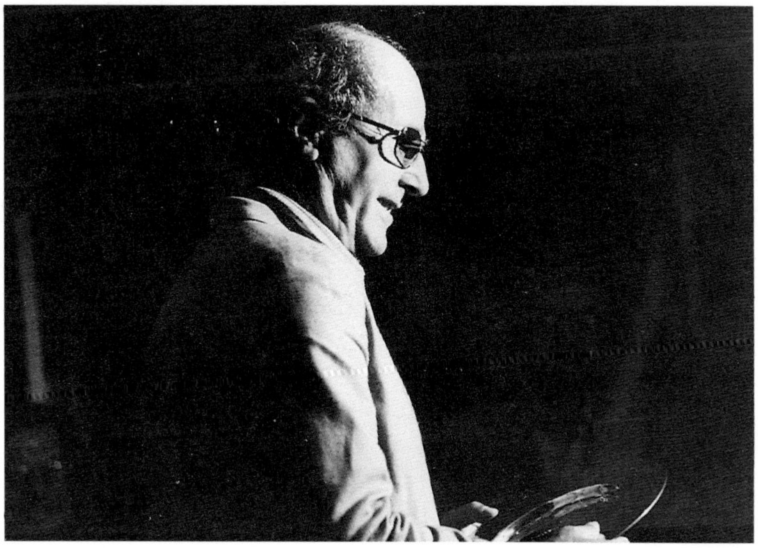

Comment deux cinéastes si opposés peuvent-ils trouver un écho en vous ?

Je suis habité par l'optimisme et par le pessimisme, qui sont des complices. Une fusion de Dreyer et de John Ford serait très enrichissante, mais elle est utopique. Dreyer est incapable d'exprimer la joie, mais il peut exprimer le bonheur, ce qui est différent. Ford est différent, il a la joie, l'allégresse du chrétien : c'est un homme confiant, ouvert à la plénitude de la vie.

Au sujet de Ford, vous voulez dire qu'il est seulement chrétien, ou catholique ?

Bon, Dreyer est protestant. Peut-être que certains courants du protestantisme sont plus pessimistes que d'autres. Il y a aussi des différences parmi les catholiques, mais d'une manière générale ils sont plus joyeux. Voyez, par exemple, Claudel. Il est à la fois sérieux et amusant. Il s'amuse avec ce qui est sérieux. Mais c'est quelqu'un de profondément joyeux dans la souffrance. En cela, il se rapproche de John Ford.

C'est curieux que vous fassiez ce rapprochement entre Claudel et Ford. Savez-vous que certains critiques ont rapproché certains aspects du jeu des acteurs dans Le Soulier de satin *avec le jeu des acteurs de Ford dans* Sergeant Rutledge ?

... Probablement. Tout à l'heure, je parlais de la sublimation chez Ford, et cela convient parfaitement à Claudel. Il est naturel que je me sois servi inconsciemment

(1) En français dans le texte.

de l'un et de l'autre pour concrétiser mes images. Mais je n'en étais jamais conscient.

A quel moment de votre carrière avez-vous pris conscience que John Ford était un « auteur » ?

Après avoir réalisé *Douro* (1931) et avant *Aniki-Bobo* (1942). Je l'ai découvert avec *Long Voyage Home*. C'est un film très lent, qui crée très bien tout un climat de soupçon autour d'un personnage, dans un bateau qui transporte secrètement des munitions. J'ai été également marqué par *The Informer*, un film un peu impressionniste, plus intériorisé — je suis frappé par la facilité avec laquelle ce film décrit un milieu social, d'une façon très marquée, superbement définie.

En tant que cinéaste aux décors romantiques (je fais référence à Francisca *ou aux jardins du* Soulier*), que pensez-vous des décors des westerns de John Ford, plus particulièrement son obssession de Monument Valley ?*

Je ne pense pas que le monde soit exactement le paradis. L'idée que l'homme doit survivre par son propre effort est une idée biblique. Elle est patente chez John Ford. D'un autre côté, ces décors sont parfaitement adaptés aux sagas de l'Ouest, ils correspondent à une définition d'un milieu et soulignent la force vitale des personnages de Ford. Je dirais même qu'il y a un autre élément qui transmet aussi ce principe vital : observez bien les chevaux dans les films de John Ford, la manière dont il les filme. Tout est très bien rendu, le galop, les hennissements. C'est la vie à l'état pur.

Que pensez-vous des cadrages à travers les portes qui s'ouvrent et se ferment, dans The Searchers *?*

Ah, les portes ! Oui, on les voit dans plusieurs films. Il y a toujours une ouverture dans les films de Ford, les séquences ne se passent jamais complètement entre quatre murs, il y a toujours une issue. Les portes ne sont pas simplement physiques, elles sont transcendantes.

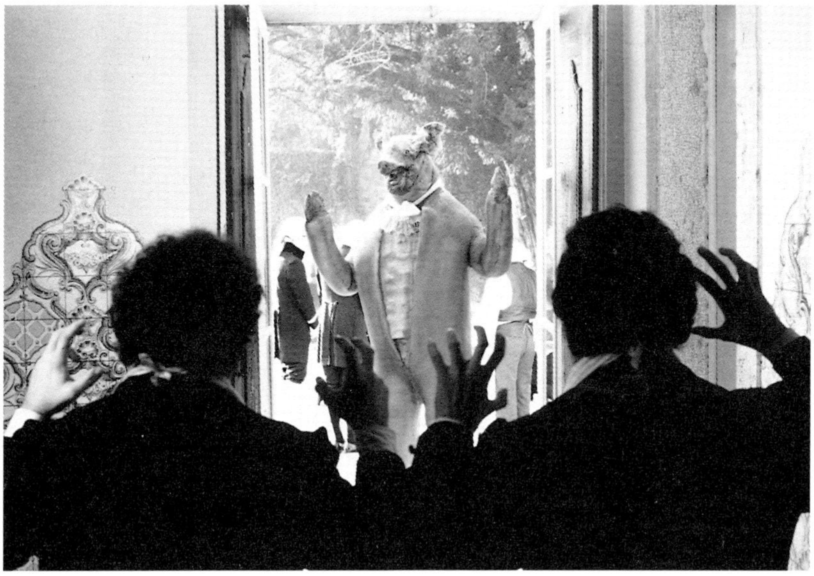

Les Cannibales de Manoel de Oliveira

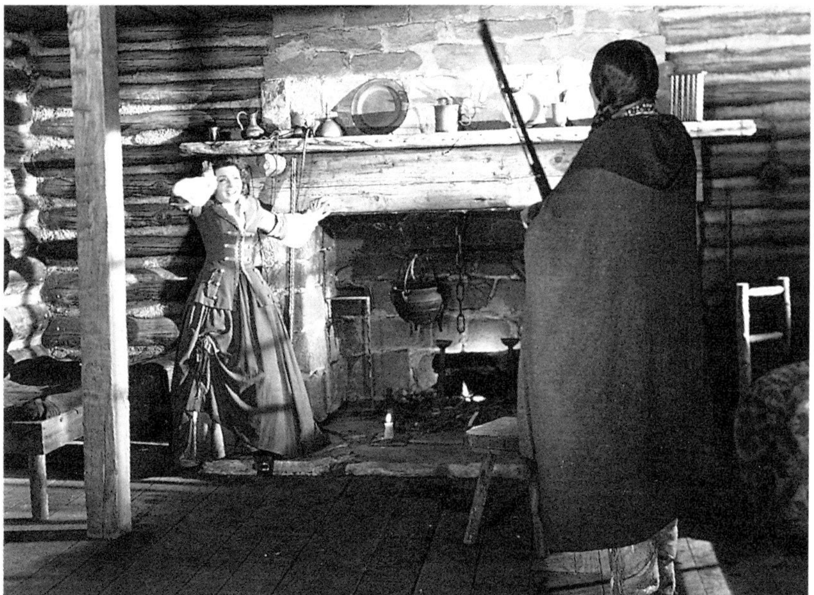

Drums Along the Mohawk de John Ford

Orson Welles aussi est revenu à Ford. Il racontait qu'avant de faire Citizen Kane, *il avait revu environ quarante fois* Stagecoach...

Il a très bien fait. Car John Ford est très instinctif, ce qui est très bon. Cela manque à un cinéaste comme Welles, qui est beaucoup plus intellectuel. Mais ce qui caractérise John Ford, c'est le champ-contrechamp. C'est fatal. Mais d'une façon différente du cinéma américain en général : on ouvre la porte, on rentre, on passe, on referme la porte... Cela n'a rien à voir, vraiment rien — car ce sont là des portes fermées — avec les portes chez John Ford, qui prédominent aussitôt à l'intérieur du plan. Dans les films américains, les portes sont un « truc » pour simuler l'action, lui donner du rythme. John Ford s'est très peu servi de cela, chez lui les portes sont strictement nécessaires. Elles ont un sens.

Une autre idée fondamentale du cinéma de Ford est celle de la communauté. D'une manière générale, les tensions affectives sont résolues de façon optimiste, heureuse, contrairement à ce qui se passe dans vos propres films où les passions connaissent des fins tra-giques.

Voyez-vous, il y a une très grande différence entre la position d'un réalisateur en Amérique, soumis à certaines règles imposées par la production, dans le but de parvenir au spectacle cinématographique et à son succès, et celle d'un cinéaste européen. Nous ne saurons jamais jusqu'à quel point les réalisteurs feraient un autre genre de films s'ils avaient davantage de liberté. Or, moi surtout dans mes derniers films, j'ai joui de la plus entière liberté. Je n'ai à me soucier de rien, si ce n'est de l'histoire. Qu'aurait fait John Ford dans des circonstances pareilles ? Quant à la communauté dans les films de Ford, elle est liée à l'optimisme et à la profonde joie du cinéaste, dont je parlais tout à l'heure. Elle est liée aussi à la dignité de la figure humaine dans ses films, et qui est rendue par les plus petites choses. Je me rappelle d'un film sur l'Irlande, *The Plough and the Stars*, qui se termine par la défaite des Irlandais, dont le drapeau est abattu, et les yeux de tous les patriotes, baignés de larmes, sont fixés sur lui. C'est une très petite chose, mais c'est cela qui sauve la dignité de ces hommes dans la défaite. Et la vision de Ford des pécheurs, des faibles, des lâches, est extraordinairement tolérante.

On a souvent dit que les films de Ford étaient conservateurs...

Actuellement, il n'est pas facile de dire qui est conservateur. A mon avis, Ford est plus traditionaliste que conservateur. Il est attaché aux traditions, même en ce qui concerne les milieux et les paysages. Contrairement au réalisme critique, Ford a une attitude qui n'est pas critique, mais éthique. Il souligne tous les héroïsmes, et il est tolérant envers les faiblesses humaines.

Dans vos films, les personnages féminins sont les plus forts. Chez Ford, je trouve les personnages masculins plus impressionnants. Pensez-vous que vos personnages féminins ont quelque chose à dire aux hommes de John Ford ?

Bon, chez John Ford, la femme est soit une pécheresse, soit une épouse-mère. Dans les deux cas, elle est le joyeux complément de l'homme. Ce n'est pas ainsi que je vois les choses : la femme peut apporter la joie, mais cette joie est toujours accompagnée de désespoir. La femme est mue par des instincts et en même temps elle les transcende.

S'il y a une constante évidente dans vos films, c'est bien le rapport entre théâtre et cinéma. En ce qui concerne Ford, certains ont établi un parallèle entre la fiction fordienne dans la société américaine et ce que Shakespeare a pu représenter pour son temps.

La présence du théâtre est nette chez lui. D'ailleurs, même dans les films américains les plus modernes, avec les techniques les plus sophistiquées, le théâtre est toujours là, caché. Bien entendu, certaines virtualités sont propres au cinéma, à cause du cadrage et des mouvements d'appareils. Ils sont beaucoup plus marqués qu'au théâtre, où les panoramiques et le *découpage* (1) des plans sont le fait de la volonté de chaque spectateur, qui choisit l'objet ou l'acteur qui l'intéressent. Au cinéma, c'est le réalisateur qui fait ce travail. Le rapprochement entre Shakespeare et Ford est possible, car Shakespeare brise le temps et l'espace légués par le drame grec et il multiplie, à travers les tableaux, les plans de la pièce, ce qui est, pour nous, assez cinématographique. Chez Ford, il y a une synthèse parfaite entre les virtualités du cinéma et celles du théâtre, avec une mise à profit maximale des possibilités offertes par la technique cinématographique.

Chez Ford, il y a aussi, parfois, la figure du chœur dans la tragédie grecque. Par exemple, dans *How Green Was My Valley*, il y a un commentateur, une voix *off*. Or, la voix a été le principe même du théâtre. Il semblerait que le théâtre ait commencé avec les funérailles des grands guerriers, quand quelqu'un évoquait en chantant les faits et gestes de celui qu'on enterrait. L'utilisation d'un chœur a rendu cette évocation plus grandiose. Plus tard, on aurait commencé à illustrer ce que chantait le chœur par une représentation en actes. L'explication des entractes était faite par le narrateur — dont l'équivalent dans le cinéma actuel est rendu par les portes qui claquent, les entrées et les sorties, les gens qui montent et qui descendent des escaliers. Les dialogues dans le théâtre grec ont la force tragique du destin, de la *moïra*, et on retrouve cela chez Ford, où le contexte est toujours lié à la situation. Je ne sais pas si chez Shakespeare il y a la même connaissance du contexte. Il paraît qu'il avait peu d'imagination pour créer les trames de ses pièces et qu'il se servait d'histoires potentiellement riches, qu'ils développait dans des dialogues fabuleux, souvent inspirés de la Bible. ■

Propos recueillis à Lisbonne en mai 1987 par Manuel S. Fonseca, traduits du portugais par Antonio Rodrig.

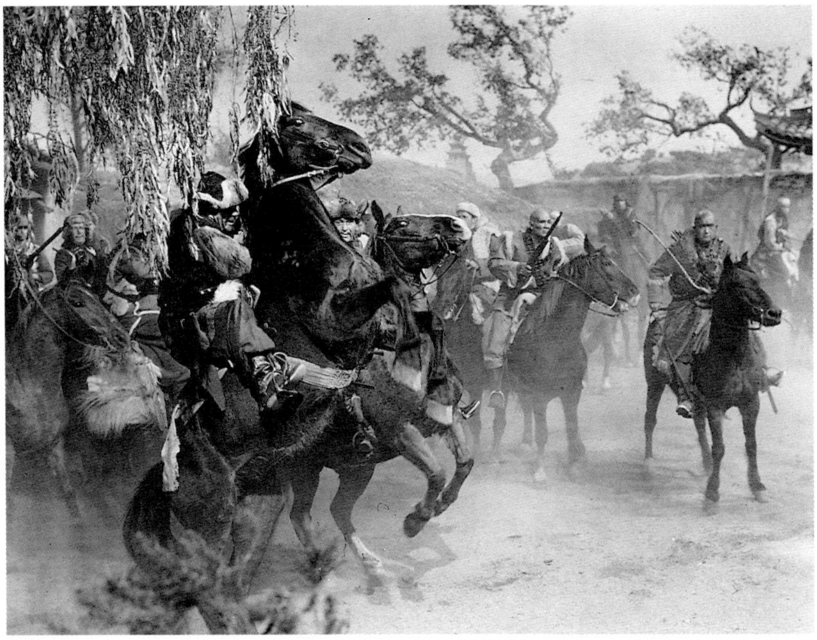

Seven Women de John Ford

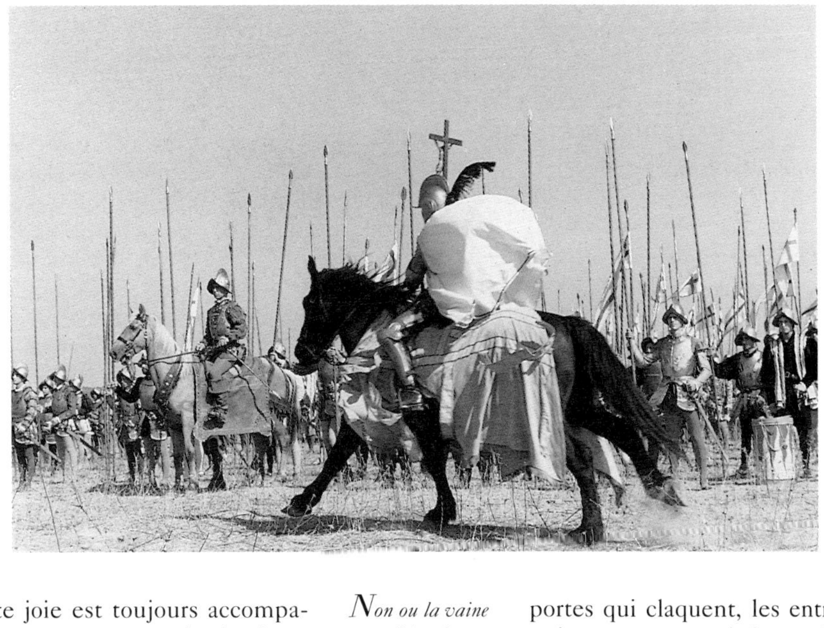

Non ou la vaine gloire de commander de Manoel de Oliveira

La ligne de démarcation

Entretien avec Jean-Marie Straub et Danièle Huillet

Je me souviens d'un débat après Leçons d'histoire *où on établissait un parallèle entre le film et* Big Sleep *de Hawks : la figure de l'enquêteur qui dénoue les fils, rencontre des gens, les interroge. Tout ça pour dire que Hawks, dans votre cinéma, est plus évident, plus manifeste que Ford. Etes-vous d'accord?*

Jean-Marie Straub : Leçons d'histoire est un film anti-hawksien. Les mouvements à la grue, qui montaient et descendaient, étaient morcelés, n'avaient rien à voir avec Hawks. Si on a fait un film hawksien, c'est *Othon*. Quant à savoir si nos films sont fordiens, je me refuse à le dire car je trouve ça trop prétentieux. Je laisse ce soin à Cimino ou à Coppola. Je ne veux pas me mesurer à Ford.

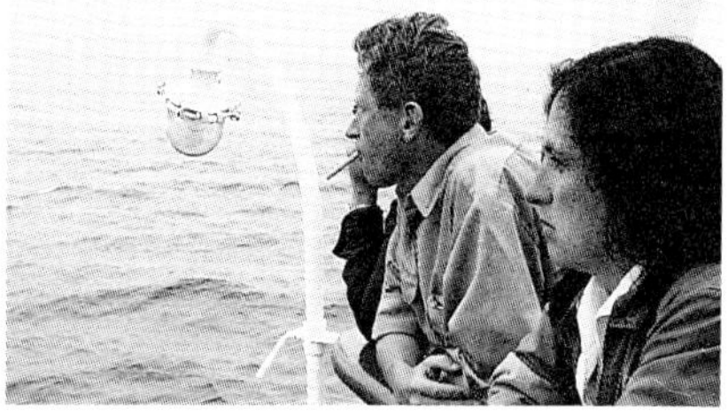

Prenons les choses autrement. Qu'est-ce qui vous plaît chez Ford ?

J.-M. Straub : On peut partir d'un point précis. La première chose, c'est la découverte en 1965, en Suisse — je ne pouvais pas revenir en France, j'étais condamné à un an de tôle — chez un ami mathématicien qui travaillait à Genève. On était là pour sous-titrer *Non réconciliés*. Dans une lointaine banlieue, on a vu *Le Massacre de Fort Apache* et c'était une révélation. Tout le monde disait à l'époque que le film était admirable mais que malheureusement — relis Sadoul — il y avait un happy-end. Et on a découvert qu'il était encore plus atroce que tout le reste du film. Ce happy-end, c'était une conférence de presse de John Wayne devant un mur où est accroché un tableau qui glorifie la bataille qu'on a vue dans le film. Les journalistes demandent à John Wayne si c'était vraiment comme ça, si Custer était aussi grand qu'on l'a dit. C'est tout juste si John Wayne ne se retourne pas comme Chaplin dans *Monsieur Verdoux* quand il entend le procureur dire : « *Messieurs dames, regardez ce monstre* ». John Wayne se retourne, regarde le tableau derrière lui, hésite puis on le voit se relever pour dire : « *Oui, c'était exactement comme ça.* » Il met les gens à la porte puis enfile sa casquette exactement comme Custer l'a mise. Là, on s'est aperçu que Ford, c'était pas du tout ce qu'on croyait, encore moins ce qu'on nous racontait. Même John Wayne n'ose pas dire que ce tableau qu'ils ont sous les yeux, c'est de la merde. Deuxième point, on a découvert peu après un film magnifique qui s'appelle *Les Cavaliers*, le seul film qui ait jamais été fait sur une situation de guerre civile. Troisième point, on a vu un film que, si je faisais une cinémathèque personnelle, je mettrais en priorité dedans. Il dure dix minutes, s'appelle *Civil War*, et c'est un épisode de *La Conquête de l'Ouest*.

Ford est le seul homme qui a fait des films de guerre qui ne soient pas ridicules comme ceux de Milestones, Anthony Mann et surtout Kubrick. A la fin du *Massacre de Fort Apache*, quand John Wayne regarde par la fenêtre la cavalerie, on sent qu'ils repartent à l'abattoir. Il n'y a aucune scène de sadisme quand Ford filme la guerre, jamais la moindre trace de complaisance. On ne verra jamais un type en embrocher un autre. Quand Ford est fasciné par le théâtre militaire, il en fait un ballet, c'est une tout autre chose. Il n'y a pas de fascination idéologique. Même chose pour le lynchage chez Ford. Tous les films comme *The Ox Bow Incident* de Wellmann, à l'exception de *Fury* de Lang, sont des films dégueulasses sur la pratique du lynchage.

Chez Ford, comme chez Lang, il y a cette peur de la foule, du grégaire.

Danièle Huillet : Ce n'est pas la peur de la foule, mais de l'extraordinaire, de l'irrationnel, de l'étincelle qui met le feu aux poudres. Malgré tout, pour Ford, ces gens ne sont pas tout à fait des monstres. Il n'y a pas de destinées et il y aura toujours quelqu'un pour les faire bouger.

Ceux de The Sun Shines Bright *finiront par voter pour le juge Priest.*

J.-M. Straub : La femme de *Seven Women* fait bouger ces brutes, ils vacillent. Il n'y a qu'une chose qui ne bouge pas chez Ford, c'est l'appareil social. Là, il n'y a rien à faire. Ce n'est pas le grégaire, c'est l'échelle sociale qui est là et l'argent qui corrompt tout, de haut en bas. Pour ce qui est des classes dominantes, aucun film n'a été aussi loin que *Le Monde en marche* où on voit le type délirer et dire que le pouvoir, c'est l'argent. Sans oublier le prêtre qui ajoute que si tu adores quelqu'un (le Diable), tout t'appartiendra avant que la femme du type, frappée par la crise économique, retourne à la campagne, à ses bœufs et reconnaît quand même qu'ils avaient raison de le dire. Pour ce qui est de l'argent qui corrompt les paysans, on le voit dans *Kentucky Pride* où ils achètent un cheval à qui ils ne donnent pas à bouffer le samedi parce qu'il ne travaille pas le lendemain. Malgré tout, parmi eux, il y en a deux qui vacillent. Il y a toujours ça chez Ford.

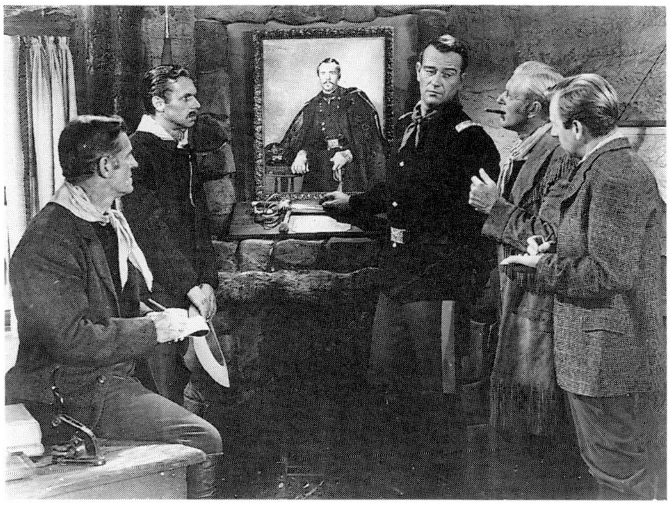

C'est vrai de James Stewart dans Les Deux Cavaliers, *horrible au début (il ne pense qu'à l'argent), surprenant quand il aide la jeune « Indienne » en butte au racisme de l'armée.*

D. Huillet : Parce que Ford est un cinéaste chez qui il n'y a pas la moindre trace de puritanisme, de pharisianisme. Les gens de bien sont capables des pires saloperies et les voyous sont capables du meilleur.

J.-M. Straub : Ford est le cinéaste qui a le plus grand sens de la démarcation sociale. Elle est même plus claire que chez Brecht. Regarde *Seas Beneath*, il y a là une panoplie sociale extraordinaire. Quand tu as vu les derniers films de Ford, tu as mieux compris ce qui se passait en Algérie et dans le domaine de la colonisation en général que dans les films prétendument sur la question. Il n'y avait pas un homme qui avait plus de sympathie pour les Indiens que Ford. On ne peut pas faire un film comme *Les Cheyennes* si on est raciste.

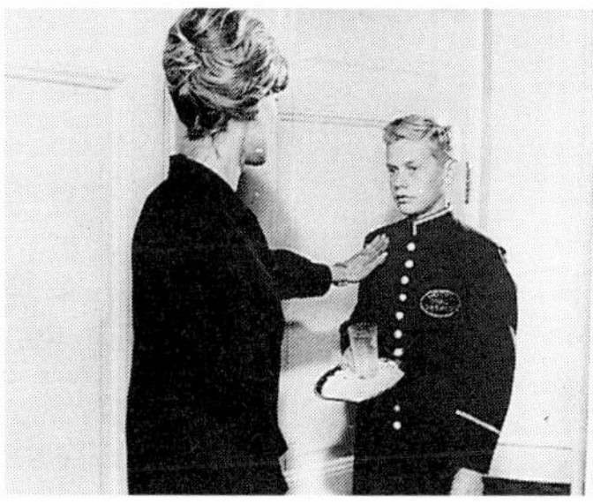

Fort Apache de John Ford, et *Non réconciliés* de Jean-Marie Straub et Danièle Huillet.

D. Huillet : L'irrationnel qui surgit avec les Indiens, c'est l'inassimilable.

On parle d'amour de la communauté chez Ford mais il a aussi filmé, avec Will Rogers, ceux qui en étaient exclus.

D. Huillet : Ça vient de son catholicisme. L'histoire du Christ n'est pas très différente de ça.

J.-M. Straub : C'est *Mary Stuart*, c'est *Le Mouchard* et il n'y a pas de différence fondamentale entre ces deux individus, c'est le même engrenage. Ford est unique parce que ce qu'il a filmé offre un éventail, une diversité extraordinaires. Ce qui est important, c'est que Ford n'a pas de style. Qu'y a-t-il de commun entre *Three Bad Men* et les films avec Will Rogers, surtout celui qu'on préfère, qui est magnifique et qui balaie tout le néo-réalisme *(Dr. Bull)* ? En voyant ce film, on comprend quand Rivette et Truffaut disaient à l'époque combien les films néo-réalistes étaient ridicules. Quand on voit la mise en place, dans le film, de cette petite ville de province, le train qui arrive, le paquet de lettres sur le quai, la fille qui va à la poste. Ce n'est qu'une heure après qu'on comprend pourquoi. Toute la mise en place du récit est complètement documentaire.

Chez Ford, il y a une acuité au niveau du social chez chaque personnage absolument insensée. Après avoir revu *Kentucky Pride* et *Lightnin'*, tout aussi magnifique, j'ai enfin compris la question que je me posais depuis longtemps à propos de Ford. Avec une histoire, une fiction, une narration qui se révèlent au fur et à mesure que le film avance de plus en plus riches, cela n'empêche pas Ford de commencer d'une manière extrêmement documentaire, pauvre au niveau du récit, comme s'il n'y allait pas avoir de narration — là on retrouve *Dr Bull.* Il n'y a qu'à voir *Kentucky Pride* : pendant combien de temps on voit des chevaux ? Et là, c'est encore plus incroyable puisqu'il met des textes sur l'écran et on pense à ce que nous disait Bresson quand nous sommes allés le voir en 1954 pour lui parler de notre projet de *Chronique.* On a discuté un peu et il nous a sorti : « *C'est le mot qui crée l'image* ». Danièle s'est mise en rogne. Ces chevaux, ils sont là et ils vous racontent une autre histoire.

D. Huillet : Ford, dans ses plans, ne raconte pas l'histoire qu'il y a dans le texte des intertitres. On a des plans et on comprend ce qui se passe entre les personnages.

J.-M. Straub : On comprend mieux un Ford muet avec des intertitres tchèques qu'un Mizoguchi sans sous-titres. Quand il dit ce que le cheval pense dans un intertitre, c'est une histoire parallèle.

D. Huillet : Il n'essaie pas de faire mimer par les chevaux quelque chose qui correspondrait au texte. Ford et ses chevaux, c'est la technique des miracles de *Moïse et Aaron.* Ça c'est fordien, en effet.

J.-M. Straub : Ce n'est pas moi qui l'ai dit (*rires, silence*). Il filme ses chevaux comme nous avons filmé le serpent.

D. Huillet : Et Ford qui n'aime pas les mouvements d'appareils, là, à cause des chevaux, il bouge beaucoup. De même que nous, avec le serpent, on a bien été obligés de bouger.

J.-M. Straub : On avait prévu un plan fixe avec un serpent qui traverse le champ mais ça n'existe pas. On a filmé trois fois 300 mètres avec une caméra sans cesse en mouvement. Avec ses chevaux, c'est pareil. Au départ, il n'y a pas de narration, juste du documentaire, un film qui commence. Lentement, cette narration devient de plus en plus riche et elle ne tue jamais le documentaire, elle ne le vampirise pas. Chez Ford, la fiction n'est jamais prétentieuse, ce n'est pas un parasite qui fait crever l'arbre du cinéma, un acide qui bouffe tout, de la poudre aux yeux, mais une chose qui est mise au niveau des histoires pour enfants tout en étant extrêmement riche, pleine du poids de la réalité.

D. Huillet : Tout le problème qu'on s'est posé pendant *Moïse et Aaron*, à savoir qu'il ne faut pas que les images bloquent l'imagination, c'est là chez Ford, dès le début et c'est là comme il respire. Tout ce que Ford montre et raconte ne sature jamais l'imagination ni la réalité, et c'est extraordinaire. ■

Propos recueillis par Charles Tesson

L'homme dans le brouillard

Entretien avec Jean-Claude Brisseau

A quel niveau Ford vous intéresse-t-il ? La mise en scène, la construction dramatique ou bien la conception des personnages ?

Tout à la fois, encore que Ford m'intéresse plus maintenant que lorsque j'avais 17-18 ans. Je ne l'aimais pas trop, je le trouvais trop sentimental et un peu simpliste. J'aimais certains de ses films comme *La Prisonnière du désert* sans d'ailleurs l'avoir réellement compris. J'avais vu un western et je n'avais pas vu que ce film était d'abord une histoire de passion folle.

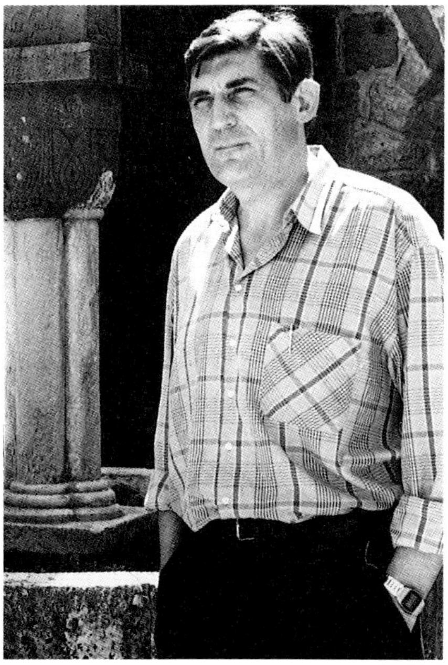

Ford m'intéresse sur les trois plans. Plus spécifiquement, sur la place de la caméra, la vision du monde et la manière de traiter les personnages. Moins en ce qui concerne les scénarios. Ce qui me frappe vraiment, et le cinéma américain récent n'en tient pas compte, c'est qu'il y a chez Ford une conception de l'échelle des plans et des cadrages. Surtout les plans larges. Le cinéma d'aujourd'hui ne sait plus s'en servir. Ford a cette manière bien particulière de passer brutalement du plan moyen au plan large. Je me souviens d'une scène de diligence de *My Darling Clementine* où on la voit s'éloigner, cadrée avec un comédien en train de dire adieu, et puis soudain on voit la diligence toute petite, dans un paysage avec plein de ciel, si bien que le décalage renvoie à une conception du monde tout d'un coup plus universelle, plus métaphysique. En revanche quand Ford fait un gros plan — il en fait peu — ça prend son sens. Son cinéma, par opposition à Hitchcock, est relativement peu découpé, volontairement moins sophistiqué. Le rythme de ses films vient de ce qu'il utilise tous les moyens — y compris parfois le plan-séquence — à savoir l'échelle des plans et leur durée. Chaque effet chez Ford (choix de l'échelle des plans) renvoie à une conception métaphysique du monde. J'ai beaucoup appris avec ça. Chez Ford, chez Walsh aussi, on perçoit l'espace. En ce moment, je regarde des vieux films de guerre dont le thème est la progression d'un groupe d'hommes dans un espace déterminé. On a le sentiment que le fait de gagner un pouce de terrain va être important, que le fait d'organiser une retraite est important. Pour que cela soit clair dans la tête du spectateur, il faut filmer l'espace. Ce qui est frappant aussi chez Ford, c'est que le décor, la lumière, sans que cela soit voyant, sont utilisés à des fins signifiantes.

La chose qui me touche le plus chez lui, et qui a complètement disparu dans le cinéma, c'est le fait que les personnages soient confrontés à la déception et à l'échec, soient obligés de digérer une humiliation — on dirait maintenant une blessure narcissique — et qu'ils continuent à vivre quand même sans pleurer comme des gamins. J'ai le sentiment, dans le cinéma actuel, que les personnages obéissent uniquement à la loi du rêve. Il est inimaginable aujourd'hui de concevoir un film comme *Les Sacrifiés*. Les personnages de Ford encaissent, continuent à agir en gardant une certaine grandeur alors qu'il y un abaissement du niveau chez tous les autres personnages.

Ce qui me plaît beaucoup aussi chez lui, c'est sa capacité à faire vivre immédiatement toute une série de personnages secondaires, toujours simples, forts, et qu'on reconnaît sur le champ. Quand on voit les films, tout à l'air évident mais je m'aperçois, en écrivant des scénarios, combien c'est difficile, pour un personnage secondaire, d'allier clarté et grandeur, simplicité du trait dans la multiplicité des figures. Pour moi, c'est le produit d'un maximum de travail. Il faut un talent énorme pour en arriver là. La force de Ford, c'est de donner une épaisseur humaine à des personnages qu'on type immédiatement sans rentrer dans le cliché. C'est très difficile. C'est un problème de personnages et non d'acteurs.

Chez Ford, il y a cette idée de communauté, de groupe pour les personnages et de troupe pour les comédiens.

C'est un exilé. Il a l'attrait du paysage dans lequel il sera seul et la nostalgie des autres, du besoin du groupe. Ford n'a pas fait de film manichéen et il n'y a aucun personnage qui ne fasse pas d'erreur. Les seuls personnages condamnés sont les brutes épaisses, les personnages violents. Plus il avançait dans ses films et plus il détestait la violence. On le voit à travers le personnage de la brute joué par Walter Brennan dans *My Darling Clementine* — c'est d'ailleurs le seul rôle réellement antipathique de toute sa carrière — ainsi que celui de Lee Marwin dans *Liberty Valance.* Tous les films américains d'aventures et d'action célèbrent le culte de l'individualisme et, chez Ford, il est curieux de voir les corrections très importantes qu'il a apportées à cette idéologie. Chez lui, l'homme est petit, tantôt fort et faible, dérisoire par rapport à la création, la grandeur de l'univers. C'est son côté pascalien. D'un point de vue moral, ses personnages et lui-même assument cette ignorance fondamentale par rapport à l'univers, acceptent l'idée de vivre dans le brouillard. C'est très rare dans le cinéma car ça implique une modestie des personnages et une modestie en profondeur du cinéaste devant la création qu'on retrouve nulle part ailleurs.

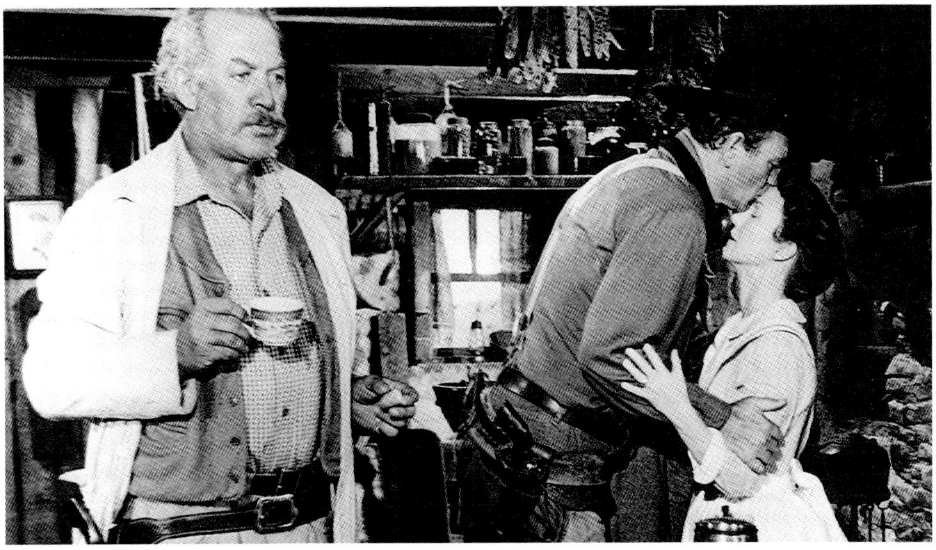

Ward Bond, John Wayne et Dorothy Jordan dans *The Searchers*

Vous préparez actuellement un film de guerre. Pensez-vous que Ford est un cinéaste qui aime la guerre ?

C'est visiblement un homme qui détestait la violence. Dans *Les Cavaliers*, il filme le moins possible la violence. Quand on voit John Wayne accomplir toutes les destructions, on s'aperçoit que ça ne lui plaît pas. Il le considère comme un mal nécessaire et d'ailleurs le personnage est à la limite de vomir. Dans le civil, il construisait des lignes de chemin de fer et là, il est obligé de les détruire. Ford déteste les massacres de même que lorsque John Wayne est amené à tuer Liberty Valance, il le fait, en tirant dans son dos, d'une manière qui contredit complètement son sens de l'honneur. Ford n'était pas un individualiste forcené — on le voit à travers ses films — et c'est un homme qui tenait visiblement à la liberté de penser. C'est d'ailleurs pour cela qu'il s'est opposé farouchement à Cecil B. de Mille au moment du maccarthysme quand celui-ci voulait écarter Mankiewicz. Il est nécessaire pour lui d'avoir des gens qui s'organisent pour sauvegarder la liberté de penser. C'est le grand sujet de *L'Homme qui tua Liberty Valance.* Le code de l'Ouest est celui de l'individualisme et il y a un individu qui, depuis dix ans, pille, tue et viole. C'est Liberty Valance, tout le monde le sait mais personne n'acceptera de se grouper pour lui tirer dessus car cela va à l'encontre du code de l'honneur individualiste. Le seul qui pourrait, c'est John Wayne mais il ne le fera pas car il s'occupe de ses propres affaires. Il lui faudra un prétexte, celui du steack. Jusqu'ici, l'autre pouvait faire tout ce qu'il voulait, tuer, voler, mais à partir du moment où il touche à son steack, il réagit. Le film est visiblement une attaque de cette idéologie américaine typique, aussi valable pour Valance que pour Wayne, et que Ford, manifestement, ne pouvait plus encaisser.

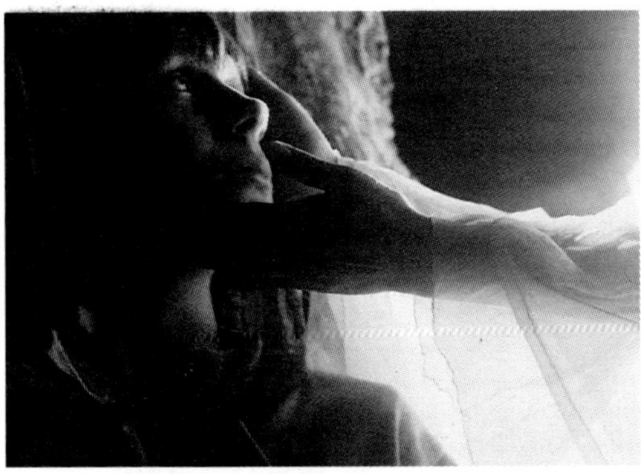

Vincent Gasperitsch dans *De bruit et de fureur* de Jean-Claude Brisseau

Vous disiez tout à l'heure que vous n'aviez pas vu la première fois que La Prisonnière du désert *était l'histoire d'une passion. Vous pouvez préciser ?*

Ça me paraît tellement évident. Quand John Wayne arrive, la première chose que fait la femme du frère, tellement elle est éblouie par lui, c'est de s'éloigner de lui sans lui tourner le dos. Il suffit de ne regarder, pendant les vingt premières minutes, que John Wayne et la femme du frère et on verra qu'il était amoureux de cette femme qui a finalement épousé son frère mais il est resté entre eux, depuis des années, un amour interdit, impossible. Il y a une scène où on la voit essuyer son vêtement devant Ward Bond qui a compris qu'il y avait une histoire d'amour entre eux. Ça détermine toute la signification de sa longue poursuite acharnée, de son retour au désert à la fin parce qu'il est à la poursuite de la fille de la femme qui est le grand amour de sa vie et qui a épousé son frère avec qui il a un moment de jalousie. C'est ça le sujet du film. C'est la spécialité de John Wayne, ces histoires d'amour qui durent quinze ou vingt ans, comme dans *Rio Grande.* Dès le début, quand la femme revient au camp, on sent tout de suite que ce sont des personnages qui s'aiment depuis vingt ans et Ford sait très bien filmer ça, le faire ressentir sans avoir à expliquer quoi que ce soit ou se servir du scénario. ■

Propos recueillis par Charles Tesson

La transparence des motivations

Entretien avec Robert Kramer

Dans *Route One USA*, à l'origine, il n'y a pas d'influence consciente de Ford. Ce n'est pas que je ne connaisse pas son travail, mais l'héritage du cinéma américain est, chez moi, plutôt inconscient. Je ne suis pas cinéphile et je ne fais pas un travail systématique sur le cinéma des autres. Je me suis interrogé sur Ford et j'ai découvert que le film qui m'avait le plus frappé était *The Searchers*. C'est un film que je ne connaissais pas avant de travailler sur le roman pour *L'État des choses*. Dans les années soixante, je ne sais pas si j'avais vraiment conscience de Ford. Si je feuillette une filmographie, je reconnais un certain nombre de films que je suis absolument sûr d'avoir vus, mais pas du tout dans une optique « auteur ». On regardait plutôt les comédiens, pas le réalisateur du film. J'ai certainement vu beaucoup de ses films mais au même titre que beaucoup de westerns. Je pense à John Wayne parce que, dans les années soixante, c'est devenu un symbole de la réaction. A cette époque, il nous était devenu impossible de voir ses films autrement que dans cette optique. C'est en Europe que j'ai commencé à revoir ces films, à comprendre le personnage. Je crois qu'il est absolument vrai que Wayne est un très grand comédien dans les films de Ford et qu'il incarne des valeurs que, même moi, je peux accepter et que j'aurais dû être capable de reconnaître à cette époque. Dans les années cinquante, ce cinéma a fonctionné pour moi comme une sorte d'inconscient. C'était la définition de l'idéologie dominante. C'est seulement avec le recul européen que j'ai pris conscience du combat presque héroïque que Ford et d'autres réalisateurs avaient mené. C'étaient des problèmes analogues à ceux que j'ai ressentis mais à l'intérieur de cette cage réduite qu'est Hollywood. Les règles du jeu sont données mais on peut travailler et même faire des choses assez extraordinaires. Dans les années quatre-vingt, j'ai pu revoir des films de Ford et j'ai été étonné de découvrir à quel point, dans certains films, il était poussé à faire exploser cette cage. C'est aussi une pièce pour servir à une réflexion plus mûre sur ce que c'est vraiment Hollywood, c'est-à-dire un organisme beaucoup plus compliqué que je ne le supposais.

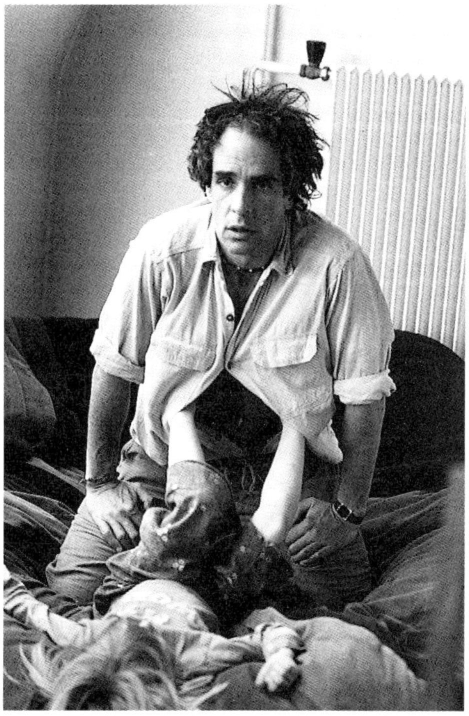

Dans un film comme *The Informer*, il y a tout un jeu sur l'ambiguïté morale du personnage de Jimbo qui est extraordinaire à l'intérieur du cinéma américain. C'est l'exemple-type d'un film que j'ai toujours aimé sans savoir que c'était Ford qui l'avait fait. Le personnage de John Wayne dans *The Searchers* est un des plus beaux travail que je connaisse sur la violence américaine et, sur ce que D.H. Lawrence appelle le « killer solitaire américain ». Ford a le génie d'une terre, il incarne la logique d'une civilisation. Il disait : « *Je suis vraiment bien à Monument Valley.* » J'ai d'ailleurs la même attirance pour les paysages désertiques. Je pensais que cela venait du Moyen-Orient, d'un passé nomade, mais peut-être est-ce déjà l'esprit du continent américain.

Je me sens très proche de Ford sur l'idée de responsabilité qui s'incarne dans le personnage du médecin, qu'on trouve aussi dans mes films. Ford a montré la solitude de l'individu à l'intérieur de la communauté, du groupe. Ce n'est pas seulement lui, c'est aussi Melville. Le capitaine Achab est comme John Wayne dans *The Searchers*. Ford a une conscience sociale assez exceptionnelle dans le panthéon d'Hollywood. Les cinéastes européens qui sont allés aux USA ont curieusement laissé tomber cette problématique. Au fur et à mesure, Ford a parlé de plus en plus des Indiens qui tournaient dans ses films, non plus comme

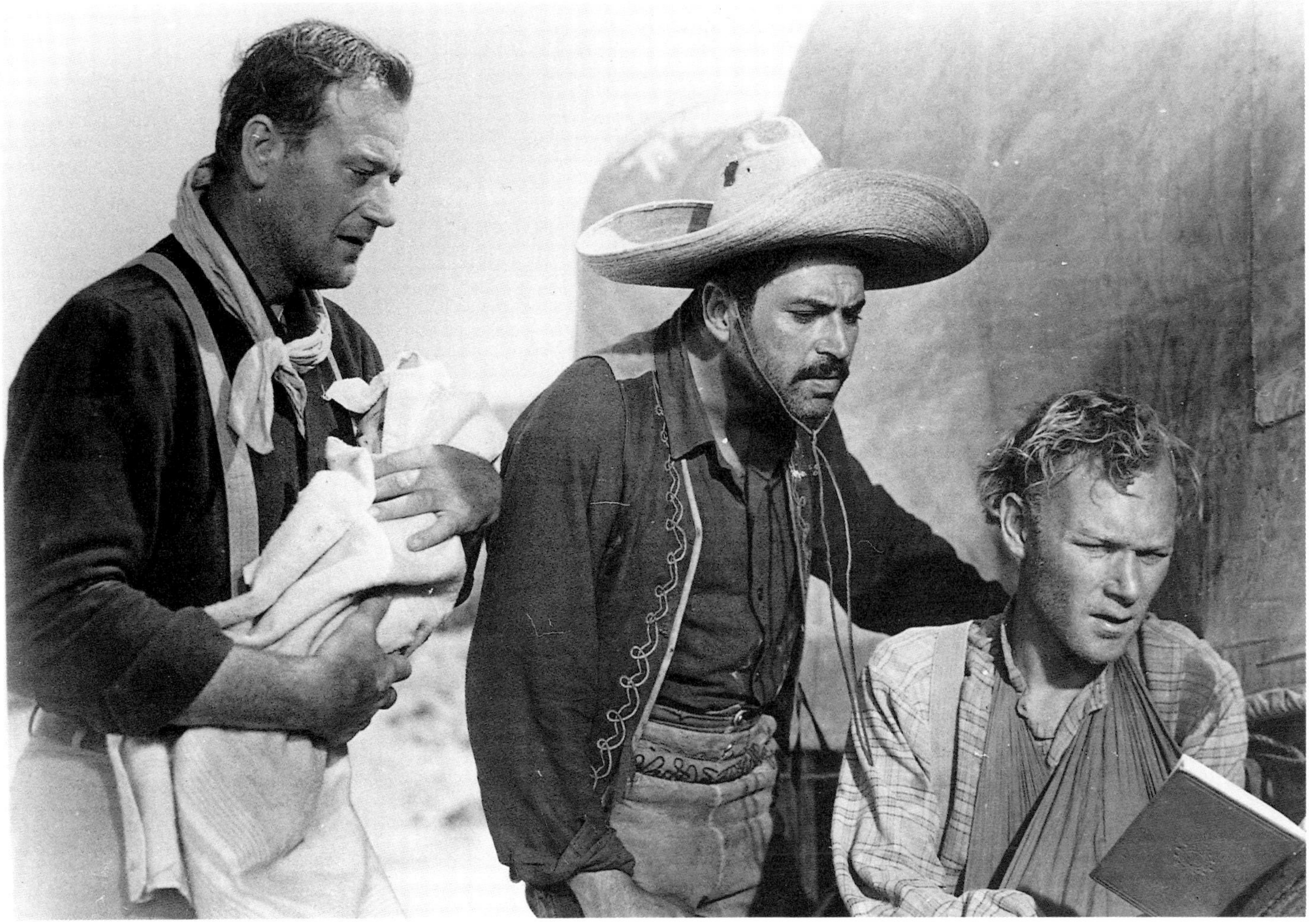

John Wayne, Pedro Armendariz et Harry Carey Jr. dans *Three Godfathers* de John Ford

des figurants mais comme de vrais individus. Je ne connais pas beaucoup Ford mais j'ai l'impression que c'est quelqu'un qui s'est senti vivant quand il faisait des films. C'est ce qui me touche profondément chez lui.
Chez Ford, il y a une transparence des motivations qui passe dans le déroulement narratif du film. Dans *The Informer*, on a vraiment le sentiment du brouillard qui passe dans la tête de Jimbo. Dans *The Searchers*, Ethan (John Wayne) disparaît dans le temps et le seul fil c'est cette mémoire de la tâche qu'il doit accomplir. C'est comme dans *Route One USA*, on doit traverser absolument la route. Dans *She Wore a Yellow Ribbon*, John Wayne doit partir en retraite mais il sait qu'il ne peut pas partir. C'est l'obligation sociale mais c'est aussi une sorte de fierté, un besoin personnel. Il faut faire le trajet. Mais c'est dangereux si on le dit en temps de guerre. C'est ce qui explique notre jugement sur Ford. Dans *Route One USA*, il y a plusieurs personnes qui pourraient être fordiennes, qui ont en eux ce mélange de ténacité, d'honnêteté, de générosité assez simples. Ce sont des gens qui prennent les problèmes avec un peu de distance, qui ne voient pas que le monde est en train de leur tomber sur la tête, mais qui, objectivement vivent dans la situation la plus mauvaise qui soit. C'est comme des personnages qui vivent dans une petite maison sur la prairie entourée par les Indiens, mais qui continuent à jouer du piano, qui acceptent cette vie-là. C'est une qualité assez extraordinaire. Le contrechamp de Ford, c'est sans doute Dos Passos, critique, socialiste, qui passe un peu de temps en Europe et qui revient anti-communiste.
Il y a chez Ford, un côté documentariste. Dans ses premiers films, il a travaillé avec de vrais cow-boys. A son avis, ils avaient un jeu beaucoup plus moderne, dépouillé et honnête que les vedettes qu'on lui proposait. J'aime cette idée de faire jouer n'importe qui ayant une vraie connaissance de son métier dans le corps. Là, on peut vraiment commencer à faire du cinéma. Ce que Ford a fait avec John Wayne est une énorme réussite. Ford va toujours vers ce qu'il apprécie le plus dans le personnage. Cette générosité commence bien avant le scénario, dans la manière d'évaluer les individus. Ford a la même morale que nos pères. C'est seulement aujourd'hui que je peux le redécouvrir. ■

Propos recueillis par Thierry Jousse et Patrice Rollet.

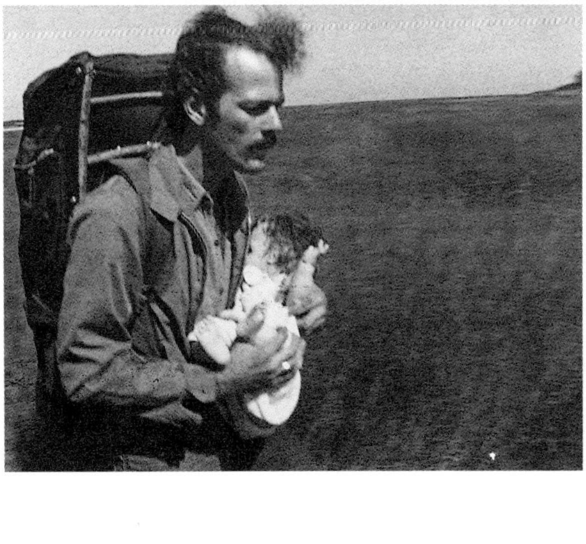

Milestones de Robert Kramer

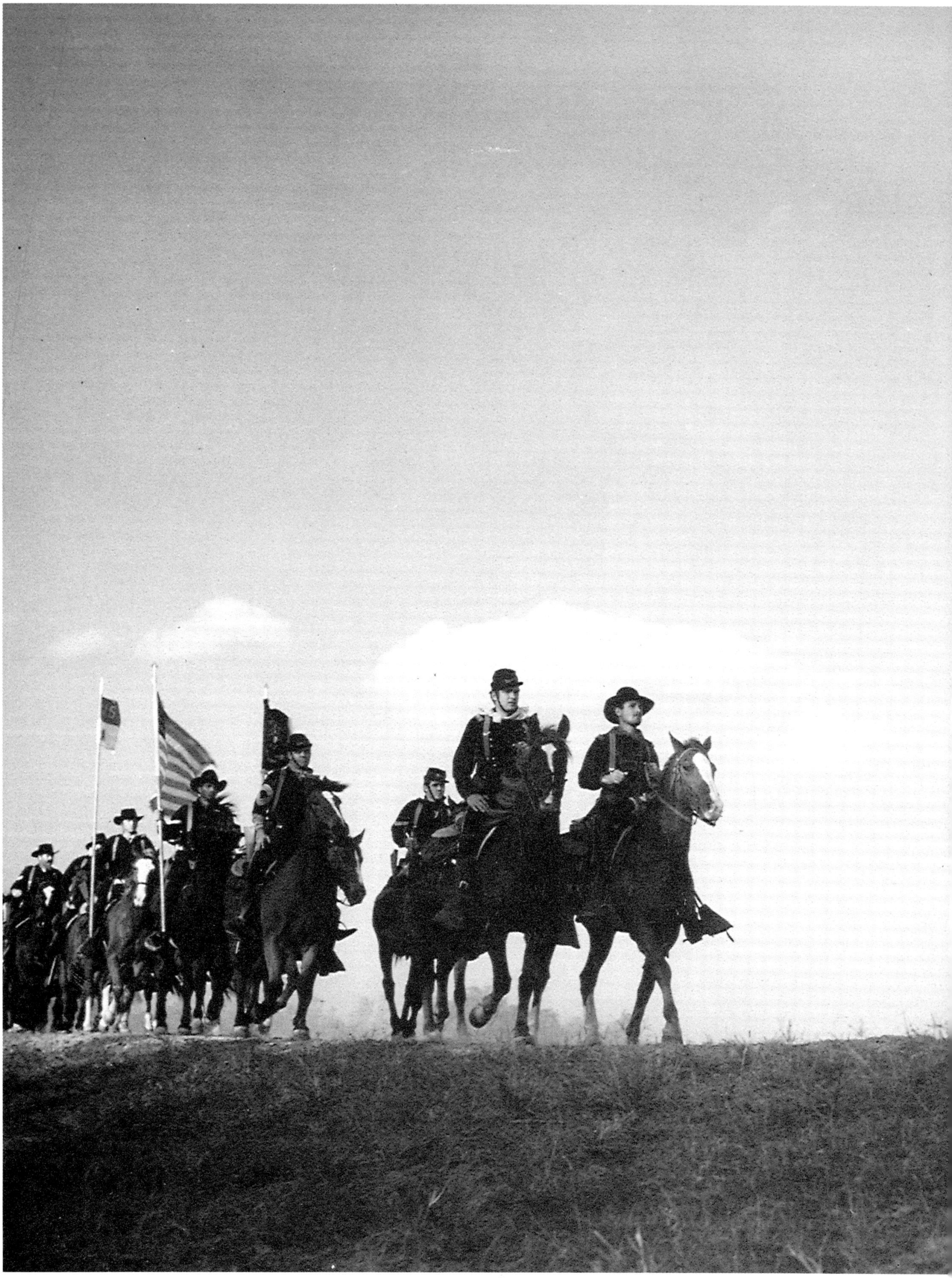

The Horse Soldiers

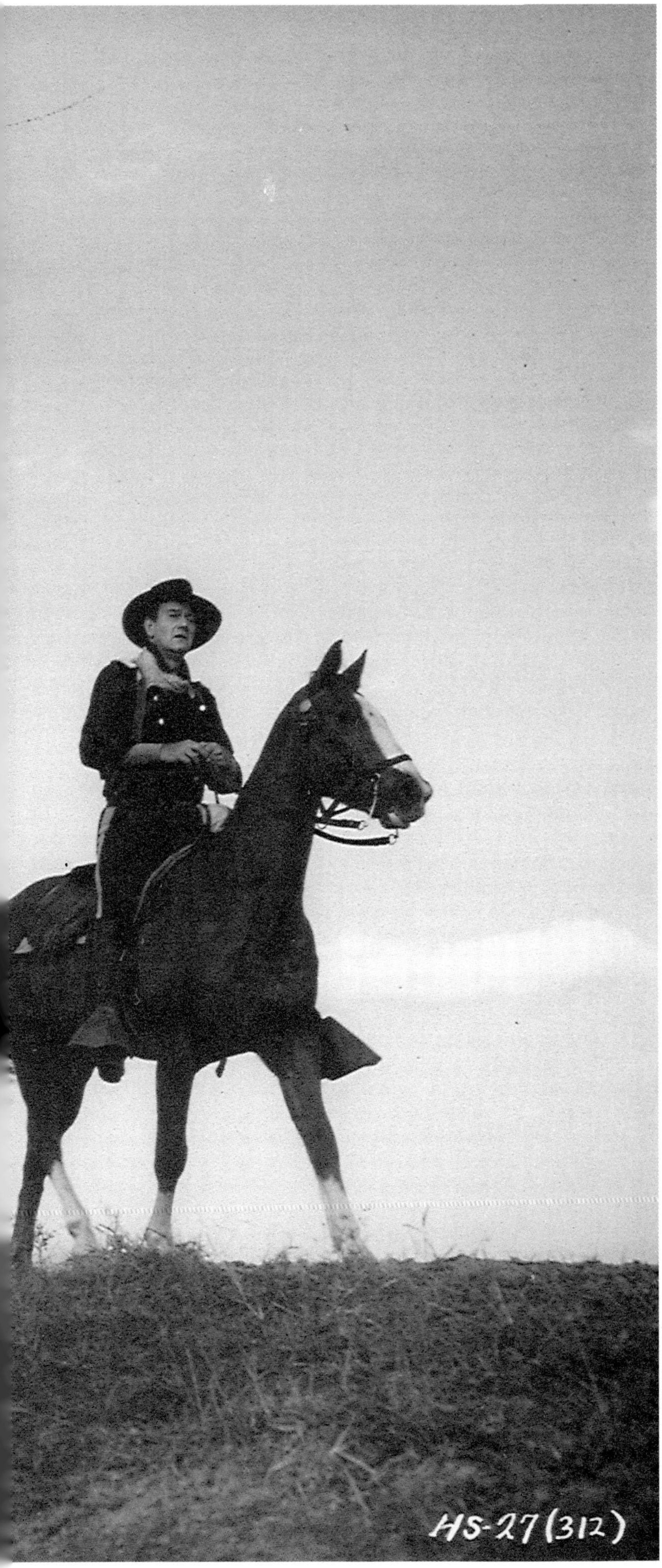

V

Ford pas à pas

Un cinéaste atypique

▶ par Nicolas Saada

Revoir en série les films de John Ford à la Cinémathèque Française a permis de rectifier l'image par moments un peu convenue que l'on prêtait volontiers à Ford. Idées reçues (Ford « cinéaste droitier, académique ») qui ne sont plus de mise aujourd'hui face à l'implacable force de son œuvre.

John Ford, maître du western. Certes dès les films muets, il pose les jalons d'un genre et en invente les conventions. Mais très vite, il s'en éloigne. Ford travaille le mythe, mais pour lui, l'ouest est un chapitre de l'histoire de l'Amérique. Ford n'approche pas le western comme un genre, contrairement à Boetticher ou Anthony Mann. John Ford n'en fut donc pas prisonnier : il a presque touché à tout au cours de sa carrière : comédies, mélodrames, films de guerres, intrigues à caractère policier. Scénarios originaux ou adaptations d'œuvres littéraires prestigieuses qui portent la marque de leur auteur.

Le scénario et l'histoire. John Ford est un cinéaste atypique. C'est ce qui frappe le plus en revoyant ses films. Qu'est ce qui, au fond, gêne le plus John Ford ? Le scénario. Pourquoi ? Parce que l'Histoire lui suffit. Dans presque tous ses films, chaque personnage a son histoire et tente de l'intégrer à celle de l'autre ou des autres (*The Searchers*, *Stagecoach*, *Steamboat round the Bend* ou même *Blackwatch* que je n'aime pas beaucoup). Comment l'histoire individuelle peut-elle composer avec l'histoire collective : c'est peut-être là le scénario de tout le cinéma de John Ford. Le « reste » (à savoir le « script ») n'est que périphérique. Pour Ford, le scénario n'est plus qu'une toile sur laquelle le cinéaste peint ses personnages, en modifiant son trait de film en film, l'affinant ou le grossissant si nécessaire. D'où l'impression diffuse qui s'émane de son œuvre. Nous viendrait-il à l'idée d'essayer de raconter un film de John Ford ? Chez lui, le scénario est toujours en décalage, à la poursuite du film et de sa mise en scène ; et souvent il rattrape le film *in extremis*, à la dernière minute (*My Darling Clementine*, *Stagecoach* mais aussi le curieux *Four Men and A Prayer*). Le seul compte à rebours auquel les personnages de Ford doivent obéir est tout simplement celui du film lui-même : le temps physique du film, le fondu au noir imposent une limite à Ford et à ses personnages. C'est peut-être la seule. Les films de Ford donnent l'impression d'être des blocs d'éternité qu'on aurait enlevé de force à l'Histoire.

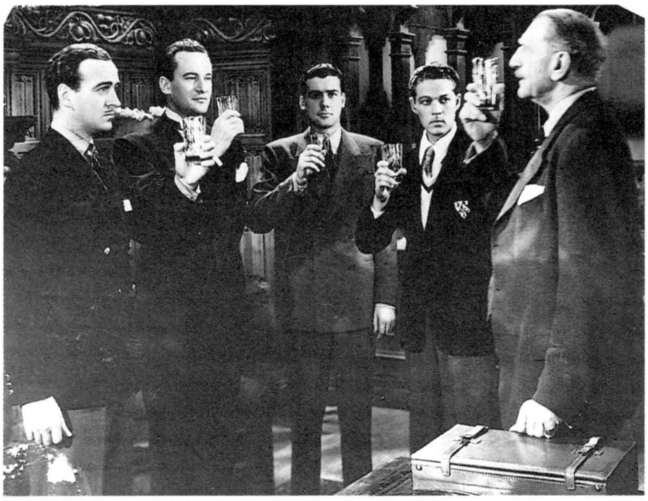

Four Men and a Prayer

L'autre problème sous-jacent dans le rapport de Ford au scénario est tout simplement moral. Ford a toujours peur de ne pas raconter, sinon la bonne histoire (« a good story »), du moins l'histoire « vraie », l'authentique. Si bien que les films de Ford donnent l'impression d'être sans cesse récrits au propre comme au figuré (lire le nombre incalculable d'anecdotes sur Ford au tournage, modifiant ses scénarios). Les films de Ford avancent par « hoquets », se brisent, reviennent en arrière : le scénario n'est jamais le bon. Les films de Ford sont donc bourrés de faux départs et de fausses fins (le deuxième retour d'Ethan à la maison, bredouille, dans *The Searchers*, le duel de Ringo dans *Stagecoach*, le retour à la case départ des cheyennes dans

Cheyenne Autumn, les allées et venues de Dan Dailey dans *When Willie Comes Marching Home* ou de John Wayne dans *She Wore A Yellow Ribbon*). Un scénario chez Ford n'est jamais une donnée ou un acquis : il est sujet à révision, à réinterprétation (*Liberty Valance*, *Sergeant Rutledge*), comme l'Histoire. Le scénario fordien est une métaphore géniale de l'Histoire : il se répète mais il peut changer ; entraîne différents niveaux d'interprétation. Ford a travaillé pour l'armée, pour le documentaire et la propagande : nul doute que cette expérience (qui dura de la Deuxième Guerre Mondiale jusqu'au Viêt-nam) a joué un rôle déterminant dans son œuvre.
Le chamboulement du programme scénaristique est chez Ford le résultat de l'intervention d'un ou plusieurs personnages qui interviennent directement dans l'action en mettant un « holà » au film (Anne Bancroft venant bousculer le film colonial et exotique dans *Seven Women*, le médecin William Holden court-circuitant la guerre du soldat John Wayne dans *The Horse Soldiers*). Souvent chez John Ford, les personnages interviennent à voix haute contre le film et son déroulement, contre l'histoire : Henri Fonda après la mort de John Carradine dans *The Grapes of Wrath*, Jeffrey Hunter, découvrant le cadavre de la jeune Indienne, « Look » dans *The Searchers* (« *pourquoi elle, elle n'avait rien fait.* »).

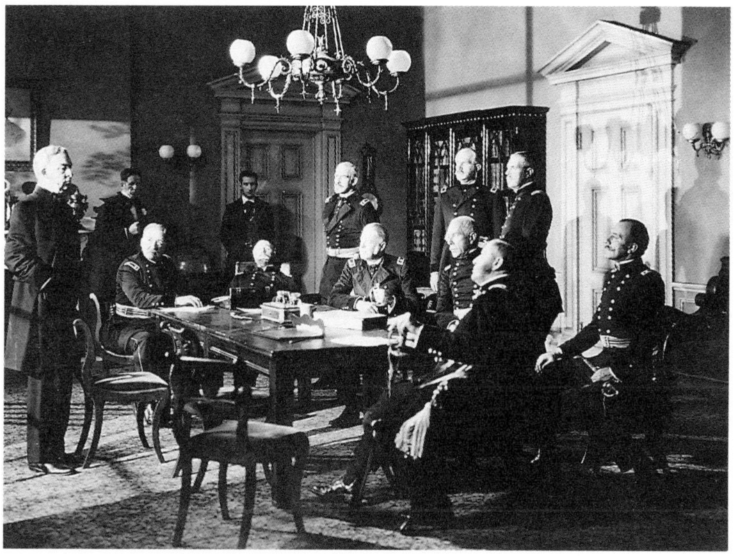

The Prisoner of Shark Island

Le mot et la parole. Ils sont souvent chez Ford le troisième personnage ; certes tout le monde parle beaucoup, parfois trop (*Steamboat round the Bend*, *The Informer*, *Seven Women*) ; parfois pas assez (*The Searchers*, *Stagecoach*). La parole est accompagnatrice. Elle a son existence propre au-delà du film (la voix-off). La parole dans le cinéma de Ford est souvent désacralisée : elle devient fonctionnelle, permet aux personnages de s'adresser aux morts (John Wayne parlant à la tombe de sa femme dans *She Wore A Yellow Ribbon* ou Fonda « discutant » sur la tombe de son frère dans *My Darling Clementine*). Le cinéma de Ford, plus qu'un cinéma parlant, fut sans doute, avant tout, un cinéma « oral ». A cette tradition orale qui parcourt tous ses films à travers des accents, des chansons, Ford oppose la puissance des mots et de l'écrit : Shakespeare dans *My Darling Clementine*, la bible dans tous ses films, d'autres textes « sacrés » (déclaration de principe, d'indépendance, de fidélité à la terre et à la nation) sans oublier les lettres lues à voix haute dans *The Searchers*. Le cinéma de Ford est un jeu constant entre le « parlé » et l'oral, le discours et l'écrit.

Le point de vue et la morale. Le cinéma de John Ford est l'œuvre d'un homme qui apprend à regarder l'Histoire, à comprendre ce qu'est une image et un point de vue. Le danger : tout point de vue est arbitraire. Cette réflexion fut celle de Lang démontrant au spectateur le danger d'une image : on trouve chez Ford une préoccupation similaire qui débouche sur une réflexion sur l'Histoire. Comme je l'ai dit plus tôt, chaque scénario de Ford sous tend une récriture et une réévaluation : *The Prisoner of Shark Island* part d'une méprise, celle des autorités à l'égard du héros, puis en entraîne d'autres, y compris les nôtres (sur le personnage sadique de John Carradine). Même dispositif dans *The Man Who Shot Liberty Valance* (qui rappelle *Beyond a Reasonable Doubt* de Lang) ou *Sergeant Rutledge*. Un angle de prise de vue, un choix de cadre deviennent politiques : du brusque panoramique sur des Indiens hostiles (*Stagecoach*) jusqu'aux longs plans séquences des Cheyennes dans la neige (*Cheyenne Autumn*), John Ford a appris, en soixante ans de carrière, à regarder l'autre, à accepter sa différence.
Humanisme exemplaire d'un cinéaste trop longtemps considéré comme réactionnaire par ses détracteurs : disons plutôt de Ford qu'il fut un cinéaste fidèle à ses principes tout en demeurant heureusement assez libre et audacieux pour se remettre en cause. Le cinéma de Ford n'est jamais rigide : sa forme en est la plus belle preuve. Qu'on prenne comme exemple, un film trop méconnu, *The Prisoner of Shark Island* dans lequel Ford change quatre ou cinq fois de registre, donnant sa chance à tous ses personnages, même les plus inattendus (le gardien sadique interprété par John Carradine). Autant d'exemples qui, presque vingt ans après la disparition de l'auteur de *The Searchers* prouvent à quel point Ford fut un des cinéastes les plus modernes et les plus visionnaires de son temps.■

Cette filmographie établie par Tag Gallagher pour son livre *John Ford, The Man and His Films* (University of California Press, 1986) est la plus complète à ce jour. Elle a été précisée et actualisée par son auteur pour cette édition française.

Les notes ont été rédigées à l'occasion de la rétrospective de l'œuvre de John Ford organisée par la Cinémathèque Française du 16 novembre 1989 au 4 février 1990. Mais, contrairement à la présentation récurrente des films adoptée par cette dernière qui commençait avec *Seven Women* pour finir avec *Just Pals*, nous avons suivi ici l'ordre chronologique qui permet aux comptes rendus de courir en parallèle à la filmographie. Toutefois, nous avons tenu à ajouter des notules (marquées d'une astérisque) sur certains films importants qui n'ont pu être présentés lors de cette rétrospective.

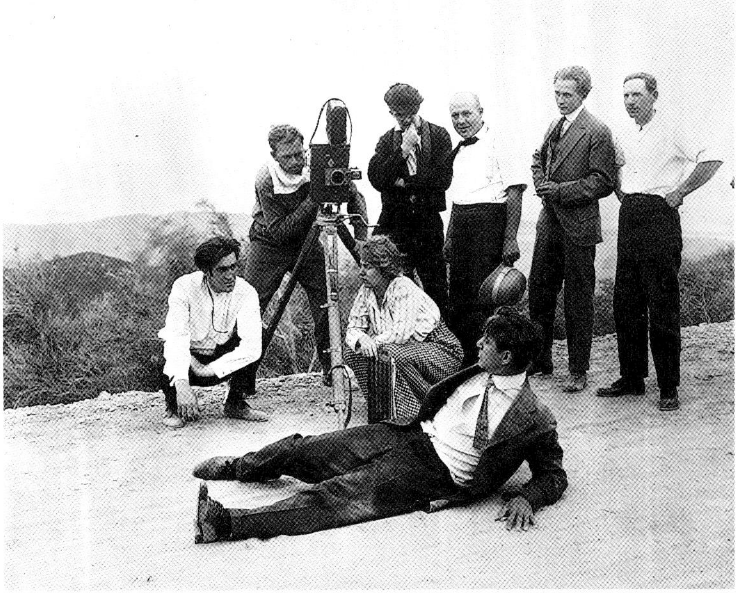

John Ford (avec la casquette) sur le tournage de *The Broken Coin* en 1915.

Filmographie

La présente filmographie se fonde sur celles qui lui sont antérieures, mais elle contient beaucoup de corrections et d'ajouts. Les résumés d'intrigue pour la période du muet sont tirés de périodiques de l'époque ; ils diffèrent de ceux que donne Peter Bogdanovich et qui semblent s'inspirer des archives de la Universal.

On ne dispose que de peu d'informations sur l'œuvre de Ford avant *The Tornado*, en 1917. Sa nièce, par exemple, parle d'un film qu'il aurait co-réalisé avec Edward Laemmle et dont on ne sait rien. Ford aimait à dire qu'il avait commencé dans la mise en scène en tournant quelques séquences d'action pour des invités de Carl Laemmle, en 1916 ; elles auraient été incorporées à un western mis en scène par quelqu'un d'autre (il ne s'agissait pas de Francis Ford), mais on n'en sait pas plus. Bien que John ait participé d'une manière ou d'une autre à quelque trente films de Francis Ford (à commencer, probablement, par *Lucille Love*, *serial* en quinze épisodes qui fut diffusé chaque semaine à partir du 14 avril 1914) et qu'il ait également travaillé pour d'autres cinéastes (tels qu'Allan Swan), nous n'avons retenu que les films dans lesquels il a été clairement identifié. John Stewart, dans *Filmarama* (Metuchen, N. J., Scarecrow Press, 1975) parle, sans donner plus de détail, de deux performances théâtrales de Ford en 1901 (!), l'une dans *King's Carnival* et l'autre, en 1919, dans *Tumble In*.

* signale un film présumé détruit.

+ signale les films auxquels Ford participa sans en signer la réalisation.

Tous les films antérieurs à 1928 sont muets ; tous ceux postérieurs à 1929 sont parlants. Les films réalisés entre ces deux dates sont qualifiés comme il convient.

Tous les films sont en noir et blanc, sauf mention contraire. Pour les films muets, les passages cités sont extraits de périodiques professionnels parus dans la semaine de sortie du film.

Tag Gallagher

*+1914 THE MYSTERIOUS ROSE (Gold Seal-Universal). 2 bobines. *Première* : 24 novembre. *Réal.* : Francis Ford. *Scén.* : Grace Cunard. *Tournage* : 7-15 août. *Int.* : Francis Ford (Phil Kelly), Grace Cunard (Raffles), Jack Ford (Dopey), Harry Schumm (fils du D.A.), Wilbur Highby (le chef de la circonscription), Eddie Boland (Yeen Kee).
Guerres politiques entre patrons de circonscriptions et le District Attorney. Le détective Kelly résoud une énigme criminelle grâce à un indice fourni par deux roses et permet à Raffles de s'échapper. Sixième de la série. « My Lady Raffles ».

*+1915 SMUGGLER'S ISLAND (Gold Seal Universal). 2 bobines. *Première* : 19 janvier. *Réal.* : Francis Ford. *Scén.* : Grace Cunard. *Int.* : Francis Ford, Grace Cunard, Jack Ford (contrebandier).
Ford sauve Grace de l'emprise des contrebandiers qui l'ont capturée lorsqu'elle a découvert leur repaire.

+1915 THE BIRTH OF A NATION (Epoch Producing Corp). 12 bobines. *Première* : 8 février. *Réal.* : D.W. Griffith.
Jack Ford est censé avoir joué le rôle d'un membre du Ku Klux Klan.

*+1915 THREE BAD MEN AND A GIRL (101 Bison-Universal). 2 bobines. *Première* : 20 février. *Réal.* : Francis Ford. *Scén.* : Grace Cunard. *Tournage* : 23-29 décembre. *Int.* : Francis Ford (Joe), Jack Ford (Jim), Major Paleolagus (Shorty), Grace Cunard (jeune fille), Lewis Short (shérif), F.J. Denecke (son assistant).
Pris à tort pour de mauvais garçons, des garçons « bien » capturent de vrais mauvais garçons et libèrent une jeune fille de leur repaire mexicain. Satire des westerns à la mode avec meurtre toutes les minutes ; la prestation de Ford s'étale sur 20 mètres de pellicule ; Grace traverse un ravin grâce à une corde à linge.

*+1915 THE HIDDEN CITY (101 Bison-Universal). 2 bobines. *Première* : 27 mars. *Réal.* : Francis Ford. *Scén.* : Grace Cunard. *Int.* : Francis Ford (Lt Johns), Grace Cunard (princesse), Jack Ford (le frère de John), Eddie Polo (Ministre Poleau).
Capturé au terme d'une défaite militaire, Johns refuse l'amour de la princesse d'une cité déserte en Inde, mais elle l'aide à s'évader et se substitue à lui pour être sacrifiée au dieu du feu.

*+1915 THE DOORWAY OF DESTRUCTION (101 Bison-Universal). 2 bobines. *Première* : 17 avril. *Réal.* : Francis Ford. *Scén.* : Grace Cunard. *Ass.* : Jack Ford. *Tournage* : 26 février-4 mars. *Int.* : Francis Ford (Col. Patrick Feeney), Jack Ford (Edward Feeney), Mina Cunard (Cecille McLain), Harry Schumm (Gén. McLain), Howard Daniels (Frank).
Envoyé par les Anglais pour une mission-suicide, un régiment irlandais prend d'assaut une citadelle Cipaye en arborant un drapeau irlandais confectionné par la mère de Feeney.

*+1915 THE BROKEN COIN (Special Features-Universal). Serial en 44 bobines. 22 fois deux bobines exploitées chaque semaine dès le 21 juin. *Réal.* : Francis Ford. *Scén.* : Grace Cunard, novelisé par Emerson Hough. *Cam.*: R. E. Irish, Harry Maguire. *Ass.* : Jack Ford. Extérieurs tournés à Bisbee, Californie. *Int.* : Grace Cunard (Kitty Gray), Francis Ford (le Comte Frederick), Eddie Polo (Roleau), Harry Schumm (le Roi Michel II), Ernest Schields (le Comte Sacchio), Jack Ford (le complice de Sacchio), W.C. Canfield (Gorgas le hors-la-loi), Reese Gardiner (l'Apache), Doc Crane (le prêteur sur gages), Harry Mann (domestique), Vic Goss (domestique), Lewis Short (le premier ministre), Mr Uttal (écuyer), Bert Wilson (confidente), Mina Cunard (petite amie du roi, doublée aussi pour Grace), Carl Laemmle (rédacteur en chef).
Une jeune journaliste trouve la moitié d'une pièce de monnaie coupée en deux qui la met sur la piste d'un énorme trésor et s'en va vers le royaume des Balkans nommé Gretzhoffen où elle sera mêlée à des intrigues de palais et des aventures inénarables.

*+1915 THE CAMPBELLS ARE COMING (Broadway Feature-Universal). 4 bobines. *Première* : 16 octobre. *Réal.* : Francis Ford. *Scén.* : Grace Cunard. Parties tournées fin 1914. *Int.* : Francis Ford (Nana Sahib), Duke Worne (Azimooah), Grace Cunard (une fille écossaise), F.J. Denecke (Campbell), Harry Schumm (le petit ami de la fille), Lewis Short (son père), Jack Ford, 7000 figurants. Titres envisagés : *The Lumber Yard Gang, The Yellow Streak.*
Royaume Cipaye, 1857 : Nana Sahib monte sur le trône et envoie Azimooah chez la reine Victoria ; il y apprend qu'il n'y touchera plus la pension de son père puisqu'il n'est qu'un fils adoptif. A son retour, Azimooah tombe amoureux d'une jeune Écossaise que Nan capture afin de la mettre dans son harem, mais qui s'échappe à la faveur d'une rébellion. Les Campbell attaquent Lucknow au cours d'une immense bataille et Nan, sans provisions ni eau, est laissé à la merci des bêtes sauvages.

*+1916 THE STRONG ARM SQUAD (Rex-Universal). 1 bobine. *Première* : 15 février. *Réal.* : Francis Ford. *Scén.* : Grace Cunard. *Tournage dans le Maine* : 26-29 novembre 1915. *Int.* : Francis Ford (Phil Kelly), Elsie Maison, Cecil Mc Lean, Jack Ford (l'escroc), William White (le détective), Dandy Bowen (le chef de la police), John, Abbie, Pat, Eddie, Mary, et Jo Feeney.
Kelly permet au frère de sa bien-aimée de s'échapper tout en prouvant qu'il est devenu le chef du gang de Lumber Yard.

*+1916 CHICKEN-HEARTED JIM (Rex-Universal).1 bobine. *Sortie* : 23 avril. *Réal.-Scén.* : Francis Ford. *Tournage dans le Maine* : 10-17 novembre 1915. *Int.* : Francis Ford (Jimmie Endicott), John A. Feeney (son père), Abbie Feeney (sa mère), Cecil Mc Lean (Jib), Phil Kelly (son père, capitaine), Pat Feeney (second), Jack Ford, Eddie Feeney (équipage), Mary Feeney, Jo Feeney (les sœurs de Jim).
Les débauches nocturnes de Jim inquiètent ses parents ; recherché par la police, il embarque sur un voilier où, à lui seul, il mate une mutinerie et épouse la fille du capitaine. (Le scénario est pratiquement le même que celui de Ford-Cunnard, Captain Billie's Mate- 2 bobines, 27 septembre 1913).

*+1916 PEG O' THE RING. (Universal). Sérial en 31 bobines.15 fois 2 bobines *Sortie hebdomadaire* àpartir du 1 mai. real.: Francis Ford. *Scén.* : Grace Cunard, Joe Brandy, Walter Hill, *Im.* : Harry Grant, Abel Vallet. *Int.* : Grace Cunard (Peg, la mère de Peg), Francis Ford (docteur Lund jr.), Mark Fenton (docteur Lund), Jack Ford (son complice), Pete Gerald (Flip), Jean Hattaway (Mme Lund), Irving Lippner (Marcus l'Hindou), Eddy Boland (son pote), Ruth Stonehouse, Charles Munn, G.Raymond Nye, Eddie Polo.
Une artistes de cirque est entraînée dans d'étranges aventures après que sa mère a été déchirée par les griffes d'un lion.

*+1916 THE BANDIT'S WAGER (Big U- Universal). 1 bobine. *Première* : 15 novembre. *Réal.* : Francis Ford. *Scén.* : Grace Cunard. *Int.* : Grace Cunard (Nan Jefferson), Francis Ford (son frère), Jack Ford.
Nan rejoint son frère dans l'Ouest pour tenir sa maison. Un jour, sa voiture tombe en panne ; elle rencontre des bandits ; mais ce n'est que son frère qui éprouve son courage.

*+1916 THE PURPLE MASK (Universal). Sérial en 33 bobines : 16 fois 2 bobines exploitées chaque semaine à partir du 25 décembre (sauf pour le premier chapitre d'une longueur de trois bobines). *Réal.* : Francis Ford. *Scén.* : Grace Cunard. *Int.* : Francis Ford (Phil Kelly, le Sphinx), Grace Cunard (Patricia Montez), Jean Hathaway, Peter Gerald, Jerry Ash, Mario Bianchi, John Featherstone, John Duffy, Jack Ford.
Une jeune fille-garçon manqué de la haute société parisienne vole les bijoux de sa tante pour se moquer d'un détective qui l'a snobée ; mais on vole ces bijoux pour de bon et elle rejoint un Apache pour les retrouver.

*1917 THE TORNADO (101 Bison-Universal). 2 bobines. *Sortie* : 3 mars. *Réal.-Scén.* : Jack Ford. *Int.* : Ford (Jack Dayton, l'homme qui ne porte pas d'armes), Jean Hathaway (sa mère irlandaise), John Duffy (Slick, son équipier), Peter Gerald (Pendleton, banquier de Rock River), Elsie Thornton (sa fille Bess), Duke Worne (Lesparre, chef du gang des Coyotes).
Jack Dayton, l'Homme-sans-revolver, fils de la Vieille Irlande, veut envoyer de l'argent à sa mère pour qu'elle s'achète un cottage. A Rock River, Lesparre, chef du gang des Coyotes, jette son dévolu sur la fille du maire ; son gang dévalise la banque et kidnappe Bess. 5000 dollars de récompense. Jack entre dans le gang pour sauver Bess, saute, de son cheval, sur un train qui passe pour affronter Lesparre qu'il jette du train. Il gagne à la fois la fille et l'argent.

*1917 THE TRAIL OF HATE (101 Bison-Universal) . 2 bobines. *Première* : 28 avril. *Réal.-Scén.* : Jack Ford. *Int.* : Ford (Lt Jack Brewer), Duke Worne (Capt. Dana Holden), Louise Granville (Madge), Jack Lawton.
Le lieutenant Brewer, issu des rangs du 67e régiment, est adoré de ses hommes, mais haï par Holden, qui sort de West Point. Lorsque le père de Madge est tué lors d'un hold-up, Jack parvient à l'épouser au terme d'une cour plutôt maladroite, mais Madge le quitte pour Holden. Des années plus tard, aux Philippines, Jack dirige les troupes contre les Moros. Holden, prisonnier à l'intérieur, abandonne à la fois ses hommes, son poste, et Madge (qui est devenue sa femme) pour se sauver. Quand Jack sauvera Madge, elle implorera son pardon ; mais il la repoussera avec dégoût.
Bogdanovich, citant une notice de Motion Pictures News (28 avril 1917) crédite Francis Ford de la mise en scène. Mais le Universal Weekly (21 avril 1917) insiste beaucoup sur le fait que la mise en scène est de John.

STRAIGHT SHOOTING
(Le Ranch diavolo)

Straight Shooting est, paraît-il, le seul film parmi la dizaine tournés par Ford en 1917 dont il subsiste une copie. Les rares westerns des débuts de Ford qui ont été sauvés sont de petits diamants. Ils laissent entrevoir une activité en pleine liberté qui a permis des films beaucoup plus proches des œuvres de la maturité que de ceux tournés dans le carcan de la Fox puis de la Twentieth Century Fox. Le sujet du film décrit une situation complexe. Un homme de main, Cheyenne Harry (Harry Carey), est envoyé par des ranchers pour chasser par la violence une famille de fermiers. Le hors-la-loi se ravise et passe du côté des victimes qu'ils sauvera grâce à des bandits mexicains. Personnage en proie au doute, qui hésite entre l'immobilité (s'installer à la ferme) et le mouvement (la fuite), Cheyenne Harry apparaît comme un Ethan Edwards jeune. Mais la similitude entre les derniers westerns de Ford et *Straight Shooting* ne s'arrête pas aux personnages. Sécheresse du cadre, plans filmés à travers un cadre de porte, il y a peu de différence formelle entre *Straight Shooting* et *La Prisonnière du désert.* Ford est, à la fois, un cinéaste moderne et quelqu'un qui a conservé l'esthétique du muet toute sa carrière. Mais c'est cela aussi qui fonde sa modernité. A.R.

HELLBENT
(Du sang dans la prairie)

Du condensé de Ford. Toute l'œuvre à venir est déjà présente dans ce film des débuts : depuis la formation d'un duo de justiciers (*My Darling Clementine, Two Rode Together*). *Hellbent* est un film aux multiples péripéties qui reste néanmoins plus modeste dans sa facture que les films suivants de Ford pendant cette première période : on n'y trouve pas le souffle épique de *Three Bad Men* ou de *Iron Horse.* Mais chez Ford tout est aussi question de ton : celui de *Hellbent* est on ne peut plus particulier. Pas de réelle mécanique dans ce film où Ford prend son temps, développe les personnages préférant travailler « par séquence » plutôt que d'inscrire ses protagonistes dans une dynamique, un emballement du récit. Une constante par la suite dans toute l'œuvre du cinéaste. Ce qui surprend aussi dans *Hellbent*, c'est une utilisation magistrale du carton qui donne au film sa musicalité, dans tous les sens du terme. Voir la rencontre entre les deux héros Harry et Cimarron : les deux compères se saoulent tout en reprenant en cœur de vieilles chansons de l'Ouest. L'intertitre contribue ici à créer des effets sonores, à compléter l'image sans jamais la court-circuiter, la gêner. Mais le film, malgré son humour (l'arrivée de Harry, à cheval, dans le saloon hôtel où il fera la connaissance de Cimarron), est aussi un tableau de la sauvagerie et de la cruauté de l'Ouest, qui atteint son point culminant dans la dernière séquence, avec un final à la *Rapaces.* N.S.

JUST PALS
(Pour la sauver)

Deux mouvements sont à l'œuvre dans *Just Pals*,la socialisation d'un individu et l'instabilité d'un groupe humain *a priori*, et leurs trajets contradictoires produisent un précipité saisissant et amer. Cette histoire d'amitié entre un bon à rien, Bim (Buck Jones) et un vagabond de onze ans, (deux ans avant *The Kid* de Chaplin) révèle en fait le fonctionnement d'une société humaine. Par amour pour l'institutrice du village, Bim oblige l'enfant à aller à l'école et sauve un coffre-fort convoité par des bandits. Le trait ici est cruel, contrairement à ce que peut laisser croire l'apparente candeur de l'intrigue. Le groupe social se définit par la veulerie (défiance hétérophobe envers le petit vagabond), la pingrerie (personne ne verse d'argent à la quête à l'église), le lynchage. Les pulsions n'attendent ici qu'un prétexte pour se déchaîner, peu contenues par une caricature de loi, un vieux shérif incompétent et cossard ânonnant *The law it take care of this* (on retrouvera ce simulacre dans le personnage joué par Andy Devine dans *The Man Who Shot Liberty Valance*). L'intégration de Bim se traduit d'un côté par la preuve d'une capacité à sauver le capital de la communauté (l'argent de l'école), et par l'acceptation de l'ordre érotique et social. La récurrence de la barrière comme thème visuel vient rappeler ces deux exigences : lorsque Bim flirte avec l'institutrice et lorsqu'il ne peut plus entrer chez le médecin qui garde l'enfant, croyant celui-ci un fils de bonne famille en fugue. A.R.

CAMEO KIRBY

Ford se souvint-il d'une de ses lectures favorites, Alexandre Dumas, lorsqu'il signa ce mélodrame à base d'honneur perdu, de vengeance et d'usurpation d'identité ? Peut-être. Ce thème archétypal et les contraintes du travail pour la firme de William Fox ne permettent pas à l'auteur de *Hellbent* de signer ici une œuvre notable. *Cameo Kirby* apparaît ainsi comme un film outrageusement bavard où les intertitres abondants viennent rompre le rythme des chevauchées. Parti pris rédhibitoire venant briser l'effort contemplatif, fut-il furtif comme souvent chez Ford.

Il reste pourtant une séquence superbe, un duel dans une forêt où les branches et l'herbe sont agitées par un vent violent. La forme rigide et hésitante des corps et la frénésie de l'élément naturel créent ici une dynamique visuelle quasi magique.

A.R.

NORTH OF HUDSON BAY
(Le Pionnier de la baie d'Hudson)

Scénario policier (un faux coupable innocenté d'un meurtre dont on l'accuse par un justicier) dans les paysages enneigés du Grand Nord, avec un dispositif qui rappelle Fritz Lang : le « méchant », en installant astucieusement une rangée de fusils chargés près d'une fenêtre, les fait se déclencher au moyen d'une carafe d'eau qui agit comme une loupe sous l'effet des rayons du soleil. John Ford l'utilise deux fois, la seconde après avoir, si on peut dire, vendu la mèche au public : suspense « griffithien » qui se clôt sur une formidable course-poursuite dont on retiendra un moment de sauvagerie absolue : le héros aux prises avec une horde de loups qu'il tue un par un à mains nues. Certainement pas un grand Ford mais une authentique curiosité.

N.S.

IRON HORSE
(Le Cheval de fer)

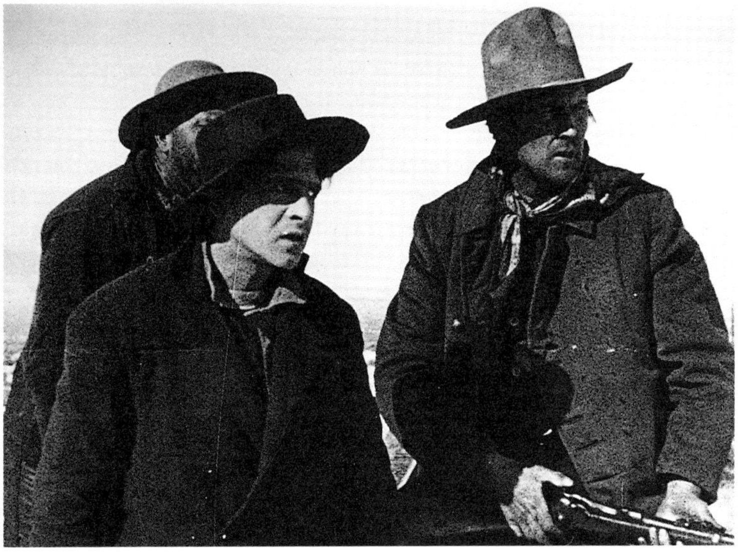

Vu le sujet de *Iron Horse* — la construction des deux premières lignes de chemin de fer américaines —, on aurait pu s'attendre à une fresque grandiose. Il y a naturellement de cela dans ce film monument, qui retrace un demi-siècle d'histoire des États-Unis. Mais *Iron Horse* est avant tout le récit d'une vengeance presque langienne : celle du personnage principal, Davy Brandon, à la recherche du meurtrier de son père, un « Indien blanc », Bauman, reconnaissable à une malformation de la main droite, qu'il cache (alors qu'il a pris une autre identité) en permanence dans sa poche. La beauté du film réside dans l'attente de l'insert qui fera tout basculer. John Ford obéit tout de même à un genre dont il a posé lui-même les conventions avec chevauchées, attaques d'Indiens, etc. Ford ne perd cependant jamais de vue le rapport de force entre les quatre personnages principaux que tout doit faire rencontrer : l'amie d'enfance de Davy, Myriam, est l'épouse de Thomas Marsh, l'associé de Bauman (devenu entretemps grand propriétaire terrien). Dans un plan final, la jonction des deux grandes

*1917 THE SCRAPPER (101 Bison-Universal). 2 bobines. *Sortie* : 9 juin. *Réal.-Scén.* : Jack Ford. *Im.* : Ben Reynolds. *Int.* : Ford
(Buck Logan, le bagarreur), Louise Granville (Helen Dawson), Duke Worne (Jerry Martin, un parasite), Jean Hathaway (Martha Hayes).
Tous les gars du ranch aiment beaucoup l'institutrice, Helen ; le pugnace Buck lui sauve la vie quand ses chevaux s'emballent. Mais elle décide de retourner à la ville. Buck lui demande sa main pour la vingtième fois, mais elle se refuse à lui laisser un espoir. Pendant ce temps-là, la maquerelle locale (Martha) et le maquereau (Martin) inventent un plan diabolique pour l'utiliser dans le but de piéger le colonel Stanton : ils simuleront une agression afin que Martin puisse la sauver et gagner sa confiance. On lui donne une robe neuve et on l'emmène à une soirée pour qu'elle rencontre le colonel, mais Buck et ses gars arrivent, détruisent le bordel et sauvent Helen. Tout le monde se retrouve en escorte à la gare pour accompagner Helen et Buck qui prennent le train pour l'Ouest.

*1917 THE SOUL HERDER (101 Bison-Avenue). 3 bobines. *Sortie* : 7 août. *Réal.* : Jack Ford. *Scén.* : George Hively. *Im.* : Ben Reynolds. *Int.* : Harry Carey (Cheyenne Harry), Jean Hersholt (le pasteur), Elizabeth Jones (sa fille, Mary Ann), Fritz Ridgeway (June Brown), Vester Pegg (Topeka Jack), Hoot Gibson (Chuck Rafferty), Bill Gettinger (Bill Young), Duke Lee, Molly Malone. Titres envisagés : *Buckhorn Hits the Trail*, *The Sky Pilot*. Ressortie dans une version de deux bobines en 1922.
Un mauvais garçon devient prêtre.

*1917 CHEYENNE'S PAL (Universal Star Featurette). 2 bobines. *Sortie* : 13 août . *Réal.* : Jack Ford. *Scén.* : Charles J. Wilson Jr., d'après un sujet de Ford. *Im.* : Friend F. Baker. *Tournage* : 20-23 mai. *Int.* : Harry Carey (Cheyenne Harry), Jim Corey (Noisy Jim), Gertrude Aster (la jeune fille du dancing), Vester Pegg, Steve Pimento, Hoot Gibson, Bill Gettinger, Ed Jones (cowboys), Pete Carey (Cactus, le cheval). Titres envisagés : *Cactus my Pal*, *A Dumb Friend*. Réalisé pour promouvoir l'achat des bons de guerre.
Cheyenne Harry vend des chevaux à l'armée britannique, mais pas son cheval Cactus. Mais il flambe son argent et, ivre-mort, vend Cactus pour 350 dollars qu'il perd au jeu. Harry se fait donc engager comme lad sur le bateau ; à minuit, il monte son cheval et saute dans l'eau ; il parvient à la rive. Jim Corey les laisse partir.

1917 STRAIGHT SHOOTING (Universal-Butterfly). 5 bobines (67 minutes 55 secondes de musique). *Première* : 27 août. *Réal.* : Jack Ford. *Scén.* : George Hively. *Im.* : George Scott. *Int.* : Harry Carey (Cheyenne Harry), Molly Malone (Joan Sims), Duke Lee (Thunder Flint), Vester Pegg (Placer Fremont), Hoot Gibson (Sam Turner), George Berrell (Sweetwater Sims), Ted Brooks (Ted Sims), Milt Brown (Black-Eyed Pete). Titres envisagés : *The Cattle War*, *Joan of the Cattle Country*. Ressortie dans une version de deux bobines en janvier 1925 sous le titre *Straight Shootin'*.
Éleveurs de bétail contre gros fermiers.

*1917 THE SECRET MAN (Universal-Butterfly). 5 bobines. *Première* : 1er octobre. *Réal.* : Jack Ford. *Scén.* : George Hively. *Im.* : Ben Reynolds. *Int.* : Harry Carey (Cheyenne Harry), Morris Foster (Harry Beaufort), Elizabeth Jones (son enfant), Steve Clemente (Pedro, le contremaître), Vester Pegg (Bill), Elizabeth Sterling (Molly, sa sœur), Hoot Gibson (Chuck Fadden), Bill Gettinger. Titres envisagés : *The Round Up*, *Up Against it*.
Molly reçoit une lettre concernant un enfant malade ; elle quitte son frère Bill et son amant Chuck. Pendant ce temps, Cheyenne Harry s'évade de prison dans une benne à ordures ; dans le train, Harry Beaufort lui offre son aide et finit par lui donner un travail dans son ranch. Mais quand le shérif commence à fouiner, Cheyenne part et Beaufort confie sa petite fille à Pedro pour qu'il l'emmène dans une autre ville. Lorsque Molly apprendra que Pedro a eu un accident et que l'enfant est morte, elle perdra la raison ; en fait, elle était secrètement mariée à Beaufort. Pendant ce temps-là, Cheyenne retrouve l'enfant et passe la nuit avec elle. La brigade de police tue son cheval et la jeune femme se blesse en tombant dans un ravin. Ils ne trouvent pas d'eau, seulement des squelettes, aussi Cheyenne fera-t-il signe à la patrouille. En ville, la fille doit être vendue à une vente de charité, mais Cheyenne ressoude la famille et empêche Bill de tuer Beaufort qui explique que son oncle, à qui ils avaient caché leur mariage, vient de mourir. Molly lui pardonne ; Cheyenne et Chuck échangent un regard et, l'un après l'autre, disparaissent dans la nuit.

*1917 A MARKED MAN (Universal-Butterfly). 5 bobines. *Première* : 29 octobre. *Réal.* : Jack Ford. *Scén.* : George Hively, d'après un sujet de Ford. *Im.* : John W. Brown. *Int.* : Harry Carey (Cheyenne Harry), Molly Malone (Molly Young), Harry Rattenbury (Young, son père, un rancher), Vester Pegg (Kent), Mme Townsend (la mère d'Harry), Bill Gettinger (shérif), Hoot Gibson.
Harry, qui se cache de la police, sous la pluie dans des rochers, lit une lettre de sa mère qui pense qu'il a un ranch et une épouse. Il parvient jusqu'à une maison ; là, Molly et son père lui viennent en aide (Harry avait prêté de l'argent à Molly, lui permettant de garder la broche de sa mère défunte) et lui prêtent de l'argent pour concourir dans le rodéo — ainsi pourrait-il gagner de quoi aller voir sa mère qui vit dans l'Est. Mais Ben Kent coupe la sangle d'Harry qui, ayant perdu au rodéo, l'aidera à attaquer une diligence ; ils le font, sur un fleuve, et Harry protestera quand Ben tirera sur le cocher. Ils seront pris et condamnés à la pendaison, mais quand on apprendra que sa mère arrive, on donnera deux semaines de grâce à Harry où il pourra utiliser le ranch de Young et même Molly. Après un séjour merveilleux, Harry se rend, mais un passager de la dilligence témoignera qu'il est innocent.
Le frère de Ford, Edward, fera un remake en 1920 sous le titre Under Sentence.

*1917 BUCKING BROADWAY (Universal-Butterfly). 5 Bobines. *Sortie* : 24 décembre. *Réal.* : Jack Ford. *Prod.* : Harry Carey. *Scén.* : George Hively. *Im.* : John W. Brown. *Int.* : Harry Carey (Cheyenne Harry), Molly Malone (Helen Clayton), L. M. Wells (Ben Clayton, son père), Vester Peggg (Capt. Thornton, un acheteur de bétail).
Helen, la fiancée d'Harry, se laisse séduire et enlever par le maquignon Thornton qui l'emmène à New York. Harry, désespéré, les poursuit. Des tueurs tentent de lui voler son argent, mais une femme-escroc se prend d'amitié pour lui et l'aide à retrouver Helen. Thornton, qui diffère toujours le mariage, donne une soirée ; Helen fait parvenir à Harry un petit cœur en séquoia qu'il lui avait un jour offert. Les gars du ranch V-Plus viennent à son aide, ils descendent Broadway à cheval et chahutent sur les toits.

*1918 THE PHANTOM RIDERS (Universal Special). 5 bobines. *Première* : 28 janvier.

Réal. : Jack Ford. *Prod.* : Harry Carey. *Scén.* : George Hively, d'après un sujet de Henry Mc Rae. *Im.* : John W. Brown. *Tournage* : 8-27 septembre 1917. *Int.* : Harry Carey (Cheyenne Harry), Molly Malone (Molly), Buck Connor (Pebble, son père), Bill Gettinger (Dave Bland), Vester Pegg (chef des Phantom Riders), Jim Corey (contremaître).
Bland domine Paradise Valley Creek, terres gouvernementales où l'on fait paître les troupeaux, grâce à une bande de cavaliers masqués, portant des tuniques blanches ; il veut séduire Molly. Harry vient dans la vallée avec un petit troupeau ; on lui enjoint de partir ; il répond qu'il combattra Bland d'une seule main ; il le giffle pour avoir insulté Molly ; finalement Bland le condamne à être pendu. Le père de Molly vient à son aide, Harry le retrouve pendu à un arbre ; il est ensuite capturé après avoir mis en déroute six « fantômes » dans un bar où ils célébraient le mariage de Bland avec une Molly réticente. Elle s'enfuit au galop et sauve Harry en revenant avec les U.S. Rangers.

*1918 WILD WOMEN (Universal Special) .5 bobines. *première* : 25 février *Réal.* : Jack Ford. *Producteur* :Harry Carey. *Scen.* : George Hively. *Photo* : John W. Brown. *Int.* : Harry Carey(Cheyenne Harry) ,Molly Mallone (the Princess).
Harry se soûle en célébrant sa victoire dans un rodéo à San Francisco et tombe dans les pommes. Lui et ses amis ont été endormis pour être embarqués de force sur un bateau ; mutinerie ; il se retrouve sur une île déserte avec des femmes indigènes ; la reine, très possessive, le convoite autant qu'il convoite la princesse — jusqu'à ce qu'il se réveille avec une gueule de bois.

*1918 THIEVE'S GOLD (Universal Special Feature). 5 bobines. *Première* : 18 mars. *Réal.* : Jack Ford. *Scén.* : George Hively, d'après *Back to the Right Train*, un sujet de Frederick R. Bechdolt. *Im.* : John W. Brown. *Int.* : Harry Carey (Cheyenne Harry), Molly Malone (Alice Norris), L. M. Wells (Savage), Vester Pegg (Simmons, ou Padden, un hors-la-loi), Harry Tenbrook, M. K. Wilson, Martha Maddox.
Harry quitte le troupeau qui va à Mexico en compagnie de Padden qui, saoul, tue quelqu'un. Le lendemain, Harry stoppe une auto ; il est arrêté, mais refuse de dénoncer Padden. Lorsque sa fiancée Alice le quitte, Harry va à Mexico, bat Padden aux cartes, Padden blesse Harry et meurt ; Alice retrouve Harry et lui pardonne. Peu apprécié par la critique.

*1918 THE SCARLET DROP (Universal Special) 5 bobines. *Sortie* : 22 avril. *Réal.* : Jack Ford. *Scén.* : George Hively, d'après un sujet de Ford. *Im.* : Ben Reynolds. *Int.* : Harry Carey (Kaintuck Cass), Molly Malone (Molly Calvert), Vester Pegg (Capt. Marley Calvert), M. K. Wilson (Graham Lyons), Betty Schade, Martha Maddox, Steve Clemente. Titre envisagé : *Hill Billy*.
Kaintuck Cass déteste les Calvert, aristocrates qui considèrent que les Cass sont des sous-hommes, indignes de se battre pour la Confédération durant la Guerre de Sécession. Cass devient donc bandit, attaque une diligence et fait prisonnier Molly Calvert, mais tombe amoureux d'elle et la libère. Plus tard, elle tombera amoureuse de lui lorsqu'il la sauvera d'un viol par Lyons, gentleman sudiste qui la fait chanter parce que sa mère était noire. Calvert cache Cass aux policiers dans son grenier tandis que Molly leur offre le thé, mais une goutte de sang qui tombe dans une tasse trahit sa présence. A la fin, il réussira à s'enfuir avec Molly.
L'intrigue ressemble beaucoup à celle de War Time Reformation *que Francis Ford réalisa en 1914. Les critiques trouvèrent le film « dépassé ».*

*1918 HELL BENT (Universal Special Attraction). 5 700 pieds. *Sortie* : 29 juin. *Réal.* : Jack Ford. *Scén.* : Ford, Harry Carey. *Im.* : Ben Reynolds. *Int.* : Harry Carey (Cheyenne Harry), Neva Gerber (Bess Thurston, sa fiancée), Duke Lee (Cimarron Bill, son ami) , Vester Pegg (Jack Thurston), Joseph Harris (Beau, un hors-la-loi), M. K. Wilson, Steve Clemente.
Harry, ayant réchappé d'un règlement de comptes, fuit à Rawhide où il découvre les dancings et les joies des maisons closes ; il force Cimarron à partager sa chambre ; amitié. Harry rencontre Bess, dont le frère Jack a été licencié de la Wells Fargo et dont la mère est malade ; elle doit gagner sa vie dans le dancing. Harry se fait alors engager comme videur afin de la protéger. Beau veut séduire Bess, déteste Harry et persuade Jack d'entrer dans son gang ; ils kidnappent Bess. Harry poursuit Beau, le retrouve, mais afin que Bess ne pense pas qu'il est un lâche, défie Beau de le battre dans une course à pied de soixante-dix kilomètres dans le désert jusqu'au puits de Yaqui ; mais le puits est tari, Beau meurt et Cimarron sauve Harry qui épouse Bess. Le film commence par un dénigrement de l'auteur de l'histoire : il est censé manquer de punch dans son admiration d'un film de Remington qui a pour titre The Misdeal, qui vient lui-même raconter l'histoire au début — ce qui est drôle en soi. Exhibitors' Trade Review : « Film typique d'Harry Carey, ce qui suppose beaucoup de coups de théâtre et de bonne humeur, et toujours plus rapidité... Un ton ironique et drôle. »

*1918 A WOMEN'S FOOL (Universal Special Attraction). 60 minutes. *Première* : 12 août. *Réal.* : Jack Ford. *Scén.* : George Hively, d'après le roman d'Owen Wister, *Lin Mc Lean*. *Im.* : Ben Reynolds. *Int.* : Harry Carey (Lin Mc Lean), Betty Schade (Katy), Roy Clark (Tommy Lusk), Molly Malone (Jessamine).
Lin aime Katy, serveuse dans un restaurant de la gare de Denver ; il lui offre son toit dans l'Ouest. Sécheresse ; le mari de Katy arrive et propose de faire pleuvoir pendant six heures pour 1000 dollars ; il y parvient et Katy repart avec lui. Lin, le cœur brisé, part pour une autre ville où il rencontre Tommy, un jeune copain, qui s'avère être le fils que Katy a abandonné. Lin l'adopte et tombe amoureux de Jessamine, qui travaille à la gare ; Katy refait apparition et, après avoir raté ses tentatives de briser leur mariage, se suicide. Tommy parvient à réconcilier le couple.

*1918 THREE MOUNTED MEN (Universal Special Attraction). 6 bobines. *Première* : 7 octobre. *Réal.* : Jack Ford. *Scén.* : Eugene B. Lewis. *Im.* : John W. Brown. *Int.* : Harry Carey (Cheyenne Harry), Joe Harris (Buck Masters), Neva Gerber (Lola Masters), Harry Carter (le fils du gardien), Ella Hall.
On met Harry au mitard pour s'être battu avec Buck. Buck est ami avec le fils du directeur de la prison, un faux-monnayeur gracié. Mais Buck soudoie le fils qui a besoin d'argent et Harry, condamné aux travaux forcés, est libéré afin de retrouver Buck. Harry monte un hold-up pour que Buck soit arrêté. Mais Harry découvre que Buck est le frère de Lola, aussi le sauve-t-il de la police et épouse Lola. Exhibitors'Trade Review (21 novembre 1918) se plaint du trop grand réalisme, de trop de crasse et de rats dans la prison : « Carey incarne avec beaucoup de conviction un dur-à-cuire dans ce film. Le seul motif d'étonnement est qu'on ait pu songer à faire de ce genre d'individu un héros. Il se peut qu'il existe de tels individus dans l'Ouest, mais à l'écran, on serait bien inspiré de les dépeindre comme l'exemple le plus atroce de ce qu'un homme peut devenir. »

lignes (Union et Pacific) marque les retrouvailles, vingt ans après, de Davy et Myriam, le long de la voie ferrée enfin achevée. Derrière cet hymne au progrès se cache une histoire d'amour initiatique et presque mystique : 139 minutes auparavant, au début d'*Iron Horse*, Ford nous montrait les deux personnages, enfants, s'amuser dans la neige sous le regard d'un protecteur encore inconnu : Abraham Lincoln. Histoires, individuelle et collective sont ici montrées comme indissociables, à l'aide d'une trouvaille scénaristique aussi simple que magnifique. N.S.

LIGHTNIN'
(Sa nièce de Paris)

Lightnin' est une comédie où la loi est inscrite dans l'espace même du décor. En effet, le héros du film, surnommé Lightnin' par dérision, possède un hôtel traversé par la frontière du Nevada et de la Californie. C'est cette ligne frontière blanche que les personnages enjambent quand bon leur semble afin de se mettre à l'abri des poursuites intentées dans un État et de profiter d'une législation plus favorable.
Mais, s'il est ainsi facile de tourner les lois humaines, il est plus difficile d'échapper à la loi de la famille. Lightnin', qui aime paresser et boire avec ses vieux amis, doit affronter les colères de sa femme qui entend lui faire respecter les règles familiales.
Le film, adapté d'un gros succès théâtral, et filmé à nouveau en 1930 par Henry King pour Will Rogers, a emprunté à la pièce toutes ses situations et la plupart de ses effets comiques, parfois très répétitifs ou réduits à la transposition des répliques dans les cartons.
Lightnin' vaut pourtant par la sympathie évidente de Ford pour le personnage principal qui défend sa liberté jusqu'à quitter le domicile familial et, dans une errance mélancolique, rejoint l'asile des vétérans de la guerre de Sécession, revêtu de son uniforme. preuve supplémentaire du point de vue fordien, les retrouvailles du couple et l'amendement de Lightnin' n'empêchent pas celui-ci de faire des signes de complicité à son compagnon de beuverie. P.G.

KENTUCKY PRIDE

A mi-chemin entre le conte social et la fable, Ford porte ici un regard ironique, mais sans malice, sur les rêves brisés d'un pur-sang qui, au terme d'une existence faite par les hommes, fouille sa mémoire pour retrouver les images du passé : son premier maître, Roger Beaumont, homme endetté et mari trompé ; la chute au champ de courses et la fin d'une carrière ; la naissance de sa « fille » ; les années sombres d'attelage au service de deux brutes ; la première victoire en course de sa fille et la photo dans les journaux ; le retour, enfin, aux pâturages de son enfance.
Il est curieux de voir Ford, connu aujourd'hui essentiellement pour ses westerns, choisir ici le point de vue du cheval, « personnage » d'ordinaire silencieux de tant de films dont nous avons gardé le souvenir. *Kentucky Pride* donne à l'animal cette voix qui fait défaut, ce regard qui compte peu dans tous ces récits de l'Ouest où sa présence est rendue quasi obligatoire, et pourtant muette. Pour une fois, il accède au rang des personnages, non pas comme une figure isolée, presque aveugle du champ, mais comme le révélateur puissant (voyant) d'un monde auquel il participe : les mémoires qu'il transmet, lui donnent le privilège d'être au centre du récit, le point de convergence, de toutes les trajectoires, des bêtes et des hommes... C.S.

THE SHAMROCK HANDICAP

Aller-retour Irlande-USA, *The Shamrock Handicap* est une histoire héroïco-romantique sur le monde des courses hippiques. Importé comme jockey aux États-Unis avec les chevaux d'un hobereau irlandais désargenté, un jeune palefrenier amoureux de la fille de celui-ci, gagne une grande course, bien qu'handicapé par un précédent accident. Comme à son habitude, Ford ne peut se résoudre à traiter un tel sujet avec une gravité univoque. Le cinéaste exacerbe son tempérament burlesque dans les personnages secondaires. Mais outre les scènes burlesques classiques, qui allègent l'intrigue, Ford s'amuse à jouer avec les contraintes spécifiques du muet en donnant de l'humour aux cartons. Lors de la course finale à laquelle participe le héros handicapé, l'un de ses amis, jockey juif resté sur la touche, lui crie des encouragements énergiques : ils s'inscrivent en caractères hébreu sur un carton !
Rupture de ton étonnante, Ford instaure à un moment du film un climat onirique

proche du fantastique. Un Noir fait partie d'une délégation venue réconforter le héros blessé à l'hôpital : le Noir se trompe de porte et tombe sur les visages menaçants de chirurgiens masqués. Effrayé, il fuit, mais comme dans un rêve, il avance au ralenti. Ford se singularise en privilégiant, au-delà des intrigues classiques, les interférences cocasses de la vie au sein du romanesque. C'est un cinéaste picaresque.V.O.

BLUE EAGLE

Les péripéties qu'accumule le scénario sont parfois embrouillées, en revanche le propos du film a le mérite d'être clair : un pasteur (le père Joe) tente de réconcilier deux hommes (Tim et George) qui, depuis des années s'affrontent et se disputent la même femme. Avec un talent de scénariste, le père Joe invente une histoire qui plonge les deux héros dans une sombre affaire de trafiquants, où, forcés de conjuguer leurs efforts pour se sortir d'un mauvais pas, ils apprennent à vivre ensemble. Le pasteur arbitre, ensuite, un match de boxe qui les oppose. Il entend ainsi mettre fin à un combat qui menace la paix de tous. Enfin, il détourne, par une habile mise, la femme que les deux hommes convoitent.

Cette comédie « musclée » évoque parfois l'art du « cartoon » par sa façon de jouer du corps à corps (du choc et de la chute). Ford, en effet, met en opposition deux forces qui cherchent à se piéger l'une et l'autre. Le coup de poing, jamais mortel, provoque une blessure qui ne laisse pas de cicatrice. C'est dans la répétition de ce geste que le film trouve sa dynamique. C.S.

TROIS SUBLIMES CANAILLES

Bien que datant de 1926, *Trois sublimes canailles* frappe par son ampleur et sa complexité. En effet, Ford articule dans ce film tous les ingrédients qui font sa force, destins individuels et collectifs mêlés dans une construction architecturée à plusieurs niveaux. La caravane traditionnelle est investie très vite par trois bandits au grand cœur qui vont se révéler comme les messagers de l'histoire et les médiateurs amoureux. S'ensuivent de multiples péripéties qu'il est impossible de détailler. Il y a dans *Trois sublimes canailles* au moins deux éléments absolument sidérants. D'abord, un personnage féminin qui mène le jeu amoureux avec une audace dans la drague comparable aux films de Howard Hawks. C'est elle qui séduit l'homme et c'est elle aussi qui incarne l'idéal pionnier. Ensuite, Ford filme l'irruption des colons sur le bord de la nouvelle frontière comme le départ d'un grand-prix de Formule 1, alignant tous les chariots sur une ligne et les propulsant dans une course effrénée où le « struggle for life » atteint une sorte de voracité à peine croyable. Turbulent, généreux et lucide, *Trois sublimes canailles* est, avec *Le Cheval de fer*, l'apogée de la grande forme épique du western fordien première manière. T.J.

MOTHER MACHREE
(Maman de mon cœur)

On n'a pu voir que des fragments de *Mother Machree*, apparemment divisé en plusieurs « époques » ; le film débute en Irlande puis se prolonge avec l'arrivée des principaux personnages en Amérique, et leur rencontre avec d'autres « enfants du pays» (Victor Mc Laglen, qui travaille dans un cirque). On peut y dégager quelques thèmes chers à Ford (l'idée de la communauté itinérante). Le style visuel du film annonce le clair-obscur des dernières séquences de *Four Sons*. Difficile cependant d'en dire plus. N.S.

FOUR SONS
(Les Quatre Fils)

Madame Bernle a quatre fils, Joseph, Franz, Johann et Andreas. Cette famille allemande, paysanne et heureuse, vit dans le souvenir d'un père dont les fils veulent égaler les mérites. Troublant la paisible et traditionnelle existence du petit bourg où se situe l'action, l'arrivée d'un nouveau commandant à la garnison, martial, sévère, méprisant – prussien pour tout dire –, annonce la fin de l'âge d'or. L'année 1913 est encore bienheureuse, mais la catastrophe est annoncée : au cours d'une fête traditionnelle, que Ford filme à son habitude, avec un « réalisme » folklorique mêlant détails relevés sur le terrain et images toutes faites, la famille se sépare. L'aîné,

*+1919 THE CRAVING (Universal-Bluebird) 5 bobines. *Première* : 6 janvier. *Réal.* : Francis et Jack Ford. *Suj. et scén.* : Francis Ford. *Int.* : Francis Ford (Carroll Wayles), Mae Gaston (Beulah Grey), Peter Gerald (Ala Kasarib), Duke Worne (Dick Wayles), Jean Hathaway (Mrs Wayles). Titre envisagé : *Delirium.*
Carroll Wayles est un savant qui a inventé un puissant explosif ; il a un rival, l'Indien Ala Kasarib, qui est venu en Amérique lui voler la formule grâce à Beaulah Grey, qu'il hypnotise, et qui doit séduire Wayles. Wayles refuse de boire, se souvenant de ses délires d'antan (effets spéciaux qui recréent des filles versées d'une bouteille dans des verres à vin, champs de bataille en Europe, etc. « Partout où il posait le regard, il voyait des femmes nues. »). Durant une lutte mentale dans son labo, Kassarib parvient à obtenir la formule et Wayles se met à boire. Plus tard, il combattra Kassarib dans le labo de ce dernier qui sera tué par une explosion ; Wayles et Beaulah s'aiment. Bogdanovich ne crédite pas Ford de The Craving en citant Ford lui-même. Pourtant, Universal Weekly (14 janvier 1919) insiste sur la participation de Jack Ford. Curieusement, Moving Picture World (12 octobre 1918) en fait une très mauvaise critique et crédite M. H. Hoffman, un agent, de la distribution plutôt que la Universal. Tout, dans le film, évoque la patte de Francis ; si Jack lui a donné un coup de main, il n'a pas dû aller au-delà.

*+1919 ROPED (Universal Special). 6 bobines. *Première* : 13 janvier. *Réal.* : Jack Ford. *Scén.* : Eugene B. Lewis. *Im.* : John W. Brown. *Int.* : Harry Carey (Cheyenne Harry), Neva Gerber (Aileen Judson Brown), Molly Mc Connell (Mme Judson Brown), J. Farrell Mac Donald (maître d'hôtel), Arthur Shirley (Ferdie Van Duzen).
Harry est un éleveur milliardaire de l'Arizona qui a besoin d'une femme d'intérieur ; ses employés passent une petite annonce dans un journal ; s'ensuit une lettre d'une fille pauvre mais belle qui vit au Ritz de New York. Harry se rend à la Ville et épouse Aileen, soumise à sa mère, ancienne femme de la haute-société complètement ruinée, qui, lorsqu'un enfant naîtra, ne permettra pas qu'il le voie et lui dira qu'il est mort (elle préfère une pension alimentaire et un gigolo au mariage). Harry, revenant d'un voyage d'affaires, ne trouve personne à la maison, mais le maître d'hôtel lui révèle tout et Harry et ses hommes finissent par les trouver, cassent la gueule au gigolo, et le couple s'en va en lune-de-miel au Grand Canyon.

*+1919 HARRY CAREY TOUR PROMOTIONAL FILM (Universal). 1/2 bobine (500 pieds). *Sortie* : février. *Réal.* : Harry Carey et Jack Ford. *Int.* : Harry Carey.
Compilation des cascades sensationnelles pour illustrer une tournée d'Harry Carey.

*1919 THE FIGHTING BROTHERS (Universal). 2 bobines. *Première* : 10 mars. *Réal.* : Jack Ford. *Scén.* : George Hively, d'après un sujet de George C. Hull. *Im.* : John W. Brown. *Tournage* : 8-15 février. *Int.* : Pete Morrison (shérif Pete Larkin), Hoot Gibson (Lonnie Larkin), Yvette Mitchell (Conchita), Jack Woods (Ben Crawley), Duke Lee (Slim). Titre envisagé : *His Buddy.*
Le shérif Larkin fait son devoir en arrêtant pour meurtre son frère qu'il sait innocent. Il jette ensuite son étoile et l'aide à s'échapper.

*1919 A FIGHT FOR LOVE (Universal Special Attraction). 6 bobines. *Sortie* : 24 mars. *Réal.* : Jack Ford. *Scén.* : Eugene B. Lewis. *Im.* : John W. Brown. *Ext. tournés* : région du Grand Ourse. *Int.* : Harry Carey (Cheyenne Harry), Joe Harris (Black Michael), Neva Gerber (Kate Mc Dougall), Mark Fenton (Angus Mc Dougall, son père), J. Farrell Mac Donald (le prêtre), Princess Neola Mae (Little Fawn), Chief Big Tree (Swift Deer). Titre envisagé : *Hell's Neck.*
Harry traverse la frontière canadienne et se roule une cigarette en regardant la patrouille qui le poursuivait. Mais les Américains font appel à la Police Montée et Harry se cache chez les Indiens et se bat contre le trafiquant de whisky, Black Michael, pour une Squaw. Michael est aussi le rival d'Harry pour Kate qu'il enlève ; il tue un jeune Indien et se confesse à un prêtre ; puis, poursuivi par Harry, il tombe d'une falaise, se confesse une dernière fois à la police et meurt. 'L'Exhibitors' Trade Review parle des nombreuses scènes de combat, de poursuites infernales, d'Indiens et d'extérieurs magnifiques.

*1919 BY INDIAN POST (Universal). 2 bobines. *Première* : 12 avril. *Réal.* : Jack Ford. *Scén.* : H. Tipton Steck, d'après *The Trail of the Billy Doo* de William Wallace Cook. *Début tournage* : 18 février. *Int.* : Pete Morrison (Jode Mc Willliams), Duke Lee (Pa Owens), Magda Lane (Peg Owens), Ed Jones (Stumpy) (le cuisinier), Jack Woods (Dutch), Harley Chambers (Fritz), Hoot Gibson (Chub), Jack Walters (Andy), Otto Myers (Swede), Jim Moore (Two-Horns, un Indien). Titre envisagé : *The Love Letter.*
Stumpy écrit une lettre d'amour à Peg pour Jode ; il la copie dans le Lothario's Compendium, mais d'autres cow-boys trouvent la lettre et l'épinglent à une porte où Two-Horns, admiratif devant ce « discours en papier », la trouve et la montre à tout le monde. Avant que Jode puisse l'attraper, Two-Horns la montre à Peg, ce qui a un heureux résultat. Titre de travail : The Love Letter.

*1919 THE RUSTLERS (Universal). 2 bobines. *Première* : 26 avril. *Réal.* : Jack Ford. *Scén.* : George Hively. *Im.* : John W. Brown. *Tournage* : 22 février-8 mars. *Int.* : Pete Morrison (Ben Clayburn), Helen Gibson (la demoiselle de la poste Nell Wyndham), Jack Woods (shérif Buck Farley), Hoot Gibson (son collègue). Titre envisagé : *Even Money.*
Un ranger infiltre un gang de voleurs de bétail avec tant d'efficacité que Nell doit le sauver d'une foule qui veut le lyncher.

*1919 BARE FISTS (Universal Special). 5 500 pieds. *Première* : 5 mai. *Réal.* : Jack Ford. *Scén.* : Eugene B. Lewis, d'après un sujet de Bernard Mc Conville. *Im.* : John W. Brown. *Début tournage* : 20 juillet 1918. *Int.* : Harry Carey (Cheyenne Harry), Molly Mc Connell (sa mère), Joseph Girard (son père), Howard Ensteadt (Bud, son frère), Betty Schade (Conchita), Vester Pegg (Lopez), Joe Harris (Boone Travis), Anna Mae Walthall (Ruby, une fille dans le dancing). Titre envisagé : *The Man Who Wouldn't Shoot.*
Le père d'Harry est shérif de Hays City, ville-frontière sans loi. Sa mère les supplie de ne pas intervenir dans une bagarre au saloon, mais sans succès ; le père est tué, Harry abat deux de ses assaillants. Sa mère lui fait alors jurer sur la Bible de ne plus jamais porter d'arme. Mais on lui met le meurtre de Conchita sur le dos (que Boone avait commis) et il est condamné à mort ; quand sa mère lui rend une ultime visite, il apprend qu'on accuse son frère d'être un voleur de bétail. Harry s'échappe et arrête les vrais coupables.

*1919 GUN LAW (Universal). 2 bobines. *Première* : 10 mai. *Réal.* : Jack Ford. *Scén.* : H. Tipton Steck. *Im.* : John W.Brown. *Tournage* : 11-21 mars. *Int.* : Peter Morrison (Dick

Allen), Hoot Gibson (Bart Stevens , alias Smoke Gublen), Helen Gibson (Letty), Jack Woods
(Cayuse Yates), Otto Myers, Ed Jones, H. Chambers (le gang de Yates). Titre envisagé : *The Posse's Prey*.
Un agent du gouvernement infiltre une mine afin de prouver que son propriétaire est un dévaliseur de train postal ; mais il tombe amoureux de la soeur du type, lequel lui sauve la vie. Dilemne atténué par la découverte des sacs postaux intacts.

*1919 THE GUN PACKER (Universal). 2 bobines. *Première* : 24 mai. *Réal.* : Jack Ford. *Scén.* : Karl. L. Coolidge d'après un sujet de Ford et d'Harry Carey. *Im.* : John W. Brown. *Début tournage* : 25 mars. *Int.* : Ed Jones (Sandy Mc Loughlin), Pete Morrison (Pearl Handle Wiley), Magda Lane (Rose Mc Loughlin), Jack Woods (Pecos Smith), Hoot Gibson (chef des hors-la-loi), Jack Walters (Brown), Duke Lee (Buck Landers), Howard Enstaedt (Bobby Mc Loughlin). Titre envisagé: *Out Wyoming Way*. Ressortie en août 1924.
Un homme de main repenti, des bergers et un gang d'outlaws s'unissent pour gagner le droit de faire boire leurs bêtes contre de grands éleveurs de bétail.

*1919 RIDERS OF VENGEANCE (Universal Special). 6 bobines. *Première* : 9 juin. *Réal.* : Jack Ford. *Prod.* : P. A. Powers. *Scén.* : Ford, Harry Carey. *Im.* : John W. Brown. *Int.* : Harry Carey (Cheyenne Harry), Seena Owen (la jeune fille), Joe Harris (le shérif Gale Thurman), J. Farrell Mac Donald (Buell), Jennie Lee (la mère d'Harry), Glita Lee (Virginia), Alfred Allen, Betty Schade, Vester Pegg, M. K. Wilson.
Harry et sa jeune femme sortent de l'église ; mais ses parents et elle mourront abattus. Harry revient un an plus tard pour afficher les noms de ceux qu'il va tuer pour se venger, ce qu'il fait, l'un après l'autre, jusqu'à Gale Thurman. Mais Harry sauve la petite amie de Thurman d'une attaque de diligence, finit par la soigner dans sa caverne secrète après avoir voulu lui faire du mal, et tombe amoureux d'elle. Ensuite, perdu dans le désert avec Thurman, ils combattent ensemble les Apaches ; Harry découvre l'innocence de son compagnon et il essaye de lui sauver la vie pour l'amour de la fille, mais Thurman meurt. Selon W. P. Wooten, Ford a remplacé le metteur en scène originellement prévu lorsqu'il tomba malade et n'en filma que certaines parties. L'Exhibitors' Trade Review emploie des expressions tel que : « sympathique », « haletant », « action », « couleur », « beaucoup de suspense ». Le Moving Picture World (24 mai 1919) : « exagéré », « beaucoup de morts ».

*1919 THE LAST OUTLAW (Universal). 2 bobines. *Première* :14 juin. *Réal.* : Jack Ford. *Scén.* : H. Tipton Steck, d'après un sujet de Evelyne Murray Campbell. *Im.* : John W. Brown. *Tournage* : 8-12 avril. *Int.* : Ed « King Fisher » Jones (Bud Coburn), Richard Cummings (shérif Brownlo), Lucille Hutton (Idaleen Coburn), Jack Walters (Chad Allen), Billie Hutton. Titre envisagé : *A Man of Peace*. Ressortie en décembre 1923. Remake tourné en 1936.
(La première bobine existe, c'est un vrai chef-d'œuvre qui ressemble déjà au style de Ford dans les années 50) ... Bud revient chez lui après dix ans de prison ; il retrouve sa ville natale « civilisée et au régime sec » ; quant à sa sœur, elle est sous l'emprise d'un bootlegger. Le vieil outlaw kidnappe donc sa propre sœur et il est blessé en tentant de lui sauver la vie.

* 1919 THE OUTCAST OF POKER FLAT (Universal Special). 6 bobines. *Réal.* : Jack Ford. *Prod.* : P.A. Powers. *Scén.* : H. Tipton Steck, d'après *The Outcasts of Poker Flat* et *The Luck of Roaring Camp* de Bret Harte. *Im.* : John W. Brown. *Int.* : Harry Carey (Square Shootin'Lanyon, John Oakhurst), Cullen Landis (Billy Lanyon, Tommy Oakhurst), Gloria Hope (Ruth Watson, Sophy), J. Farrell MacDonald, Charles H. Mailes, Victor Postel, Joe Harris, Duke R. Lee, Vester Pegg.
Square Shootin'Harry Lanyon, propriétaire d'un cercle de jeu de l'Arizona, aime Ruth mais pense qu'elle aime son fils adoptif Billy et qu'elle ne fera rien. Il lit alors le livre de Harte, Outcasts of Poker Flat et y voit des ressemblances avec sa propre situation. (John Oakhurst devient ami avec Sophy alors qu'elle est sur le point de se suicider sur un bateau à eaube ; elle a été plaquée par le joueur professionnel Stratton. Oakhurst l'emmène à Poker Flat et l'encourage à épouser son fils Tommy. Mais Stratton réapparaît et tente de séduire Sophy ; mais une milice chasse tout le monde de la ville ; ils sont pris dans une tornade et seuls Sophy et Tommy survivent.) Très impressionné, Lanyon se promet de ne pas faire de semblables erreurs et découvre que Ruth l'aime lui, et non Billy. Remake par Christy Cabanne en 1937 ; et par Joseph Newman en 1952. Le Moving Picture World du 28 juin 1919 en dit : « Reflète admirablement l'esprit des premiers temps de la Californie. » Photoplay : « Les deux choses les plus remarquables sont qu' Harry Carey se décide enfin à nous montrer ses dons d'acteur et les magnifiques paysages de fleuve ainsi que l'incomparable photographie dont nous gratifie Ford, le metteur en scène. Ce film est une symphonie optique. »

*1919 THE AGE OF THE SADDLE (Universal Special). 6 bobines. *Première* : 18 août. *Réal.* : Jack Ford. *Prod.* : P. A. Powers. *Scén.* : George Hively d'après un sujet de B. J. Jackson. *Im.* : John W. Brown. *Ext. tournés* : vallée du Rio Grande. *Int.* : Harry Carey (Cheyenne Harry Henderson), Joe Harris (shérif « Two Guns » Hildebrand du comté de Yucca), Duke R. Lee (le shérif Faulkner du comté de Pinkerton), Peggy Pearce (Madeline Faulkner, sa fille), Jack Walters (Inky O'Day), Vester Pegg (joueur), Zoe Ray, Howard Enstaedt (les enfants), Ed « King Fisher » Jones (Home Sweet Holmes), William Cartwright (Humpy Anderson), Andy Devine. Titre envisagé : *A Man of Peace*.
Le shérif de Yucca est secrètement associé avec les voleurs de bétail de Harry et tout se passe en dehors de la juridiction du shérif de Pinkerton ; mais Harry tombe amoureux de la fille de ce dernier ; elle le force à rendre les armes. Lorsqu'on empoisonnera son puits, Harry déménagera dans le comté de Pinkerton avec six chevaux. Les voleurs de bétail kidnapperont Madeline, Harry la libère et une patrouille capture les chefs qui, malgré tout, seront libérés par un raid lors de leur procès ; mais Harry les attirera vers sa cabane, les assommera et les rendra à la justice.

*1919 THE RIDER OF THE LAW (Universal Special). 5 bobines. *Sortie* : 3 novembre. *Réal.* : Jack Ford. *Prod.* : P. A. Powers. *Scén.* : H. Tiptpon Steck d'après *Jim of the Rangers* de G.P. Lancaster. *Im.* : John W. Brown. *Int.* : Harry Carey (Jim Kyneton), Gloria Hope (Betty, sa fiancée), Vester Pegg (Nick Kyneton), Theodore Brooks (le Kid), Joe Harris (Buck Souter), Jack Woods (Jack West), Duke R. Lee (Capt. Graham Saltire), Claire Anderson (Roseen), Jennie Lee (la mère).
Jim aime Betty mais pense qu'elle aime son frère Nick. Betty aime Jim, mais pense qu'il aime la jolie traîtresse Roseen. Le propriétaire du saloon, Buck, aime Roseen et jure de se venger de Jim. Jim est

Joseph part s'installer aux États-Unis ; les cadets sont tentés par les armes alors que le petit dernier, Andreas, trop jeune, demeure avec sa mère. La Grande Guerre éclate. La vie du village trouve une lancinante respiration à travers les allées et venues d'un énorme facteur venant apporter les avis de décès des différents enfants morts sur le front. La famille Bernle n'est pas épargnée : Franz et Johann ont été tués sur le front russe. Andreas bientôt, malgré son très jeune âge, est mobilisé. Pendant ce temps, à New York, Joseph commence à prospérer dans sa boutique allemande. Il s'est marié, un bébé vient de naître. Il essuie quelques moqueries et insultes à cause de son origine étrangère, mais, à ses yeux et en regard de la loi, il est américain. Fier de l'être ; John Ford y insiste tout particulièrement. Les États-Unis entrent dans le conflit. Joseph part combattre en Europe. C'est la scène clef du film, dans la très belle atmosphère troublée d'un paysage dans le brouillard, ainsi que la rencontre, sur un champ de bataille du nord de la France, des deux fils Bernle, l'un combattant chez les Alliés, l'autre dans l'armée allemande. Au fond d'un cratère creusé par un obus, Joseph prend dans ses bras Andreas, qui, lentement, est en train de mourir. La défaite allemande est totale : trois fils Bernle y ont laissé la vie. Mais l'Amérique n'est pas trop fière : elle doit accueillir les vaincus. Métaphore de cette fraternité des peuples sous l'égide américaine, la fin des *Quatre Fils* est très révélatrice : Joseph fait venir sa vieille mère à New York après que celle-ci toutefois, a bien appris son alphabet. Là, dans la grande ville, la famille Bernle reconstitue son bien-être, dans la nostalgie de la vie rurale d'autrefois ; mais en intégrant pleinement la nouvelle vie américaine. A. de B.

HANGMAN'S HOUSE

Ford retrouve l'Irlande avec ce mélodrame un peu fade aux ingrédients les plus convenus : grande demeure et propriétaire terrien, un juge sanguinaire qui juste avant sa mort marie sa fille contre son gré à un misérable intrigant. Parallèlement, un fils du pays (Victor Mc Laglen) quitte la légion pour revenir sur sa terre natale venger la mémoire de sa sœur morte de chagrin après le départ de son mari... qui n'est autre que l'infâme époux de l'héroïne (amoureuse en secret d'un autre homme). Bref, on est ici en plein feuilleton ; et John Ford n'est pas dupe, émaillant une intrigue plutôt faible de petites touches bien à lui (en particulier un nombre incalculable de « piques » contre les Anglais) et de scènes chocs, comme une superbe course de chevaux au milieu du film. Le dénouement en revanche est plus « hitchcockien que fordien, montrant le « méchant » périr dans l'incendie de la demeure de son beau-père, la « Hangman's House » du titre. N.S.

RILEY THE COP

Riley the Cop, commercialisé avec des effets musicaux et sonores, est le dernier film muet survivant de Ford, puisque *Strong boy* avec Mac Laglen de quelques mois postérieur semble aujourd'hui perdu. John Farrell Mac Donald, héros irlandais des films de Ford depuis *Kentucky pride*, y incarne un flic débonnaire, qui peut se vanter de n'avoir arrêté personne en vingt ans de carrière, et dont le souci principal est de jouer des tours à son collègue d'origine allemande, Krausmeyer. Riley, outre son rôle de défenseur de l'ordre qui casse les vitrines en jouant avec les gamins du quartier, est aussi un des premiers avatars du héros fordien partant en quête pour réunir une famille, annonçant ainsi Ethan Edwards et *The Searchers*. Mais la traque est ici ironique. Durant son voyage mouvementé en Europe à la poursuite d'un innocent, Riley est assisté par les polices étrangères qui le reconnaissent à ses grands pieds. A Paris, il finit même par se réveiller dans une chambre d'hôtel en compagnie de deux accortes jeunes femmes, qu'il suppose avoir été ses compagnes de la nuit et ne sont que deux inspectrices en civil. Comme souvent chez Ford, le désordre peut cacher l'ordre. De manière toute aussi caractéristique, dans ce film où l'on sent Ford entièrement libre, le mariage des jeunes premiers est doublé comiquement par le mariage de Riley avec la serveuse allemande qui l'a poursuivi durant son périple et qui se révèle être la sœur de son ennemi juré Krausmeyer. Cette fois, comme à la fin de *Two Rode Together*, c'est l'ordre social qui dissimule le désordre. P.G.

BLACK WATCH

Dans ce drame exotique (un officier de l'armée britannique est envoyé en mission secrète en Inde pendant la guerre de 14-18 afin de mater un groupe de rebelles dirigé par une femme mystérieuse vénérée comme une divinité), John Ford se confronte pour la deuxième fois de sa carrière au parlant. On peut oublier la plupart des séquences dialoguées, dirigées par un autre réalisateur, et leur préférer les scènes d'action pure, en particulier un combat au corps à corps entre le héros (Victor Mc Laglen) et un lutteur hindou ; qui préfigure l'affrontement final entre Mike Mazurki et Woody Strode dans *Seven Women*. Audacieux aussi, un montage parallèle qui montre le frère du héros, resté sur le front européen, combattre dans les tranchées, tandis que Mc Laglen « visionne » ces images de guerre dans une boule de cristal. Mais le plus beau de *Black Watch*, demeure sans doute sa séquence d'ouverture où des militaires réunis autour d'une table chantent de vieilles chansons : une scène qui porte la marque indélébile de son auteur. N.S.

SALUTE

Salute n'aurait pu être qu'un documentaire sur les cadets de la Marine : mais John Ford y introduit une dimension de plus, en opposant le personnage principal, jeune recrue dans le corps des « Marines », à son frère, plus âgé, volontaire dans la Navy. Tous deux s'éprennent de la même femme puis se « départageront » au cours du match de foot-ball qui oppose Marines et membres de la Navy.

Salute est un beau film, en dépit de sa mise de départ extrêmement convenue (l'armée, les « pt'its gars », etc.). Ford y brosse avec humour toute une galerie de personnages, dont l'extraordinaire Stepin' Fetchit, dans un rôle qui annonce sa composition dans *Steamboat Round the Bend*. Le film culmine avec le bal des cadets, pendant lequel un militaire timoré et rabougri tente désespérément de « placer » sa sœur pour une danse, comme le fera James Stewart trente ans plus tard avec la jeune Indienne des *Deux Cavaliers*. *Salute*, avec son sujet de roman rose, ses beaux jeunes gens bien élevés, permet à son auteur de trouver et d'élaborer des « motifs » déjà présents dans les films précédents et qui deviendront par la suite des éléments permanents de l'univers fordien. A noter aussi, une des premières apparitions d'un John Wayne pas encore tout à fait à l'aise, dans le rôle d'un dur qui prend un malin plaisir à « bizuter » les nouvelles recrues. N.S.

BORN RECKLESS

Tiré du roman noir de Donald Henderson Clarke (*Louis Beretti*), *Born Reckless* n'est pourtant pas une peinture sociale du New York de la Prohibition. Comme à son habitude dans les années trente, Ford a retiré du script divers éléments qu'il a développés à loisir en filmant mécaniquement le reste.

Ainsi la décision d'un *district-attorney* d'envoyer trois jeunes voleurs combattre en France durant la Première Guerre Mondiale, plutôt que les laisser moisir en prison, sert de prétexte à des scènes de comédie à l'arrière du front, ponctuées de matchs de base-ball et de réjouissantes apparitions de Jack Pennick et Ward Bond. Un simple jeu de mots sert aussi à Ford à rappeler alors comment la guerre détruit toute la sociabilité de la vie civile. Le jeune voleur qui, au moment d'être enrôlé, se déclare *buglar* (cambrioleur) devient immédiatement le *buglar* (trompette) de l'armée.

De manière similaire, les rapports familiaux dans le clan italo-américain des Beretti, c'est-à-dire la confrontation d'un modèle familial et de l'Amérique, sont beaucoup plus étoffés que l'ascension criminelle du gangster, de toute façon édulcorée par l'adaptation.

Finalement, un plan-séquence consacré à l'affrontement final de Beretti et de son ennemi Big Shot clôt en beauté un film très inégal. P.G.

UP THE RIVER

L'histoire se déroule à l'intérieur d'une prison mais le lieu ressemble à tout sauf à un espace carcéral. Rien à voir avec le cauchemardesque *Prisonnier of Shark Island* mais plutôt un avant-goût plaisant du Ford des westerns avec cette opposition entre espace fermé (caserne, régiment de cavalerie) et espace ouvert (ici, la ville, la bonne société). La prison est un espace heureux, celui de la liberté : on s'évade et on revient à discrétion (Spencer Tracy, dont c'est le premier rôle au cinéma), la fillette du directeur fait des galipettes dans la cour sous les yeux des prisonniers, les vétérans toisent en ricanant les jeunes recrues et regrettent qu'ils ne puissent renforcer

dans les Texas Rangers à la poursuite des voleurs de la mine Midas ; seul le devoir compte pour lui et il arrête son propre frère Nick et l'enferme avec les autres dans une cabane. Mais Roseen, repoussée par Jim, les laisse sortir. Jim, accusé de trahison, les recapture, mais Nick préfère se jeter d'une falaise à cheval plutôt que d'aller en prison. Jim épouse Roseen. L'Exhbitors' Trade Review du 18 octobre 1919 écrit : « C'est du Harry Carey typique... poursuites folles, mélange habituel de pathos et d'humour, réaliste. »

*1919 A GUN FIGHTIN' GENTLEMAN (Universal Special). 5 Bobines. *Première* : 30 novembre. *Réal.* : Jack Ford. *Prod.* : P. A. Powers. *Scén.* : Hal Hoadley, d'après un sujet de Ford et d'Harry Carey. *Im.* : John W.Brown. *Int.* : Harry Carey (Cheyenne Harry), J. Barney Sherry (John Merritt), Kathleen O'Conner (Helen Merritt), Lydia Yeamans Titus (sa tante), Harry von Meter (le Comte de Jollywell), Duke R.Lee (Buck Regan), Joe Harris (Seymour), Johnny Cooke (le vieux shérif), Ted Brooks (le jeune homme).
(Les trois bobines qui ont survécu laissent penser que Ford n'a rien à voir avec ce film qu'il a pourtant signé). Harry refuse de rendre sa terre à la Merritt Packing Co. ; il trompe leurs hommes de main, mais se trouve complètement dépossédé quand un avocat produit un document trafiqué. Harry va à Chicago et, durant un dîner, Merritt se gausse de ses habits et de ses manières. Harry devient donc un outlaw, vole la paye des ouvriers de Merritt, enlève sa fille Helen dont il finit par tomber amoureux. Lorsque Merritt viendra la délivrer, elle lui fera réparer ses injustices.

*1919 MARKED MEN (Universal Special). 5 bobines. *Sortie* : 21 décembre. *Réal.* : Jack Ford. *Prod.* : P.A. Powers. *Scén.* : H. Tipton Steck, d'après *The Three Godfathers* de Peter B.Kyne. *Im.* : John W. Braun . *Mont.* : Frank Lawrence, Frank Atkinson. *Int.* : Harry Carey (Cheyenne Harry), J. Farrell Mac Donald (Tom « Placer » Mc Graw), Joe Harris (Tom Gibbons), Winifred Westover (Ruby Merrill), Ted Brooks (Tony Garcia), Charles Lemoyne (le shérif Pete Cushing), David Kirby (Warden « Bruiser » Kelly). Titre envisagé : *The Trail of Shadows*.
Harry Bill et Tom sont au pénitencier pour attaque de train ; ils s'enfuient. Plus tard, Harry quitte Ruby pour attaquer une banque en compagnie de Bill et de Tom, mais on les pourchasse jusque dans le désert Mojave ; ils y rencontrent une mère mourante et font le vœu de sauver la vie de son bébé ; Harry est le seul survivant ; il arrive, titubant dans une salle de bal pendant un réveillon de Noël. Ruby et le shérif apprennent que le bébé est le neveu de ce dernier ; ils obtiennent le pardon du gouverneur. De nombreux remakes, dont le Three Godfathers *de Ford en 1948.*

* 1920 THE PRINCE OF AVENUE A (Universal Special). 5 bobines. *Sortie* : 23 février. *Réal.* : Jack Ford. *Scén.* : Charles J. Wilson Jr. d'après un sujet de Charles et Frank Dazey. *Im.* : John W. Brown *Int.* : James J. « Gentleman Jim » Corbett (Barry O'Conner), Mary Warren (Mary Tompkins), Harry Northrup (Edgard Jones), Cora Drew (Mary O'Conner), Richard Cummings (Patrick O'Conner), Frederick Vroom (William Tompkins), Mark Fenton (Father O'Toole), George Vanderlip (Reggie Vanderlip), Johnny Cooke (maître d'hôtel), Lydia Yeamans Titus (gouvernante), George Fisher.
Le prince est Barry O'Conner, dont le père, Patrick, est le chef du district électoral et qui soutient la campagne de Tompkins pour la mairie ; sa fille Mary fait du charme à Barry pour des raisons politiques, ce qui ne l'empêche pas de tomber amoureux d'elle. Elle donne un bal, tout le monde refuse de danser avec lui, aussi invite-t-il une jeune fille à « sortir dans la nuit fantastique » et Mary, humiliée, lui ordonne de sortir. Patrick, insulté, exige des excuses ; Tompkins et Mary viennent le voir et Mary consent à être la cavalière de Barry au Grand Bal. Là, le rival d'O'Conner insulte Mary et Barry la défend dans une gigantesque bagarre ; finalement il la conquiert. L'Exhibitors' Trade Review du 17 janvier 1920 écrit : « Richesse des personnages, bonne comédie, un peu de mélo... atmosphère... on peut être certain de la profondeur des détails quand Ford prend les choses en mains. » Et Moving Picture World ajoute le 17 janvier 1920 : « Un triomphe pour une histoire qui met en scène des personnages uniques... une histoire de tous les jours... un humour constant. » C'est le premier Ford qui ne soit pas un western.

*1920 THE GIRL IN N° 29 (Universal Special). 4 775 pieds . *Première* : 3 avril. *Réal.* : Jack Ford. *Scén.* : Philip J. Hurn, d'après *The Girl in the Mirror* d'Elizabeth Jordan. *Im.* : John W. Brown. *Int.* : Frank Mayo (Laurie Devon), Harry Hilliard (Rodney Bangs), Claire Anderson (Doris Williams), Elinor Fair (Barbara Devon), Bull Montana (Abdullah, l'étrangleur), Ray Ripley, (Ransome Shaw), Robert Bolder (Jacob Epstein).
Laurie Devon écrit une pièce à succès et arrête de travailler. Les amis déplorent cette stérilité. Un jour, il voit une fille de l'autre côté de la rue qui presse le canon d'un revolver sur sa tempe ; il court pour l'empêcher de se suicider, la supplie d'accepter qu'il la protège, découvre que Shaw la tourmente, suit Shaw, se fait jeter au fond d'une cave, s'échappe, apprend que la fille a été enlevée, la sauve des voyous, pense qu'il a tué Shaw, pour finalement découvrir que tout était une blague montée par ses amis et épouse la fille. (Beaucoup de pluie et de nuit).

*+1920 UNDER SENTENCE (Universal) 2 bobines. *Sortie* : 12 juin. *Réal.* : Edward Feeney. *Scén.* : George Hively, d'après un sujet de Jack Ford. *Début tournage* : 12 avril. *Int.* : Bob Anderson, Ethel Ritchie, Jennie Lee, J. Farrell Mac Donald, Cap Anderson, Jack Woods.
Remake de A Marked Man *de Ford, 1917, par son jeune frère Edward, qui changea plus tard son nom en O'Fearna et servit d'assistant metteur en scène dans plusieurs films de John.*

* 1920 HITCHIN' POSTS (Universal Special). 5 bobines. *Première* : 29 août. *Réal.* : Jack Ford. *Scén.* : George C. Hull d'après un sujet d'Harold M. Schumate.
Im. : Benjamin Kline. *Int.* : Frank Mayo (Jefferson Todd), Beatrice Burnham (Ophelia Bereton), Joe Harris (Raoul Castiga), J. Farrell Mac Donald (Joe Alabam), Mark Fenton (Col. Carl Bereton), Dagmar Godowsky (Octaron), Duke R. Lee (Collancy), C. E. Anderson (capitaine du bateau à vapeur), M. Biddulph (Maj. Gray).
Todd, gentleman du Sud dont les terres ont été confisquées par les Yankees, se met à vivre du jeu sur un bateau du Missisipi et gagne les dernières possessions du colonel Bereton : quatre chevaux de course. Bereton se suicide le soir-même et le capitaine demande à Todd de prévenir la fille de Bereton, Barbara ; mais Bereton l'avait déjà demandé à Castiga. Todd et Castiga se rencontrent sur la plantation et Todd déteste immédiatement Castiga pour la façon dont il traite sa femme, qui est la sœur de Todd. Ils se battent en duel : Castiga tire avant la limite, mais Todd ne tire pas à cause d'une promesse faite à sa sœur. Barbara, ruinée, part pour l'Ouest, Todd et Castiga aussi, séparément, et sans que

Barbara le sache. Todd et Castiga se battent sur les chevaux de Bereton pour obtenir des concessions pétrolières, et Castiga meurt noyé. La sœur de Todd meurt et Todd épouse Barbara.

1920 JUST PALS (William Fox-Twentieth Century Brand). 5 bobines. *Première* : 14 novembre. *Réal.* : Jack Ford. *Scén.* : Paul Schofield d'après un sujet de John Mc Dermott. *Im.* : George Schneiderman. *Int.* : Buck Jones (Bim), Helen Ferguson (Mary Bruce, l'institutrice), George E. Stone (Bill), Duke R. Lee (shérif), William Buckley (Harvey Cahill), Edwin Booth Tilton (Dr Warren Stone), Eunice Murdock Moore (Mme Stone), Burt Apling (garde-frein), Slim Padgett, Pedro Leone (hors-la-loi), Ida Tenbrook (femme de ménage), John J. Cook (l'ancien).
Norwalk, un village à la frontière du Wyoming et du Nebraska : Bim, le clochard de la ville, devient l'ami d'un petit chemineau de dix ans ; à eux deux ils empêchent le hold up d'un bureau postal et gagnent le cœur de la maîtresse d'école.

*1921 THE BIG PUNCH (William Fox-Twentieth Century Brand). 5 bobines. *Première* : 30 janvier. *Réal.* : Jack Ford. *Scén.* : Ford, Jules Futhman d'après *Fighting Back* de Furthman. *Im.* : Frank Good. *Int.* : Buck Jones (Buck), Barbard Bedford (Hope Standish), George Siegmann (Flash Mc Graw), Jack Curtis (Jef, le frère de Buck), Jennie Lee (la mère de Buck), Jack McDonald, Al Fremont (les amis de Jed), Edgar Jones (le shérif), Irene Hunt (la fille du dancing), Eleanor Gilmor (la jeune fille de l'Armée du Salut).
Buck a l'intention d'aller au séminaire, sa mère, veuve, vit seule dans le ranch. Buck trouve son frère Jed, se saoulant avec ses copains dans un saloon en train d'écouter McGraw préparer un nouveau crime. Hope Standish, une fille de l'Armée du Salut, vient vendre War Crys, McGraw menace de la jeter dehors si elle ne l'embrasse pas ; elle le fait, froidement, et tous lui achètent ses journaux. Buck oblige son frère à rentrer, le gang de McGraw l'attaque, mais Jed et ses copains lui viennent en aide et McGraw jure qu'il se vengera. Il fait en sorte qu'un shérif marron les arrête pour vol de moutons et Buck, tentant de les prévenir, est également arrêté ; il prend deux ans, les autres, dix. En prison, Buck tombe amoureux de Hope qui lui rend visite ; il fait des études pour devenir pasteur. Ordonné après sa libération, il reprend le vieux circuit, vit selon sa « réputation », apprend à aimer le travail et Hope, et parvient à convertir Jed lorsqu'il s'échappera de prison.
Exhibitors'Trade Review : « *Action... plein d'humanité... bandits au grand cœur.* »

*1921 THE FREEZE OUT (Universal Special). 4 400 pieds. *Première* : 9 avril. *Réal.* : Jack Ford. *Scén.* : George C. Hulll. *Im.* : Harry C. Fowler. *Int.* : Harry Carey (Ohio, l'étranger), Helen Ferguson (Zoe Whipple), Joe Harris (Headling Whipple), J. Farrell Mac Donald (Bobtail Mc Guire), Lydia Yeamans Titus (Mme Mc Guire).
Un étranger arrive à Brocken Buckle, ouvre une maison de jeu pour rivaliser avec Red et Whipple. Zoe, l'institutrice, qui n'aime pas que son frère Whipple tienne une telle maison, tente de convaincre l'étranger de se réformer moralement, mais il ne l'écoute pas. Mais le nouvel établissement s'avère être une école avec bibliothèque.

*1921 THE WALLOP (Universal Special). 4 539 pieds. *Première* : 7 mai. *Réal.* : Jack Ford. *Scén.* : George C. Hull d'après *The Girl He Left Behind Him* de Eugene Manlove Rhodes. *Im.* : Harry C. Fowler. *Int.* : Harry Carey (John Wesley Pringle), Joe Harris (Barela), Charles Lemoyne (Matt Lisner), J. Farrell Mac Donald (Neuces River), Mignonne Golden (Stella Vorhis), Bill Gettinger (Christopher Foy), Noble Johnson (Espinol), C. E. Anderson (Applegate), Mark Fenton (Major Vorhis), Titre envisagé : *The Homeward Trail.*
Harry Pringle, aventurier, prend sa retraite, revient dans sa ville natale et reconnaît son amour de jeunesse, Stella, dans un cinéma. Hélas ! elle en aime un autre, Chris, qui se présente aux élections pour être shérif contre Lisner. Lisner, dont le complot pour tuer Chris a été déjoué par Harry, finit par piéger Chris pour une histoire de meurtre. Un détachement de police poursuit Chris et Stella qui vont se cacher dans une caverne ; Harry les retrouve, attache Chris, demande la récompense, puis le libère, révèle à tous la corruption de Lisner et, après avoir réuni Chris et Stella, repart seul pour sa mine. L'Exhibitors' Trade Review écrit : « *Plaira à tout le monde... scénario intéressant... grands espaces... nuit et pluie, avec un feu de camp pour seul éclairage.* »

*1921 DESPERATE TRAILS (Universal Special). 4 577 pieds. *Sortie* : 9 juillet. *Réal.* : Jack Ford. *Scén.* : Elliot J. Clawson d'après *Christmas Eve at Pilot Butte* de Courtney Riley Cooper. *Im.* : Harry C.
Fowler, Robert De Grasse. *Tournage* : 14 mars-11 avril. *Int.* : Harry Carey (Bert Carson), Irene Rich (Mme Walker), George E. Stone (Danny Boy), Helen Field (Carrie), Barbara La Marr (Lady Lou), George Siegmann (shérif Price), Charles Insley (Dr Higgins), Ed Coxen (Walter A. Walker). Titre envisagé : *Christmas Eve at Pilot Butte.*
Aimé de la veuve Walker, Harry aime Lady Lou et va en prison pour protéger le frère de Lou ; là, il découvre que le « frère » est son amant ; il s'échappe et le tue. Pour donner à la veuve Walker la récompense de sa capture, il se constitue prisonnier à son fils, le soir de Noël ; mais Lou avoue son stratagème. Exhibitors' Trade Review : « *Pas de délayage... bonnes scènes de nuit.* » *Motion Picture News* : « *Les dernières bobines montrent le lent changement des saisons dans l'immensité de la forêt.* »

*1921 ACTION (Universal Special). 4 590 pieds. *Première* : 12 septembre. *Réal.* : Jack Ford. *Scén.* : Harvey Gates, d'après *The Mascotte of the Three Star* de J. Allen Dunn. *Im.* : John W. Brown. *Int.* : Hoot Gibson (Sandy Brooke), Francis Ford (Soda Water Manning), J. Farrell Mac Donald (Mormon Peters), Buck Conners (Pat Casey), Byron Munson (Henry Meekin), Clara Horton (Molly Casey), William R. Daley (J. Plimsoll), Charles Newton (shérif Dipple), Jim Corey (Sam Waters), Ed « King Fisher » Jones (Art Smith), Dorothea Wolburt (Mirandy Meekin). Titre envisagé : *Let's Go.*
Molly est orpheline, héritière d'un ranch et d'une mine, seule, menacée. Sandy, Soda Water et Mormon font paître leur troupeau et la prennent en pitié. Sandy tombe amoureux, travaille à la mine, combat les conspirateurs et envoie Molly à l'école dans l'Est. Mais les conspirateurs conspirent et quand Molly revient, elle les retrouve tous en prison, mais elle arrange tout. C'est le premier grand film de Hoot Gibson comme premier rôle et la première apparition de Francis Ford dans un film de son frère. Exhibitors' Trade Review : « *Étonnamment bon... artistique... succès au box-office ... original.* »

*1921 SURE FIRE (Universal Special). 4 481 pieds. *Première* : 5 novembre. *Réal.* : Jack Ford. *Scén.* : George C. Hull d'après *Bransford of Rainbow Ridge* de Eugene Manlove Rhodes. *Im.* : Virgil G. Miler. *Int.* : Hoot Gibson (Jeff Bransford), Molly Malone (Marian Hoffman), Reeves « Breezy » Eason Jr (Sonny), Harry Carter (Rufus Coulter), Murdock

l'équipe de base-ball. La prison régule par conséquent le nécessaire flux de la convivialité, de l'amitié virile, tout en donnant du champ à l'amour : Humphrey Bogart (également son premier rôle mais sur le registre de l'amoureux transi) y rencontrera une autre prisonnière, la femme de sa vie.
En revanche, il y a plus de discipline, de contraintes, de règles à l'extérieur de la prison. La longue scène de repas en famille (bonne bourgeoisie bostonienne) où Bogart reçoit ses deux copains prisonniers (ses parents, pour eux, comme pour lui, ignorent qui ils sont) est en ce sens fort éloquente : bonnes manières, codes, politesses ostentatoires, tout cela est un jeu plaisant, grotesque, sinon oppressant.
A signaler le merveilleux gag où le copain de Spencer Tracy, occupé à draguer la sœur de Bogart, contemple longuement un portrait sur la cheminée. « *C'est votre père ? — Non, Abraham Lincoln !* ». Boudu n'est pas très loin. C.T.

SEAS BENEATH

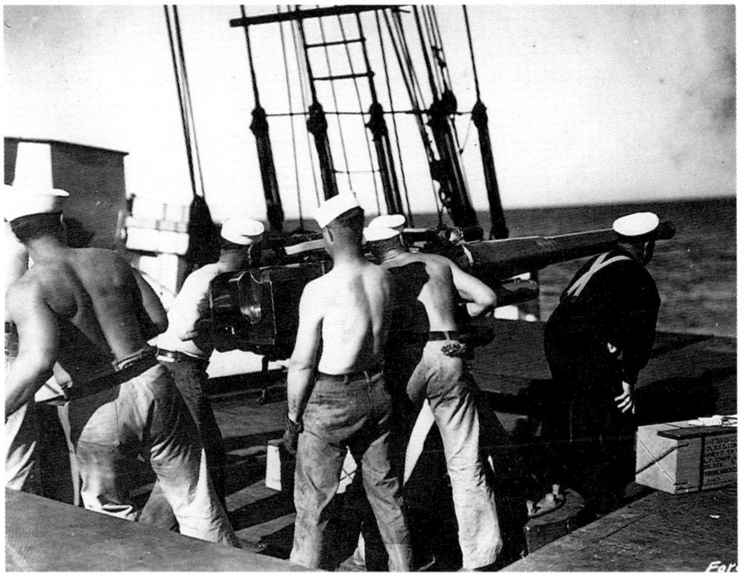

Durant la Première Guerre Mondiale, un bâtiment de guerre américain dissimulé en navire marchand est utilisé comme *leurre* pour attirer et couler les sous-marins allemands.
La tautologie « Krieg ist Krieg » *(la guerre c'est la guerre)* est prononcée par le commandant du submersible pour justifier l'abandon à la mer du corps d'un marin américain tué alors qu'il tentait une opération de sabotage. Elle donne la mesure de *Seas Beneath* qui entretient plus d'une similitude avec *The Horse Soldiers*, autre grand film sur la guerre comme contamination de la totalité du monde. Les deux camps (allemands/américains, nordistes/sudistes) y partagent une estime mutuelle et multiplient les marques de respect de l'ennemi tout en s'obligeant à la plus stricte efficacité guerrière par le mensonge, la dissimulation, le simulacre, le *decoy* justement.
« *It's more important than you and me.* » La déclaration du capitaine américain à l'espionne allemande souligne l'aliénation totale des relations amoureuses à l'instrumentalité de la guerre. Encore un écho repérable dans *The Horse Soldiers* (les rapports John Wayne/ Constance Towers). L'évidence tragique (Krieg ist Krieg) est pourtant essentiellement produite par les prises de vue quasi documentaires des combats, sous une lumière naturelle éclatante, cruelle. La caméra, fixée sur le sous-marin allemand saisit le surgissement brutal du navire américain. L'être de la guerre restitué par la machine. L'inhumanité. La terreur. A.R.

THE BRAT

D'autant plus bref (1 h 05) qu'une bobine semblait incomplète lors de la rétrospective de la Cinémathèque, *The Brat* est, comme maints petits films de Ford, exemplaire par ses à-côtés. Sally O'Neill (l'héroïne) y crée un personnage irrésistible et plein de gouaille, une version américaine d'Arletty, franc-parler dévastateur, qui débarque dans une famille de la grande bourgeoisie new-yorkaise et met à mal les conventions mondaines (une constante chez Ford). Le début du film a quelque chose de « Pygmalion » : un romancier assiste aux jugements d'un tribunal de simple police où défilent des petits délinquants pittoresques (une ancienne actrice qui fait une entrée théâtrale, un vieux couple batailleur, et un homme si petit – occasion d'un gag – que le juge, le croyant assis, lui ordonne de se lever...) parmi lesquels se trouve une jeune femme pauvre accusée de grivèlerie. Ami du juge, le romancier la prend sous sa protection et l'emmène chez lui comme sujet d'étude de son prochain roman. Elle sèmera la zizanie dans sa famille et finira par épouser un « misfit ».

Héroïne typiquement fordienne, la « gosse » (« brat ») déborde de vitalité, au détriment des autres personnages prisonniers des codes sociaux. Elle s'exhibe sans scrupules sur une balançoire, jupe au vent, et atterrit à la table du petit déjeuner. Dans une autre scène inhabituelle, une dispute entre la « Brat » et une prétendante mondaine tourne à la rixe. Ford filme cette dispute comme une vraie bagarre masculine ; chez lui comme chez Hawks, les femmes dignes de considération ont souvent un comportement, des prérogatives d'hommes. V.O.

ARROWSMITH

La vie de cet Arrowsmith, médecin, anti-héros de son état, dépensant son temps en heures supplémentaires à isoler germes, bacilles et autres microbes derrière son microscope et à laisser sa charmante épouse esseulée aurait continuée à être bien tristounette dans ce Ford « pas très bien portant » et boursouflé si... le scénario et une épidémie à soigner aidant, notre petit monde n'avait décidé de se mettre au vert sur une île quelque part au milieu du Pacifique où là...

Pendant dix minutes de film, il y a cet éblouissement des corps : des corps malades au milieu de la brume et de chants. Étrange réversion, ce film tout entier du côté du médecin, de la réparation du tissu social rencontre son double, bascule alors du côté du malade, s'ouvre à la déchirure du sacré. Dans des lieux : marais stagnants, jungles inextricables, suspendus dans le vide, errent des corps en état de torpeur, en train de se défaire. Dans des maisons, des chambres — je pense à la mort de la femme d'Arrowsmith — on agonise sans fin tandis qu'à travers des fenêtres, des portes qui battent ouvertes, nous parviennent des effluves de chants indigènes. F.B.

AIR MAIL

Du générique de cette parenthèse Universal (Karl Freund à la photo, John Fulton aux effets spéciaux), on retiendra surtout le nom de Franck W. Wead, un ancien pilote d'avion devenu scénariste suite à un accident et dont Ford retracera la vie quelques années plus tard dans le magnifique *L'Aigle vole au soleil.*

Air mail est un film à la gloire de l'aéropostale et de ses pilotes qui transportent le courrier dans les pires conditions météorologiques. On y trouve déjà l'obsession fordienne du convoi, du transport et du lieu de transit. Anticipant la topographie de ses westerns, le film alterne grands espaces vides, désertiques (scènes de vol) où plane le sentiment de la mort et du danger, et espace clos, intime (la minuscule base de l'aéroport, seul lieu à personnages, est filmée comme un relais de diligence). Autour du schéma central, très proche de l'héroïsme hawksien (rivalité conflictuelle et amitié entre deux hommes : l'un, frustré de ne plus pouvoir piloter, l'autre, cabot, casse-cou et volage, se rachetant en sauvant le premier), Ford dessine sa communauté : l'institutrice, veuve de pilote, qui célèbre la veillée de Noël en compagnie d'enfants et de vieux Indiens muets, les passagers d'un avion de tourisme qui trouvent refuge à la base et découvrent parmi eux un traître, un pilote qui a naguère sauté en parachute, abandonnant ses passagers.

Reste à dire que c'est surtout filmé en plan moyen, cadré de face et fixe. Du Ford de cette époque (l'homme qui vient du muet), seul compte ce qu'il y a *dans* l'image (le personnage, ce qu'il est, ce qu'il fait), la suite, la sensibilité plastique (la beauté d'un paysage, d'un corps), l'éblouissement scénographique, viendra plus tard, sur la base de cette première donnée, longuement mûrie, indélébile. C.T.

FLESH

Parmi les commandes des années trente imposées à Ford, *Flesh* se distingue en brassant des éléments particulièrement hétéroclites.

Le scénario, où William Faulkner aurait mis la main (quoique non crédité au géné-

Mac Quarrie (Major Parker), Fritzi Brunette (Elinor Parker), George Fisher (Burt Rawlings), Charles Newton (Leo Ballinger), Jack Walters (Overland Kid), Joe Harris (Romero), Steve Clemente (Gomez), Mary Philbin.

Marian, la petite-amie de Jeff, lui reproche son manque d'ambition ; la sœur de Marian, Elinor qui est mariée, est prête à s'enfuir avec un amant de L'Est (qui, dit son enfant à Jeff, vient de lui voler les 5 000 dollars hypothéqués sur sa maison). Mr. Parker découvre Jeff et Elinor Parker fait endosser à Jeff tous les torts ; il part se cacher dans une cabane. Pendant ce temps, des bandit tuent l'homme de l'Est, prennent l'argent, se saisissent de Marian et arrivent à la cabane où Jeff sauve Marian. La police arrive et trouve le butin sur un méchant. Le secret d'Elinor est sauf, et son mari (toujours complaisamment ignorant) donne les 5 000 dollars à Jeff pour qu'il se marie avec Marian.

*1921 JACKIE (William Fox). 4 943 pieds . *Première* : 27 novembre. *Réal.* : Jack Ford. *Scén.* : Dorothy Yost, d'après un sujet de la comtesse Helena Barcynska (pseudonyme de Marguerite Florence Helene Jervis Evans). *Im.* : George Schneiderman. *Int.* : Shirley Mason (Jackie), William Scott (Mervyn Carter), Harry Carter (Bill Bowman), George E. Stone (Benny), John Cooke (Winter), Elsie Brambick (Millie).

Jackie, petite Russe abandonnée, fait son apprentissage dans un spectacle ambulant minable. Son directeur libidineux tente de la violer ; elle s'enfuit avec Benny, un petit infirme, à Londres où elle dansera dans les rues. Carter, un riche Américain la trouve ainsi, paye pour qu'on opère Benny et lui fait donner des leçons. Puis, après des débuts mondains prometteurs, il s'occupe de son ancien maître et l'épouse. Exhibitors' Trade Review : « Richesse mélodramatique... coloré... Cette production est remarquable parce qu'elle adhère constamment au détail exact et artistique ; c'est ce qui a distingué les films que Jack Ford a faits dans le passé. »

*1922 LITTLE MISS SMILES (William Fox). 4 884 pieds. *Première* : 15 janvier. *Réal.* :Jack Ford. *Scén.* : Dorothy Yost d'après *Little Aliens* de Myra Kelly, adaptation de Yost et Jack Strumwasser. *Im.* : David Abel. *Int.* : Shirley Mason (Esther Aaronson), Gaston Glass (Dr Jack Washton), George Williams (Papa Aaronson), Martha Franklin (Mama Aaronson), Arthur Rankin (Dave Aaronson), Baby Blumfield (Baby Aaronson) , Richard Lapan (Leon Aaronson), Alfred Testa (Louis Aaronson), Sidney D'Albrook (the Spider « L'Araignée »).

Les hauts et les bas d'une famille juive dans un appartement du ghetto de New York. La mère devient aveugle, la fille, Esther, aime le Dr. Jack, et le désir qu'a le frère, Dave, de devenir champion de boxe, donne du souci à ses parents. Les complications s'annoncent lorsque Dave, qui a de mauvaises fréquentations, tue un gangster qui a insulté Esther. Mais le Dr. Jack rend la vue à la mère et épouse Esther. Exhibitors' Trade Review : « Les histoires de ghetto sont généralement populaires ; celle-là n'est pas très originale mais très bonne : mélo et comédie, personnages et lieux réalistes. »

*+ 1922 SILVER WINGS (William Fox). 8 271 pieds. *Première* : 26 août. *Réal.* : Jack Ford (prologue), Edwin Carewe (la pièce). *Scén.* : Paul H. Stone. *Im.* : Joseph Ruttenberg, Robert Kurle. *Int.* : Prologue : Mary Carr (Anna Webb), Lynn Hammond (John Webb), Knox Kincaid (John leur enfant), Joseph Monahan (Harry, leur autre fils), Maybeth Carr (Ruth, sa fille), Claude Brook (Oncle Andrews), Robert Hazelton (prêtre), Florence Short (veuve), May Kaiser (bébé). Dans la pièce : Mary Carr (Anna Webb), Percy Halton (John), Joseph Striker (Harry), Jane Thomas (Ruth), Roy Gordon (George), Florence Haas (Little Anna), Claude Brook (Oncle Andrews), Roger Lytton (banquier), Ernest Hilliard (Jerry).

Prologue : John Webb invente une machine à coudre perfectionnée ; sa famille devient riche ; il meurt. L'intrigue : Harry, le fils aîné, fait de mauvaises affaires, John quitte la ville, accusé d'avoir volé l'argent qu'Harry a mal investi, Ruth s'enfuit avec un galant. Abba, la mère, vend l'affaire pour couvrir les dettes d'Harry et, réduite à la pauvreté, s'engage comme ouvrière. Plus tard, un magazine publiera l'histoire de sa vie et la famille se réunira. La séquence tournée par Ford contient une touchante scène de mort d'un bébé.

*+ 1922 NERO (William Fox). 11 500 pieds. *Sortie* : 17 septembre. *Réal.* : J. Gordon Edwards. *Int.* : Jacques Gretillat, Alexander Salvini. Tourné pour sa majeure partie en Italie.

Ford écrivit et dirigea certaines scènes pour donner un peu de tonus au film d'Edwards. Tandis que les Chrétiens d'Edwards sont jetés aux lions, Ford, en montage parallèle, ajoute des scènes de cavaliers qui s'assemblent, comme les Klansmen de Griffith, tandis qu'on bat d'énormes tambours. Ces cavaliers, repoussant avec des piques l'armée rebelle de Galba, prennent la ville d'assaut, mais les soldats de Néron les contrent sur un pont du Tibre ; certains tombent de façon spectaculaire avant de gagner le pont. A ce moment, le film revient à la scène d'Edwards où les cavaliers entrent dans le cirque juste à temps pour sauver les Chrétiens.

*1922 THE VILLAGE BLACKSMITH (William Fox). 7 540 pieds. *Première* : 2 novembre. *Réal.* : Jack Ford. *Scén.* : Paul H. Sloane, d'après un poème d'Henry Wadsworth Longfellow. *Im.* : George Schneiderman. *Int.* : William Walling (John Hammond, le forgeron), Virginia True Boardman (sa femme), Virginia Valli (Alice Hammond), David Butler (Bill Hammond), Gordon Griffith (Bill enfant), Ida Nan Mc Kenzie (Alice enfant), George Hackthorne (Johnnie), Pat Moore (Johnnie enfant), Tully Marshall (Squire Ezra Brigham), Caroline Rankin (Mme Brigham), Ralph Yeardsley (Anson Brigham), Henri de la Garrique (Anson enfant), Francis Ford (Asa Martin), Bessie Love (Rosemary Martin), Helen Field (Rosemary enfant), Mark Fenton (Dr Brewster), Lon Poff (Gideon Crane, instituteur), Cordelia Callahan (Tante Hattie), Eddie Gribbon (chroniqueur du village), Lucille Hutton (la jeune fille).

Dans le prologue, Johnnie Hammond, l'un des deux fils du forgeron, tombe d'un arbre que le jeune Anson Brigham l'a défié d'escalader ; il devient infirme. Anson est le fils du marquis qui hait le forgeron parce qu'il a épousé la femme qu'il aimait. Elle meurt. Des années plus tard (en 1923), le fils Bill Hammond va faire des études de médecine (pour Johnnie) et Anson, qui sort du collège, séduit Alice, la fille de Hammond, ce qui fait jaser. Bill est blessé dans un accident de train et Alice, accusée d'avoir volé l'argent de l'église (en fait volé par Anson), tente de se suicider pendant un orage ; l'infirme Johnnie traque Anson. Le forgeron arrive pour sauver Alice et force Anson et le marquis à se confesser. Bill va mieux et opère Johnnie avec succès.

*1923 THE FACE ON THE BARROOM FLOOR (William Fox). 5 787 pieds. *Première* : 1er janvier. *Réal.* : Jack Ford. *Scén.* : Eugene B. Lewis, G. Marion Burton, d'après le poème de Hugh Antoine D'Arcy. *Im.* : George Schneiderman. *Int.* : Henry B. Walthall (Robert Stevens, un artiste), Ruth Clifford (Marion Von Vleck), Walter Emerson (Richard Von Vleck), Alma Bennett (Lottie), Norval Mc Gregor (gouverneur), Michael Dark (Henry Drew), Gus Saville (pêcheur).

Tandis qu'une épave peint le visage d'une fille sur le sol d'un bar, un flashback nous conte son histoire : Robert Stevens est un artiste célèbre, fiancé à la très mondaine Marion. Dans le Maine, il peint la charmante fille d'un pêcheur, mais le frère de Marion la déshonnore et elle se suicide. Stevens, protégeant le frère de Marion, prend tout sur lui et Marion le quitte. Il connaît un lent déclin ; puis des voleurs mettent un portefeuille volé dans sa poche et on l'envoit en prison. Il s'échappe durant une mutinerie, sauve la vie du gouverneur, nage jusqu'à un phare et, lorsque le gardien sera trop malade pour travailler, prend sa place et sauve des navires du naufrage. Il retourne en prison, mais il est gracié et, en fin de compte, il retrouvera Marion.

*1923 THREE JUMPS AHEAD (William Fox). 4 584 pieds. *Première* : 25 mars. *Réal.-scén.* : Jack Ford. *Im.* : Daniel B. Clark. *Int.* : Tom Mix (Steve Clancy), Alma Bennett (Annie Darrell), Virginia True Boardman (Mme Darrell), Edward Piel (Taggit), Joe E. Girard (le père d'Annie), Francis Ford (Virgil Clancy), Margaret Joslin (Juliet), Henry Todd (Cicero), Buster Gardner (Brutus).
Steve Clancy et son oncle Virgil se font capturer par des outlaws et enfermer dans leur repaire des montagnes où un autre prisonnier, Darrell, qui y est depuis deux ans, est forcé de les fouetter. Darrell s'enfuit et le méchant promet à Steve qu'il relâchera son oncle s'il capture Darrell mais qu'il le tuera s'il échoue. Libéré, Steve rencontre Ann, retrouve Darrell, le ramène, découvre qu'il est le père d'Ann et parvient à le sauver.

*1923 CAMEO KIRBY (William Fox). 5 910 pieds . *Première* : 21 octobre. *Réal.* : John Ford. *Scén.* : Robert N. Lee, d'après la pièce de Harry Leon Wilson et Booth Tarkington. *Im.* : George Schneiderman. Distribué avec des séquences teintées. *Int.* : John Gilbert (Cameo Kirby), Gertrude Omstead (Adele Randall), Alan Hale (Col. Moreau), William E. Lawrence (Col. Randall), Jean Arthur (Ann Playdell), Richard Tucker (le cousin Aaron), Philips Smalley (Judge Playdell), Jack Mc Donald (Larkin Bruce), Eugenie Ford (Mme Dauezac), Frank Baker.
Kirby, joueur professionnel, gagne la propriété du colonel Randall dans le seul but de ne pas la laisser à Moreau, l'escroc. Mais Randall se tue et Moreau, mécontent, tire dans le dos de Kirby. Kirby tue Moreau lors d'un second duel, mais un frère Randall, trompé par Moreau, recherche Kirby qui, caché dans la maison Randall, découvre que sa fiancée, Adele, est la fille de Randall ; il parvient à prouver son innocence. Remake par Irving Cummings, en 1929. C'est la première fois que Ford est appelé « John Ford » au générique. L'Exhibitors Trade Review écrit le 27 octobre 1923 : « C'est comme si les hommes et les femmes d'avant la Guerre de Sécession revenaient à la vie, dans toute la vigueur et la beauté de leur joie de vivre. Un des meilleurs films de l'année. » Malgré de belles images, ce film semblerait aujourd'hui bien pâle.

*1923 NORTH OF HUDSON BAY (William Fox). 4 973 pieds. *Première* : 19 novembre. *Réal.* : John Ford. *Scén.* : Jules Furthman. *Im.* : Daniel B. Clark. Distribué avec des séquences teintées. *Int.* : Tom Mix (Michael Dane, rancher), Kathleen Kay (Estelle MacDonald), Jennie Lee (la mère de Dane), Frank Campeau (Cameron Mac Donald), Eugene Pallette (Peter Dane), Will Walling (Angus MacKenzie), Frank Leigh (Jeffrey Clough), Fred Kohler (Armand Le Moir). Titre envisagé : *Journey to Death.*
Le cowboy Michael Dane tombe almoureux d'Estelle alors qu'il se dirige vers le nord du Canada où son frère Peter vient de découvrir une mine d'or. Mais il retrouve son frère mort et son associé MacKenzie condamné à marcher sur la « piste de la mort » jusqu'à épuisement. Dane tente d'aider MacKenzie, est condamné à la même peine, se bat contre des loups et rencontre Estelle, poursuivie par son oncle qui est le vrai meurtrier ; il meurt après une poursuite en canoë près d'une chute d'eau. On n'a pu sauver que certaines parties du film — sous-titré en tchèque.

*1923 HOODMAN BLIND (William Fox). 5 434 pieds. *Première* : 20 décembre. *Réal.* : John Ford. *Scén.* : Charles Kenyon, d'après la pièce d'Henry Arthur Jones et Wilson Barrett. *Im.* : George Schneiderman. *Int.* : David Butler (Jack Yeulette), Gladys Hulette (Nance Yeulette, Jessie Walton), Regina Connelly (Jessie Walton, le premier), Frank Campeau (Mark Lezzard), Marc Mac Dermott (John Linden), Trilby Clark (Mme John Linden), Eddie Gribbon (Battling Brown), Jack Wallace (Bull Yeaman).
John Linden a la bougeotte ; il quitte sa femme et sa fille pour partir vers l'Ouest avec une villageoise avec qui il a une deuxième fille ; il les quitte également. Il fait fortune en Afrique du Sud. Pendant ce temps-là, les deux mères meurent. Nancy, sa fille légitime, épouse un pêcheur ; Jessie, son sosie, la fille illégitime, se prostitue. Grâce à leur ressemblance, l'avocat marron Mark Lezzard éveille la jalousie du mari de Nancy, espérant se gagner Nancy dans l'affaire, et donc la fortune que Linden lui fait envoyer par l'intermédiaire de Linden. Linden revient et retrouve ses deux filles, après que le mari de Nancy a sauvé héroïquement Jessie d'un navire en détresse. Exhibitors' Trade Review : « Rues chaudes à l'atmosphère bien rendue, études de personnages, le tout presque uniquement en extérieurs et de nuit avec un contraste étonnant et lugubre entre une lumière de jour éclatante et des ténèbres infinies. » « Mélodrame absolu qui semble déprimer plutôt que délasser » écrit un exploitant au Moving Picture World du 29 août 1925.

1924 THE IRON HORSE (William Fox). 11 335 pieds. *Première* : 28 août. *Réal.* : John Ford. *Scén.* : Charles Kenyon, d'après un sujet de Kenyon et John Russell. *Im.* : George Schneiderman, Burnett Guffey. *Intertitres* : Charles Darnton. *Mus.* : Erno Rapee. *Ass. réal.* : Edward O'Fearna. Distribué avec des séquences teintées. *Tournage* : janvier-mars. *Int.* : George O'Brien (Davy Brandon), Madge Bellamy (Miriam Marsh), Judge Charles Edward Bull (Abraham Lincoln), William Walling (Thomas Marsh), Fred Kohler (Deroux), Cyril Chadwick (Peter Jesson), Gladys Hulette (Rudy), James Marcus (Juge Haller), Francis Powers (Sergeant Slattery), J. Farrell Mac Donald (Cpl Casey), James Welch (Pvt. Schultz), Colin Chase (Tony), Walter Rogers (Gén. Dodge), Jack O'Brien (Dinny), George Waggner (Col. Buffalo Bill Cody), John Padjan (Wild Bill Hickok), Charles O'Malley (Maj. North), Charles Ewton (Collis P. Huntington), Delbert Mann (Charles Crocker), Chief Big Tree (chef des Cheyennes), Chief White Spear (chef des Sioux), Edward Piel (le vieux Chinaman), James Gordon (David Brandon, Sr), Winston Miller (Davy, enfant), Peggy Cartwright (Miriam, enfant), Thomas Durant (Jack Ganzhorn), Stanhope Wheatcroft (John Hay), Frances Teague (Polka Dot), Dan Borzage, Frank Baker. Titres envisagés : *The TransContinental Railroad, The Iron Trail.*
La construction de la voie ferrée transcontinentale.
La plupart des bobines proviennent d'un négatif anglais très mal monté.

rique), conduit un lutteur allemand, Wallace Beery, à recueillir une Américaine libérée de prison, avant de l'épouser alors qu'elle vient d'être abandonnée par son amant, et finalement à émigrer aux États-Unis avec elle pour y être exploité par des gangsters au cours de matchs truqués. A l'évidence, la MGM a monté le film comme le pendant de *The Champ* (1931) de Vidor, pour lequel Beery avait gagné un Oscar dans un rôle de boxeur. Ford, lui, a tiré parti des premières scènes d'errance à la sortie de prison pour user de son style « expressionniste allemand ». Mais cela ne suffit pas à faire oublier ensuite le mélodrame verbeux et le jeu outré de Karen Morley.
Les scènes comiques de Beery —, qui prend un bain dans une gigantesque barrique après ses combats, est jalousement surveillé par les propriétaires de la maison qu'il habite, et se précipite à la maternité muni d'un énorme éléphant en peluche — sont les plus réussies parce qu'habitées par l'humour fordien qui n'irrigue guère le reste du film. P.G.

PILGRIMAGE

Chef-d'œuvre (presque) inconnu, ce pèlerinage aux sources du cinéma américain, du côté de Griffith (sur le versant du roman familial) n'a pour seul sujet que l'Œdipe. Mais à l'envers. Ici c'est la mère, personnage dont la fonction ne pourra totalement emplir l'enveloppe corporelle, qui tue son fils en l'envoyant à laguerre. Le film n'est qu'un pur problème temporel : combien reste-t-il de temps à ce corps ferme, fixe, inébranlable avant qu'il ne s'écroule frappé de remord ? Dans cette histoire d'interdit et donc de transgression, le spectateur coincé au milieu de champs contrechamps frontaux, au carrefour des feux croisés du désir, n'est là que pour assurer la circulation des affects, les coller au bon objet. L'intérêt de Ford ne va pas à l'action mais à son impression sur les expressions du visage, sismographe, recueil où les événements se transcrivent en sentiments. Leur naissance, leur développement et leur recouvrement : voilà ce dont est fait cet art de la modulation, du déplacement par répétition. Le travail de la terre, une femme qui nourrit ses poules, un voyage en France sur la tombe du fils qui s'éparpille en menues notations touristiques : rien que le quotidien. Cet arrimage à ce « maintenant » évidé par une mort irréparable, inassignable (le fils a disparu étoffé sous le poids d'une tranchée comme sous l'ultime caresse de sa mère) finit par éclater le film en scènes autonomes, décevantes comme autant de célébrations de ces seuls sentiments : le regret, le remord... F.B.

Dr BULL

Premier volet de la trilogie Will Rogers, *Dr Bull* est le film le plus grave et le plus dramatique. On sent que c'est grâce à cet immense acteur (un jeu totalement ouvert et parfaitement mesuré) que Ford, l'espace de trois films, s'est permis de brosser le portrait d'une Amérique profonde, plutôt blanche, puritaine et bourgeoise. Il faut beaucoup de temps à Ford pour arriver brutalement au récit et au sujet. Mettre en place, c'est d'abord camper un personnage, un homme ordinaire dans sa fonction (médecin de campagne, soins physiques et secours moral). C'est ensuite installer un décor, un lieu qui inscrit obligatoirement, un peu comme chez Renoir, un lien social. Au bout de quarante-cinq minutes, le récit tombe sur le personnage et le film tel un couperet, éclaire rétrospectivement un puzzle non-narratif jusqu'alors opaque. Une épidémie que le médecin ne peut enrayer déclenche et révèle le personnage et sert de prétexte aux notables pour lancer une cabale contre le docteur qu'ils estiment incompétent. Sauf qu'ils ne le jugent pas sur ses actes mais sur son comportement, sa manière d'être, de la même façon que la communauté blanche et puritaine de *Seven Women* regardera d'un mauvais œil Anne Bancroft.Ford, tournant le dos à un faux impressionnisme (petites vies, petites touches), nous décrit le fonctionnement d'un processus d'exclusion assumé par le collectif. La haine du grégaire, qui vient d'en bas et s'achève dans le lynchage (là où Ford rencontre Lang) ayant ici pour corollaire cette haine du groupe d'en haut, animé des mêmes pulsions d'éradication mais procédant autrement : une violence non pas physique mais morale. Figure de bouc-émissaire, cette machine célibataire qu'est le Dr Bull (autre avatar du héros fordien) va être sauvée non parce qu'il y a une justice et une loi (Will Rogers n'a rien à voir avec la gravité granitique du « Sergent noir ») mais par l'exercice singulier de son métier, en soignant tour à tour les humains et les animaux. Morale du métier, non ségrégationniste, typiquement fordienne et tout à fait remarquable. C.T.

LOST PATROL
(La Patrouille perdue)

Lost Patrol est un film abstrait dans lequel le désert joue, ici comme ailleurs, son rôle d'évidement de la narration et de l'architecture. Un groupe de militaires, surgi d'on ne sait où, se dirige vers une destination inconnue. Les membres de la patrouille sont cernés par un ennemi invisible qui n'a ni visage, ni motivation mais un seul but : exterminer les soldats les uns après les autres. En fait, cet ennemi est purement virtuel et n'existe que par la trajectoire invisible des balles qui atteignent les hommes par surprise. Ford s'intéresse essentiellement à l'implosion du groupe, à sa psychose interne qui va croissante. *Lost Patrol* représente à sa façon l'envers de l'imaginaire fordien puisque le danger reste latent, refusant de favoriser la cohérence interne du groupe. Ici, le dehors est inassimilable par la communauté.

Lost Patrol a sans doute vieilli car la caractérisation des personnages est un peu sommaire, mais il garde une puissance d'étrangeté qui annonce, si l'on veut, un film comme *Amère victoire* de Nicholas Ray. Mention spéciale à Boris Karloff qui trouve un rôle de fanatique dément tout à fait à la mesure de sa démesure. T.J.

THE WORLD MOVES ON

Cette chronique de l'histoire d'une famille de la Nouvelle Orléans essayant, de 1825 à 1929, de sauvegarder sa puissance financière en établissant des succursales en Europe doublées d'alliances matrimoniales, et finalement déchirée par la Première Guerre et ruinée par le Krach, n'a manifestement pas passionnée Ford.Même si certains passages (les combats fratricides durant la guerre) rappellent *Fours Sons, The World Moves on* en est très éloigné. Autant l'intrigue du premier était linéaire et émouvante, autant celle du second est compliquée par des réunions familiales et financières laborieuses, et par les scènes mélodramatiques de Madeleine Carroll et Franchot Tone, qui se retrouvent à travers les âges par des descendants interposés.

Par contraste avec ce mauvais romanesque, Ford traite avec une précision sèche plusieurs séquences imposées par le script. Le duel du début du film est ainsi liquidé en trois à quatre plans acérés. L'affrontement du sous-marin commandé par un membre allemand de la famille et d'un bateau qui transporte ses cousins anglo-saxons est filmé tout aussi nettement et cruellement.

Plus radicalement encore, Ford parasite le film grâce aux apparitions de Stepin' Fetchit enrôlé dans l'armée française parce que fasciné par la tenue des zouaves, terrifié par les combats et rebelle aux lois de la guerre. Dernière dérision, c'est ce bouffon sudiste exilé dans l'Histoire qui, survivant à la Grande Guerre et au Krach, accueillera Franchot Tone ruiné dans la vieille maison familiale délabrée. P.G.

JUDGE PRIEST

Ford reprend la situation (une cité, un métier) et la narration (un mécanisme d'exclusion) du *Dr Bull*, en lui ajoutant une dimension supplémentaire, à la fois historique (Kentucky, 1890 : la mémoire de la guerre civile) et politique, le camp de la guerre (Sud, Nord) étant redistribué par un autre (homme de loi, hors-la-loi). Ce personnage de juge interprété par Will Rogers sera repris et développé par Ford dans *The Sun Shines Bright* mais avec un autre acteur (Will Rogers meurt accidentellement en 1935). Même s'il n'en a pas toute l'amplitude (manque la dimension du racisme et du sexe : viol, lynchage), *Judge Priest* est un film remarquable. Il contient la plus belle scène de cimetière de toute l'œuvre de Ford – la liste est longue – car elle fonctionne en même temps pour le personnage (le juge seul, la nuit, avec son tabouret et ses fleurs, discutant avec la tombe de sa femme) et pour le récit, le juge identifiant Gillis par la tombe sur laquelle il vient se recueillir, le rapprochant ainsi de lui (la mémoire des morts et la parole qu'elle génère). Accusé et jugé au tribunal, Gillis sera défendu par le neveu du juge Priest jusqu'à ce que le révérend, par un aveu (Gillis, ancien criminel), obtienne la révision de son procès et, par son vibrant hommage (ancien forçat, il a été libéré pour combattre dans les rangs sudistes et s'est montré héroïque), son acquittement aux yeux de jurés, vétérans de l'armée sudiste. La longue scène de tribunal, cultivant à la fois le pittoresque-burlesque et le pathétique, est l'autre grand moment du film. Son metteur en scène caché, le juge Priest, craignant que les accents de voix du révérend ne suffisent à emporter l'adhésion du

*1925 LIGHTNIN' (William Fox). 8 050 pieds. *Première* : 23 août. *Réal.* : John Ford. *Scén.* : Frances Marion, d'après la pièce de Winchell Smith et Frank Bacon. *Im.* : Joseph August. *Ass. réal.* : Edward O'Fearna. *Int.* : Jay Hunt (Lightnin'Bill Jones), Madge Bellamy (Millie), Edythe Chapman (Mother Jones), Wallace McDonald (John Marvin), J. Farrell MacDonald (Juge Lemuel Townsend), Ethel Clayton (Margaret Davis), Richard Travers (Raymond Thomas), James Marcus (shérif Blodgett), Otis Harlan (Zeb), Brandon Hurst (Everett Hammond), Peter Mazutis (Oscar).
Comédie tirée d'un succès de Broadway ; cette production de prestige fut très bien distribuée et le public put la voir pendant près de deux ans — ce qui n'était pas fréquent dans les années 20. Les exploitants l'appréciaient, tout en disant que les recettes ne suivaient pas. Aujourd'hui, Madge Bellamy mise à part, son humour un peu pesant nous semble confiné dans les intertitres. Henry King en fit un remake avec Will Rogers en 1930.
Lightnin' Bill Jones est un vieux bonhomme fainéant et déguingandé, à qui on a donné ce surnom par plaisanterie ; il gère avec sa femme l'Hôtel Calivada, à la frontière du Nevada et de la Californie. La « mère » Jones veut vendre l'hôtel, mais un jeune avocat, John Marvin, parvient à convaincre Lightnin' que l'offre est frauduleuse. Comme sa femme persiste, Lightnin' s'exile dans une maison de retraite d'anciens combattants, mais tout est réglé au procès et Marvin fait la conquête de la fille adoptive des Jones.

*1924 HEARTS OF OAK (William Fox). 5 336 pieds. *Première* : 5 octobre. *Réal.* : John Ford. *Scén.* : Charles Kenyon, d'après la pièce de James A. Herne. *Im.* : George Schneiderman. *Int.* : Hobart Bosworth (Tery Dunnivan, capitaine en mer), Pauline Starke (Chrystal), Theodore von Eltz (Ned Fairweather), James Gordon (John Owen), Francis Powers (Grand-père Dunnivan), Francis Ford, Frank Baker.
Terry Dunnivan, vieux capitaine au long cours, adopte l'orpheline Chrystal qui devient une jeune fille et tombe amoureuse de Ned. Mais Ned part en voyage ; il est porté disparu. Deux ans passent, le vieux capitaine s'apprête à marier sa filleule, mais on retrouve l'épave d'un vapeur avec Ned qui a survécu. Le capitaine épouse Nancy, mais apprend qu'elle aime Ned, le suit, l'engage dans une expédition arctique et, mourant dans un désert de glace, entend les voix de sa femme et de son bébé (« *Adieu papa !* »). Ned et Chrystal se marient.
Exhibitors' Trade Review : « *Du grand Bosworth !... des photos de la mer, de l'Arctique, de la Nouvelle-Angleterre... un véritable triomphe du réalisme... bien placé au box-office !* »

1925 KENTUCKY PRIDE (William Fox). 6 597 pieds. *Première* : 6 septembre. *Réal.* : John Ford. *Scén.* : Dorothy Yost. *Im.* : George Schneiderman, Edmund Reek. *Ass. réal.* : Edward O'Fearna. Tourné dans le Kentucky. *Int.* : Henry B. Walthall (Roger Beaumont), J. Farrell Mac Donald (Mike Donovan), Gertrude Astor (Mme Beaumont), Malcolm Waite (Greve Carter), Belle Stoddard (Mme Donovan), Winston Miller (Danny Donovan), George Read (maître d'hôtel), Peaches Jackson (Virginia Beaumont) et les chevaux Man O'War, Fair Play, The Finn, Confederacy, et Virginia's Future (elle-même), Negofol (son père), Morvich (son mari).
Histoire de chevaux.

*1925 THE FIGHTING HEART (William Fox). 6 798 pieds. *Sortie* : 18 octobre. *Réal.* : John Ford. *Scén.* : Lilie Hayward d'après *Once to Every Man* de Larry Evans. *Im.* : Joseph H. August. Distribué avec des séquences teintées. *Int.* : George O'Brien (Danny Bolton), Billie Dove (Doris Anderson), J. Farrell MacDonald (Jerry), Diana Miller (Helen Van Allen), Victor McLaglen (Soapy Williams), Bert Woodruff (Grand-père Bolton), James Marcus (Juge Maynard), Lynn Cowan (Chub Morehouse), Harvey Clark (Dennison), Hank Mann (son assistant), Francis Ford (idiot du village), Francis Powers (John Anderson), Hazel Howell (Oklahoma Kate), Edward Piel (Flash Fogarty), Frank Baker (manager).
La ville méprise un peu les Bolton, dont tous les mâles sont des ivrognes, sauf le jeune Denny qui n'aime pas ça du tout. Lorsqu'il découvre que Soapy Williams vend du whisky trafiqué à son grand-père, il lui flanque une volée. Quand le grand-père meurt et que sa fiancée Doris se retourne contre lui (elle le soupçonne de boire), Denny suit l'avis d'un reporter : il va à New York pour devenir boxeur. On lui donne sa chance au gymnase de Flash Fogarty et il gagne un match contre Williams (devenu champion poids-lourd), mais l'égérie de Williams, Helen, le vampe et Denny néglige son entraînement ; il perd son combat. Plus tard, Denny rencontrera Williams et Helen à la sortie d'un night-club et, hors de lui, le mettra K.O. sur le pavé et reviendra à sa Doris. Moving Picture World (26 septembre 1925) « George O'Brien est un vrai homme, " pas un gandin comme Mix ". Bon film sans plus. Trop de caractère et d'atmosphère ; trop lent. »

*1925 THANK YOU (William Fox) 6900 pieds. *Première* : 1er novembre. *Réal.* : John Ford. *Prod.* : John Golden. *Scén.* : Frances Marion, d'après la pièce de Winchell Smith et Tom Cushing. *Im.* : George Schneiderman. Distribué avec des séquences teintées. *Int.* : George O'Brien (Kenneth Jamieson), Jacqueline Logan (Diana Lee, la mère), Alec Francis (David Lee), J. Farrell Mac Donald (Andy), Cyril Chadwick (Mr Jones), Edith Bostwick (Mme Jones), Vivian Ogden (Miss Glodgett), James Neill (Dr Cobb), Billy Rinaldi (Sweet, Jr), Maurice Murphy (Willie Jones), Robert Milasch (Sweet Sr), George Fawcett (Jamieson, Sr), Marion Harlan (Millie Jones), Ida Moore, Frankie Bailey (commères).
Après une série d'escapades, Kenneth Jamieson est exilé par son milliardaire de père dans une ferme du petit village de Dedham où, le jour même, Diane, la nièce du révérend David Lee, arrive de Paris, habillée par les meilleurs couturiers ; David est émerveillé. Quelques jours plus tard, Kenneth se saoule et offense gravement Diane, mais David lui parle et il s'amende. David, sous-payé, toujours forcé de mendier, est menacé de ne pas être augmenté à moins qu'il fasse partir sa nièce ; Jones alerte Jamieson Senior qui essaye de piéger Diane, la soupçonnant d'être à la recherche d'un beau parti. Mais Diane s'en tire bien, surtout après avoir soigné Kenneth qui était tombé malade. Jamieson Sr fait un vibrant sermon aux villageois et leur reproche d'être des hypocrites et des pharisiens, surtout avec David. Peu après, David et Jamieson Sr, qui se connaissent depuis longtemps, seront enchantés des fiançailles de Diane et Kenneth. Moving Picture World (3 octobre 1925) : « Sympahtique, mais trop d'étude des personnages ralentit l'action. »

1926 THE SHAMROCK HANDICAP (William Fox). 5 685 pieds. *Première* : 2 mai. *Réal.* : John Ford. *Scén.* : John Stone, d'après un sujet de Peter B. Kyne. *Im.* : George Schneiderman. *Intertitres* : Elizabeth Pickett. *Ass. réal.* : Edward O'Fearna. Distribué avec des séquences teintées. *Int.* : Leslie Fanton (Neil Ross), J. Farrell Mac Donald (Con O'Shea),

Janet Gaynor (Sheila O'Hara), Louis Payne (Sir Miles O'Hara), Claire McDowell (Molly O'Shea), Willard Louis (Orville Finch), Andy Clark (Chesty Morgan), George Harris (Benny Ginsburg), Ely Reynolds (Virus Cakes), Thomas Delmar (Michael), Brandon Hurst (procureur).
Courses de chevaux ; Irlande et Amérique. Certaines filmographies donnent aux personnages des noms différents ; ceux que nous donnons correspondent à la copie existante.

1926 THREE BAD MEN (William Fox). 8 710 pieds. *Première* : 28 août. *Réal.* : John Ford. *Scén.* : Ford, John Stone, d'après le roman *Over the Border* de Herman Whitaker. *Im.* : George Schneiderman. Tourné à Jackson Hole, Wyoming et dans le désert du Mojave. *Tournage* : mars-mai. Distribué avec des séquences teintées. *Int.* : George O'Brien (Dan O'Malley), Olive Borden (Lee Carlton), J. Farrell Mac Donald (Mike Costigan), Tom Santschi (Bull Stanley), Frank Campeau (Spade Allen), Louis Tellegen (shérif Layne Hunter), George Harris (Joe Minsk), Jay Hunt (le vieux prospecteur), Priscilla Bonner (Millie Stanley), Otis Harlan (Zack Leslie), Walter Perry (Pat Monahan), Grace Gordon (l'amie de Millie), Alec B. Francis (Rev. Calvin Benson), George Irving (Gén. Neville), Phyllis Haver (la beauté de la prairie), Vester Pegg, Bud Osborne.
La ruée vers la terre au Dakota en 1876.

1926 THE BLUE EAGLE (William Fox). 6 200 pieds. *Première* : 12 septembre. *Réal.* : John Ford. *Scén.* : L.G. Rigby, d'après *The Lord's Referee* de Gerald Beaumont. *Im.* : George Schneiderman. *Ass. réal.* : Edward O'Fearna. *Intertitres* : Malcolm Stuart Boylan. Distribué avec des séquences teintées. *Int.* : George O'Brien (George Darcy), Janet Gaynor (Rose Cooper), William Russell (Big Tim Ryan), Robert Edeson (le père Joe O'Reagan), David Butler (Nick Galvani), Phillip Ford (Limpy Darcy), Ralph Sipperly (Slats Mulligan), Margaret Livingston (Mary Rohan), Jerry Madden (Baby Tom), Harry Tenbrook (Bascom), Lew Short (Capt. McCarthy), Frank Baker.
Sur un navire, l'attaque d'un sous-marin interrompt une bagarre entre Darcy et Ryan qui aiment tous deux Rose Cooper. Après la guerre, leur patron (également pasteur d'une paroisse des quais) les réunit momentanément, le temps de détruire un sous-marin qu'utilisent des trafiquants de drogue ; puis il arbitre leur pugilat. Darcy gagne le combat et le cœur de Rose. Mais le père Joe trouve une veuve pour Ryan et tout se termine par une parade d'anciens combattants. Le personnage du prêtre-soldat préfigure les rôles virils de Ward Bond ; l'humour inventif atténue la banalité du film. Janet Gaynor n'a que deux ou trois scènes, hélas ! Considéré comme un bon film de divertissement en 1926. La seule copie disponible est amputée de nombre de séquences.

+1926 WHAT PRICE GLORY ? (William Fox). 12 bobines. *Première* : 23 novembre. *Réal.* : Raoul Walsh. *Int.* : Victor Mc Laglen, Edmund Lowe.
On dit que Ford dirigea certains plans de la séquence de départ-pour-le-front.

*1927 UPSTREAM (William Fox). 5 510 pieds. *Première* : 30 janvier. *Réal.* : John Ford. *Scén.* : Randall H. Faye d'après *The Snake's Wife* de Wallace Smith. *Im.* : Charles G. Clarke. *Ass. réal.* : Edward O'Fearna. Nancy Nash (Gertie King), Earle Foxe (Eric Brasingham), Grant Withers (Jack Le Velle), Raymond Hitchcock (le navigateur), Lydia Yeamans Titus (Miss Breckenridge), Emile Chautard (Campbell Mandare), Ted Mc Namara, Sammy Cohen (équipe de danse), Francis Ford (prestidigitateur), Judy King, Lilian Worth (équipe jumelle), Jane Winton (soubrette), Harry Bailey (Gus Hoffman), Ely Reynolds (Deerfoot), Frank Baker.
Dans une pension pour acteurs de comédie musicale, le prétentieux Brasingham est élu (en vertu de sa célébrité) pour une reprise de Hamlet *dans le West-End ; il s'en tire très bien. Mais il oublie de remercier son manager et, comme il revient chez lui pour assister à un mariage (sa fiancée épouse son partenaire-lanceur-de-couteaux), il croit qu'on lui fait jouer une pièce et se fait expulser ; il n'en sourit pas moins aux photographes. Tiré d'un film de Francis Ford (*Matinee, *1925) qui ne fut jamais distribué.*

+1927 SEVENTH HEAVEN (William Fox). 12 bobines. *Première* : 6 mai. *Réal.* : Frank Borzage. *Int.* : Janet Gaynor, Charles Farrell, etc.
Ford mit en scène certaines parties de la séquence des taxis de la Marne.

*1928 MOTHER MACHREE (William Fox). 75 minutes. *Première* : 22 janvier. *Réal.* : John Ford. *Scén.* : Gertrude Orr, d'après une chanson et des paroles de Rida Johnson Young. *Im.* : Chester Lyons. *Mont. et intertitres* : Katherine Hilliker, H. H. Caldwell. *Ass. réal.* : Edward O'Fearna. Distribué avec des séquences teintées ambre clair, lavande, vert et bleu. *Sortie nationale* : 5 mars. Musique et sons synchronisés, avec chanson chantée par une voix synchrone. *Int.* : Belle Bennet (Ellen Mc Hugh, Mother Machree), Neil Hamilton (Brian Mc Hugh), Philippe de Lacy (Brian, enfant), Pat Somerset (Bobby De Puyster), Victor Mc Laglen (Terence O'Dowd, Géant de Kilkenny), Ted McNamara (Harper, de Wexford), William Platt (Pipps, le nain de Munster), John Mac Sweeney (prêtre irlandais), Eulalie Jensen (Rachel van Studdiford), Constance Howard (Edith Cutting), Ethel Clayton (Mme Cutting), Jacques Rollens (Signor Bellini), Rodney Hildbrand (Brian Mc Hugh, Sr), Joyce Wirard (Edith Cutting, enfant), Robert Parrish (enfant).
Une famille divisée dans l'Irlande de 1899, se réunit quelques années plus tard en Amérique. Le département publicité de la Fox annonça The Story of Mother Machree *en juin 1926 ; en septembre, la production commençait. En novembre, on annonçait la première pour le 12 décembre 1926, à cause d'une campagne de marketing des disques de la bande originale. Mais de film, point ! En février, juste après la fin du tournage de* Sunrise, *Ford s'en va en Allemagne et ne revient qu'en avril. En mai 1927, lors d'un congrès de la Fox à Atlantic City, on projeta en même temps* Sunrise, Seventh Heaven, *et* Mother Machree *(avec bande-son ?) et en avril on projeta au Roxy les premières bandes d'actualités sonores. En septembre, première de* Sunrise, *dans sa version sonorisée Movietone ;* Four Sons *était presque terminé. En janvier 1928, on murmurait que* Mother Machree *avait coûté 750.000 dollars et que son « retard » était justifié commercialement. (On l'avait pourtant déjà projeté en avant-première à l'Astoria Theater de Londres en septembre 1927 — probablement en version muette.) Seules trois bobines ont survécu, dont l'une ne contient que de la musique d'ouverture.*

1928 FOUR SONS (William Fox). 100 minutes. *Première* : 13 février. *Réal.* : John Ford. *Scén.* : Philip Klein, d'après *Grandma Bernle Learns Her Letters* d'I.A.R. Wylie, et d'un traitement de Herman Bing (non crédité). *Im.* : George Schneiderman, Charles G. Clarke. *Ar. mus.* : S.L. Rothafel. *Mus. originale* : Carli Elinor. *Chans.* : *Little Mother* par Erno Rapee, Lee

jury, demande à son acolyte (Stepin' Fetchit), installé hors de l'enceinte, de jouer avec son orchestre « Dixie » au moment opportun. *Judge Priest* confirme cette idée que c'est à travers la loi comme sujet que Ford s'est intéressé à son théâtre (un art de la représentation, la fonction de la mise en scène). C.T.

THE WHOLE TOWN'S TALKING (Toute la ville en parle)*

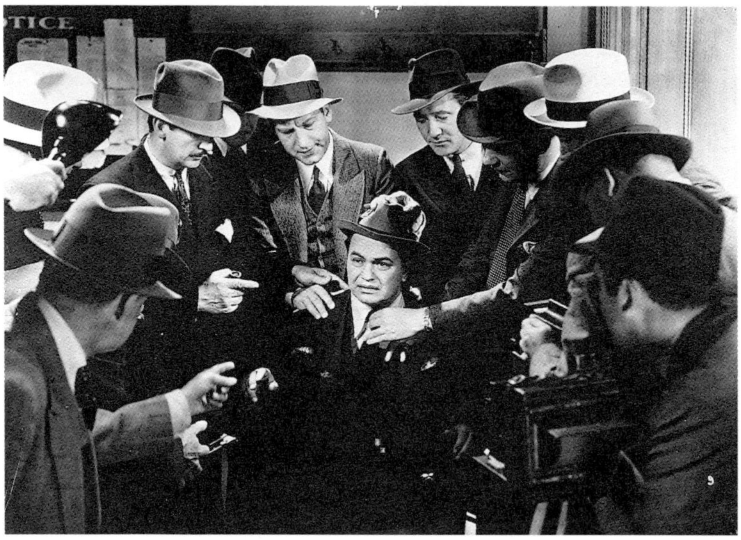

The Whole Town's Talking est un film à part dans l'œuvre de Ford pour de nombreuses raisons, ne serait-ce que parce que c'est le seul qui s'inscrit dans un genre qu'il a toujours côtoyé, la comédie. On l'a parfois rapproché des grandes comédies de Capra ou du Vidor de *La Foule* pour sa description des petites gens et de l'Amérique profonde. Il faut pourtant remarquer que Ford greffe les éléments de comédie sur un genre « sérieux », alors en pleine ascension et dont Edward G. Robinson est une des figures emblématiques, le « film noir ». Pour le reste, Ford a recours à un procédé ultra-classique de la comédie, celui du double et plus précisément du sosie. Employé d'une ponctualité exemplaire, c'est le jour où, pour la première fois depuis huit ans, il arrive en retard à son travail, que Jones découvre par une photo parue à la une de tous les journaux qu'il ressemble à l'ennemi public numéro un, « Killer » Mannion. Cette ressemblance lui vaut d'être arrêté puis relâché, muni d'un passeport spécial que le tueur va bientôt mettre à profit pour commettre de nouveaux forfaits en échappant à la police. Ford utilise cette structure élémentaire, voire simpliste, avec une efficacité parfaite. Il trouve là une façon indirecte de parler de l'Amérique en crise à travers un personnage d'employé timide et soumis qui découvre en lui-même les ressources vitales pour devenir un « tueur » lorsque sa vie et son bonheur sont mis en péril sans que les forces sociales puissent le protéger. J.M.

THE INFORMER (Le Mouchard)

The Informer fait partie des œuvres de Ford fondées sur le statisme et l'enfermement de l'être auquel la communauté n'offre aucune perspective. Gypo Nolan est à la fois exclu de l'IRA pour avoir refusé d'exécuter un policier anglais de ses amis et suspect auprès des Anglais. Rejeté par ces deux communautés, il ne peut qu'errer en vain, tourner en rond, s'enfermer dans des rêves sans issue. L'expressionnisme outrancier du film – qui fit en son temps son succès critique et suscita plus tard son rejet – avec ses plans hypercomposés, ses brumes, sa lenteur calculée et pesante, renvoie parfaitement à ce piétinement qui condamne moins le personnage de Gypo qu'une société incapable de proposer des solutions viables. La seule ouverture que peut trouver Gypo est dans le rêve factice d'évasion, l'ailleurs mythique proposé par la publicité d'une compagnie de navigation. S'enfonçant de plus en plus dans l'imaginaire, Gypo perd tout contact avec la réalité, trahit ses propres valeurs et court à sa perte. *The Informer* n'est pas sans évoquer une tendance qui traverse à cette époque une grande part du cinéma : au-delà des références conscientes à Murnau et à Lang, les correspondances avec le réalisme poétique français et des films tels que *Quai des brumes* ou *Le Jour se lève* sont flagrantes. Comme le jeu de Gabin ou d'Arletty, celui de McLaglen introduit dans cet univers figé une vie et une vérité – ses hésitations et ses airs de bête traquée – qui confèrent au film un charme certain au-delà de ses maniérismes exaspérants. J.M.

STEAMBOAT ROUND THE BEND

Le dernier volet de la trilogie Will Rogers ajoute à la gravité des deux précédents une bonne dose de comédie truculente. Le sérieux du propos (le meurtre légal d'un innocent), qui n'aurait pas déplu à un Fritz Lang, est organisé sur le schéma griffithien (montage alterné, suspense) de la fin d'*Intolérance* et des *Deux Orphelines* sauf que Ford préfère les bateaux du Mississipi au train et au cheval.

La comédie pour Ford est affaire de personnages. Elle vient d'eux, de leur nature, non d'une situation qui leur est extérieure. La comédie est donc moins une technique, un exercice de style (construction, ellipse) qu'une philosophie de la vie, un hédonisme social qui place l'homme face à l'humanité et à ses responsabilités. Dans *Steamboat*, deux amis-ennemis emportent le film : un médecin charlatan (Will Rogers) et un prêcheur, un « Nouveau Moïse » (Berton Churchill) tout aussi fantaisiste. La scène finale où le bateau du docteur, transformé en Musée Grévin, va sauver l'innocent est traversé d'une belle idée. En panne de combustible, on jette au feu les figures de cire pour faire avancer le bateau si bien que les monuments du passé de l'histoire de l'Amérique (Lincoln et consorts) ne peuvent trouver meilleure destinée : assurer le triomphe de la vérité au *présent*. *Idem* pour le diabolique breuvage médicamenteux, également promis au feu : l'instrument du vice, sitôt détruit, révèle d'insoupçonnées vertus. A verser au dossier, très fourni chez Ford (la scène de tribunal du *Judge Priest*) de la fin (la vérité) et des divers moyens pour la faire admettre. C.T.

THE PRISONER OF SHARK ISLAND
(Je n'ai pas tué Lincoln)

La même année que *Fury* (1936), John Ford réalise l'un de ses films les plus étranges. *The Prisoner of Shark Island* est aussi l'odyssée d'un « faux coupable », le Dr Samuel Mudd (c'est une histoire vraie), soupçonné de complicité dans le meurtre d'Abraham Lincoln. Le destin s'acharne, sous la forme d'une botte portant le nom de l'assassin de Lincoln (venu se faire soigner la jambe chez Mudd). Importance de l'objet dans le cinéma de Ford, non pas comme figure fétichiste (spécialité du jésuite Hitchcock) mais comme fausse piste narrative : *The Prisoner of Shark Island* est donc un film plutôt langien et son héros pourrait d'ailleurs être comparé au Henry Fonda de *J'ai le droit de vivre* (trahi par son chapeau, porté par un autre). *The Prisoner of Shark Island* insiste donc sur la fragilité de l'Histoire (une constante chez Ford) mais se veut aussi une réflexion sur la vérité et le savoir : celui du médecin Mudd, sauvant le pénitencier de Shark Island de l'épidémie, permet à ce dernier de triompher et de se disculper d'un crime qu'il n'a pas commis. Avec *The Prisoner of Shark Island*, Ford reprend sur un ton plus noir les thèmes de *Steamboat Round the Bend* (ou le médecin Will Rogers innocentait son neveu) condensant les deux personnages du précédent film en un seul. Le résultat est totalement déjanté : on passe du Griffith de *Birth of a Nation* (l'attentat contre Lincoln au début du film) à une atmosphère bucolique, puis à l'angoisse (orages, arrestations, et jugement) et enfin à l'horreur (Shark Island). Sublime kaléidoscope de styles comme seul le Ford de cette époque pouvait l'assumer. *The Prisoner of Shark Island* est un grand film. N.S.

MARY STUART
(Marie Stuart)

Le générique de *Marie Stuart* est un petit chef-d'œuvre, sans doute la seule pièce intéressante d'un film que l'on peut oublier. Sur un fond de tissu écossais défilent les noms des acteurs et des collaborateurs de Ford, le tout rythmé au son de quatre musiques successives : cornemuses, morceau lyrique, intermède tragique aux lourds effets, puis légère musique de cour. L'héroïne est présentée (Katharine Hepburn, incarnant avec sincérité la reine malheureuse) ; le genre est annoncé –

Pollack, chantée par Harold Van Duzee et le Roxy Male Quartette. *Mont.* : Margaret V. Clancey. *Intertitres* : Katherine Hilliker, H H. Caldwell. *Ass. réal.* : Edward O'Fearna. Distribué avec musique et effets sonores synchronisés. *Int.* : Margaret Mann (Frau Bernle), James Hall (Joseph Bernle), Charles Morton (Johann Bernle), George Meeker (Andres Bernle), Francis X. Bushman Jr (Franz Bernle), June Collyer (Annabelle Bernle), Albert Gran (le facteur), Earle Foxe (Major Von Stomm), Frank Reicher (le directeur), Jack Pennick (l'ami américain de Joseph), Archiduc Léopold d'Autriche (capitaine allemand), Hughie Mack (patron de l'auberge), Wendell Franklin (James Henry), Auguste Tollaire (le major), Ruth Mix (la fiancée de Johann), Robert Parrish (l'enfant), Michael Mark (l'ordonnance de Von Stomm), L. J. O'Conner (aubergiste), Ferdinand Schumann-Heink, Capt John Porters, Carl Boheme, Constant Franke, Hans Furberg, Tibor von Janny, Stanley Blystone, Lt George Blagoi (officiers), Frank Baker (soldat).
Une mère bavaroise perd trois fils dans la Grande Guerre et va retrouver le quatrième en Amérique.

1928 HANGMAN'S HOUSE (William Fox). 6 518 pieds. *Première* : 13 mai. Muet. *Réal.* : John Ford. *Scén.* : Marion Orth, Willard Mack d'après un roman de Brian Oswald Donnbyrne, adapté par Philip Klein. *Im.* : George Schneiderman. *Mont.* : Margaret V. Clancey. *Intertitres* : Malcolm Stuart Boylan. *Ass. réal.* : Phil Ford. *Int.* : Victor Mc Laglen (Citizen Hogan), Hobart Bosworth (James O'Brien, Lord Chief Justice), June Collyer (Connaught O'Brien), Larry Kent (Dermott Mc Dermott), Earle Foxe (John D'Arcy), Eric Mayne (colonel des légionnaires), Joseph Burke (Neddy Joe), Belle Stoddard (Anne McDermott), John Wayne (spectateur aux courses de chevaux, bourreau), Frank Baker (officier anglais).
Un exilé revient en Irlande pour délivrer son pays d'un voyou.

*1928 NAPOLEON'S BARBER (William Fox-Movietone). 2 980 pieds. *Première* : 24 novembre. 100% parlant. *Réal.* : John Ford. *Scén.* : Arthur Caesar, d'après sa pièce. *Im.* : George Schneiderman. *Intertitres* : Malcolm Stuart Boylan. Distribué dans une version sonore et parlante. *Int.* : Otto Matiesen (Napoléon), Frank Reicher (barbier), Natalie Golitzin (Joséphine), Helen Ware (femme du barbier), Philippe De Lacy (fils du barbier), Russel Powell (forgeron), Buddy Roosevelt, Ervin Renard, Joe Waddell, Youcca-Troubetzkoy (officiers français), Henry Herbert (soldat), D'Arcy Corrigan (tailleur), Michael Mark (paysan).
Un barbier se vante bruyamment de ce qu'il ferait à Napoléon, ne sachant pas que son client est Napoléon.
Ford enregistra le passage du carrosse de Joséphine sur un pont contre l'avis de son ingénieur du son et obtint un résultat parfait. Il a prétendu que c'était « *la première fois qu'on tournait en extérieur avec un système sonore* » — ce qui n'est exact que pour les films non-documentaires. Les Fox Movietone News avaient déjà beaucoup enregistré en extérieur : en particulier les cadets de West Point (projeté le 30 avril 1927 au Roxy) et le décollage de Lindbergh, le 20 mai 1927. *Moving Picture World*, du 26 février 1927, rendant compte de la projection de *Napoleon's Barber* au Grove Street Theater, en parle comme d'un « *joyau de l'écran, hilarant, et qui aurait probablement fait un malheur avec une star comme Buster Keaton ou Harry Langdon.* » Ford commença le tournage le 29 septembre 1928.

1928 RILEY THE COP (William Fox). 67 minutes. *Première* : 25 novembre. *Réal.* : John Ford. *Scén.* : James Gruen, Fred Stanley. *Im.* : Charles G. Clarke. *Mont.* : Alex Troffey. *Ass. réal.* : Phil Ford. Distribué avec musique et effets sonores synchronisés. *Int.* : J. Farrell Mac Donald (Aloysius Riley), Louise Fazenda (Lena Krausmeyer), Nancy Drexel (Mary), David Rollins (Davy Collins), Harry Schultz (Hans Krausmeyer), Billy Bevan (chauffeur de taxi parisien), Mildred Boy (Caroline), Ferdinand Schumann-Heink (Julius), Del Henderson (juge), Russel Powell (Kuchendorf), Mike Donlin (escroc), Robert Parrish.
Un gentil flic new-yorkais voyage en Allemagne.

?*? 1929 STRONG BOY (William Fox). 63 minutes. *Première* : 3 mars. *Réal.* : John Ford. *Scén.* : James Kevin Mc Guinness, Andrew Bennison, John Mc Lain, d'après un sujet de Frederick Hazlett Brennan. *Im.* : Joseph H. August. *Intertitres* : Malcolm Stuart Boyland. Distribué avec musique et effets sonores synchronisés. *Int.* : Victor Mc Laglen (William « Strong Boy » Bloss), Leatrice Joy (Mary Mc Gregor), Clyde Cook (Pete), Slim Summerville (Slim), Kent Sanderson (Wilbur Watkins), Tom Wilson (chef-bagagiste), Jack Pennick (bagagiste), Eulalie Jensen (la reine), David Torrence (directeur des chemins de fer), J. Farrell Mac Donald (Angus McGregor), Dolores Johnson (ouvreuse), Douglas Scott (Wobby), Robert Ryan (porteur), Frank Baker. Titre envisagé : *The Baggage Smasher.*
Un porteur de gare devient un héros et épouse la fille du patron. La seule copie de ce film — un nitrate en 35 mm — existait, paraît-il, dans une collection privée australienne. Existe-t-elle toujours ?

1929 THE BLACK WATCH (William Fox). 93 minutes. *Première* : 8 mai. 100% parlant. *Réal.* : John Ford. « *Mise en scène* » : Lumsden Hare. *Scén.* : James Kevin, Mc Guiness, John Stone, Frank Barber, d'après le roman *J.-King of the Khyber Rifles* de Talbot Mundy. *Im.* : Joseph H. August. *Dir. art.* : William Darling. Chanson *Flowers of Delight* (et arrangements musicaux), de William Kernell. *Mont.* : Alex Troffey. *Ass. réal.* : Edward O'Fearna. *Tournage* : janvier-février. *Int.* : Victor Mc Laglen (Capt. Donald King), Myrna Loy (Yasmani), Roy D'Arcy (Rewa Ghunga), Pat Somerset (officier écossais), David Rollins (Lt Malcolm King), Mitchell Lewis (Mohammed Khan), Walter Long (Harem Bey), Frank Baker, David Percy (officiers écossais), Lumsden Hare (colonel), Cyril Chadwick (Maj. Twynes), David Torrence (Marechal), Francis Ford (Maj. MacGregor), Claude King (général en Inde), Frederick Sullivan (aide du général), Joseph Diskay (Muezzin), Richard Travers (adjudant), Joyzelle.
*Remake d'*Henry King *en 1954, sous le titre de* King of the Khyber Rifles.

1929 SALUTE (William Fox). 86 minutes. *Première* : 1er septembre.100% parlant. *Réal.* : John Ford. *Scén.* : James K. McGuiness, d'après un sujet de Tristram Tupper, John Stone. *Im.* : Joseph H. August. *Mont.* : Alex Troffey. *Intertitres* : Wilbur Morse Jr. *Ass. réal.* : Edward O'Fearna, R. L. Hough. Tournage à Annapolis, mai-juillet. *Int.* : Wiliam Janney (Aspirant Paul Randall), Helen Chandler (Nancy Wayne), Stepin Fetchit (Smoke Screen), Frank Albertson (Aspirant Albert Edward Price), George O'Brien (Cadet John Randall), Joyce Compton (Marion Wilson), Cliff Dempsey (Maj. Gen. Somers), Lumsden Hare (contre-amiral Randall), David Butler (entraîneur de la marine), Rex Bell (cadet), John Breeden, Ward Bond, John Wayne (aspirants).
Un jeune homme entre dans Annapolis.

*+ 1929 BIG TIME (William Fox). 83 minutes (ou 87). *Première* : 7 septembre.100% parlant. *Réal.* : Kenneth Hawks. *Int.* : Lee Tracy, Mae Clark, Stepin Fetchit, John Ford (dans son propre rôle).
Mélodrame sur une famille du music-hall qui finit à Hollywood.

*1930 MEN WITHOUT WOMEN (William Fox). 77 minutes. *Première* : 31 janvier. *Réal.* : John Ford. « *Mise en scène* » : Andrew Bennison. *Scén.* : Dudley Nichols, d'après *Submarine* de John Ford et James K. Mc Guiness. *Im.* : Joseph H. August. *Dir. art.* : William S. Darling. *Mus.* : Peter Brunelli, Glen Knight. *Mont.* : Paul Weatherwax. *Ass. réal.* : Edward O'Fearna. *Cons. techn.* : Schuyler E. Gray. *Tournage* : Catalina, automne 1929. *Int.* : Kenneth Mc Kenna (Burke), Frank Albertson (Price), Paul Page (Handsome), Pat Somerset (Lt Digby, R.N.), Walter Mc Grail (Cobb), Stuart Erwin (Jenkins, opérateur radio), Warren Hymer (Kaufman), J. Farrell MacDonald (Costello), Roy Stewart (Capt. Carson), Warner Richmond (Lt Commandant Bridewell), Harry Tenbrook (Winkler), Ben Hendricks Jr. (Murphy), George LeGuere (Pollosk), Charles Gerrard (Weymouth), John Wayne, Robert Parrish, Frank Baker.
Un night-club à Shanghaï : Weymouth croit que « Burke » est en fait Quatermain, seul survivant d'un destroyer coulé par une torpille, et qui abritait « le plus grand maréchal d'Angleterre » ; il y eut un scandale à propos d'une Lady Patricia que Quatermain avait fréquentée, mais « J'ai décidé de ne pas entacher la réputation de la dame et de vouer aux gémonies la mémoire de mon meilleur ami ». Plus loin, un homme doit demeurer dans un sous-marin échoué. Burke parle à Price de Quatermain, « un homme dont le nom a disparu mais qui n'est pas vraiment mort ». Quand Price refait surface, il dit à Weymouth : « Il s'appelait Burke, il est de mon village. » Les seules copies existantes sont muettes avec des intertitres. Il semble que la version parlante ait disparu.

1930 BORN RECKLESS (William Fox). 82 minutes. *Première* : 11 mai. *Réal.* : John Ford. *Mise en scène* : Andrew Bennison. *Scén.* : Dudley Nichols d'après le roman *Louis Beretti* de Donald Henderson Clarke. *Im.* : George Schneiderman. *Dir. art.* : Jack Schulze. *Prod. ass.* : James K. McGuiness. *Mont.* : Frank E. Hull. *Ass. réal.* : Edward O'Fearna. *Int.* : Edmond Lowe (Louis Beretti), Catherine Dale Owen (Joan Sheldon), Lee Tracy (Bill O'Brien), Marguerite Churchill (Rosa Beretti), Warren Hymer (Big Shot), Pat Somerset (Duke), William Harrigan (Good News Brophy), Frank Albertson (Frank Sheldon), Ferike Boros (Ma Beretti), J. Farrell Mac Donald (procureur de la République), Paul Porcasi (Pa Beretti), Eddie Gribon (Bugs), Mike Donlin (Fingy Moscovitz), Ben Bard (Joe Bergman), Paul Page (Ritzy Reilly), Joe Brown (Needle Beer Grogan), Jack Pennick, Ward Bond (soldats), Roy Stewart (Cardigan procureur de la République), Yola D'Avril (la jeune fille française).
New York, 1917. Afin de se faire un peu de publicité, un procureur envoie trois cambrioleurs à la guerre « plutôt qu'à l'ombre ». Après la campagne de France, l'un d'eux, Louis Beretti, jure de se venger d'un gangster qui a tué le mari de sa sœur, mais cette histoire s'arrête là. Il va proposer le mariage à Joan, mais il rencontre son fiancé ; fini l'amour ! 1920 : il fait fortune en ouvrant un speakeasy, sert d'alibi à un chef de la pègre qui a tué un indic. 1922 : Le caïd kidnappe la fille de Joan ; Louis parvient à la libérer et tue le caïd.

1930 UP THE RIVER (William Fox). 92 minutes. *Première* : 12 octobre. *Réal.* : John Ford. *Mise en scène* : William Collier Jr. *Scén.* : Maurine Watkins, Ford et William Collier Sr. *Im.* : Joseph H. August. *Déc.* : Duncan Cramer. *Mus. et lyrics* : Joseph McCarthy, James F. Hanley. *Cost.* : Sophia Wachner. *Mont.* : Frank E.Hull. *Ass. réal.* : Edward O'Fearna, Wingate Smith. *Tournage* : été. *Int.* : Spencer Tracy (St Louis), Warren Hymer (Dannemora Dan), Humphrey Bogart (Steve Phillips), Claire Luce (Judy), Joan Lawes (Jean), Sharon Lynn (Edith La Verne), George Mc Farlane (Jessup), Gaylord Pendleton (Morris), Morgan Wallace (Frosby), William Collier Sr (Pop), Robert E. O'Connor (gardien), Louise Mac Intosh (Mme Massey), Edythe Chapman (Mme Jordan), Johnny Walker (Happy), Noel Francis (Sophie), Mildred Vincent (Annie), Wilbur Mack (Whitelay), Goodee Montgomery (Kit), Althea Henley (Cynthia), Carol Wines (Daisy Elmore), Adele Windsor (Minnie), Richard Keene (Dick), Elizabeth et Helen Keating (May et June), Robert Burns (Slim), John Swor (Clem), Pat Somerset (Beauchamp), Joe Brown (gardien suppléant), Harvey Clark (Nash), Black and Blue (Slim et Klem), Morgan Wallace (Fosby), Robert Parrish, Ward Bond (prisonnier).
Comédie qui se passe en prison. La copie a disparu ; de nombreux clichés ont survécu.

1931 SEAS BENEATH (William Fox). 99 minutes. *Première* : 30 janvier. *Réal.* : John Ford. *Scén.* : Dudley Nichols, d'après un sujet de James Parker Jr. *Im.* : Joseph H. August. *Mont.* : Frank E. Hull. *Tournage* : Catalina, en novembre. *Int.* : George O'Brien (Comm. Bob Kingsley, U.S. Navy), Marion Lessing (Anna Marie Von Steuben), Warren Hymer (Lug Kaufman), William Collier, Sr (Mugs O'Flaherty), John Loder (Franz Schilling), Walter C. « Judge » Kelly (Chef Mike « Guns » Costello), Walter Mc Grail (Joe Cobb), Henry Victor (Ernst Von Steuben, Comm. du U-Boat 172), Mona Maris (Lolita), Larry Kent (Lt MacGregor), Gaylord Pendleton (Ens. Richard Cabot), Nat Pendleton (Butch Wagner), Harry Tenbrook (Winkler), Terry Ray (Reilly), Hans Furberg (Fritz Kampf, 2ème officier, U-172), Ferdinand Schumann-Heik (Adolph Brucker, mécanicien, U-172), Francis Ford (capitaine du chalutier), Kurt Furberg (Hoffman), Ben Hall (Harrigan), Harry Weil (Jevinsky), Maurice Murphy (Merkel), Frank Baker.
Première Guerre Mondiale. Un cargo U.S. camouflé leurre un sous-marin allemand.

1931 THE BRAT (Fox Film). 81 minutes. *Première* : 23 août. *Réal.* : John Ford. *Scén.* : Sonya Levien, S. N. Behrman, Maud Fulton, d'après la pièce de Fulton. *Im.* : Joseph H. August. *Mont.* : Alex Troffey. *Int.* : Sally O'Neill (la môme), Alan Dinehart (Mac Millan Forester), Frank Albertson (Stephen Forester), Virginia Cherrill (Angela), June Collyer (Jane), J. Farrell Mac Donald (Timson, le maître d'hôtel), William Collier Sr (juge), Margaret Mann (la gouvernante), Albert Gran (le pasteur), May Forbes (Mme Forester), Louise MacIntosh (Lena), Ward Bond (policeman).
Déférée devant un tribunal pour n'avoir pas payé un plat de spaghetti, une fille abandonnée est confiée à la garde de l'écrivain MacMillan qui l'emmène dans la propriété de sa mère, à Long Island ; elle y fait la connaissance de sa mère, de deux dames de compagnie, d'un évêque jovial et d'un butler de tradition. MacMillan la traite assez froidement jusqu'à ce qu'elle porte son dévolu sur son ivrogne de frère, Steve, et le suit dans son ranch du Wyoming (que la mère désirait vendre pour acheter un superbe yacht à MacMillan).

(un film historique recomposé par Ford et Dudley Nichols autour du destin de Marie Stuart, reine catholique d'Écosse), – mais plus encore, le décor est campé : en arrière-fond, omniprésente, donnant vie à ce film occupé par des héros sans surprise, l'Écosse rêvée d'autrefois, la terre des ancêtres revue par John Ford. Enfin, les quatre musiques du générique composent l'itinéraire de la Reine. Les cornemuses du folklore et des chœurs écossais d'abord, cette musique un peu rude qui, à l'image du viril Bothwell (nu sous son kilt et le montrant à qui veut le voir), saura gagner le cœur de la souveraine. Face à la musique traditionnelle, s'y soumettant finalement, se fait entendre le menuet léger, rappelant la culture française et maniérée de Marie Stuart, incarnée dans le froid palais écossais par son conseiller, minet catholique efféminé bientôt assassiné par les robustes guerriers fanatiques du pasteur Knox, le prédicateur. Celui-ci introduit le troisième thème musical du film : le tragique. Car la reine va mourir. Sacrifiée à la raison d'État par sa cousine Élizabeth d'Angleterre, la catholique tombe sous les coups des anglicans puritains. Enfin, dernier registre, celui qui forme en quelque sorte le lien du film, celui qui, également, enlève à cette œuvre mineure une grande partie de son originalité : le lyrisme romantique. Du destin de Marie Stuart on ne verra donc que des images toutes faites – mais ce n'était pas là le propos de John Ford – et seule émergeant de ce film pesant, « l'atmosphère écossaise », un habitus de folklore saisi entre les chants, la cornemuse et la virilité des guerriers. C'est cela dont John Ford rend compte avec le plus d'émotion.

A. de B.

THE PLOUGH AND THE STARS
(Révolte à Dublin)

Film mineur qui illustre sous forme quelque peu mélodramatique l'opposition de deux concepts irréconciliables : l'amour et le devoir (« *It's a woman's nature to love as it is a man's to fight* »). *The Plough and the Stars* retrace un épisode malheureux de l'Indépendance irlandaise, où, en 1916, une insurrection fut réprimée dans le sang par l'armée britannique. Outre le dilemme majeur incarné dans le conflit entre une femme (Barbara Stanwyck) et son mari (Preston Foster), gradé de l'armée rebelle, l'un des (uniques) intérêts du film réside dans l'économie de moyens : Ford met en scène d'efficaces batailles rangées dans trois maigres décors de rues (en studio). Le film ne serait rien si sa gravité un peu lourde n'était constamment détournée par une trivialité et un sens du grotesque proprement shakespeariens. Je pense aux constantes interventions d'un loufoque moustachu dans un pub, qui pique les bières entamées des clients, déclenche une bagarre comique et tient tête avec effronterie (c'est le véritable héroïsme du film) aux soldats britanniques qui cherchent un rebelle caché dans un cercueil. On frôle même l'anarchisme quand la population respectable profite des combats pour piller les magasins (une pilleuse demande avec esprit : « *Que fait la police* »). Une scène où l'on brise la vitrine d'un café m'a soudain fait penser à un film très actuel, *Do the Right Thing* de Spike Lee, où somme toute il s'agit aussi d'un épisode violent de la lutte d'un peuple opprimé montré dans un quartier populaire.

V.O.

WEE WILLIE WINKIE
(La Mascotte du régiment)

Commande au service de Shirley Temple, considéré par d'hâtifs observateurs comme une œuvre mineure, *Wee Willie Winkie* est film clef, essentiel dans la filmographie de Ford parce qu'il est consacré aux rapports entre colons et colonisés (ceux que l'on retrouvera dans certaines notations de *Seven Women* trente ans plus tard).

Dans cette histoire (d'après Kipling) de petite fille (Willie Winkie) recueillie par un régiment de l'armée des Indes, les Indiens *a priori* « soumis » opposent à l'envahisseur britannique une résistance narquoise, retournent comiquement contre l'Anglais ses propres clichés (« *Yes very hot* », répond mécaniquement un conducteur de chariots à la moindre question) et affichent inertie et incompréhension ironique à toute demande. Un des plans ultimes du film, où l'on capte au vol le regard brillant que les femmes d'officiers posent sur le chef rebelle, n'hésite pas à nous montrer que le désir circule aussi entre blancs et colonisés.

Résistance à l'acculturation, lutte armée des rebelles contre l'armée des Indes, *Wee Willie Winkie* c'est l'impérialisme britannique à travers des yeux d'enfant. L'acuité et

le dénuement du trait sont, en effet, déterminés par le point de vue mis en scène, celui de Willie Winkie.
Il faut prendre ici le terme « point de vue » dans son sens propre. Comme souvent chez Ford le décentrement, la perte d'équilibre du regard, le décalage révèlent le désordre du monde, voire son horreur. Si l'histoire est saisie et perçue ici dans une composante inédite et douloureuse, c'est parce que la lucidité n'implique pas un regard à hauteur d'homme mais à hauteur de petite fille. A.R.

THE HURRICANE

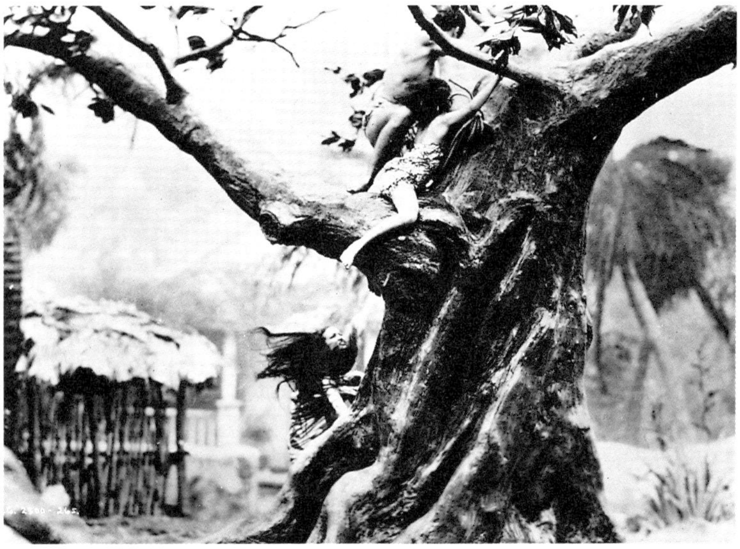

A la fois hommage à *Tabou* de Murnau et préfiguration des réflexions finales de *La Taverne de l'Irlandais* et de *The Man Who Shot Liberty Valance*, *The Hurricane* met directement en scène l'affrontement de la Nature (la vie communautaire polynésienne traditionnelle) et de la Culture (l'inflexible système colonial français).
Version tragique de *Donovan's Reef*, *The Hurricane* ne permet aucune réconciliation entre le « sauvage », injustement jeté en prison qui se bat pour sa liberté, et le défenseur de l'ordre, le gouverneur français qui veut appliquer strictement la loi. Même les intercesseurs, le prêtre (C. Aubrey Smith) et le médecin (Thomas Mitchell) proches des Polynésiens, ne peuvent empêcher l'affrontement que traduit symboliquement le cyclone qui ravage l'île.
Le film passe ainsi de la douceur des scènes de la vie polynésienne à la tension autour du gouverneur, de la violence dans la prison (où John Carradine retrouve son rôle de geôlier de *Shark Island)* à la colère de la communauté polynésienne qui se rassemble contre la loi oppressive, jusqu'à la brutalité. Malgré les conventions de la production Goldwyn, carton-pâte et Dorothy Lamour en native des îles, *The Hurricane*, par sa structure très forte et la fureur rigoureuse de la séquence du cyclone, est un des films de Ford les plus forts de la fin des années trente. P.G.

FOUR MEN AND A PRAYER
(Quatre hommes et une prière)

Difficile de retrouver la patte de Ford dans ce mélodrame exotique qui conduit ses personnages, quatre jeunes Anglais décidés à venger leur père victime d'un assassinat crapuleux, de Londres au Brésil puis en Égypte, en passant par l'Inde et une république imaginaire d'Amérique du Sud. Le plaisir n'est certes pas absent, grâce à une formidable distribution et quelques scènes aussi émouvantes que spectaculaires comme celle de la tentative de révolution réprimée dans le sang. On décèle quand même, dans *Four Men and a Prayer*, l'attirance de Ford pour les scénarios « bancals », et cela dès qu'il quitte son « genre » de prédilection. *Four Men and a Prayer* n'est pas à proprement dit un film fordien, avec ses personnages en cols blancs, à l'accent à couper au couteau, qui parcourent les trois quarts de la planète. Mais en même temps, qui d'autre (si ce n'est un Borzage auquel le film fait beaucoup penser) aurait pu donner un peu de vie à cette bande dessinée ? N.S.

1931 ARROWSMITH (Samuel Goldwyn-United Artists). 108 minutes. *Première* : 1er décembre. *Réal.* : John Ford. *Scén.* : Sidney Howard, d'après le roman de Sinclair Lewis. *Im.* : Ray June. *Dir. art.* : Richard Day. *Mus.* : Alfred Newman. *Mont.* : Hugh Bennett. *Int.* : Ronald Colman (Dr Martin Arrowsmith), Helen Hayes (Leora Tozer), A. E. Anson (Prof. Max Gottlieb), Richard Bennett (Sondelius), Claude King (Dr Tubbs), Beulah Bondi (Mme Tozer), Myrna Loy (Joyce Lanyon), Russell Hopton (Terry Wickett), De Witt Jennings (Mr Tozer), John Qualen (Henry Novak), Adele Watson (Mme Novak), Lumsden Hare (Sir Robert Fairland), Bert Roach (Bert Tozer), Charlotte Henry (une jeune fille), Clarence Brooks (Oliver Marchand), Walter Downing (employé municipal), David Landau, James Marcus, Alec B. Francis, Sidney Grey, Florence Britton, Bobby Watson, Ward Bond (policier), Frank Baker (capitaine du navire).
Un médecin hésite entre la fidélité à son serment, sa femme et la gloire. Quatre nominations aux Oscars : meilleur film, meilleure adaptation (Sidney Howard), meilleure direction artistique (Richard Day), meilleure photographie (Ray June).

+1932 HOT PEPPER (Fox Film). 76 minutes. *Réal.* : John G. Blystone. *Int.* : Victor McLaglen, Edmund Lowe, Lupe Velez.
Suite de What Price Glory *? Ford mit en scène certaines séquences de deuxième équipe.*

1932 AIRMAIL (Universal). 83 minutes. *Première* : 3 novembre. *Réal.* : John Ford. *Prod.* : Carl Laemmle Jr. *Scén.* : Dale Van Every, Lt Comd. Frank. W.Wead, d'après un sujet de Wead. *Im.* : Karl Freund. *Eff. spéc.* : John P Fulton. *Cascades aériennes* : Paul Mantz. *Int.* : Pat O'Brien (Duke Talbot), Ralph Bellamy (Mike Miller), Gloria Stuart (Ruth Barnes), Lilian Bond (Irene Wilkins), Russell Hopton (« Dizzy » Wilkins), Slim Summerville (Slim Mc Cune), Frank Albertson (Tommy Bogan), Leslie Fenton (Larry Thomas alias Tony Dressel), David Landau (Pop), Tom Corrigan (Sleepy Collins), William Daly (Tex Lane), Hans Furberg (Heinie Kramer), Lew Kelly (soûlard), Frank Beal, Francis Ford, James Donlan, Louise MacIntosh, Katherine Perry (passagers), Beth Milton (surveillant), Edmund Burns (présentateur radio), Charles de la Montte, Lt Pat Davis (pilotes de l'avion de tourisme), Jim Thorpe (Indien), Enrico Caruso Jr, Billy Thorpe, Alene Carroll, Jack Pennick.
Conflits divers et témérité ponctuent la morne existence d'un pilote.

1932 FLESH (Metro-Goldwyn Mayer). 95 minutes. *Première* : 9 décembre. *Réal.* : John Ford. *Scén.* : Leonard Praskins, Edgar Allen Woolf et (non crédité) William Faulkner, d'après un sujet d'Edmund Goulding. *Dia.* : Moss Hart. *Image* : Arthur Edeson. *Mont.* : William S. Gray. *Int.* : Wallace Beery (Polokai), Karen Morley (Lora Nash), Ricardo Cortez (Nicky), Jean Hersholt (Mr Herman), John Miljan (Joe Willard), Vince Barnett (garçon de café), Herman Bing (Pepi), Greta Meyer (Mme Herman), Ed Brophy (Dolan), Ward Bond (lutteur), Nat Pendleton.
Une ancienne détenue épouse un catcheur allemand, mais le trahit pour son amant.

1933 PILGRIMAGE (Fox Film). 90 minutes. *Première* : 12 juillet. *Réal.* : John Ford. *Scén.* : Philip Klein, Barry Connors d'après *Gold Star Mother* d'I.A.R. Wylie. *Dia.* : Dudley Nichols. *Im.* : George Schneiderman. *Dir. art.* : William Darling. *Mus.* : R.H. Bassett. *Dir. mus.* : Samuel Kaylin. *Cost.* : A.R. Luick. *Mont.* : Louis R. Loeffler. *Ass. réal.* : Edward O'Fearna. *Dia. dir.* : William Collier, Sr. *Tournage* : février. *Int.* : Henrietta Crosman (Hannah Jessop), Heather Angel (Suzanne), Norman Foster (Jim Jessop), Marian Nixon (Mary Saunders), Maurice Murphy (Gary Worth), Lucille La Verne (Mme Tally Hatfield), Charles Grapewin (Dad Saunders), Hedda Hopper (Mme Worth), Robert Warwick (Maj. Albertson), Betty Blythe (Janet Prescot), Francis Ford (maire, Elmer Briggs), Louise Carter (Mme Rogers), Jay Ward (Jim Saunders), Francis Rich (infirmier), Adele Watson (Mme Simms), Jack Pennick (sergent).
Une mère de l'Arkansas prend conscience de sa culpabilité lors d'un voyage en France.

1933 DOCTOR BULL (Fox Film). 76 minutes. *Première* : 22 septembre. *Réal.* : John Ford. *Scén. et dia.* : Jaune Storm d'après *The Last Adam* de James Gould Cozzens (adaptation, Paul Green). *Im.* : George Schneiderman. *Mus.* : Samuel Kaylin. *Tournage* : juin. *Int.* : Will Rogers (Dr Bull), Marian Nixon (May Tripping), Berton Churchill (Hernert Banning), Louise Dresser (Mme Benning), Howard Lally (Joe Tripping), Rochelle Hudson (Virginia Banning), Vera Allen (Janet Cardmaker), Tempe Pigotte (Grand-mère), Elizabeth Patterson (Tante Patricia), Ralph Morgan (Dr Verney), Andy Devine (Larry Ward), Nora Cecil (Tante Emily), Patsy O'Byrne (Susan), Effie Ellser (Tante Myra), Veda Buckland (Mary), Helen Freeman (Helen Upjohn), Robert Parrish, Francis Ford (le maire). Titre envisagé : *Life's Worth Living.*
Un médecin de campagne tente d'aider une communauté intolérante.

1934 THE LOST PATROL (RKO Radio). 74 minutes. *Première* : 16 février. *Réal.* : John Ford. *Prod. exé.* : Merian C.Cooper. *Prod. ass.* : Cliff Reid. *Scén.* : Dudley Nichols, Garrett Fort, et (non crédité) Frank Baker, d'après *Patrol* de Philip MacDonald. *Im.* : Harold Wenstrom. *Dir. art.* : Van Nest Polglase, Sidney Ullman. *Mus.* : Max Steiner. *Mont.* : Paul Weatherwax. *Cons. techn.* : Frank Baker. Tournage dans le désert du Yuma. *Int.* : Victor McLaglen (sergent), Boris Karloff (Sanders), Wallace Ford (Morelli), Reginald Denny (George Brown), J. M. Kerrigan (Quincannon), Billy Bevan (Herbert Hale), Alan Hale (cuisinier), Brandon Hurst (Bell), Douglas Walton (Pearson), Sammy Stein (Abelson), Howard Wilson (aviateur), Neville Clark (Lt Hawkins), Paul Hanson (Jock Mackay), Francis Ford, Frank Baker (le colonel sauveur, Arabe).
Une patrouille anglaise est décimée, homme par homme, par des Arabes invisibles. Remake de Tay Garnett en 1943 : Bataan.

1934 THE WORLD MOVES ON (Fox Film). 90 minutes. *Première* : 27 juin. *Réal.* : John Ford. *Prod.* : Winfield Sheehan. *Scén.* : Reginald C. Berkeley. *Im.* : George Schneiderman. *Dir. art.* : William Darling. *Déc.* : Thomas Little. *Cost.* : Rita Kaufman. *Mus.* : Max Steiner, Louis De Francesco, R.H. Bassett, David Buttolph, Hugo Friedhofer, George Gershwin. *Dir. mus.* : Arthur Lange. Chansons : *Should She Desire me Not* de De Francesco, *Ave Maria* de Charles Gounod. *Int.* : Madeleine Carroll (Mme Warburton 1824, Mary Warburton 1914), Franchot Tone (Richard Girard 1824 et 1914), Lumsden Hare (Gabriel Warburton 1824 ; Sir

John Warburton 1914), Raul Roulien (Carlos Girard 1824, Henri Girard 1914), Reginald Dunny (Erik Von Gerhardt), Siegfried Rumann (Baron Von Gerhardt), Louise Dresser (Baronne Von Gerhardt), Stepin Fetchit (Dixie), Dudley Diggs (Mr Manning), Frank Melton (John Girard, 1824), Brenda Fowler (Mme Girard, 1824), Russel Simpson (notaire public, 1824), Walter Mc Grail (duelliste français, 1824), Marcelle Corday (Miss Girard, 1824), Charles Bastin (Jacques Girard, 1914), Barry Norton (Jacques Girard, 1929), George Irving (Charles Girard, 1914), Ferdinand Schumann-Heink (Fritz Von Gerhardt), Georgette Rhodes (Jeanne Girard,1914), Claude King (Braithwaite), Ivan Simpson (Clumber), Jack Pennick, Francis Ford (légionnaires), Torbin Mayer (chamberlain allemand, 1914). Images de guerre tirées de *Les Croix de bois* (France 1931, Raymond Bernard).
1825, Nouvelle-Orléans : Sebastian Girard, roi du coton, pousse ses fils à ouvrir des filiales en France, Prusse, Amérique et, avec Warburton, à Manchester ; tous font vœu de rester unis. Richard tue en duel un homme qui avait offensé Mary, mais son vœu excluant l'amour, elle part pour l'Angleterre avec son mari. 1914 : les nouvelles générations renouent le vœu. Richard et Mary croient se reconnaître. Allemagne : Jeanne épouse Fritz. Première Guerre Mondiale : Richard et Henri s'engagent pour combattre en France, Fritz et Erik pour l'Allemagne. Le sous-marin de Fritz coule un paquebot où se trouve les Girard, puis est lui-même coulé. Mary dirige une firme anglaise et épouse Richard. Henri est tué, Erik amputé, Richard, blessé en Allemagne, est soigné par les parents d'Erik. 1924 : Richard, devenu fou, tente d'accaparer le coton. 1929 : la banqueroute le ramène à Mary.

1934 JUDGE PRIEST (Fox Film). 81 minutes. *Première* : le 5 octobre. *Réal.* : John Ford. *Prod.* : Sol M. Wurtzel. *Scén.* : Dudley Nichols, Lamar Trotti, d'après des nouvelles de Irvin S. Cobb. *Im.* : George Schneiderman. *Mus.* : Cyril Mockridge. *Dir. mus.* : Samuel Kaylin. *Int.* : Will Rogers (Juge William Priest), Henry B. Walthall (Rev. Ashby Brand), Tom Brown (Jerome Priest), Anita Louise (Ellie May Gillespie), Rochelle Hudson (Virginia Maydew), Berton Churchill (Sénateur Horace K. Maydew), David Landau (Bob Gillis), Brenda Fowler (Mme Caroline Priest), Hattie McDaniel (Tante Dilsey), Stepin Fetchit (Jeff Poindexter), Frank Melton (Flem Tally), Roger Imhof (Billy Gaynor), Charley Grapewin (Scrgt Jimmy Bagby), Francis Ford (juré n°12), Paul McAllister (Doc Lake), Matt Mc Hugh (Gabby Rives), Hy Meyer (Herman Feldsburg), Louis Mason (shérif Birdsong), Robert Parrish.
Le Kentucky des années 1890.

1935 THE WHOLE TOWN'S TALKING (Columbia). 95 minutes. *Première* : 22 février. *Réal.* : John Ford. *Prod.* : Lester Cowan. *Scén.* : Jo Swerling d'après un roman de W. R. Burnett. *Dia.* : Robert Riskin. *Im.* : Joseph H. August. *Mont.* : Viola Lawrence. *Ass. réal.* : Wilbur Mc Gaugh. *Int.* : Edward G.Robinson (Arthur Feruson Jones, Mannion le tueur), Jean Arthur (Miss « Bill » Clark), Wallace Ford (Mr Healy), Arthur Byron (Mr Spencer), Arthur Hohl (Sgt détective Michael Boyle), Donald Meek (Mr Hoyt), Paul Harvey (J. G. Carpenter), Edward Brophy (Slugs Martin), J. Farrell Mac Donald (gardien), Etienne Girardot (Mr Seaver), James Donlan (Howe), John Wray (partisan), Effie Ellser (Tante Agatha), Robert Emmet O'Connor (lieutenant de police), Joseph Sawyer, Francis Ford, Robert Parrish. Titre envisagé: *Passport to Fame.*
Un timide employé de bureau est le sosie de l'ennemi public n°1. Les séquences de prison sont empruntées au film de Hawks, The Criminal Code (1931).

1935 THE INFORMER (RKO Radio). 91 minutes. *Première* : 1er mai. *Réal.* : John Ford. *Prod. ass.* : Cliff Reid. *Scén.* : Dudley Nichols, d'après un roman de Liam O'Flaherty. *Im.* : Joseph H. August.
Dir. art. : Van Nest Polglase, Charles Kirk. *Déc.* : Julia Heron. *Cost.* : Walter Plunkett. *Mus.* : Max Steiner. *Mont.* : George Hively. *Ass. réal.* : Eddie Donahue, Edward O'Fearna. *Tournage* : février. *Int.* : Victor McLaglen (Gypo Nolan), Heather Angel (Mary Mc Phillip), Preston Foster (Dan Gallagher), Margo Grahame (Katie Madden), Wallace Ford (Frankie Mc Phillip), Una O'Connor (Mme Mc Phillip), J. M. Kerrigan (Terry), Joseph Swyer (Bartley Muiholland), Neil Fitzgerald (Tommy Conner), Donald Meek (Pat Mulligan), D'Arcy Corrigan (l'aveugle), Leo McCabe (Donahue), Gaylord Pendleton (Daley), Francis Ford (Juge Flynn), May Boley (Mme Betty), Grizelda Harvey (une jeune fille obéissante), Dennis O'Dea (chanteur de rue), Jack Mulhall (guetteur), Robert Parrish (soldat), Clyde Cook, Barlowe Borland, Frank Moran, Arthur McLaglen, Frank Baker.
Dublin 1922 : Gypo Nolan dénonce un copain.

1935 STEAMBOAT ROUND THE BEND (Fox-Film-Twentieth- Century-Fox). 80 minutes. *Première* : 6 septembre. *Réal.* : John Ford. Prod. : Sol M. Wurtzel. *Scén.* : Dudley Nichols, Lamar Trotti, d'après un sujet de Ben Lucian Burman. *Im.* : George Schneiderman. *Dir. art.* : William Darling. *Déc.* : Albert Hogsett. *Dir. mus.* : Samuel Kaylin. *Chans. titre* : Oscar Levant (non crédité). *Mont.* : Alfred De Gaetano. *Ass. réal.* : Edward O'Fearna. *Casting* : Al Smith. *Scripte* : Stanley Scheuer. *Cam.* : James Gordon, Paul Lockwood. Extérieurs tournés sur le fleuve Sacramento *Int.* : Will Rogers (Dr John Pearly), Anne Shirley (Fleety Belle), Eugene Pallette (shérif Rufe Jeffers), John McGuire (Duke), Berton Churchill (« le nouveau Moïse »), Stepin Fetchit (George Lincoln Washington), Francis Ford (Efe), Irvin S. Cobb (Capt. Eli), Roger Imhof (Pappy), Raymond Hatton (Matt Abel), Hobart Bosworth (Chaplin), Louis Mason (Organisateur de la course de bateaux), Charles B. Middleton (le père de Fleety), Si Jenks (un ivrogne), Jack Pennick (responsable de l'attaque des bateaux).
L'alcool et autres curiosités permettent à un bateau à aube de sauver une vie.

1936 THE PRISONER OF SHARK ISLAND (Twentieth-Century-Fox). 95 minutes. *Première* : 12 février. *Réal.* : John Ford. *Prod.* : Darryl F. Zanuck. *Prod. ass.-scén.* : Nunnally Johnson, d'après la vie du Dr Samuel A. Mudd. *Im.* : Bert Glennon. *Dir. art.* : William Darling. *Déc.* : Thomas Little. *Cost.* : Gwen Wakeling. *Dir. mus.* : Louis Silvers. *Mont.* : Jack Murray. *Ass. réal.* : Edward O'Fearna. *Int.* : Warner Baxter (Dr Samuel A.Mudd), Gloria Stuart (Mme Meggy Mudd), Claude Gillingwater (Col. Jeremiah Milford Dyer), Arthur Byron (Mr Erickson), O. P. Heggie (Dr McIntyre), Harry Carey (Comt du Fort Jefferson, « Shark Island »), Francis Ford (Cpl O'Toole), John Carradine (Sgt Rankin), Frank Mc Glynne Sr (Abraham Lincoln), Douglas Wood (Gén. Ewing), Joyce Kay (Martha Mudd), Fred Kohler Jr (sergent Cooper), Francis M Donald (John Wilkes Booth), John McGuire (Ltnt Lovell), Ernest Whitman (Buckingham Montmorency Milford), Paul Fix (David

SUBMARINE PATROL
(Patrouille en mer)

Dans *Submarine Patrol*, le marin John Ford se plaît à entrecroiser ses deux passions : la mer et la communauté. Un peu comme dans *Long Voyage Home*, mais avec un humour et un dynamisme bien supérieurs, il montre comment l'ennemi extérieur devient l'indispensable ciment du groupe. Alternance de scènes de guerre et de scènes de bordée maritime, *Submarine Patrol* est parfaitement conforme à l'image traditionnelle de Ford. En particulier sur un point précis : celui de la guerre des sexes. Ici, le héros est amoureux d'une jeune fille rencontrée par hasard. L'homme courtise la femme qui se laisse facilement séduire mais il y a un obstacle : le père qui refuse de croire à la pureté des intentions de son futur gendre. *Submarine Patrol* est donc aussi le récit d'une course au mariage. Finalement, tout finira par s'arranger au milieu de l'ultime scène de bataille – magnifiquement filmée – où les deux hommes scelleront enfin l'alliance attendue. Pirouette finale : à l'instant où le mariage doit être enfin consommé, le marin est contraint de partir pour une nouvelle expédition. Morale : l'attrait du groupe (masculin) est plus fort que l'attirance sexuelle et que l'idéal conjugal. T.J.

STAGECOACH
(La Chevauchée fantastique)

Dans la filmographie de Ford, *Stagecoach* occupe une place difficile. Jadis loué comme le chef-d'œuvre de son auteur, puis plus tard reconsidéré par la critique qui lui préféra *Young Mr Lincoln*, comme *La Règle du jeu* à *La Grande Illusion* pour Renoir ou *Le Testament du Dr Mabuse* à *M* pour Lang. Pourtant, aujourd'hui, *Stagecoach* demeure un des films les plus dynamiques et les plus conséquents de Ford. Dans son rapport aux acteurs tout d'abord où il se dessine une des dominantes du travail de Ford avec John Wayne, grâce au personnage de Ringo, aventurier désabusé dont on peut voir le Ethan de *The Searchers* comme un double vieilli ou John Carradine, dans un de ses rôles les plus humains. Mais ce qui frappe aussi à propos de *Stagecoach* c'est sa fausse réputation de « classique » d'un genre. Ceux qui revoient *Stagecoach* aujourd'hui sont surpris par son éclatement narratif, bout à bout de scènes d'intérieurs, d'étapes, rythmées par le trajet de la diligence, véritable personnage du film. Le titre français de *Stagecoach, La Chevauchée fantastique*, est donc trompeur puisqu'il ne s'agit pas là d'un film « qui trace » mais bien au contraire d'une œuvre qui véritablement respire en reprenant son souffle à diverses reprises, pour mettre en valeur les séquences d'action — toutes magnifiques. N.S.

YOUNG MISTER LINCOLN
(Vers sa destinée)

Figure récurrente de l'œuvre de Ford (*The Iron Horse, The Prisoner of Shark Island)*, Lincoln descend ici de son piédestal pour entrer dans une petite ville sur le dos de son mulet. L'objectif du film : faire apparaître le génie politique d'Abraham Lincoln derrière l'histoire de sa jeunesse ; la mort de sa fiancée, le départ de son village natal, sa décision de devenir avocat et son premier procès où il défend deux frères accusés injustement de meurtre. Une fois de plus, Ford esquisse une légende en décrivant, tout simplement, les faits. Il ne traite pas Lincoln (Henry Fonda) en figure historique ; il le tutoie. Avant d'escalader la colline, à grandes enjambées, sous un ciel déchiré par l'orage, le regard tourné « vers sa destinée », Lincoln commence par se promener tranquillement aux côtés d'Ann Rutledge (Pauline Moore). On remarque déjà sa grande taille, mais surtout la longueur de ses jambes. Puis il enfourche son mulet pour aller défendre la justice ; ses jambes touchent presque le sol. Et quand il entre dans le tribunal, c'est par son jeu de jambes qu'il réussit à rétablir l'équilibre de la justice. Si le sujet du film c'est Lincoln, son objet ce sont ses jambes. Accentuées par la taille des chaussures, allongées par un pantalon remonté au-dessus du nombril, elles deviennent la préoccupation principale de la mise en scène : comment les inscrire dans le cadre, comment en faire les coordonnées de l'Histoire. I.K.

DRUMS ALONG THE MOHAWK
(Sur la piste des Mohawks)

Premier film en couleurs de Ford, *Drums along the Mohawk* est une évocation idéale de l'installation des pionniers sur une terre à peine défrichée. Idéale : non pas idéalisée mais peinte aux couleurs automnales de la mémoire collective. Le couple Henry Fonda/Claudette Colbert vient occuper le terrain et se fondre à la communauté villageoise en train de se constituer. Mais la violence de cette appropriation n'est jamais masquée par Ford. Dès la séquence d'arrivée dans la maison, le surgissement d'un Indien, ami mais dissimulé dans l'ombre, provoque une crise de nerfs chez l'épouse encore vierge. Plus tard, la guerre, la préparation, l'attente, le retour seront filmés sans complaisance aucune par Ford. Retenons, par exemple, cette admirable scène du retour des combattants où Fonda, cadré en un plan fixe inhabituellement long, raconte la cruauté de la bataille jusqu'à ce que la parole insistante, refusant le flashback, atteigne une sorte d'incandescence et d'abstraction. Et puisqu'on parle de stylisation, n'oublions pas non plus la fameuse poursuite entre Fonda et les Indiens, interminable et fabuleuse, sur fond de ciels embrasés, qui s'achève presque ironiquement par l'essoufflement des Indiens et la fusion de Fonda avec l'horizon. Il y a dans ce film une puissance onirique qui permet à Ford d'élever son film aux dimensions de la légende. Pourtant, jamais légende n'a été aussi lucide sur la violence fondatrice de la Nation. En ce sens, *Drums along the Mohawk* est l'ancêtre, le pendant et l'endroit du *Heaven's Gate* de Michael Cimino. T.J.

THE GRAPES OF WRATH
(Les Raisins de la colère)

Aux premiers plans des *Raisins de la colère*, la longue silhouette de Henry Fonda marchant sur la route s'inscrit dans un jeu de lignes verticales et horizontales qui définissent la démarche esthétique du film, tandis que les deux scènes suivantes en posent les paramètres idéologiques : une conversation sur le travail avec un camionneur, une autre avec le prêcheur Casey qui a perdu la foi. *The Grapes of Wrath* a beaucoup fait pour la notoriété de John Ford comme cinéaste à part entière, au-delà du simple réalisateur de westerns : un roman prestigieux de Steinbeck, un « grand » sujet, un réalisme social rarement atteint (et visé) jusque-là par le cinéma hollywoodien. Ford a toujours été formel : *« Ce n'est pas un film social. C'est l'histoire d'une famille... J'aimais l'idée de cette famille qui s'en allait pour essayer de trouver sa place dans le monde »*. C'est bien ce qui reste de message social, de « prêcheur », largement issu de Steinbeck, qui gêne aujourd'hui, tandis que l'esthétique frapperait plutôt par son réalisme foncier, une volonté plastique constante, la disposition des personnages par groupes figés dans le cadre (lors de l'annonce de l'expropriation au début, par exemple), un expressionnisme statique tendant vers celui de *Dieu est mort* ou *The Long Voyage Home*, sans jamais heureusement y tomber totalement. Plus qu'une étude sociale et un film révolutionnaire (très discutables), il s'agit bien d'une parabole traversée de bout en bout par le motif biblique de la quête de la Terre Promise et une iconographie chrétienne explicite. Le film échappe en fait aux pièges qu'il se tendait à lui-même parce qu'il ne tente pas d'analyser une situation – la crise économique n'est qu'une fatalité exercée par des entités abstraites – mais rend compte des réactions et des mentalités d'un groupe, d'une famille et des individus qui les composent. D'où la force emblématique des personnages, quintessence, mais quintessence vivante, du héros fordien pour Tom Joad, de toutes les mères fordiennes pour Ma Joad J.M.

THE LONG VOYAGE HOME
(Les Hommes de la mer)

Ces quatre pièces d'Eugene O'Neill, un des plus grands auteurs irlandais, constituaient *a priori* un sujet idéal pour Ford. Pourtant c'est aujourd'hui encore l'un des films où Ford passe le plus près de l'académisme. La tenue formelle de *The Long Voyage Home* semble toujours « en trop », en porte-à-faux par rapport au système Ford. Les plans de Gregg Toland, tirés au cordeau, nuisent souvent à la respiration du récit (assez proche de *Submarine Patrol*) et de ses personnages. « Le visuel voyant » de *The Long Voyage Home* est un obstacle constant à la mise en scène de Ford, tendant toujours vers l'épure (on retrouve cette sobriété, qui fait le meilleur du Ford de cette époque, dans la séquence de l'attaque du bateau par les allemands). Restent quelques personnages émouvants au possible, quand ils ne sont pas prisonniers du clair-obscur « tolandien ». *The Long Voyage Home* est donc avant tout, un film

Herold), Frank Shannon (Holt), Leila McIntyre (Mme Lincoln), Etta Mc Daniel (Rosabelle Milford), Arthur Loft (Carpetbagger), Paul McVey (Gén. Hunter), Maurice Murphy (ordonnance), Jack Pennick (soldat envoyant les messages par drapeau), J. M. Kerrigan (Juge Maiben), Whitney Bourne, Robert Parrish, Frank Baker.
Histoire vraie d'un médecin qui aida en toute innocence John Wilkes Booth et fut condamné à la réclusion perpétuelle.

+1936 THE LAST OUTLAW (RKO Radio). 62 minutes. *Première* : 19 juin. *Réal.* : Christy Cabane. *Prod. ass.* : Robert Sisk. *Scén.* : John Twist, Jack Townley, d'après un sujet de John Ford et Evelyne Murray Campbell. *Im.* : Jack MacKenzie. *Dir. art.* : Van Nest Polglase. *Ass.* : Jack Gray. *Dir. mus.* : Alberto Colombo. *Chans.* : *My Heart's on the Trail*. *Mus.* : Nathaniel Shilkret. *Lyrics* : Frank Luther. *Son* : Denzil A. Cutler. *Mont.* : George Hively. *Int.* : Harry Carey (Dean Payton), Hoot Gibson (Chuck Wilson), Margaret Callahan (Sally Mason), Tom tyler (Al Goss), Henry B. Walthall (Bill Yates), Ray Meyer (Joe), Harry Hans (Jess), Frank M. Thomas (Dr Mason), Russell Hopton (shérif Billings), Frank Jenks (tom), Maxime Jennings (réceptionniste), Fred Scott (Larry Dixon).

1936 MARY OF SCOTLAND (RKO Radio). 123 minutes. *Première* : 24 juillet. *Réal.* : John Ford. *Prod.* : Pandro S. Berman. *Scén.* : Dudley Nichols, d'après une pièce de Maxwell Anderson. *Im.* : Joseph H. August. *Dir. art.* : Van Nest Polglase, Caroll Clark. *Déc.* : Darrell Silvera. *Cost.* : Walter Plunkett. *Mus.* : Max Steiner. *Mont.* : Jane Loring. *Ass. mont.* : Robert Parrish. *Eff. spéc.* : Vernon L.Walker. *Tournage* : janvier-mars. *Int.* : Katharine Hepburn (Mary Stuart), Frederic March (Bothwell), Florence Eldridge (Elizabeth), Douglas Walton (Darnley), John Carradine (David Rizzio), Monte Blue (Messager), Jean Fenwick (Mary Seton), Robert Barrat (Morton), Gavin Muir (Leicester), Ian Keith (James Stuart Morey), Moroni Olsen (John Knox), Donald Crisp (Huntley), William Stack (Ruthven), Molly Lamont (Mary Livingston), Walter Byron (Sir Francis Walsingham), Ralph Forbes (Randolph), Alan Mowbray (Trockmorton), Frieda Inescort (Mary Beaton), David Torrence (Lindsay), Anita Colby (Mary Fleming), Lionel Belmore (pêcheur anglais), Doris Lloyd (son épouse), Bobby Watson (son fils), Lionel Pape (Burghley), Ivan Simpson, Murray Kinnell, Lawrence Grant, Nigel De Brulier, Barlowe Borland, (juges), Alec Craig (Donal), Mary Gordon (nurse), Wilfred Lucas (Lexington), Leonard Mudie (Maitland), Brandon Hurst (Arian), D'Arcy Corrigan (Kirkcaldy), Frank Baker (Douglas), Cyril McLaglen (Faudoncide), Robert Warwick (Sir Francis Knellys), Earle Foxe (Duc de Kent), Wyndham Standing (sergent), Gaston Glass (Chatelard), Neil Fitzgerald (noble), Paul Mc Allister (Du Croche).

1936 THE PLOUGH AND THE STARS (RKO Radio). 67 minutes. *Première* : 26 décembre. *Réal.* : John Ford. *Prod. ass.* : Cliff Reid, Robert Sisk. *Scén.* : Dudley Nichols, d'après la pièce de Sean O'Casey. *Im.* : Joseph H. August. *Dir. art.* : Van Nest Polglase. *Mus.* : Nathaniel Shilkret, Roy Webb. *Mont.* : George Hively. *Int.* : Barbara Stanwyck (Mora Clitheroe), Preston Foster (Jack Clitheroe), Barry Fitzgerald (Fluther Good), Dennis O'Day (le jeune Covey), Eileen Crowe (Bessie Burgess), Arthur Shields (Padraic Pearse), Erin O'Brien Moore (Rosie Redmond), Brandon Hurst (Sgt Tinley), F.J. McCormick (Capt. Brennon), Una O'Conner (Maggie Corgan), Moroni Olsen (Gen.Connolly), J.M. Kerrigan (Peter Flynn), Neil Fitzgerald (Lt. Kangon), Bonita Granville (Mollser Gogan), Cyril Mc Laglen (Cpl Stoddart), Robert Homans (barman), Mary Gordon (première femme), Mary Queen (deuxième femme), Lionel Pape (l'Anglais), Michael Fitzmaurice (ICA), Gaylord Pendleton (ICA), Doris Lloyd, D'Arcy Corigan, Wesley Bary, Frank Baker (officier anglais).
Le soulèvement de Pâques à Dublin.

1937 WE WILLIE WINKIE (Twentieth Century-Fox). 99 minutes. *Première* : 30 juillet. *Réal.* : John Ford. *Prod.* : Darryl F. Zanuck. *Prod. ass.* : Gene Markey. *Scén.* : Ernest Pascal, Julian Josephson, d'après un sujet de Rudyard Kipling. *Im.* : Arthur Miller. *Dir. art.* : William Darling. *Déc.* : Thomas Little. *Mus.* : Louis Silvers. *Mont.* : Walter Thompson. Distribué avec des séquences teintées (sepia pour les séquences de jour, bleu pour les séquences de nuit). *Int.* : Shirley Temple (Priscilla Williams), Victor McLaglen (Sgt MacDuff), C. Aubrey Smith (Col. Wiliams), June Lang (Joyce Williams), Michael Whalen (Lt « Coppy » Brandes), Cesar Romero (Khoda Khan), Constance Collier (Mme Allardyce), Douglas Scott (Mott), Gavin Muir (Capt. Bibbergeigh), Willie Fung (Mohammed Dihn), Brandon (Bagby), Lionel Pape (Maj. Allardyce), Clyde Cook (Pipe Maj. Sneath), Lauri Beatty (Elsi Allardyce), Lionel Braham (Maj. Gén. Hammond), Mary Forbes (Mme Mac Monachie), Cyril McLaglen (Cpl Tummel), Pat Somerset (officier), Hector Sarno (chauffeur).
Une petite fille arrête une guerre dans l'Inde de 1890. La plupart des copies courantes ont été réduites à 80 minutes. Nomination pour l'Oscar de la meilleure décoration (Thomas Little).

1937 THE HURRICANE (Samuel Goldwyn-United Artists). 102 minutes. *Première* : 24 décembre. *Réal.* : John Ford. *Prod.* : Samuel Goldwyn. *Prod. ass.* : Merritt Hulburd. *Scén.* : Dudley Nichols, Ben Hecht (non crédité), d'après un roman de Charles Nordhoff et James Norman Hall, adapté par Oliver H. P. Garett. *Ass. réal.* : Stuart Heisler. *Séq. de l'ouragan* : James Basevi. *Im.* : Bert Glennon. *Phot. séq. des mers du Sud* : Archie Stout, Paul Eagler. *Dir. art.* : Richard Day, Alex Golitzen. *Déc.* : Julie Heron. *Cost.* : Omar Kiam. *Mus.* : Alfred Newman. *Mont.* : Lloyd Nosler. *Son* : Thomas Moulton. Son enregistré par Jack Noyes. *Ass. réal.* : Wingate Smith. Extérieurs tournés à Samoa, Catalina. *Tournage* : été. *Int.* : Dorothy Lamour (Marama), Jon Hall (Terangi), Mary Astor (Mme De Laage), C. Aubrey Smith (Father Paul), Thomas Mitchell (Dr Kersaint), Raymond Massey (Gov. Eugene De Laage), John Carradine (garde), Jerome Cowan (Capt. Nagle), Al Kikume (Chef Meheir), Kuulei DeClercq (Tita), Layne Tom Jr (Mako), Mamo Clark (Hitia), Movita Casteneda (Arai), Reri (Reri), Francis Kaai (Tavi), Pauline Steele (Mata), Flora Hayes (Mama Rua), Mary Shaw (Marunga), Spencer Charters (juge), Roger Drake (capitaine des gardes), Inez Courtney (fille sur un bateau), Paul Strader, Araner.
Après un premier montage, certaines scènes d'intérieur furent retournées avec de nouveaux dialogues de Ben Hecht.Une Ile des Mers du Sud.

+1938 THE ADVENTURES OF MARCO POLO (Samuel Goldwyn-United Artists). 100 minutes. *Première* : 15 avril. *Réal.* : Archie Mayo. *Prod.* : Samuel Goldwyn. *Scén.* : Robert E.

Sherwood, d'après un sujet de N. A. Pogson. *Im.* : Rudolph Maté. *Dir. art.* : Richard Day. *Mus.* : Alfred Newman. *Eff. spéc.* : James Basevi. *Int.* : Gary Cooper, Sigrid Gurie, Basil Rathbone.
Ford tourna certaines séquences qui, au cours d'un montage très serré, montrait Marco Polo faisant naufrage, pris dans une tempête de sable et passant le col d'une montagne.

1938 FOUR MEN AND A PRAYER (Twentieth Century-Fox). 85 minutes. *Première* : 29 avril. *Réal.* : John Ford. *Prod.* : Darryl F. Zanuck. *Prod. ass.* : Keneth MacGowan. *Scén.* : Richard Sherman, Sonya Levien, Walter Ferris et (non crédité) William Faulkner d'après un roman de David Garth. *Im.* : Ernest Palmer. *Dir. art.* : Bernard Herzbrun, Rudolph Sternad. *Déc.* : Thomas Little. *Mus.* : Louis Silvers, Ernst Toch. *Mont.* : Louis R.Loeffler. *Cost.* : Royer. *Int.* : Loretta Young (Lynn Cherrington), Richard Greene (Geoffrey Leigh), George Sanders (Wyatt Leigh), David Niven (Christopher Leigh), William Henry (Rodney Leigh), C. Aubrey Smith (Col. Loring Leigh), J. Edward Bromberg (Gén.Torres), Alan Hales (Farnoy), John Carradine (Gén. Adolfo Arturo Sebastian), Reginald Denny (Douglas Loveland), Berton Churchill (Martin Cherrington), Claude King (Gén. Bryce), John Sutton (Capt Drake), Barry Fitzgerald (Mulcahy), Cecil Cunningham (Pyer), Frank Baker (avocat de la défense), Frank Dawson, Lina Basquette (Ah-nee), Winter Hall (juge), Will Stanton (Cockney), John Spacey, C. Montague Shaw (avocats), Lionel Pape (coroner), Brandon Hurst (porte-parole du jury).
Quatre fils courent le monde pour établir l'innocence de leur père assassiné.

1938 SUBMARINE PATROL ((Twentieth Century Fox). 95 minutes. *Première* : 25 novembre. *Réal.* : John Ford. *Prod.* : Darryl F. Zanuck. *Prod. ass.* : Gene Markey. *Scén.* : Rian James, Darrell Ware, Jack Yellen et (non crédité) William Faulkner d'après le roman *The Splinter Fleet* de John Milholland. *Im.* : Arthur Miller. *Dir. art.* : William Darling, Hans Peters. *Cost.* : Gwen Wakeling. *Déc.* : Thomas Little. *Dir. mus.* : Arthur Lange. *Mont.* : Robert Simpson. *Int.* : Richard Greene (Perry Townsend III), Nancy Kelly (Susan Leeds), Preston Foster (Lt John C.Drake), George Bancroft (Capt. Leeds), Slim Summerville (Ellsworth « Spugs » Ficketts-« Cookie »), Joan Valerie (Anne), John Carradine (Matt McAllison), Warren Hymer (Rocky Haggerty), Henry Armetta (Luigi), Douglas Fowley (Brett), J. Farrell MacDonald (Quincannon), Dick Hogan (Johnny), Maxie Rosenbloom (Sgt Joe Duffy), Ward Bond (Olaf Swanson), Robert Lowery (Sparks), Charles Tannen (Kelly), George E.Stone (Irving Goldfarb), Moroni Olsen (Capt.Wilson), Jack Pennick (Guns McPeck), Elisha Cook, Jr (Professor Pratt), Harry Strang (Grainger), Charles Trowbridge (Amiral Joseph Maitland), Victor Varconi (Chaplain), Murray Alper (marin), E. E. Clive.
Première Guerre Mondiale : des marins civils sur un bateau anti-sous-marins.

1939 STAGECOACH (Walter Wanger-United Artists). 97 minutes. *Première* : 2 mars. *Prod. exé.* : Walter Wanger. *Scén.* : Dudley Nichols, d'après la nouvelle *Stage to Lordsburg* d'Ernest Haycox. *Im.* : Bert Glennon. *Dir. art.* : Alexander Toluboff (crédité au générique, en réalité, *déc.* : Wiard B. Ihnen). *Cost.* : Walter Plunkett. *Mus.* (adaptation de 17 mélodies et chansons américaines des années 1880) : Richard Hageman, W. Franke Harling, John Leipold, Leo Shuken, Louis Gruenberg.*Superv. mont.* : Otho Lovering. *Mont.* : Dorothy Spencer, Walter Reynolds. *Ass. réal.* : Wingate Smith. Tourné à Monument Valley ainsi qu'en Arizona, en Utah et en Californie entre octobre et décembre. *Int.* : John Wayne (Ringo), Claire Trevor (Dallas), John Carradine (Hatfield), Thomas Mitchell (Dr Josiah Boone), Andy Devine (Buck), Donald Meek (Samuel Peacock), Louise Platt (Lucy Mallory), Tim Holt (Lt Blanchard), George Bancroft (shérif Curly Wilcox), Berton Churchill (Henry Gatewood), Tom Tyler (Hank Plummer), Chris Pin Martin (Chris), Elvira Rios (Yakima, sa femme), Francis Ford (Billy Pickett), Marga Daighton (Mme Pickett), Kent Odell (Billy Picket Jr), Yakima Canutt, Chef Big Tree (cascadeurs), Henry Tenbrook (opérateur du télégraphe), Jack Pennick (Jerry barman), Paul Mc Vey (agent de l'Express), Cornelius Keefe (Capt. Whitney), Florence Lake (Mme Nancy Whitney), Louis Mason (shérif), Brenda Fowler (Mme Gatewood), Walter Mc Grail (Capt.Sickel), Joseph Rickson (Luke Plummer), Vester Pegg (Ike Plummer), William Hoffer (sergent), Bryant Washburn (Capt. Simmons), Nora Cecil (femme de ménage du Dr Boone), Helen Gibson, Dorothy Annleby (danseuses), Buddy Roosevelt, Bill Cody (ranchers), Chef White horse (chef indien), Duke Lee (shérif de Lordsburg), Mary Kathleen Walker (le bébé de Lucy), Many Mules (Geronimo), Ed Brady, Steve Clemente, Theodore Larch, Fritzi Brunette, Leonard Trainor, Chris Phillips, Tex Driscoll, Teddy Billings, John Eckert, Al Lee, Jack Mohr, Patsy Doyle, Wiggie Blowne, Margaret Smith, Frank Baker (cadavre scalpé).
1884, un voyage en diligence au Nouveau Mexique.

1939 YOUNG MR LINCOLN (Cosmopolitan-Twentieth Century Fox).101 minutes. *Première* : 9 juin. *Réal.* : John Ford. *Prod.exé.* : Darryl F. Zanuck. *Prod.* : Kenneth Macgowan. *Scén.* : Lamar Trotti, d'après la vie d'Abraham Lincoln. *Im.* : Bert Glennon, Arthur Miller (non credité, plans du fleuve). *Dir. art.* : Richard Day, Mark Lee Kirk. *Déc.* : Thomas Little. *Mus.* : Alfred Newman. *Mont.* : Walter Thompson. *Cost.* : Royer. *Mont. Eff. son.* ; Robert Parrish. *Tournage* : février. *Int.* ; Henry Fonda (Abraham Lincoln), Alice Brady (Abigail Clay), Marjorie Weaver (Mary Todd), Dorris Bowdon (non créditée) (Carrie Sue Clay), Eddie Collins (Elfe Turner), Pauline Moore (Ann Rutledge), Arleen Whelan (Sarah Clay), Richard Cromwell (Matt Clay), Ward Bond (John Palmer Cass), Donald Meek (John Felder), Spencer Charters (Juge Herbert A. Bell), Eddie Quillan (Adam Clay), Milburn Stone (Stephen Douglas), Cliff Clark (shérif Billings), Robert Lowery (juré), Charles Tannen (Ninian Edwards), Francis Ford (Sam Boone), Fred Kohler, Jr (Scrub White), Kay Linaker (Mme Edwards), Russell Simpson (Woolridge), Charles Halton (Hawthorne), Edwin Maxwell (John T. Stuart), Robert Homans (Mr Clay), Jack Kelly (Matt Clay, enfant), Dicky Jones (Adam Clay, enfant), Harry Tyler (coiffeur), Louis Mason (greffier), Jack Pennick (Big Buck), Steven Randall (juré), Clarence Wilson, Elizabeth Jones. Mentionnée au générique pour le rôle de Carrie Sue mais n'apparaissant pas dans le film : Judith Dickens.
Lincoln découvre la Loi ; il tombe amoureux d'Ann Rutledge et connaît sa première victoire dans une procès d'assises.

1939 DRUMS ALONG THE MOHAWK (Twentieth Century-Fox). Technicolor. 103 minutes. *Première* : 3 novembre. *Réal.* : John Ford. *Prod. exé.* : Darryl F. Zanuck. *Prod.* : Raymond Griffith. *Scén.* : Lamar Trotti, Sonya Levien, et (non crédité) William Faulkner

de chef-opérateur, (ce qui fait aussi son intérêt), répétition générale de *Citizen Kane*, que devait photographier l'année suivante Gregg Toland. N.S.

TOBACCO ROAD
(La Route du tabac)

La route du tabac est une région riche que le temps a dévastée. Une seule famille n'a pas fui vers la ville et vit désormais, sale et affamée, dans une misère totale. Un avis d'expropriation l'oblige soudain à partir ou à travailler pour racheter sa terre. Mais le départ est une perspective trop cruelle et le travail une épreuve insurmontable. Car, sur la route du tabac, on passe beaucoup de temps à jouer au chômeur malheureux pour savourer secrètement le bonheur de ne pas travailler. Avec *Tobacco Road,* John Ford filme le temps arrêté, un marasme bon enfant dont l'unique vraie péripétie (le retour du propriétaire de la terre qui donnera assez d'argent à la famille pour qu'elle puisse rester) conforte les personnages dans cette atmosphère d'éternité fragile. Emporté dans une fulgurance de bruits démentiels, le mouvement du film n'a pourtant rien de lent. Injures et coups de poings, voix tonitruantes entonnant sans cesse des chansons pieuses, voitures lancées dans des courses burlesques, autant d'éléments qui masquent l'inaction profonde de *Tobacco Road* et pourraient n'y avoir qu'un charme décoratif. Mais Ford en fait des merveilles, laissant, au cœur de cette animation artificielle, apparaître la réalité d'une société prise par la folie du progrès et la nostalgie d'un monde où la terre était respectée non pour l'argent qu'elle valait mais pour les origines dont elle témoignait. La légèreté de *Tobacco Road* est celle des contes philosophiques : ludique, lucide et amère. F.S.

HOW GREEN WAS MY VALLEY
(Qu'elle était verte ma vallée)

Strictement limité au village de mineurs du Pays de Galles, centré sur le décor avoué de la rue principale serpentant vers les puits de mine, traité dans un style lent et grandiloquent, un esthétisme mièvre et un expressionnisme ignorant les oppositions tranchées, avec ses personnages plus grands et solennels que nature, l'univers de *How Green Was my Valley,* raconté à cinquante ans de distance par Huw, le plus jeune fils Morgan, est celui du souvenir nostalgique qui donne une égale valeur aux moments dramatiques comme aux épisodes heureux. A l'inverse des *The Grapes of Wrath,* le contexte social est un pur décor, voire un prétexte à réaffirmer sans cesse la cohésion imaginaire de la famille aux yeux d'un être qui repousse constamment toute prise de conscience politique et sociale, s'aveuglant sur la dislocation inévitable de la cellule familiale, refusant de voir l'évidente transformation de la verte vallée sous la pression de l'histoire et du progrès.
Pourtant l'habituelle distanciation fordienne fonctionne mal. En jouant à l'excès sur la corde sensible, Ford déséquilibre le film en faveur du point de vue sentimental de Huw qui est désigné de façon trop lourdement rhétorique et cérébrale pour permettre à celui du réalisateur de s'imposer. Se juxtaposent des tableaux statiques, mièvres souvenirs émus succédant aux plaisanteries les plus lourdes. L'esprit de système l'emporte sur toute dialectique du vivant : à chaque larme doit répondre un sourire, à chaque mort une naissance, etc. Le malaise est constant devant l'œuvre trop apprêtée d'un cinéaste dont la vertu est toute de simplicité. J.M.

DECEMBER 7th

Si on en croit Tag Gallagher (voir note), cette minutieuse évocation de Pearl Harbour serait en fait l'œuvre de Gregg Toland. Certains passages du film illustrent cependant parfaitement l'ambivalence de l'idéologie fordienne. Notamment une séquence montrant les Japonais de Pearl Harbour effacer des devantures de leurs boutiques des inscriptions en japonais (pour prouver leur solidarité avec l'armée US) et une autre, sans doute la plus émouvante du film, passant en revue une liste de victimes de l'attaque : chacune d'entre elles se singularise par son origine ethnique (polonaise, italienne, « black »). Le patriotisme et la fidélité au drapeau rend tous les citoyens égaux en droit et en honneur. Ou comment une doctrine conservatrice gagne sa crédibilité sous un éclairage libéral (tolérance raciale). Une constante de la pensée fordienne. N.S.

THEY WERE EXPENDABLE
(Les Sacrifiés)

Même si Ford a souvent refusé d'accorder le moindre mérite à *They Were Expendable*, et si le film fut achevé, à la suite d'une blessure du réalisateur, par Robert Montgomery (quelques plans de bataille), il s'agit bien d'un film authentiquement fordien. Dès 1945 se fait jour un désenchantement certain à l'égard des valeurs héroïques américaines qui marqueront sont œuvre dans les années soixante. Il fut sur ce point en désaccord profond avec la MGM qui envisageait une œuvre de propagande pour la guerre des Philippines. Le film que nous connaissons s'éloigne des intentions du cinéaste, la MGM en ayant accentué la tonalité héroïque, par la musique en particulier. *They Were Expendable* s'apparente à la façon dont Hawks montre les hommes en guerre : l'accomplissement d'un travail. Chacun fait son job, exécutant les ordres de l'état-major, aussi incompréhensibles qu'ils paraissent. En découle une suite de scènes de la vie quotidienne dans l'armée, sans excès de dramatisation, sans emphase (dans les meilleurs moments). Le seul héroïsme dont il est question est dans l'acceptation d'un sacrifice inutile, du démantèlement progressif du groupe. A la grandeur humaine des « sacrifiés » s'oppose l'héroïsme ostentatoire de l'état-major, concentré sur la figure de Mac Arthur. En 1945, le ridicule du personnage distribuant un autographe à un jeune marin pouvait n'être pas évident. Aujourd'hui, il donne le ton grinçant d'un film qui vaut mieux que sa réputation, même si partagé entre les aspirations contradictoires du cinéaste et des producteurs. J.M.

MY DARLING CLEMENTINE
(La poursuite infernale)

My Darling Clementine est une réflexion sur le savoir et le pouvoir qui tourne autour de deux figures centrales (Doc Holliday-Wyatt Earp) : symbole de science (Holliday) et de connaissance de la vie (Earp) auxquelles Ford oppose une autre figure symbolique, celle du Mal (mais aussi de la bêtise), incarnée par Clanton et ses fils. Si le début du film laisse présager un programme classique (celui de la vengeance de Wyatt Earp), bien vite, Ford, comme à son habitude, multiplie les pistes scénariques. Force de vie qui contamine en général chaque film de Ford. Le récit se dédouble et le film se construit suivant une succession de petites saynètes parfaitement bouclées, qui nous en dise un peu plus sur chaque personnage et sa place dans le film (le meurtre de James Earp, le rasage, le bal, la pièce de théâtre, etc.). *My Darling Clementine* est à ce titre un modèle dans l'œuvre de Ford, en ce sens que mieux que jamais le cinéaste résoud ici son éternel problème au scénario. Sa démarche est à rapprocher ici de Renoir qui lui aussi décomposait ses récits en petits actes successifs. On et ici très loin du scénario bien « huilé » que donnera dix ans plus tard John Sturges avec son remake, estimable et sans génie (*Règlements de compte à OK Corral*).

Formellement, autant *The Searchers* ou *The Yellow Ribbon* frappent par leur référence à la peinture, autant ici le style de Ford est à rapprocher de la gravure : le trait est vif, sec, sans gras. Le noir et blanc contrasté de Joe MacDonald contribue à faire de *My Darling Clementine* un western crépusculaire ; un film d'intérieur aux rares instants d'aération eux aussi admirables (la fuite de Holliday, le bal, le règlement de compte final) N.S.

THE FUGITIVE
(Dieu est mort)

Dire que *The Fugitive* n'est pas un film fordien serait absurde : il l'est incontestablement, tant dans son style expressionniste et symbolique que dans sa thématique chrétienne, voire christique. Loin d'être atypique, le film pousse simplement à l'extrême l'une des dimensions du propos et de l'esthétique du cinéaste. Alors que les personnages de Ford appartiennent toujours à une communauté ou tentent d'en rejoindre une, ceux de *The Fugitive* sont coupés de toute racine, entités abstraite dans un pays d'Amérique Centrale indéterminé et intemporel : un fugitif, une Indienne, un lieutenant de police... N'ayant ni origine ni but, ils ne peuvent évoluer : le prêtre fugitif reviendra à son point de départ comme le film peut recommencer à la suite du dernier plan. Il ne peut être que le reflet de leur imaginaire, mais d'un imaginaire

d'après un roman de Walter D. Edmonds. *Im.* : Bert Glennon, Ray Rennahan. *Dir. art.* : Richard Day, Mark Lee Kirk. *Consultants couleur* : Natalie Kalmus, Henri Jaffa. *Cost.* : Gwen Wakeling. *Déc.* : Thomas Little. *Mus.* : Alfred Newman. *Mont.* : Robert Simpson. *Mont. eff. son.* : Robert Parrish. Tournage durant l'été dans les montagnes Wasatch, Utah. *Int.* : Claudette Colbert (Lana Borst Martin), Henry Fonda (Gilbert Martin), Edna May Oliver (Mme McKlennan), Eddie Collins (Christian Reall), John Carradine (Caldwell), Dorris Bowdon (Mary Reall), Jessie Ralph (Mme Weaver), Arthur Shields (Fr. Rosenkranz), Robert Lowery (John Weaver), Roger Imhof (Gén. Nicholas Herkimer), Francis Ford (Joe Boleo), Ward Bond (Adam Hartmann), Kay Linaker (Mme Demooth), Russell Simpson (Dr Petry), Chef Big Tree (Blue Back), Spencer Charters (Fisk, aubergiste), Arthur Aysleworth (George), Si Jenks (Jacobs), Jack Pennick (Amos), Charles Tannen (Robert Johnson), Paul Mc Vey (Capt. Mark Demooth), Elizabeth Jones (Mme Reall), Lionel Pape (général), Clarence Wilson (trésorier/intendant), Edwin Maxwell
(pasteur), Clara Blandick (Mrs Borst), Beulah Hall Jones (Daisy), Robert Graig (Mr Borst), Mae Marsh, Ruth Clifford, Frank Baker (commandant des troupes coloniales).
Les pionniers de la Mohawk Valley durant la Guerre d'Indépendance. Nomination aux Oscars : Meilleur second rôle féminin (Edna May Oliver).

1940 THE GRAPES OF WRATH (Twentieth Century-Fox).129 minutes. *Première* : 15 mars. *Réal.* : John Ford. *Prod.* : Darryl F. Zanuck. *Prod. ass.-scén.* : Nunnally Johnson d'après le roman de John Steinbeck. *Im* : Gregg Toland. *Dir. art.* : Richard Day, Mark Lee Kirk. *Déc.* : Thomas Little. *Mus.* : Alfred Newman. *Chans.* : *Red River Valley* jouée à l'accordéon par Dan Borzage. *Cons. techn.* : Tom Collins. *Cost.* : Gwen Wakeling. *Réal. sec. équi.* : Otto Brower. *Mont.* : Robert Simpson. *Son* : George Leverett, Roger Heman. *Mont. eff. son.* : Robert Parrish. *Ass. mont.* : Edward O'Fearna. *Tournage* : septembre-novembre. *Int.* : Henry Fonda (Tom Joad), Jane Darwell (Ma Joad), John Carradine (Casey), Charley Grapewin (Grampa Joad), Dorris Bowdon (Rosasharn), Russel Simpson (Pa Joad), O. Z. Whitehead (Al Joad), John Qualen (Muley), Eddie Quillan (Connie), Zeffie Tilbury (Grandma Joad), Frank Sully (Noah), Frank Darien (oncle John), Darryl Hickman (Winfield), Shirley Mills (Ruth Joad), Grant Mitchell (gardien), Ward Bond (policier), Frank Faylen (Tim), Joe Sawyer (comptable), Harry Tyler (Bert), Charles B. Middleton (conducteur), John Arledge (Davis), Hollis Jewell (le fils de Muley), Paul Guilfoyle (Floyd), Charles D. Brown (Wilkie), Roger Imhof (Thomas), William Pawley (Bill), Arthur Aysleworth (le père), Charles Tannen (Joe), Selmar Jackson (inspecteur), Eddie C. Walker (propriétaire), David Hugues (Frank), Cliff Clark (citadin), Adrian Morris (agent), Robert Homans (Spencer), Irving Bacon (conducteur), Kitty Mc Hugh (Mae), Mae Marsh, Francis Ford, Jack Pennick (gardien du camp).
Durant la dépression des années trente, une famille, expulsée d'Oklahoma, cherche un nouveau foyer.

1940 THE LONG VOYAGE HOME (Argosy Pictures-Wanger-United Artists). 105 minutes. *Première* : 8 octobre. *Réal.* : John Ford. *Prod.* : Walter Wanger. *Scén.* : Dudley Nichols d'après les pièces en un acte d'Eugene O'Neill : *The Moon of the Caribbers*, *In the Zone*, *Bound East for Cardiff*, *The Long Voyage Home*. *Im.* : Gregg Toland. *Dir. art.* : James Basevi. *Déc.* : Julia Heron. *Mus.* : Richard Hageman. *Mont.* : Sherman Todd. *Mont. son* : Robert Parrish. *Eff. spéc.* : Ray Binger, R. T. Layton. *Tournage* : été. *Int.* : Thomas Mitchell (Aloysius Driscoll), John Wayne (Ole Olsen), Ian Hunter (Thomas Fenwick, « Smitty »), Barry Fitzgerald (Cocky), Wilfred Lawson (capitaine), Mildred Natwick (Freda), John Qualen (Axel Swanson), Ward Bond (Yank), Joe Sawyer (Davis), Arthur Shields (Donkeyman), J. M. Kerrigan (Crimp), David Hugues (Scotty), Billy Bevan (Joe), Cyril McLaglen (aide), Robert E. Perry (Paddy), Jack Pennick (Johnny Beyman), Constantin Frenke (Narvey), Constantin Romanoff (Big Frank), Dan Borzage (Tim), Harry Tenbrook (Max), Douglas Walton (deuxième lieutenant), Raphaela Ottiano (la Fille des Tropiques), Carmen Morales, Carmen d'Antonio (les jeunes filles sur la pirogue), Harry Woods (l'amiral), Edgar « Blue » Washington , Lionel Pape, Jane Crowley, Maureen Roden-Ryan.
L'équipage du Glencairn rêve de la terre ferme mais revient toujours à la mer.

1941 TOBACCO ROAD (Twentieth Century-Fox). 84 minutes. *Réal.* : John Ford. *Prod.* : Darryl F. Zanuck. *Prod. ass.* : Jack Kirkland, Harry H.Osrin. *Scén.* : Nunnally Johnson d'après une pièce de Kirkland et un roman d'Erskine Caldwell. *Im.* : Arthur.Miller. *Dir. art.* : Richard Day, James Basevi. *Déc.* : Thomas Little. *Mus.* : David Buttolph. *Mont.* : Barbara Mc Lean . *Mont. eff. son.* : Robert Parrish. *Int.* : Charley Grapewin (Jeeter Lester), Marjorie Rambeau (Sister Bessie), Gene Tierney (Ellie May Lester), William Tracy (Dude Lester), Elizabeth Patterson (Ada Lester), Dana Andrews (Dr Tim), Slim Summerville (Henry Peabody), Ward Bond (Lov Bensey), Grant Mitchell (George Payne), Zeffie Tilbury (Grandmère Lester), Russel Simpson (shérif), Spencer Charters (employé), Irving Bacon (recenseur), Harry Tyler (vendeur automobiles), George Chandler (employé), Charles Halton (maire), Jack Pennick (shérif députe), Dorothy Adams (la secrétaire de Payne), Francis Ford (vagabond).
La vie dans une famille de petits-blancs décadents en Géorgie.

1941 SEX HYGIENE (Audio Productions-U.S. Army). 30 minutes. *Réal.* : John Ford. *Prod.* : Darryl F. Zanuck. *Im.* : George Barnes. *Mont.* : Gene Fowler,Jr Charles Trowbridge, Robert Lowery, George Reeves.
Un film produit par l'armée sur les maladies vénériennes.

1941 HOW GREEN WAS MY VALLEY (Twentieth Century-Fox). 118 minutes. *Sortie* : décembre. *Réal.* : John Ford. *Prod.* : Darryl F. Zanuck. *Scén.* : Philip Dunne, d'après un roman de Richard Llewellyn. *Im.* : Arthur Miller. *Dir. art.* : Richard Day , Nathan Juran. *Déc.* : Thomas Little. *Cost.* : Gwen Wakeling. *Mus.* : Alfred Newman. *Eff. chorale* : Eisteddfod Singers of Wales. *Mont.* : James B. Clark. *Nar.* : Irving Pichel. *Nar. pour version britan.* : Rhys Williams. *Tournage* : juin-août. *Int.* :Walter Pidgeon (Mr Gruffyd), Maureen O'Hara (Angharad Morgan), Donald Crisp (Gwilim Morgan), Sara Allgood (Mme Beth Morgan), Anna Lee (Bronwyn Morgan), Roddy Mc Dowall (Huw Morgan), John Loder (Ianto Morgan), Patrick Knowles (Ivor Morgan), Richard Fraser (Davy Morgan), James Monks (Owen Morgan), Barry Fitzgerald (Cyfartha), The Welsh Singers (chanteurs), Morton Lowery (Mr Jonas), Arthur Shields (Mr Parry), Ann Todd (Ceiwen), Frederick Worlock (Dr Richards), Evan E. Evans (Gwinlyn), Rhys Williams (Dai Bando), Lionel Pape (le vieux Evans), Ethel

Griffie (Mme Nicholas), Marten Lamont (Jestyn Evans), Mae Marsh (épouse d'un mineur), Louis Jean Heydt (mineur), Denis Hoey (Motschell), Tudor Williams (chanteur), Clifford Severn, Eva March, Frank Baker.
Une famille de mineurs du Pays de Galles dans les années 1890.

1941-46. Films destinés à l'O.S.S. : De nombreux films d'entraînement et autres documentaires à usage confidentiel furent réalisés par les équipes de Ford sous sa supervision (la nature de cette supervision reste secret militaire) ; parmi ceux-ci : *Comment opérer derrière les lignes ennemies ?* (avec Dana Andrews ?) ; *Comment interroger un prisonnier ennemi ? Comment survivre en pays inconnu ?* ; *La puissance industrielle nazie* ; *Dunkerque à l'envers* ; *A l'intérieur du Tibet* (Kodachrome, National Archives), etc.

Reportage, novembre 1941 : Sur la Flotte de l'Atlantique (par Ford, Ray Kellog). *Canal Report.* sur la défense du canal de Panama. Décembre-janvier 1942 (Ford met en scène, photographie, monte, écrit et fait la narration ; avec la collaboration de Al Jolkes, Al Ziegler, Robert Parrish).
Reportage : Le raid Doolittle sur Tokyo, avril 1942 (Ford et autres). Reportage : Débarquements alliés à Oran, Alger, Casablanca ; novembre 1942.

1942 THE BATTLE OF MIDWAY (U.S. Navy-Twentieth Century Fox). Kodachrome/Technicolor. 17 minutes. *Sortie* : septembre. *Réal.* : Lt Comd. John Ford U.S.N.R. *Nar.* : Ford, Dudley Nichols , James Kevin McGuinness. *Phot.* : Ford, Jack Mc Kenzie, Lt Kenneth M. Pier, Gregg Toland. *Mus.* : Alfred Newman. *Mont.* : Ford, Robert Parrish. *Voix de* : Henry Fonda, Jane Darwell, Donald Crisp, Irving Pichel.
Un reportage sur la bataille. Oscar du meilleur documentaire.

1943 TORPERO SQUADRON (U.S. Navy). Kodachrome. 8 minutes. *Réal.* : Lt Comd. John Ford, U.S.N.R.
Selon Bogdanovich, l'équipe de Ford tourna sur une véritable barge américaine (le Torpedo Squadron 8) en 16mm couleur peu avant la bataille de Midway. Tous les escadrons, à l'exception d'un seul, périrent. Le film monté fut envoyé par coursiers spéciaux (tels que Joe August) aux familles des disparus.

1943 DECEMBER SEVENTH (U.S. Navy). 85 et 34 minutes. *Réal.* : Lt Gregg Toland U.S.N.R., Lt Comd. John Ford U.S.N.R. *Im.* : Toland. *Deuxième équipe (réal.)* : Ray Kellogg, James C. Havens, U.S.M.C. *Mus.* : Alfred Newman. *Mont.* : Robert Parrish. *Nar. addit.* : James K. Mc Guinness. *Int.* : Harry Davenport, Walter Huston.
Étude sur la vie à Hawaï avant et après l'attaque de Pearl Harbour. Réalisateur principal : Gregg Toland. A l'origine le film durait 85 minutes, mais ne fut jamais distribué ; projeté devant des auditoires militaires dans une version courte de 34 minutes. Oscar du meilleur documentaire.

1943 VICTORY IN BURMA : à propos de Mountbatten et Father Stuart.*Réal.* : Irving Asner, assisté de Jack Swain, Bob Rhea, Arthur Meehan, etc. *Superviseur* : Mark Armistead. Ford tourna quelques passages en Chine.
Reportage : Débarquements alliés en Normandie, juin 1944.
Ford filma quelques séquences chinoises.
Recherche : documentaires devant être utilisés au procès de Nuremberg (par Ray Kellog, Budd et Stewart Schulberg, Joe Ziegler, Bob Webb), exploité plus tard sous le titre Nuremberg (Dept. de la Guerre, 1946, 76 minutes) : compilé par Pare Lorentz et Stuart Schulberg. Copies disponibles aux National Archives.

+ 1943 WE SAIL AT MIDNIGHT (Crown Film Unity-US. Navy). 20 minutes. Juillet. *Réal.* : Ford (?). Narration écrite par Clifford Odets. *Mus.* : Richard Addinsell.
Les aventures d'un cargo dans des zones de combat. Reste un fragment assez long qui montre le déchargement d'un cargo à New York et des camions sur Broadway. L'attribution à Ford est plus que douteuse.

1945 THEY WERE EXPENDABLE (Metro-Goldwyn-Mayer). 136 minutes. *Première* : 20 décembre. *Réal.-Prod.* : John Ford. *Prod. ass.* : Cliff Reid. *Scén.* : Frank. W. Wead, d'après le livre de William L. White. *Im.* : Joseph H. August. *Dir. art* : Cedric Gibbons, Malcom F Brown. *Déc.* : Edwing B. Willis,.Ralph S. Hurst. *Mus.* : Herbert Stothart. *Mont.* : Frank E. Hüll, Douglas Biggs. *Réal. deuxième équipe* : James C. Havens (Plans tournés pour les transparences : Robert Montgomery). *Ass. réal.* : Edward O'Fearna. Tourné en Floride. février-avril. *Int.* : Robert Montgomery (Lt John Brickley), John Wayne (Lt Rusty Ryan), Donna Reed (Lt Sandy Davis), Jack Holt (Gén. Martin), Ward Bond (Boots Mulcahey), Luis Jean Heydt (Ohio, pilote à l'hôpital), Marshall Thompson (Snake Gardner), Russell Simpson (Dad, chef du chantier naval), Leon Ames (Maj. Morton), Paul Langton (Andy Andrews), Arthur Walsh (Jones), Donald Curtis (Shorty Long), Cameron Mitchell (George Cross), Jeff York (Tony Aiken), Murray Alper (Slug Mahan), Harry Tenbrook (Larsen), Jack Pennick (Doc Charlie), Charles Trowbridge (Adam Blackwell), Robert Barrat (Gén. Douglas MacArthur), Bruce Kellog (Tomkins), Tim Murdock (Ens. Brown), Vernon Steele (docteur), Trina Lowe (La petite amie de Gardner), Alex Havier (Benny), Eva March (infirmière), Pedro de Cordoba (prêtre), Pacita Tod-Tod (chanteuse du night-club), William B. Davidson (patron de l'hôtel), Robert Emmett O'Connor (barman du Silver Dollar), Max Ong (maire de Cebu), Bill Wirkenson (Sgt Smith), John Carlyre (Lt James), Philip Ahn (Ordonnance), Betty Blythe (épouse d'officier), Kermit Maynard (officier à l'aéroport), Stubby Kruger, Sannu Steon, Michael Kirby, Blake Edwards (équipage du bateau), Wallace Ford, Tom Tyler, Frank Baker.
Brickley et Ryan inaugurent les PT-boats dans une bataille navale, durant la défaite américaine aux Philippines.

1946 MANUEL QUEZON. : IN MEMORIAL. Narration Quentin Reynolds. *Ave Maria* chanté par Enya Gonzales. Technicolor d'après un original en 16 mm.
C'est le seul générique existant de ce court métrage de 22 minutes, réalisé pendant l'enterrement du premier ministre des Philippines, à Washington, par l'équipe photo de Ford. Le film est inintéressant, et sa participation est sans doute minime. On voit Ford dans un plan au cours des funérailles. Il existe une copie 16 mm de Ford à la bibliothèque de l'Université d'Indiana.

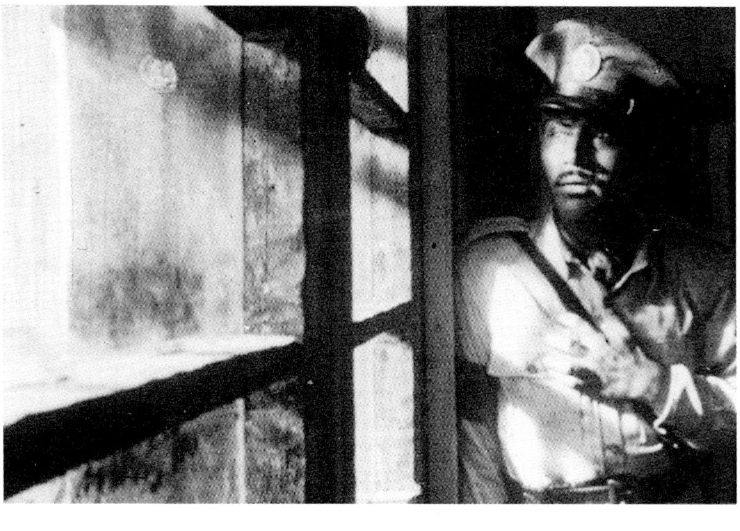

figé. Le conflit dramatique du roman de Graham Greene entre la déchéance humaine d'un prêtre et sa fonction sacerdotale d'intermédiaire privilégié entre Dieu et les hommes s'évanouit au profit de l'opposition entre celui qui se croit Dieu (ou le Christ) et le lieutenant pour qui l'anéantissement de ce prêtre équivaut à la mort de Dieu. Dans la mesure où le symbolisme accablant, liturgique et hiératique du film n'est que le reflet de ces imaginaires conjoints, aucune dialectique ne peut s'instaurer avec une réalité physique délibérément rejetée de la photographie de Figueroa et de la mise en scène de Ford. Ne reste qu'une illustration sulpicienne d'une parabole religieuse à sens unique. J.M.

FORT APACHE
(Le Massacre de Fort Apache)

Premier volet de la trilogie de la cavalerie, le film est aussi, pour Ford, celui de la passation entre Henri Fonda et John Wayne. Le premier achève ici son parcours tandis que le second change de registre, passe pour ainsi dire à l'âge adulte, brusquement père dans *Rio grande* puis retraité dans *Yellow Ribbon*.Le personnage de Fonda meurt dans la bataille — et dans la filmographie de Ford — et le film en brosse un portrait très dur, militairement parlant — carriériste, mauvais stratège (il fait massacrer inutilement ses troupes), sans foi ni loi (il trahit le pacte de parole passé avec l'ennemi par Kirby York) — ainsi que dans le privé (il s'oppose au mariage de sa fille avec un Irlandais).
Le film s'ouvre par la venue d'Henry Fonda au Fort Apache (le lieutenant colonel Thursday derrière lequel Ford vise Custer) mais c'est John Wayne (le capitaine York) qui a le dernier mot. Sonore : aux journalistes qui, sous le portrait de Thursday, lui demandent s'il a été le héros qu'on décrit, York, se résignant au mensonge, entérine le mythe, soit le schéma final de *Liberty Valance* mais dans sa version négative (quand la légende falsifie la réalité, on imprime aussi la légende). Visuel : comme si le mensonge de York tenait à offrir un contrepoint visuel à ses dires, on le voit aussitôt regarder à la fenêtre les troupes de cavalerie passer. Par un effet de mise en scène, les soldats se reflètent et s'impriment sur le corps de John Wayne. Dernier mot visuel qui restitue le contrechamp de la légende (le collectif anonyme contre l'individu), sa vérité et sa gravité (les fantômes du massacre).De la trilogie, *Fort Apache* est le film le plus réaliste, le plus sec et le moins esthétique (au sens contemplatif). L'opposition entre deux corps (Fonda-Wayne), deux postures (la première image de Wayne le montre en train de danser, décontracté) devenant le condensé (raideur bostonienne puritaine, le coulé humaniste et truculent) d'un programme social, moral et politique qui traverse toute l'œuvre de Ford. Quant au massacre proprement dit, la bataille est d'une grande abstraction géométrique, quasi eisensteinienne. Des mouvements de chevaux, de la poussière, rien à voir ni à comprendre. A l'évidence, le flanc épique du cinéma de Kurosawa doit beaucoup à Ford. C.T.

THREE GODFATHERS
(Le Fils du désert)

Dans les mains d'un autre (Victor Fleming ou Sam Wood par exemple), *Three*

Godfathers aurait pu être insupportable, larmoyant et sucré. Sous la direction de Ford, le scénario préserve sa toute puissance symbolique. C'est justement parce que Ford ne se « défile pas » devant son sujet (en résumé : les Trois Mages de l'Ouest), que le film parvient à nous toucher et à nous émouvoir. De l'accouchement au milieu du désert jusqu'à la course finale, *Three Godfathers* ne sonne jamais faux. Ford a concentré son énergie sur le récit, donnant ici un de ses films les plus linéaires, qui « trace », en ligne droite. Devant une telle épure dans la narration (peu commune chez Ford), on est surpris de redécouvrir avec émerveillement des détails de style et de mise en scène auxquels le « fordien de base » est pourtant habitué. Tout à coup, des choses aussi simples qu'un cavalier soulevant son cheval face à la caméra nous semblent sublimes et inimitables. N.S.

SHE WORE A YELLOW RIBBON (La Charge héroïque)

Entre le John Wayne jeune, prêt à prendre le relais symbolique d'Henry Fonda à la fin de *Fort Apache* et ce John Wayne exagérément vieilli, à quelques jours de la retraite, l'ellipse est énorme. La courbe héroïque du personnage, sa destinée à son apogée étant cet espace hors-champ, infilmé, qui creuse et relie vertigineusement ces deux films, Ford ne filmant du corps héroïque que son aube et son crépuscule.*She Wore a Yellow Ribbon* est l'histoire d'un homme qui doit se retirer, rate sa sortie (une patrouille massacrée par les Indiens) et, pour se rattraper, retarde son départ au maximum. Magnifique idée de la montre : cadeau des jeunes pour sa retraite (pas de conflits de générations chez Ford mais une passation en douceur) afin de compter ses futurs temps morts, il s'en sert comme compte à rebours jusqu'à ce moment fatidique. Si *Rio Grande* est structuré autour de deux arrivées au fort (ouverture et fermeture), *She Wore a Yellow Ribbon* l'est autour de trois réveils à l'aube, de trois départs. Ford est comme son personnage, il ne veut pas en finir avec son film comme l'autre avec son métier. D'où que la construction narrative, faite d'excroissances, de reports, de scènes en échos, joue les prolongations et soit travaillée par cette angoisse de conclure. Pas de logique narrative mais un processus en accolades, par accumulation, qui donne cette liberté de construction qu'on retrouve uniquement chez Renoir : une scène en rabe, un dernier verre, une dernière bagarre, un dernier regard sur les gens, le paysage. Comme si Ford voulait nous faire faire un dernier tour de manège à l'intérieur de son propre cinéma.

De tous les films de Ford, *She Wore a Yellow Ribbon* est un des plus beaux (chaque plan est frappé par ce « goût de la beauté »), un des plus contemplatifs : c'est la caméra qui contemple, pas les personnages et c'est ce croisement qui est beau à voir dans le foyer du plan. C'est le film de la poussière, celle que font les chevaux, au présent, ainsi que celle du futur, de la destinée de l'homme (retourner à la terre). C.T.

WHEN WILLIE COMES MARCHING HOME (Planqué malgré lui)

Comédie légère qu'on aurait cependant tort de négliger, *Planqué malgré lui* est aussi un film politique, une réflexion sur la communauté, le mensonge et le patriotisme. Comment Willie (Dan Dailey), engagé volontaire dans l'armée des États-Unis, posté comme réserviste dans son village natal, pourra-t-il se battre, comme ses camarades ? Ses supérieurs le laissent enfin partir sur un bombardier en route vers l'Europe : l'appareil est « descendu » au-dessus de la France par l'artillerie allemande et Willie, porté disparu à la suite d'un malentendu (ses deux camarades ont sauté de l'avion, mais Willie ne se parachutera qu'en dernier). Willie se retrouve héros malgré lui, combattant avec la résistance, découvrant les plans d'une arme secrète nazie qu'il délivre en personne à Washington. Mais, forcé de préserver le « top secret », Willie réintègre son village natal et est soupçonné de désertion. Si j'ai délibérément choisi de résumer le scénario de *When Willie Comes Marching Home*, c'est parce qu'il est bourré de fausses pistes, plein d'une ironie à la Billie Wilder. Avec ce film Ford trouve l'occasion d'inscrire son discours conservateur (pour appartenir à la communauté, il faut se battre pour elle) dans une optique libérale (il ne faut pas nécessairement être un héros pour être un combattant). Critique de l'hypocrisie provinciale, de l'absurdité de l'administration et de la guerre « moderne », le film peut se voir comme un résumé « léger » de l'idéologie fordienne, beaucoup plus nuancée qu'il n'y paraît. N.S.

1946 MY DARLING CLEMENTINE (Twentieth Century-Fox). 97 minutes. *Sortie* : Novembre. *Réal.* : John Ford. *Prod.* : Samuel G. Engel. *Scén.* : Engel Winston Miller, d'après un sujet de Sam Hellman, d'après le livre *Wyatt Earp, Frontier Marshall* de Stuart N. Lake. *Im.* : Joseph P. McDonald. *Dir. art.* : James Basevi, Lyle R. Wheeler. *Déc.* : Thomas Little, Fred J. Rode. *Cost.* : René Hubert. *Mus.* : Cyril J. Mockridge. *Dir. mus.* : Alfred Newman. *Orchest.* : Edward Powell. *Mont.* : Dorothy Spencer, Darryl F. Zanuck (non crédité). *Eff. spéc.* : Fred Sersen. *Ass. réal.* : William Eckhardt. Extérieurs tournés à Monument Valley. *Tournage* : mai-juin. *Int.* : Henry Fonda (Wyatt Earp), Linda Darnell (Chihuahua), Victor Mature (Doc John Holliday), Walter Brennan (le vieux Clanton), Tim Holt (Virgil Earp), Ward Bond (Morgan Earp), Cathy Downs (Clementine Carters), Alan Mowbray (Granville Thorndyke), John Ireland (Billy Clanton), Grant Withers (Ike Clanton), Roy Roberts (le maire), Jane Darwell (Kate Nelson), Russell Simpson (John Simpson), Francis Ford (Dad, le vieux soldat), J. Farrell MacDonald (Mac, le barman), Don Garner (James Earp), Ben Hall (coiffeur), Arthur Walsh (employé de l'hôtel), Jack Pennick, Robert Adler (conducteurs de la diligence), Louis Mercier (François), Mickey Simpson (Sam Clanton), Fred Libby (Phin Clanton), Harry Woods (Luke), Charles Stevens (l'Indien semeur de troubles), Earle Foxe (joueur), Aleth « Speed » Hansen (guitariste), Danny Borzage (accordéoniste), Frank Conlan (pianiste), Don Barclay (propriétaire de l'opéra), Mae Marsh (vieille dame se rendant à l'église).

A partir des mythes de Wyatt Earp, Doc Holliday et la bataille rangée d'O.K. Corral. Remake de Frontier Marshall (Allan Dwan, 1939); il y eut de nombreux autres remakes, parmi lesquels Wichita (Jacques Tourneur, 1955), Gunfight at the O.K. Corral (John Sturges, 1957), etc.

1947. THE FUGITIVE (Argosy Picture-RKO Radio). 104 minutes. *Première* : 3 novembre. *Réal.* : John Ford. *Prod.* : Ford, Merian C. Cooper. *Prod. ass.* : Emilio Fernandez. *Scén.* : Dudley Nichols d'après le roman de Graham Greene *The Labyrinthine Ways* (ou *The Power and the Glory*). *Im.* : Gabriel Figueroa. *Dir. art.* : Alfred Ybarra. *Déc.* : Manuel Parra. *Mus.* : Richard Hageman. *Orchest.* : Lucien Caillet. *Mont.* : Jack Murray. *Ass. exé.* : Jack Pennick. *Ass. réal.* : Melchor Ferrer, Jesse Hibbs. Tourné pendant quarante-sept jours en extérieurs au Mexique et au studio Churubesco, Mexico City. *Int.* : Henry Fonda (Le Fugitif), Dolores Del Rio (une Indienne), Pedro Armendariz (le lieutenant de police), Ward Bond (El Gringo), Leo Cadrillo (chef de la police), John Qualen (un docteur réfugié) Fortunio Bonanova (le cousin du gouverneur), Chris-Pin Martin (un joueur d'orgue), Miguel Inclan (un otage), Fernando Fernandez (un chanteur), Jose I. Torvay (un Mexicain), Melchor Ferrer.

Un prêtre tourmenté lutte avec sa conscience.

1948. FORT APACHE (Argosy Pictures-RKO Radio). 127 minutes. *Première* : 9 mars. *Prod.* : Ford, Merian C. Cooper. *Scén.* : Frank S. Nugent d'après *Massacre*, de James Warner Bellah. *Im.* : Archie Stout, William Clothier (deuxième équipe). *Dir. art.* : James Basevi. *Déc.* : Joe Kish. *Mus.* : Richard Hageman. *Mont.* : Jack Murray. *Eff. spéc.* : Dave Koehler. *Cost.* : Michael Meyers, Ann Peck. *Cam.* : Eddie Fitzgerald. *Supervision du script* : Meta Sterne. *Chorég.* : Kenny Williams. *Cons. techn.* : Major Philip Kieffer, Katharine Spaatz. *Doc.* : Katharine Clifton. *Rech. cost.* : D.R.O. Hatswell. *Réal. deuxième équipe* : Cliff Lyons. *Dir. prod.* : Bernard McEveety. *Ass. réal.* : Lowell Farrell, Jack Pennick.Tourné pendant quarante-cinq jours en extérieurs dans l'Utah et à Monument Valley (juin 1947). *Int.* : John Wayne (Capt. Kirby York), Henry Fonda (Lt-colonel Owen Thursday), Shirley Temple (Philadelphia Thursday), John Agar (Lt Michael O'Rourke), George O'Brien (Capt. Sam Collingwood), Victor Mc Laglen (Sgt Mulcahy), Pedro Armendary (Sgt Beaufort) Anna Lee (Mme Collingwood),Irene Rich (Mme O'Rourke), Guy Kibbee (Da Wilkins) Grant Withers (Silas Meachum), Miguel Inclan (Cochise), Jack Pennick Sgt Shattuck), Mae Marsh (Mme Gates), Dick Foran (Sgt Quincannon), Frank Ferguson (journaliste), Francis Ford (Finck, barman), Ray Hyke (Gates), Movita Castenada (Guadalupe), Hank Worden (recrue du Sud), Harry Tenbrook (courrier), Mary Gordon (la femme de la diligence), Frank Baker, Ben Johnson (cascadeurs).

La vie dans une garnison de cavalerie en 1876.

+ 1948. RED RIVER (Monterey Productions-United Artists). *Réal.* : Howard Hawks. *Int.* : John Wayne, Montgomery Clift, Joanne Dru.

Hawks éprouvait de grandes difficultés à faire de ce qu'il avait tourné un film cohérent. Ford lui fit de nombreuses suggestions de montage ; il lui conseilla l'utilisation d'un narrateur.

1948. 3 GODFATHERS (Argosy Pictures-Metro-Goldwyn-Mayer). Technicolor. 106 minutes. *Première* : 1er décembre. *Réal.* : John Ford. *Prod.* : Ford, Merian C.Cooper. *Scén.* : Laurence Stallings, Frank S. Nugent d'après un sujet de Peter B. Kyne. *Im.* : Winton C. Hoch, Charles P. Boyle (deuxième équipe). *Dir. art.* : James Basevi. *Déc.* : Joe Kish. *Mus.* : Richard Hageman. *Arr. et dir.* : Lucien Caillet. *Mont.* : Jack Murray. *Consultants couleur* : Nathalie Kalmus, Morgan Padelford. *Cam.* : Harvey Gould, Edward Fitzgerald (deuxième équipe). *Dir. prod.* : Lowell Farrell. *Ass. réal.* : Wingate Smith, Edward O'Fearna. Tourné en trente deux jours en extérieurs dans le désert du Mojave. *Int.* : John Wayne (Robert Marmaduke Sangster Hightower), Pedro Armendariz (Pedro Roca Fuerte), Harry Carey Jr (William Kearney, « the Abilene Kid »), Ward Bond (Pearley « Buck » Sweet), Mildred Natwick (la mère), Charles Halton (Mr Latham), Jane Darwell (Miss Florie), Mae Marsh (Mme Perley Sweet), Guy Kibbee (juge), Dorothy Ford (Ruby Latham), Ben Johnson, Michael Dugan, Don Summers (patrouilleur), Fred Libby (shérif député), Hank Worden (shérif député), Jack Pennick (Luke, conducteur de train), Francis Ford (saoulard), Ruth Clifford (femme dans un bar).

Trois bandits, qui fuient dans un désert, adoptent un bébé.

Remake du *Marked Men* (1919) de Ford, de *Bronco Billy and the Baby* (1915) de G. M. Anderson, de *Hell's Heroes* (1929) de Wyler et de *Three Godfathers* (1936) de Boleslawski.

+ 1949 WHAT PRICE GLORY ? Réalisation théâtrale. *Supervision* : John Ford. *Ass. superv.* : George O'Brien. *Mise en scène* : Ralph Murphy. Produit par la Masquer's Club d'Hollywood pour l'Ordre militaire du Purple Heart. *Prod.* : Harry Joe Brown. *Ass.* : Eddie Oxford. *Management* : Jacques Pierre. *Stage manager* : G. Pat Collins. *Représentations* : 22 février 1949 à Long Beach, 24 février 1949 à San Jose, 25 février 1949 à Oakland, 27 février 1949 à San-Francisco, 1er mars 1949 à Pasadena, 2 mars 1949 à Los Angeles. *Int.* : Ward Bond (Flagg), Pat O'Brien

(Quirt), George O'Brien, Alan Hale Sr., Robert Amstrong, Wallace Ford, Oliver (Babe), Hardy, Charles Kemper, Henry O'Neill, Jimmy Lydon, Herbert Rawlinson, Louis Alberni, Harry Carey Jr, Forrest Tucker, Fred Graham, Larry Blake, Michael J. Dugan, Don Summers, G. Pat Collins, Gregory Peck, John Wayne, Maureen O'Hara.
Pat O'Brien : « Ford a toujours rêvé de monter une pièce de théâtre, car il aimait beaucoup les acteurs de théâtre... c'était un gala de charité. Personne n'a gagné un sou. » (Karyn Kay et Gerald Peary, « Talking to Pat O'Brien », Velvet Light Trap, Fall 1975). Les bénéfices, 30.000 dollars, servirent à construire un club pour anciens combattants paraplégiques. Ford était président de l'association Purple Heart (équivalent de la Médaille Militaire).

1949 MIGHTY JOE YOUNG (Argosy Pictures-RKO Radio). 94 minutes. *Réal. :* Ernest B. Schoedsack. *Prod. :* John Ford, Merian C. Cooper.*Scén. :* Ruth Rose d'après un sujet de Cooper. *Im. :* J. Roy Hunt. *Dir. art. :* James Basevi. *Int. :* Terry Moore, Ben Johnson, Robert Armstrong, Frank Mc Hugh, Regis Toomey).
« Je n'ai rien à voir avec ça ! », déclara Ford à Bogdanovich.

1949 SHE WORE A YELLOW RIBBON (Argosy Picture-RKO Radio). Technicolor. 103 minutes. *Première :* 22 octobre. *Réal. :* John Ford. *Prod. :* Ford, Merian C. Cooper. *Prod. ass. :* Lowell Farrell. *Scén. :* Frank S. Nugent, Laurence Stallings d'après le récit de James Warner Bellah, *War Party*. *Im. :* Winton C. Hoch, Charles P. Boyle (deuxième équipe). *Dir. art. :* James Basevi. *Déc. :* Joe Kish. *Mus. :* Richard Hageman. *Dirigée par :* Constantin Bakaleinikoff. *Mont. :* Jak Murray. *Ass. mont. :* Barbara Ford. *Réal. seconde équipe :* Cliff Smith. *Ass. réal. :* Wingate Smith, Edward O'Fearna. *Cons. techn. :* Cliff Lyons, Maj. Philip Kieffer. *Cons. couleur :* Nathalie Kalmus, Morgan Padelford. *Eff. spéc. :* Jack Caffee. *Cost. :* Michael Meyers, Ann Peck. *Cam. :* Harvey Gould. *Cons. hist. :* R.O. Hatswell. *Tournage :* trente deux jours en extérieurs à Monument Valley, octobre 1948. *Int. :* John Wayne (Capt Nathan Brittles), Joanne Dru (Olivia), John Agar (Lt Flint Cohill), Ben Johnson (Sgt Tyree), Harry Carey Jr (Lt Pennell), Victor McLaglen (Sgt Quincannon), Mildred Natwick (Mme Abbey Allshard), George O'Brien (Maj. Mack Allshard), Arthur Shields (Dr O'Laughlin), Francis Ford (barman irlandais), Harry Woods (Karl Rynders), Chef Big Tree (Poney qui marche), Noble Johnson (Red Shirt), Cliff Lyons (soldat Cliff), Tom Tyler (Quayne), Michael Dugan (Hochbauer), Mickey Simpson (Wagner), Fred Graham (Hench), Frank Mc Grath (claironneur), Don Summers (Jenkins), Fred Libby (Cpl Krumrein), Jack Pennik (Sgt Major), Billy Jones (courrier), Bill Gettinger (officier), Fred Kennedy (Badger), Rudy Bowman (soldat Smith), Post Park (officier), Ray Hyke (McCarthy), Lee Bradley (interprète), Chef Sky Eagle, Dan White, Frank Baker. *Narrateur :* Irving Pichel.
Un capitaine de cavalerie proche de la retraite, dirige sa dernière patrouille en 1876. Oscar de la meilleure photographie : Winton C. Hoch.

+ 1949 PINKY (Twentieth Century Fox). 102 minutes. *Sortie :* Novembre. *Réal. :* Elia Kazan. *Prod. :* Darryl F. Zanuck. *Scén. :* Philip Dunne, Dudley Nichols d'après le roman *Quality* de Cid Ricketts Summer. *Im. :* Joseph MacDonald. *Mus. :* Alfred Newman. *Ass. réal. :* Wingate Smith. *Int. :* Jeanne Crain, Ethel Waters, William Lundigan, Basil Ruysdael.
Une jeune Noire se fait passer pour blanche. Ford travailla à la préproduction et dirigea le premier jour de tournage avant de tomber malade — encore que la maladie semble avoir servi de prétexte pour se retirer, ce dont Ford et Zanuck semblent avoir été convenus. Rien, dans le produit fini, ne paraît fordien

1950 WHEN WILLIE COMES MARCHING HOME (Twentieth Century Fox). 82 minutes. Février. *Réal. :* John Ford. *Prod. :* Fred Kohlmar. *Scén. :* Mary Loos, Richard Sale d'après *When Leo Comes Marching Home* de Sy Gomberg. *Im. :* Leo Tover. *Dir. art. :* Lyle R. Wheeler, Chester Gore. *Déc. :* Thomas Little, Bruce MacDonald. *Mus. :* Alfred Newman. *Orchest. :* Edward Powell. *Mont. :* James B. Clark. *Ass. réal. :* Wingate Smith. *Dir. prod. :* Joe Behm. *Eff. spéc. :* James B. Clarke. *Chorég. :* Kenny Willimas. *Cam. :* Till Gabbani. *Cost. :* Charles Le Maire, Travilla. *Superviseur du script :* Meta Sterne. *Int. :* Dan Dailey (Bill Kluggs), Corinne Calvet (Yvonne), Colleen Townsend (Marge Fettles), Llyod Corrigan (Major Adams), William Demarest (Herman Kluggs), James Lydon (Charles Fettles), Evelyn Varden (Gertrude Kluggs), Kenny Williams (musicien), Lee Clark (musicien), Charles Halton (Mr Fettles), Mae Marsh (Mme Fettles), Jack Pennick (sergent), Mickey Simpson (MP Kerrigan), Frank Pershing (Maj. Bickford), Don Summers (MP Sherve), Gil Herman (Lt Comd.. Crown), Peter Ortiz (Pierre), Luis Alberni (barman), John Shulick (pilote), Clarke Gordon, Robin Hugues (officiers de la marine), Cecil Weston (Mme Barnes), Harry Tenbrook (Joe, chauffeur de taxi), Russ Clark (Sgt Wilson), George Spaulding (Juge Tate), James Eagle (reporter), Harry Strang (sergent), George Magrill (chief petty officer), Hank Worden (chef de chorale), John Mc Kee (pilote), Larry Keating (Gén G. Reeding), Dan Riss (Gén. Adams), Robert Einer (Lt Bagley), Russ Conway (Maj. J. A. White), Whit Bissell (Lt Handley), Ann Codee (Instructeur français), Ray Hyke (Maj. Crawford), Gene Collins (Andy), James Flavin (Gén. Brevort), David Mc Cahon (Col. Ainsley), Charles Trowbridge (Gén. Merill), Kenneth Tobey (K. Geiger), Maj Sam Harris (patient à l'hôpital), Alberto Morin, Louis Mercier (résistants), Paul Harvey (officier), James Waters, Ken Lynch, Frank Baker, J. Farrell MacDonald, Vera Miles.
Comédie sur la fièvre martiale qui s'empare d'une petite ville.

1950 WAGON MASTER (Argosy Pictures-RKO Radio). 86 minutes. *Première :* 19 avril. *Réal. :* John Ford. *Prod. :* Ford, Merian C. Cooper. *Prod. ass. :* Lowell Farrell. *Scén. :* Frank S. Nugent, Patrick Ford. *Im. :* Bert Glennon, Archie Stout (deuxième équipe). *Dir. art. :* James Basevi. *Déc. :* Joe Kish. *Mus. :* Richard Hageman. Et *Wagons West, Rollin Shadows in the Dust, Song of the Wagon Master, Chuck A-Walla-Swing*, par Stan Jones, chantées par *The Sons of the Pioneers*. *Mont. :* Jack Murray. *Ass. mont. :* Barbara Ford. *Réal. deuxièle équipe :* Cliff Lyons. *Ass-réal. :* Wingate Smith. *Cost. :* Wes Jeffries, Adele Parmenter. *Eff. spéc. :* Jack Caffee. *Cons. tech. :* D.R.O. Hatswell. Tourné en extérieurs à Monument Valley et à Professor Valley, Utah. Int. : Ben Johnson (Travis Blue), Harry Carey Jr (Sandy Owens), Joanne Dru (Denver), Ward Bond (Elder Wiggs), Charles Kemper (Oncle Shiloh Clegg), Alan Mowbray (Dr A. Locksley Hall), Jane Darwell (Sœur Ledeyard), Ruth Clifford (Fleuretty Phyffe), Russell Simpson (Adam Perkins), Kathleen O'Malley (Prudence Perkins), James Arness (Floyd Clegg), Fred Libby (Reese Clegg), Hank Worden (Luke Clegg), Mickey Simpson (Jesse Clegg), Francis Ford (Mr Peachtree), Cliff Lyons (shérif de Crystal City), Don Summers (Sam Jenkins),

WAGON MASTER (Le Convoi des braves)

« Wagon Master *est le western le plus pur et le plus simple que j'aie jamais réalisé.* » Telle est en effet l'ouverture du film qui fait alterner les Cleggs terrorisant puis fuyant Crystal City, l'arrivée des Mormons dans leurs chariots en route vers San Juan et celle de Travis et Sandy, vendeurs de chevaux. La rencontre, hasardeuse ou providentielle, de ces deux groupes sous la forme de la balade (et de la ballade), donne au film un charme inentamé. La parabole biblique – long voyage vers la Terre promise – est évidente mais jamais pesante, les voix divines étant ici bien tortueuses. Chaque groupe se doit de déroger à ses principes pour suivre son chemin. Les habitants de Crystal City, uniquement soucieux de préserver leurs acquis par la loi, n'ont pas su éliminer le mal (les Cleggs) et, pour défendre leur paradis matérialiste, ces sédentaires doivent envoyer leur shérif errer en vain à la recherche des bandits. Prêt à appliquer aveuglément la loi, celui-ci est même capable de mettre des dizaines de vies en péril. Conduits par un homme qui ne cesse de déroger au Deuxième Commandement, les Mormons idéalistes ne font que reproduire le geste fondateur des pionniers, ancêtres des habitants de Crystal City. Ils doivent accepter d'être guidés par des hommes sans idéal et aidés par des menteurs (une fausse famille de comédiens menée par un faux docteur), mentir et tuer. Ils ne reconnaîtront même pas dans les Indiens leurs semblables en tant qu'exclus, même lorsque la mise en scène de Ford les met à égalité. Peuple élu, ils participent, dans leur volonté d'instaurer le paradis sur terre à l'exclusion des Indiens qui, lucides, voient en eux des blancs seulement un peu moins voleurs que les autres.

J.M.

RIO GRANDE

De la trilogie de la cavalerie, *Rio Grande* est celui qui déborde le plus le cadre de l'armée pour le confronter à deux grands blocs, celui de la famille (une femme, son mari, leur fils) et du passé (les plaies du sud, non résorbées).
Pourquoi les Indiens en veulent-ils à nos enfants ? Enlevés puis enfermés dans une église mexicaine, la question sera réglée sur le champ (on tue les Indiens à l'intérieur d'une croix découpée dans la porte) avant de revenir deux fois chez Ford *(The Seachers, Two Rode Together)*.Quant au couple famille-armée, il a les traits de Maureen O'Hara qui, de mère, redevient femme (condensation fordienne qui nourrit d'entrée le trouble du film : l'émotion de retrouver son mari pas vu depuis des années et surtout, se sachant vue de lui, cette manière d'épousseter son manteau dans l'équivoque d'une caresse). Elle revient à l'armée pour récupérer son fils qui vient de s'engager. Troubles du passé qui remontent à la surface (une boîte à musique, une maison qui a brûlé, un sergent incendiaire) et seront scellés dans la magnifique scène où John Wayne remet à sa femme un billet confédéré et qu'elle lui rend la monnaie de sa pièce (en or, pour racheter à l'origine son fils).
Si, du rapport père-fils, Hawks filme le programme du *« tu seras un homme, mon fils »* jusqu'au bout, à la lettre, on pourrait dire, à la lueur de *Rio Grande*, que Ford, filme non le conscient de cette phrase mais le programme inconscient de celui qui l'énonce (« tu resteras un enfant, mon fils »). A savoir que le père refuse à voir son fils en tant qu'adulte et que, tout en surveillant son éducation militaire, il ne cesse de lui dire sa crainte, sa peur de le voir grandir (voir la scène dans l'église, quand il le cherche parmi les enfants). Ce qui explique aussi pourquoi chez Ford le passage du relais entre générations (voir *She Wore a Yellow Ribbon*) se fasse en douceur, en dehors de tout conflit.

C.T.

THIS IS KOREA

Des GI's aspergent une colline ennemie avec leurs lance-flammes. Voix off : *« Brûlez les, faites les cuire, ces sales rouges. »* Avec son commentaire agressif, ses effets de montage (et autres manipulations de la bande son), il ne plane aucun doute sur l'intention du projet *This is Korea :* Ford a réalisé un film de propagande destiné à remonter le moral des troupes. Souvent irritant, parfois même à la limite du supportable ; *This is Korea* demeure néanmoins cohérent : ce n'est un secret pour personne, Ford aime l'armée et les militaires ; et tout naturellement, son pays. Mais si Ford admire le militaire, il n'en déteste pas moins la guerre : une contraction typique de l'auteur qui, au beau milieu de *This is Korea,* filme sans pudeur les blessés et les éclopés. Le spectateur ne peut que détourner le regard et même si le film se clôt avec triomphalisme ; ces images-là subsistent. Pas de doute : c'est du Ford. N.S.

THE QUIET MAN *(L'Homme tranquille)*

The Quiet Man se réfère explicitement à *How Green Was my Valley,* ne serait-ce que par le commentaire-off ou l'intervention nostalgique, dans le souvenir de Sean Thornton, de la voix maternelle. Mais c'est en toute connaissance de cause que le héros est une fois de plus en quête de la Terre romise : l'Amérique lui a appris à se battre, voire à tuer. Le retour au pays natal lui ôtera ses dernières illusions sur le paradis perdu de l'enfance. La réalité profonde des us et coutumes du Connemara, perce sous le préraphaëlisme technicolorisé de l'apparition de la bergère Mary Kate dont le rouge des cheveux et de la jupe agresse le vert faussement idyllique du paysage, comme sous le pittoresque folklorique des chants, des beuveries et des bagarres homériques. Cette *histoire d'amour entre adultes* (Ford dixit) est avant tout le récit d'une frustration. Sur le chemin d'Inisfree, Sean Thornton rencontre d'abord Michaeleen Og Flynn, gardien d'un formalisme moral de façade, puis le Père Lonergan, représentant des valeurs puritaines qui chapeautent cet univers moral dont il est le narrateur tout désigné. Ford n'est jamais allé aussi loin dans l'expression directe, dans les limites acceptables pour l'époque, de la sexualité. Chaque confrontation entre Sean et Mary Kate est d'ordre érotique. Le film pourrait se résumer dans la scène où, parmi les croix celtiques du cimetières, ils s'étreignent, leurs vêtements collés à la peau par la pluie moulant leurs corps. Si Sean doit se plier aux rites locaux, il doit surtout se débarrasser de sa propre culpabilité et accepter le désir de l'autre (la dot de Mary Kate). Si la violence est en définitive ici jouissive, c'est parce qu'elle ne repose plus sur la compétition et l'argent comme dans la civilisation américaine (qui mène à la mort) mais retrouve ses sources sexuelles primitives et régénère le village tout entier en faisant éclater les hypocrisies. J.M.

WHAT PRICE GLORY ?

What Price Glory ? est un film étrange, stylisé à l'extrême, et qui mélange allègrement (c'est déjà, à l'origine, le projet de la Twentieth Century Fox) les genres (la comédie troupière, le musical, le film de guerre). Ford ne se départit pas ici une seconde de sa morale en poussant la logique du film jusqu'au bout, en refusant de traiter en farce les scènes de combat, en choisissant la rupture de ton, la mise à mal du spectateur plutôt qu'une unité superficielle.

De la vision de ce film, entièrement tourné en studio et recréant une France de 1917 de pure convention, naît l'impression d'un retour à un expressionnisme sévère, malgré le sujet, où l'apparente désinvolture vis-à-vis des codes se paie d'un recours obligatoire à l'abstraction.On pourrait lui préférer la version tournée par Walsh en 1926 avec Victor Mac Laglen s'il n'y avait quelques éclats témoignant d'une détresse profonde. James Cagney, figure inentamée de la truculence et de la compétence guerrière fond soudain en larmes devant le corps d'un jeune soldat tué. L'anecdote (une crise de nerfs après un mort de trop) témoigne moins d'une éthique que sa mise en scène : un plan long où Cagney sanglote, de dos, à côté d'un soldat debout, décadré.L'irruption de la douleur brise ici l'ordonnancement « classique » de l'image. A.R.

THE SUN SHINES BRIGHT *(Le Soleil brille pour tout le monde)*

Chef-d'œuvre incontestable, *The Sun Shines Bright* n'a rien d'un monument figé mais plutôt tout d'une belle mécanique qui aurait du jeu, d'un « moviment » comme dirait Ponge. L'astuce, c'est de procéder à une coupe vertigineuse dans la société américaine, de jouer les unes contre les autres ses différentes couches, en n'excédant jamais le cadre d'une petite ville à la fin du XIXe siècle. On a ainsi l'Histoire, la faille de la Guerre de Sécession qui divise, traverse et en fait secrètement unit toutes ces strates comme cette bannière étoilée que les clubs d'anciens combattants ne cessent de se voler mutuellement ; puis les histoires, les souvenirs de guerre, parole partagée, ferment de la communauté et enfin les sales histoires, celles qu'on lave en famille. Ainsi

Movita Castenada (jeune fille Navajo), Jim Thorpe (Navajo), Chuck Haywood (Jackson).
En 1849, un convoi de pionniers mormons.

1950 RIO GRANDE (Argosy Pictures-Republic). 105 minutes. *Première :* 15 novembre. *Réal. :* John Ford. *Prod. :* Ford, Merian C. Cooper. *Scén. :* James Kevin McGuinness d'après *Mission with No Record* de James Warner Bellah. *Im. :* Bert Glennon, Archie Stout (deuxième équipe). *Dir. art. :* Frank Hotaling. *Déc. :* John Mc Carthy Jr., Charles Thompson. *Mus. :* Victor Young. Chansons chantées par *The Sons of the Pioneers : My Gal is Purple, Footsore Cavalry, Yellow Stripes* par Stan Jones, *Aha, San Antone* par Dale Evans, *Cattle Call,* de Tex Owens, et *Down by the Glen Side, You're in the Army Now. Mont. :* Jack Murray. *Ass. mont. :* Barbara Ford. *Réal. deuxième équipe :* Cliff Lyons. *Cost. :* Adele Palmer. *Eff. spéc. :* Howard et Theodore Lydecker. Tourné en extérieurs à Monument Valley, juin-juillet. *Int. :* John Wayne (Lt Col. Kirby Yorke), Maureen O'hara (Mme Yorke), Ben Johnson (soldat Tyree), Claude Jarman Jr (soldat Jeff Yorke), Harry Carey Jr (soldat Daniel Boone), Chill Wills (Dr Wilkins), J. Carroll Naish (Gén. Philip Sheridan), Victor McLaglen (Sgt Quincannon), Grant Withers (marshall), Peter Ortiz (Capt. St Jacques), Steve Pendleton (Capt. Prescott), Karolyn Grimes (Margaret Mary), Alberto Morin (lieutenant), Stan Jones (sergent), Fred Kennedy (Heinze), Jack Pennick, Pat Wayne, Chuck Roberson, The Sons of the Pioneers (chanteurs du régiment), Ken Curtis, Hugh Farr, Lloyd Perryman, Shug Fisher, Tom Doss.
Une famille se ressoude dans une garnison de cavalerie.

+ 1950 THE BULLFIGHTER AND THE LADY (Republic). 87 minutes. *Réal. :* Budd Boetticher. *Int. :*Robert Stack.
Ford aida Boetticher pour le montage de son film.

1951 : THIS IS KOREA ! (US Navy-Republic). Trucolor trois bandes. 50 minutes. *Première :* 10 août. *Réal. :* Contre-amiral John Ford, USNR. *Nar. :* James Warner Bellah, Frank Nugent, John Ford. *Im. :* Charles Bohuy, Bob Rhea, Mark Armistead. Voix de John Ireland, Irving Pichel, George O'Brien.
Documentaire in situ *sur les Marines en Corée.*

1952 THE QUIET MAN (Argosy Pictures-Republic). Technicolor. 129 minutes. *Première :* 14 septembre. *Réal. :* John Ford. *Prod. :* Ford, Merian C. Cooper, et (non crédité) Michael Killanin. *Scén. :* Frank S. Nugent, d'après un récit de Maurice Walsh (*The Saturday Evening Post,* 11 février 1933), adapté par Richard Llewellyn (non crédité). *Im. :* Winton C. Hoch, Archie Stout (deuxième équipe). *Dir. art. :* Frank Hotaling. *Déc. :* John McCarthy Jr, Charles Thompson. *Mus. :* Victor Young. *Chansons : The Isle of Innisfree,* de Richard Farrelly ; *Galway bay,* de Dr Arthur Colahan, Michael Donovan ; *The Humour is One Me Now* de Richard Haywood, *The Young May Moon* de Thomas Moore et *The Wild Colonial Boy, Mush-Mush-Mush. Mont. :* Jack Murray. *Ass. mont. :* Barbara Ford. *Réal. deuxième équipe (non crédités) :* John Wayne, Patrick Ford. *Ass. réal. :* Andrew McLaglen. *Cons. couleur :* Francis Cugat. *Cost. :* Adele Palmer. Extérieurs tournés en Irlande, juin-juillet. *Int. :* John Wayne (Sean Thornton), Maureen O'Hara (Mary Kate Danaher), Barry Fitzgerald (Michaeleen Og Flynn),Ward Bond (Fr. Peter Lonergan), Victor McLaglen (Red Will Danaher), Mildred Natwick (Mme Sarah Tillane), Francis Ford (Dan Tobin), Eilenn Crowe (Mme Elisabeth Playfair), May Craig (femme à la gare), Arthur Shields (Rev. Cyril Playfair), Charles Fitzssimmons (Forbes), Sean McLory (Owen Glynn), James Lilburn (Fr. Paul), Jack McGowran (Feeney), Ken Curtis (Dermot Fahy), Mae Marsh (la mère de Fr. Paul), Harry Tenbrook (policier), Maj. Sam Harris (général), Joseph O'Dea (garde), Eric Gorman, (conducteur de train), Kevin Lawless (pompier), Paddy O'Donnell (portier), Webb Overlander (chef de gare), Hank Worden (entraîneur dans le flash-back), Harry Tyler (Pat Cohen), Don Hatswell (Guppy), David H. Huges (agent), Douglas Evans (médecin), Jack Roper (boxeur), Al Murphy (Referee), Patrick Wayne, Antonia Wayne, Melinda Wayne, Michael Wayne (les enfants à la course), Pat O'Malley, Bob Perry, Frank Baker.
Un Américain revient dans son Irlande natale.

1952 WHAT PRICE GLORY ? (Twentieth Century-Fox). Technicolor. 111 minutes. *Sortie :* Août. *Réal. :* John Ford. *Prod. :* Sol C. Siegel. *Scén. :* Phoebe et Henry Ephron d'après la pièce de Maxwell Anderson, Laurence Stallings. *Im. :* Joseph McDonald. *Dir. art. :* Lyle R. Wheeler, George W. Davis. *Déc. :* Thomas Little, Stuart A. Reiss. *Mus. :* Alfred Newman. *Chanson : My Love, My Life,* par Jay Livingston, Roy Evans. *Mont. :* Dorothy Spencer. *Cons. couleur :* Leonard Doss. *Cost. :* Charles LeMaire, Edward Stevenson. *Eff. spéc. :* Ray Kellogg. *Chorég. :* Billy Daniel. *Int. :* James Cagney (Capt. Flagg), Coprinne Calvet (Charmaine), Dan Dailey (Sgt Quirt), William Demarest (Cpl Kiper), Glaig Hill (Lt Aldrich), Robert Wagner (Lewisohn), Marisa Pavan (Nichole Bouchard), Casey Adams (Lt Moore), James Gleason (Gén. Cokely), Wally Vernon (Lipinsky), Henry Letondall (Cognac Pete), Fred Libby (Lt Schmidt), Ray Hyke (Mulcahy), Paul Fix (Gowdy), James Lilburn (jeune soldat), Henry Morgan (Morgan), Dan Borzage (Gilbert), Bill Henry (Holsen), Henry « Bomber » Kulkovich (cuisinier de l'escadron), Jack Pennick (Ferguson), Ann Codee (bonne sœur), Stanley Johnson (Lt Cunningham), Tom Tyler (Capt. Davis), Olga André (sœur Clotilde), Barry Norton (prêtre), Luis Alberni (le grand-oncle), Torben Meyer (le maire), Alfred Zeisler (colonel anglais), George Bruggeman (lieutenant anglais), Scott Forbes (Lt Bennett), Sean McLory (Lt Austin), Charles FitzSimmons (Capt. Wickham), Louis Mercier (Bouchard), Mickey Simpson (MP), Peter Ortiz, Paul Guilfoyle.
La Grande Guerre en France.

1953 THE SUN SHINES BRIGHT (Argosy Pictures-Republic). 90 Minutes. *Première :* 2 mai. *Réal. :* John Ford. *Prod. :* Ford, Merian C. Cooper. *Scén. :* Laurence Stallings d'après les récits d'Irvin S. Cobb, *The Sun Shines Bright, The Mob from Massac, The Lord Provides. Im. :* Archie Stout. *Dir. art. :* Frank Hotaling. *Déc. :* John Mc Carthy Jr., George Milo. *Cost. :* Adele Palmer. *Mus. :* Victor Young. *Mont. :* Jack Murray. *Ass. mont. :* Barbara Ford. *Ass. réal. :* Wingate Smith. Tourné en 1952. *Int. :* Charles Winninger (Juge William Pittman Priest), Arleen Wheelan (Lucy Lee Lake), John Russell (Ashby Corvin), Stepin Fetchit (Jeff Poindexter), Russell Simpson (Dr Lewt Lake), Ludwig Stossel (Herman Felsburg), Francis Ford (Frère Finney), Paul Hurst (Sgt Jimmy Bagby), Mitchell Lewis (Andy Radcliffe), Grant Withers (Buck), Milburn Stone (Horace K. Maydew), Dorothy Jordan (la mère de Lucy), Elzie Ema-

nuel (US Grant Woodford), Henry O'Neill (Jody Habersham), Slim Pickens (Sterling), James Kirkwood (Gén. Fairfield), Mae Marsh (compagnon d'Amora), John Darwell (Amora Ratchitt), Ernest Whitman (Oncle Pleasant Woodford), Trevor Bardette (Rufe, leader de la foule du lynchage), Hal Baylor (son fils), Eva March (Mallie cramp), Clarence Muse (oncle Zack), Jack Pennick (Beaker), Ken Williams, Patrick Wayne (cadet).
Portrait d'une ville du Kentucky en 1905.

1953 MOGAMBO (Metro-Goldwyn-Mayer). Technicolor. 116 minutes. *Première :* 9 octobre. *Réal. :* John Ford. *Prod. :* Sam Zimbalist. *Scén. :* John Lee Mahin d'après la pièce *Red Dust* de Wilson Collison. *Im. :* Robert Surtees, Frederick A. Young. *Dir. art. :* Alfred Junge. *Cost. :* Helen Rose. *Mont. :* Frank Clarke. *Réal. deuxième équipe :* Richard Rossen, Yakima Canutt, James C. Havens. *Ass. réal. :* Wingate Smith, Cecil Ford. *Cons. couleur :* Joan Bridge. *Eff. spéc. :* Tom Howard. *Réal. safari :* Carr Hartley, directeur en chef de la réserve du Mont Kenya. Intérieurs tournés à Londres. Extérieurs tournés au Tanganyika, Kenya, Ouganda, Afrique équatoriale française. Octobre-février. *Int. :* Clark Gable (Victor Marswell), Ava Gardner (Eloise Y. Kelly), Grace Kelly (Linda Nordley), Donald Sinden (Donald Nordley), Philip Stainton (John Browne Pryce), Erick Pohlmann (Leon Boltchak), Laurence Naismith (Cpt. John), Dennis O'Dea (Fr. Joseph), Asa Etula (indigène mâle), tribu Wagenia (Congo Belge), tribu Smuru (colonie du Kenya), tribu Bahaya (Tanganyika), tribu M'Beti (Afrique équatoriale française).
Un chasseur de gros gibier, une séductrice et un couple anglais lors d'un safari en Afrique.
Remake du Red Dust *(1932) de Victor Fleming. Dans* The Courtship of Eddie's Father *(1963) de Vincente Minnelli, Glenn Ford regarde une scène de* Mogambo *à la télévision (Clarck Gable et Grace Kelly devant la chute d'eau).*

+ 1954 HONDO (Wayne-Fellows-Warner Brothers). Warnercolor./3D.83 minutes. *Sortie :* Décembre. *Réal. :* John Farrow. *Prod. :* Robert Fellows. *Scén. :* James Edward Grant d'après un sujet de Louis L'Amour. *Im. :* Robert Burks, Archie Stout. *Int. :* John Wayne, Geraldine Page, Ward Bond.
Ford ne dirigea lui-même que deux plans : — ceux de la garnison de cavalerie que John Wayne voit lorsqu'il visite une caserne (mais dans ce film, on dirait des Delacroix perdus dans une galerie où ne figureraient que des couvertures de Télé 7 jours *!)*

1955 THE LONG GRAY LINE (Rota production-Columbia). Technicolor cinémascope. 138 minutes. *Première :* 9 février. *Réal. :* John Ford. *Prod. :* Robert Arthur. *Scén. :* Edward Hope d'après l'autobiographie de Marty Maher et Nardi Reeder Champion, *Bringing up the Brass. Im. :* Charles Lawton Jr. *Dir. art. :* Robert Peterson. *Déc. :* Frank Tuttle. *Adapt. mus. :* George Dunning. *Dir. mus. :* Morris Stoloff. *Mont. :* William Lyon. *Ass.réal. :* Wingate Smith, Jack Corrick. *Cost. :* Jean Louis. *Cons. couleur :* Francis Cugat. Tourné à West Point. Mars-mai 1954. *Int. :* Tyrone Power (Martin Maher), Maureen O'Hara (Mary O'Donnell), Robert Francis (James Sunstrom Jr), Donald Crisp (le vieux Martin), Ward Bond (Capt. Herman J. Koehler), Betsy Palmer (Kitty Carter), Phil Carey (Charles Dotson), William Leslie (Red Sundstrom), Harry Carey Jr (Dwight Eisenhower), Patrick Wayne (Cherub Overton), Sean McLory (Dinny Maher), Peter Graves (Sgt Rudolph Heinz), Milburn Stone (Capt. John Pershing), Erin O'Brien-Moore (Mme Koehler), Walter D. Ehlers (Mike Shannon), Don Barclay (Maj. Thomas), Martin Milner (Jom O'Carberry), Chuck Courtney (Whitey Larson), Willis Bouchey (médecin), Jack Pennick (Tommy, sergent).
Un émigré irlandais passe cinquante ans à West Point.

1955 THE RED, WHITE AND BLUE LINE (US Treasury Dept-Columbia). Technicolor / Cinémascope. 10 minutes. *Réal. :* John Ford (?). *Scén. :* Edward Hope. *Im. :* Charles Lawton Jr. *Nar. :* Ward Bond.
Film promotionnel sur les bons du Trésor américains, réalisé sur le tournage de The Long Gray Line *où, selon Joseph McBride, on voyait sept minutes de ce film, plus des scènes de l'équipe à table, en train de parler des bons du Trésor, durant lesquelles Donald Crisp sert un ragoût.*

+ 1955 MISTER ROBERTS (Orange Productions-WarnerBrothers). Warnercolor/ Cinémascope. 123 minutes. *Première :* 30 juillet. *Réal. :* John Ford, Mervyn le Roy et (non crédité) Joshua Logan. *Prod. :* Leland Hayward. *Scén.:* Frank Nugent, Joshua Logan d'après la pièce de Logan et Thomas Hoggen et le roman de Hoggen. *Im. :* Winton C. Hoch. *Dir. art. :* Art Loel. *Déc. :* William L. Kuehl. *Mus. :* Franz Waxman. *Mont. :* Jack Murray. *Ass. réal. :* Wingate Smith. *Cost. :* Moss Mabry. *Dir. prod.:* Norman Cook. *Cons. techn. :* Am. John Dale Price, USN, Ret, Comm. Merle MacBain, USN. Extérieurs tournés sur l'île de Midway (Pacifique), septembre 1954. *Int. :* Henry Fonda(Lt (jg) Roberts), James Cagney (capitaine), Jack Lemmon (soldat Frank Thurlowe Pulver), William Powell (Doc), Ward Bond (CPO Dowdy), Betsey Palmer (Lt Ann Girard), Phil Carey (Mannion), Nick Adams (Reber), Harry Carey Jr (Stefanowski), Ken Curtis (Dolan), Frank Aletter (Gerhart), Fritz Ford (Lidstrom), Buck Kartalian (Mason), Wiliam Henry (Lt Billings), William Hudson (Olson), Studdy Kruger (Schlemmer), Harry Tenbrook (Cookie), Perry Lopez (Rodriguez), Robert Roark (Insigna), Pat Wayne (Bookser), Tige Andrews (Wiley), Jim Maloney (Kennedy), Denny Niles (Gilbert), Francis Conner (Johnson), Shug Fisher (Cochran), Danny Borzage (Jonesey), Jim Murphy (Taylor), Kathleen O'Malley, Maura Murphy, Mimi Doyle, Jeanne Murray-Vanderbilt, Lonnie Pierce (infirmières), Martin Milner (officier des patrouilles côtières), Gregory Walcott (patrouilleur côtier), James Flavin (MP), Jack Pennick (sergent de la marine), Duke Kahanamoko (chef indigène).
La vie sur un cargo de ravitaillement durant la Seconde Guerre Mondiale.

1955 ROOKIE OF THE YEAR (Hal Roach Studio, épisode réalisé pour la série télévisée *Screen Directors Playhouse*). 29 minutes. *Diffusion :* Décembre. *Réal. :* John Ford. *Scén. :* Frank S. Nugent d'après un récit de W. R. Burnett. *Im. :* Hal Mohr. *Tournage :* été 1955. *Int. :* John Wayne (Mike Cronin), Vera Miles (Ruth Delbert), Pat Wayne (Lyn Godahue), Ward Bond (Larry Goodhue, alias Buck Garrison), James Gleason (Ed Shaeffer), Willis Boucher (Mr Cully, rédacteur en chef du journal), Henry Tyler (Wright), William Forrest (Walker), Robert Leyden (Willie). John Ford fait une apparition dans le pré-générique, éclairé assis sur son fauteuil de metteur en scène, revêtu d'une tenue de joueur de base-ball.
Un journaliste cynique pense qu'il a trouvé un sujet d'article sensationnel qui le libérera enfin de dix ans à la Emeryville Post-Gazette. *Le rookie (le « bleu ») de l'année est le fils de Buck Garrison, un*

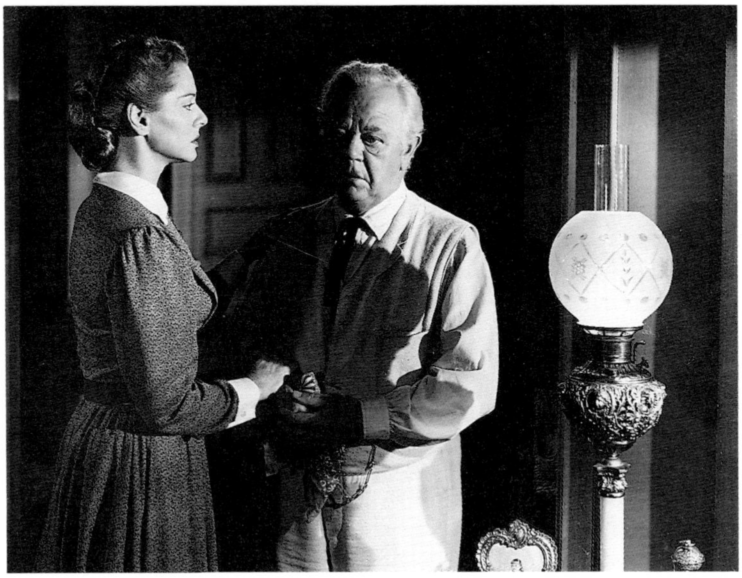

la nervure, la clôture par exclusion de la communauté est une jeune bâtarde que son père, général aux ordres duquel tous ont combattu refuse de reconnaître.
Rien d'étonnant à ce que le spectateur soit, au début, désorienté par ce film erratique, véritable bloc magique qui converge vers le tribunal, cabinet d'analyse, lieu où « ça parle ». Là officie Judge Priest le seul à pouvoir dénouer les « complexes » de la ville parce qu'il donne et retire la parole. Au tribunal, les personnages ne sont plus que des « corps voix » comme les corps excentriques des Noirs, agités par d'étranges soubresauts, commandés par leurs voix à la fréquence distendue, tantôt éraillées, tantôt fortement aiguëes. La parole emballée devient même chant et soulève les corps jusqu'à la danse : c'est le règne de l'anarchie et du « lâchez tout » de l'improvisation.
Cette rencontre unique de la Loi et de l'aléa nous prouve que *The Sun Shines Bright* est bien le film sans maître d'un maître en dialectique cinématographique. F.B.

MOGAMBO

Mogambo n'a pas bonne réputation. Comparé au *Hatari* de Hawks, il est en effet très « hollywoodien » (dans le mauvais sens du terme) et manque de naturel et de réalisme élémentaire : Ford n'hésite pas à intercaler dans des séquences filmées dans une Afrique authentique des plans, voire des scènes entières réalisés en studio, avec des transparences à la limite de la maladresse. mais ce n'est évidemment pas l'aventure extérieure qui l'intéresse. L'Américain Vic, l'Irlandaise de New York : Kelly, le couple d'Anglais Don et Linda Nordley transportent avec eux leurs cultures (leurs robes pour les deux femmes) dans un monde « primitif ». Le film propose d'ailleurs sa propre métaphore dans la « cérémonie du courage » : au contact de la nature sauvage, chacun éprouve à la fois la différence entre la brutalité de cette réalité (animale et humaine) et l'image qu'en occidental il a de l'Afrique (premier plan du film) et ses propres contradictions entre l'idée qu'il se fait de lui-même et son comportement réel (et surtout sexuel). Coupé de sa communauté d'origine, en quête d'un paradis perdu, chaque personnage n'est plus confronté qu'à son imaginaire. L'écriture du film ne peut recourir au style habituel de Ford : la plongée dans le monde instinctif des origines de l'humanité (objet de la recherche de l'anthropologue Nordley) a fait éclater tout repère statique. Plus encore que sur le degré de réalité ou d'imaginaire de l'image, *Mogambo* repose plus que jamais et sur la force et la mobilité émotionnelles des acteurs : la sensualité et la vigueur, en particulier, dont fait preuve Ava Gardner, préfigurent en bien des points l'Ann Bancroft de *Seven Women*. J.M.

THE LONG GRAY LINE
(Ce n'est qu'un au-revoir)

Cinquante ans de la vie de Marty Maher (Tyrone Power) à l'école militaire de West Point, racontées au président des États-Unis en personne. Par ce long retour en arrière, Ford donne ici la vedette à un personnage secondaire de l'Histoire. Envers comique du rêve américain, cet Irlandais pittoresque entre à West Point par la porte de service. Puis, un jour, las de travailler pour payer les assiettes qu'il casse, il s'engage dans l'armée. Mais sa carrière militaire ne sera pas parsemée de victoires et de médailles. Chargé de l'entraînement sportif, il essaiera d'enseigner la natation sans savoir même nager. Son mariage avec Mary O'Donnel (Maureen O'Hara) ne lui donnera pas d'enfants. Et pourtant, Marty Maher deviendra le père adoptif de toutes les recrues et transformera l'armée en une grande famille. « *L'homme est le produit de ses échecs* », nous dit, en somme, Ford. *The Long Gray Line* est le récit d'une gloire discrète, celle d'un homme sans grande ambition. Premier film de Ford en cinémascope, *The Long Gray Line* lui donne l'occasion de poser quelques questions essentielles au cinéma. Comment inscrire la longue ligne grise du titre dans le rectangle allongé de l'écran ? A quelle distance faut-il placer la caméra pour filmer le rituel militaire ? Mais aussi et surtout comment faire revenir les morts ? I.K.

*MISTER ROBERTS**
(Permission jusqu'à l'aube)

Adapté d'un succès de Broadway interprété durant sept ans par Henry Fonda, *Mr Roberts* souffre d'abord d'une différence de conception entre, d'une part le producteur Leland Hayward et Henry Fonda, de l'autre Ford. Les premiers tenaient à filmer la pièce telle quelle, s'appuyant sur l'expérience de Fonda, le second à en faire un film fordien, le tirant vers sa propre conception de la comédie. L'erreur fondamentale fut de choisir Ford parce que, comme le confiait Henry Fonda à Lindsay Anderson, *« il avait été dans la marine et aimait tourner en extérieur. » « Ma plus grande erreur,* ajoute l'acteur, *fut de ne pas penser qu'il détestait refaire ce que quelqu'un d'autre avait fait. Il se sentait alors obligé de prendre avec le texte ce que nous considérions comme certaines libertés. Pas lui. »* Le conflit en vint aux mains et marqua la rupture définitive entre les deux hommes. Le film fut repris par Mervyn LeRoy et même achevé par Joshua Logan, auteur de l'adaptation du roman original pour le théâtre. On peut certes s'amuser au petit jeu qui consiste à déceler les scènes et plans dirigés par Ford, mais le résultat d'ensemble est un film lourd, statique, plus bavard que visuel, manquant de rythme et de complexité dans la conception du personnage de Roberts. J.M.

*ROOKIE OF THE YEAR (T.V.)**
(La Révélation de l'année)

Ford donne ici dans la satire et la comédie, s'attachant à décrire la vie au quotidien d'une petite communauté, soumise à l'enquête pernicieuse d'un journaliste sportif à la recherche du scoop (John Wayne). Puis soudain, la tristesse et la mélancolie surgissent, sous les traits de Ward Bond, vétéran du base-ball. Sa confrontation avec Wayne, menée de main de maître par Ford, est le plus beau moment de *Rookie of the Year.* D'un point de vue formel, *Rookie of the Year* brille par son économie. Conscient de l'exiguïté du cadre de l'écran de télévision, Ford a filmé son scénario en plans serrés. Technique qui permet à l'auteur de se concentrer sur les rapports de force psychologiques entre ses personnages, et qu'il reprendra à son compte dans ses derniers films, en particulier *The Last Hurrah* (dont la veine satirique doit sans doute beaucoup à *Rookie of the Year*). Quant à la morale du film (la victoire du bon sens sur les « on dit »), elle doit à la fois beaucoup aux films précédents de Ford *(Steamboat Round the Bend, The Prisoner of Shark Island),* tout en annonçant déjà la thématique de *Liberty Valance* ou de *Two Rode Together. Rookie of the Year* est exemplaire d'un cinéma « qui travaille ». N.S.

THE SEARCHERS
(La Prisonnière du désert)

Dans l'œuvre de Ford, *The Searchers* est à l'évidence le film du basculement, de la remise en question, point de départ d'un testament cinématographique qui durera près de dix ans. Film immense, au même titre que *Vertigo* ou *Moonfleet, The Searchers* est à la fois un bilan de l'œuvre de Ford jusqu'en 56 et un nouveau départ pour son auteur. Bilan : on retrouve la puissance visuelle des précédents films de Ford, mais cette fois-ci presque exagérée, ou plutôt dirons-nous, mise en situation. *The Searchers* est une « remise en scène » du cinéma de Ford. Ce qui explique pourquoi son style nous apparaît ici moins transparent et discret qu'à l'habitude. Le génie de Ford, c'est de bousculer son cinéma consciemment, le soumettre à cette fragilité. *The Searchers*

grand acteur qui a touché des pots-de-vin. Mais, par respect pour la mémoire de Buck, il ne publie pas son papier et gagne un voyage en Orient. Rythme rapide, plein d'invention, dialogue fantastique et merveilleuses caricatures.

1955 THE BAMBOO CROSS (Lewan Ltd-Revue, épisode réalisé pour la série télévisée *Fireside).* Théâtre. 27 minutes. *Diffusion :* 6 décembre. *Réal. :* John Ford. *Prod. :* William Asher. *Scén :* Laurence Stallings d'après une pièce de Theophane Lee. *Im. :* John Mac Burnie. *Dir. art. :* Martin Obzina. *Déc. :* James S. Redd. *Sup. music. :* Stanley Wilson. *Supervision mont. :* Richard G. Wray. *Ass. réal. :* Wingate Smith. *Tournage :* 7-11 novembre. *Int. :* Jane Wyman (Sœur Régine), Betty Lynne (Sœur Anne), Soo Yong (Sichi Sao), Jim Hong (Mark Chu), Judy Wong (Tanya), Don Summers (Ho Kwong), Kurt Katch (King Fat), Pat O'Malley (prêtre), Frank Baker.
Les nonnes de Maryknoll sont capturées par des communistes chinois qui veulent prouver que « les femmes célibataires » tuent les bébés avec des « gâteaux empoisonnés » (c'est-à-dire des hosties consacrées). Sœur Regina suinte la piété, le commissaire politique est pratiquement toujours au bord de l'apoplexie — jusqu'à ce qu'un boy qui était entré au Parti pour apprendre « la vérité sur la pauvreté et l'ignorance de mon peuple », saute dans le champ en brandissant un long coutelas. Le commissaire politique meurt hors-champ et les bonnes sœurs sont sauvées. Un des points les plus bas dans la carrière de Ford.

1956 THE SEARCHERS (CV Whitney Pictures-Warner Brothers). Technicolor/Vistavision. 119 Minutes. *Première :* 26 mai. *Réal. :* John Ford. *Prod. :* Merian C. Cooper, C. V. Whitney. *Scén. :* Frank S. Nugent d'après le roman de Alan LeMay. *Prod. ass. :* Patrick Ford. *Im. :* Winston C. Hoch, Alfred Gilks (deuxième équipe); *Dir. art. :* Frank Hotaling, James Basevi. *Déc. :* Victor Gangelin. *Mus. :* Max Steiner. *Chanson titre :* Stan Jones. *Mont. :* Jack Murray. *Supervision prod. :* Lowell Farrell. *Ass. réal. :* Wingate Smith. *Cons. couleur :* James Gooch. *Cost. :* Frank Beetson (hommes), Ann Peck (femmes). *Eff. spéc. :* George Brown. *Supervision script :* Robert Gary. Tourné en extérieurs dans le Colorado et à Monument Valley, été et automne 1955. *Int. :* John Wayne (Ethan Edwards), Jeffrey Hunter (Martin Pawley), Vera Miles (Laurie Jorgensen), Ward Bond (Capt. Révérend Samuel Johnson Clayton), Natalie Wood (Debbie Edwards), John Qualen (Lars Jorgensen), Olive Carey (Mme Jorgensen), Henry Brandon (Chef Scar), Ken Curtis (Charlie Mc Corry), Harry Carey Jr (Brad Jorgensen), Antonio Moreno (Emilio Figueroa), Hank Worden (Mose Harper), Lana Wood (Debbie, enfant), Walter Coy (Aaron Edwards), Dorothy Jordan (Martha Edwards), Pippa Scott (Lucy Edwards), Pat Wayne (Lt Greenhill), Beulah Archuletta (Look), Jack Pennick (soldat), Peter Mamokos (Jerem Futterman), Bill Steele (Nesby), Cliff Lyons (Col. Greenhill), Chuck Robeson (homme au mariage), Ruth Clifford (jeune femme atteinte de folie au fort), Mae Marsh (femme au fort), Dan Borzage (accordéoniste aux funérailles), Billy Cartledge, Chuck Hayward, Slim Hightower, Fred Kennedy, Franck McGrath, Dale van Sickle, Henry Wills, Terry Wilson (cascadeurs), Away Luna, Bill Yellow, Bob Many Mules, Exactly Sonnie Betsuie, Feather Hat Jr, Harry Black Horse, Jack Tin Horn, Many Mules Son, Percy Shooting Star, Pete Grey Eyes, Pipe Line Begishe, Smile White Sheep (Comanches).
Sept ans à écumer l'Ouest à la recherche d'une fille enlevée par les Comanches.

1957 THE RISING OF THE MOON (Four Province Productions-Warner Brothers). 81 minutes. *Première(s) :* 16 mai (Dublin), juin (Grande-Bretagne), 10 août (États-Unis). *Réal. :* John Ford. *Prod. :* Michael Killanin. *Scén. :* Frank S. Nugent d'après une série de récits. *Im. :* Robert Krasker. *Dir. art. :* Ray Simm. *Cost. :* Jimmy Bourke. *Mus. :* Eamonn O'Gallagher. *Mont. :* Michael Gordon. *Ass. mont. :* Dennies Bertera. *Continuité :* Angela Martell. *Dir. prod. :* Teddy Joseph. *Cam. :* Dennys Coop. *Cons. techn. :* Earnon O'Malley, Lennox Robinson, Patrick Scott. Tourné en Irlande au printemps 1956. Présenté par Tyrone Power.

THE MAJESTY OF THE LAW, d'après le récit de Frank O'Connor. 23 minutes 24 secondes. *Int :* Noel Purcell (Dan O'Flaherty), Cyril Cusack (inspecteur Michael Dillon), Jack McGowran (the poteen maker : Mickey J.), Eric Gorman, Paul Farrell (voisins), John Cowley (the Gombeen Man).
Un vieux fermier va en prison pour défendre son honneur.

THE MINUTE'S WAIT d'après la pièce de Michael J. McHugh. 23 minutes 43 secondes. *Int :* Jimmy O'Dea (portier), Tony Quinn (chef de gare), Paul Farrell (chauffeur), J. G. Devlin (garde), Michael Trubshawe (col. Frobisher), Anita Sharp Bolster (Mme Frobisher, Maureen Porter (serveuse de bar), Maureen O'Connell (May Ann Mc Mahon), May Craig (tante de May), Michael O'Duffy (chanteur), Ann Dalton (femme de pêcheur), Kevin Casey (Mr Mc Tigue).
Un train s'arrête dans une gare.

1921 d'après la pièce *the Rising of the Moon* de Lady Gregory. 27 minutes 53 secondes. *Int. :* Denis O'Dea (sergent de police), Eileen Crowe (sa femme), Maurice Good (P.C. O'Grady), Frank Lawton (major), Edward Lexy (ROMS), Donal Donnelly (Sean Curran), Joseph O'Dea (chef des gardes), Dennis Bennan, David Marlowe, Dennis Franks (officiers anglais), Doreen Madden, Maureen Cusack (fausses bonnes sœurs), Maureen Delaney (vieille femme), Martin Thornton (sergent), John Horan (afficheur), Joe Hone, John Comeford (hommes de l'IRA), et des membres de la troupe de l'abbey Theatre.
Un patriote s'échappe durant la rebellion de 1921 (cet épisode ressemble au film de Francis Ford, The Cry of Erin *—1916).*

1957 THE WINGS OF EAGLES (Metro-Goldwyn-Mayer). Metrocolor. 110 minutes. *Première :* 22 février. *Réal. :* John Ford. *Prod. :* Charles Schnee. *Prod. ass. :* James E. Newcom. *Scén. :* Frank Fenton, William Wister Haines, inspiré de la vie et des écrits du commandant de l'USN Frank W. Wead. *Im. :* Paul C. Vogel. *Dir. art. :* William A. Horning, Malcom Brown. *Déc. :* Edwin B. Willis, Keogh Gleason. *Cost.* de Maureen O'Hara : Walter Plunkett. *Mus. :* Jeff Alexander. *Mont.* Gene Ruggerio. *Cascades aériennes :* Paul Manz. *Supervision Enregis. :* Dr. Wesley G. Miller. *Maquillage :* William Tuttle. *Ass. réal. :*Wingate Smith. *Cons. couleur :* Charles K. Hagedon. *Cons. techn. :* Amiral John Dale Price, USN, Ret, Dr John Keye. *Eff. spéc. :* A. Arnold Gillespie, Warren Newcombe. *Tournage :* août 1956. *Int. :* John Wayne (Frank W. « Spig » Wead), Maureen O'Hara (Minne Wead), Dan Daley (Carson), Ward

Bond (John Dodge), Ken Curtis (John Dale Price), Edmund Lowe (Am. Moffett), Kenneth Tobey (Herbert Allen Hazard), James Todd (Jack Travis), Barry Kelley (Capt. Jock Clark), Sig Ruman (manager), Henry O'Neill (capt. Spear), Willis Bouchey (Barton), Dorothy Jordan (Rose Brentmann), Peter Ortiz (Lt. Charles Dexter), Louis Jean Heydt (Dr John Keye), Tige Andrews (Arizona Pincus), Dan Borzage (Pete), William Tracy (off. force aériennes), Harlan Warde (off. exé.), Jack Pennick (Joe), Bill Henry (aide navale), Alberto Morin(deuxième manager), Mimi Gibson (Lila Wead), Evelyn Rudie (DorisWead), Charles Towbridge (Am. Crown), Mae Marsh (infirmière Crumley), Janet Lake (infirmière), Fred Graham (officier dans la bagarre), Stuart Holmes (producteur), Olive Carey (Bridy O'Faolain), Maj. Sam Harris (patient), May Mc Evoy (infirmière), William Paul Lowery (bébé de Wead, Commodore), Chuck Roberson (officier), Cliff Lyons, Veda Ann Borg, Christopher James.
Histoire d'un ancien combattant de la marine qui, dans l'entre-deux guerres, devient scénariste après sa paralysie.

1957 THE GROWLER STORY (US Navy). Eastmancolor. 22 minutes. *Réal.* : John Ford. *Prod.* : Mark Armistead. *Im.* : Groupe photographique de la flotte de combat du Pacifique (Pacific Fleet Combat Camera Group). *Mont.* : Jack Murray. *Ass. mont.* : Barbara Ford. *Nar.* : Dan Dailey. Tourné dans le Pacifique sud en novembre 1956. *Int.* : Ward Bond (Quicannon), Ken Curtis (Capt. Howard W. Gilmore) ainsi que les femmes et les enfants du personnel de la marine.
Film pour le personnel de la Marine. Un vrai incident de la Seconde Guerre Mondiale. Le capitaine Gilmore fait ses adieux à son épouse en pleurs et à ses deux enfants ; Quincannon quitte sa femme et ses huit enfants. Un orchestre joue : « Far Away Places », les femmes agitent tristement leurs mouchoirs et l'on jette des gerbes de fleurs dans l'océan tandis que le sous-marin quitte Pearl Harbour. En mer, on note sur le livre de bord qu'on a coulé un cargo, sauvé des pilotes abattus jusqu'à ce qu'un jour un vaisseau ennemi apparaisse dans le brouillard : Gilmore est blessé mais donne l'ordre de plonger au prix de sa vie. De retour à Pearl Harbour, sa femme reçoit sa Medal Of Honor et l'on fait flotter une gerbe à la proue du Growler. Gilmore est un personnage secondaire puisque Ford déverse des torrents de sentimentalité sur le personnage de Quincannon, joué par Ward Bond, dont les huit enfants se présentent, comme pour la parade, par ordre de taille pour saluer leur père à qui on annonce la prochaine venue d'un neuvième héritier, alors qu'il fait don de son sang ; il grimace quand le Growler subit sa première attaque. Une telle exubérance (inhumaine ?) est typique des documentaires de Ford, en contraste avec son habituelle sensibilité morale. Le film utilise le grand-angle et le zoom, et la moitié du minutage à poétiser les adieux.

1958 GIDEON'S DAY (Columbia British Productions). Technicolor. 91 minutes. *Sortie* : mars 1958 (Grande-Bretagne), février 1959 (États-Unis). Titre américain : *Gideon of Scotland Yard*. *Réal.* : John Ford. *Prod.* : Michael Killanin. *Prod. ass.* : Wingate Smith. *Scén.* : T.E.B. Clarke, d'après un roman de J. J. Marric (pseudonyme de John Creasey). *Im.* : Frederick A. Young. *Dir. art.* : Ken Adam. *Mus.* : Douglas Gamley. *Mont.* : Raymond Poulton. *Ass. réal.* : Tom Pevsner. *Cost.* : Jack Dalmayne. *Dir. prod.* : Bill Kully. Tourné à Londres en septembre 1957. *Int.* : Jack Hawkins (Inspecteur George Gideon), Dianne Foster (Joanna Delafield), Anna Massey (Sally Gideon), Anna Lee (Mme Kate Gideon), Cyril Cusack (Herbert « Birdie » Sparrow), Andrew Ray (P.C. Simon Farnaby-Green), James Hayter (Robert Mason), Ronald Howard (Paul Delafield), Howard Marion-Crawford (Chef de Scotland Yard), Laurence Naismith (Arthur Sayer), Derek Bond (Det. Sgt. Eric Kirby), Griselda Harvey (Mme Kirby), Frank Lawton (Det. Sgt Liggott), John Loder (Ponsford, le duc), Doreen Ladden (Miss Courtney), Miles Malleson (juge à l'Old Bailey), Marjorie Rhodes (Mme Rosie Saparelli), Michael Shepley (Sir Rupert Bellamy), Michael Trubshawe (Sgt Golightly), Jack Walting (Rév. Julian Small), Hermione Bell (Dolly Saparelli), Donald Donnelly (Feeney), Billie Whitelaw (Christine), Malcolm Ranson (Ronnie Gideon), Mavis Ranson (Jane Gideon), Francis Crowdy (Fitzhubert), David Aylmer et Brian Smith (Manners et White Douglas, les acolytes de Fitzhubert), Barry Keegan (Riley, chauffeur), Maureen Potter (Ethel Sparrow), Henry Longhurst (Révérend Mr Courtney), Charles Maunsell (Walker), Stuart Saunders (le policeman de Chancery Lane), Dervis Ward (Simmo), Joan Ingram (Lady Bellamy), Nigel Fitzgerald (inspecteur Cameron), Robert Raglan (Dawson), John Warwick (inspecteur Gillick), John LeMesurier (avocat de l'accusation), Peter Godsell (Jimmy), Robert Bruce (avocat de la défense), Alan Rolfe (membre du CID à l'hôpital), Derek Prentice (premier employeur), Alastair Hunter (deuxième employeur), Helen Goss (employeur féminin), Susan Richmond (tante May), Raymond Rollet (Oncle Dick), Luxy Griffiths (caissière), Mary Donevan (ouvreuse), O'Donovan Shiell, Bart Allison, Michael O'Duffy (policiers), Diana Chesney (serveuse de bar), David Storm (greffier), Gordon Harris (homme du CID).
Un jour dans la vie d'un détective de Scotland Yard.

+1958 THE LAST HURRAH (Columbia). 121 minutes. *Sortie* :Novembre. *Réal. prod.* : John Ford. *Scén.* : Frank S. Nugent d'après un roman d'Edwin O'Connor. *Im.* : Charles Lawton Jr. *Dir. art.* : Robert Peterson. *Déc.* : William Kiernan. *Mont.* : Jack Murray. *Ass. réal.* : Wingate Smith, Sam Nelson. *Int.* :Spencer Tracy (Frank Skeffington), Jeffrey Hunter (Adam Caulfield), Dianne Foster (Maeve Caufield), Pat O'Brien (John Gorman), Basil Rathbone (Norman Cass, Sr), Donald Crisp (le Cardinal), James Gleason (Cuke Gillen), Edward Brophy (Ditto Boland), John Carradine (Amos Force), Willis Bouchey (Roger Sugrue), Basil Ruysdael (Bishop Gardner), Ricardo Cortez (Sam Weinberg), Wallace Force (Charles J. Hennessey), Frank McHugh (Festus Garvey), Anna Lee (Gert Minihan), Jane Darwell (Delia Boylan), Frank Albertson (Jack Mangan), Charles FitzSimmons (Kevin McCluskey), Carleton Young (Mr Winslow), Bob Sweeney (Johnny Degnan), Edmund Lowe (Johnny Byrne), William Leslie (Dan Herlihy), Ken Curtis (Monseigneur Killian), O. Z. Whitehead (Norman Cass Jr), Arthur Walsh (Frank Skeffington Jr), Helen Westcott (Mme McCluskey), Ruth Warren (Ellen Davin), Mimi Doyle (Mamie Burns), Dan Borzage (Pete), James Flavin (capitaine de police), William Forrest (médecin), Frank Sully (chef des pompiers), Charlie Sullivan (chauffeur), Ruth Clifford (infirmière), Jack Pennick (policeman), Richard Deacon (directeur du Plymouth Club), Harry Tenbrook, Eve March, Bill Henry, James Waters, Frank Baker.
Un vieux politicien-à-l'ancienne-mode fait sa dernière campagne électorale.

ne témoigne plus de cette espèce de « force tranquille » qui caractérisait jusqu'alors les films de Ford. Synchrone avec la forme même du film, John Wayne, héros fordien par excellence, vétéran de la Guerre de Sécession revient. John Wayne revient justement dans le cinéma de Ford. Mais ce cinéma a changé, tout comme Ford. Commence l'épreuve, la poursuite, la découverte de sa propre haine et de la peur de l'Autre. Moment clef à l'intérieur du film : la caméra se resserre en travelling avant sur le regard de John Wayne contemplant une jeune fille traumatisée. Plan dans lequel la prise de conscience est générale : c'est d'abord celle d'Ethan (John Wayne) face à la cruauté et la démence du monde. C'est aussi celle de Ford qui lui permet l'intrusion de ce décalage dans son cinéma (l'acceptation de la différence comme une souffrance possible, sans cette peur de l'Autre). C'est enfin celle du spectateur (« Que va faire Ethan ? Que peut faire Ford ? »). La force de *The Searchers* est qu'il s'agit d'un film qui évolue en terrain connu (cavalerie, seconds rôles hauts en couleurs, Monument Valley), tout en laissant planer au-dessus du spectateur la peur et la menace de la remise en question jusqu'à son apparition, aussi sublime qu'inattendue : « *Let's go home Debbie* ».. N.S.

THE RISING OF THE MOON
(Quand se lève la lune)

A la manière des grands peintres délaissant un instant les fresques épiques, pour un carnet de croquis, Ford brosse ici avec verve et passion une série de portraits rapides des caractères irlandais. Film intimiste à sketches, *The Rising of the Moon* est peut-être ce qu'il a réalisé de plus libre sur son pays de prédilection, l'Irlande.
Ces épisodes « bon enfant » évoquent plus l'esprit latin que le flegme anglo-saxon. Le premier sketch, *The Majesty of the Law*, fait penser à Pagnol : l'inspecteur trinque avec celui qu'il doit arrêter. Le « coupable » lui fait remarquer que l'eau-de-vie (de contrebande) n'est plus aussi bonne qu'autrefois car on ne prend plus le temps de bien la faire. La clé est là, *le temps*. L'Irlande idyllique de John Ford, étrangère aux règlements et à l'autorité, est celle où l'on prend le temps de vivre. C'est aussi le sujet du deuxième épisode, *A Minute's Wait*. La minute d'arrêt concédée pour l'arrêt d'un train dans une gare de campagne est sans cesse reconduite à cause d'événements extérieurs. Le trop-plein de vie dérègle complètement l'organisation fonctionnaire des chemins de fer. Des individus bavards et brouillons suscitent des situations loufoques par leur mépris implicite des conventions britanniques... Dans *1921*, troisième épisode, c'est la pendaison d'un patriote irlandais – un « résistant » – qui est différée puis évitée par un tour de passe-passe exécuté au nez et à la barbe de l'occupant anglais, avec le concours de la population.
Ford accentue sans scrupules les particularismes régionaux ; il construit à petites touches un monument à l'amoralité et à la solidarité irlandaises : une comédie humaine en miniature. V.O.

THE WINGS OF EAGLES
(L'Aigle vole au soleil)

Son film le plus mystérieusement retors. Pourtant quoi de plus simple à raconter que la vie (réelle) de Frank « Spig » Wead, as de l'aéronavale, têtu, bagarreur et fonceur. Mais un jour, après avoir plaisanté avec ses petites filles, cet homme fit une chute dans un escalier. De cette béance délimitée, de cette coupure fascinante, neutre, fallait-il en rire, en pleurer ?
En amont pourtant il y avait l'épuisement, la déclinaison de deux postures du corps. D'abord le corps debout, au garde-à-vous, tressé dans une chaîne avec d'autres corps tandis que volent au-dessus d'eux leurs voix, ironiques, subversives comme pour nier leur entêtement à rester là, immobiles. Ainsi dès la première scène, « Spig » au garde-à-vous s'oppose à un de ses supérieurs. La seconde posture, c'est celle du corps au bord de l'écroulement dans les scènes de bagarre ou de beuveries. Elles obéissent à un étrange rituel, avant de se battre les officiers de la Navy et de l'aviation jettent leurs casquettes. Le plaisir procuré est celui d'un retour aux origines du cinéma à *La Marche du troupier de Marey* : plaisir de voir des corps suspendus entre l'engluement dans une glaise humaine et le mouvement sans entraves. Mais jamais ils ne s'écroulent. « Spig », lui, pour cause de paralysie totale du corps, s'écroulera. Et le film ne s'en relèvera pas.

En aval de la coupure commence alors une étrange cérémonie de mise à mort. La fiction repart à zéro suspendue qu'elle est au sort du corps sacrifié de « Spig », couché sur le ventre, aussi flasque qu'un oreiller à bascule et à celui de son gros orteil qui va refuser de bouger pendant un quart d'heure de film.

Le récit passe alors à la vitesse du romanesque. Se succèdent alors des scènes dont la trame régulièrement lacérée par de minis traumas elliptiques en fait de véritables blocs autonomes. Le passage du temps n'affleure que partiellement lorsqu'il fait ressurgir des personnages. F.B.

THE LAST HURRAH
(La Dernière fanfare)

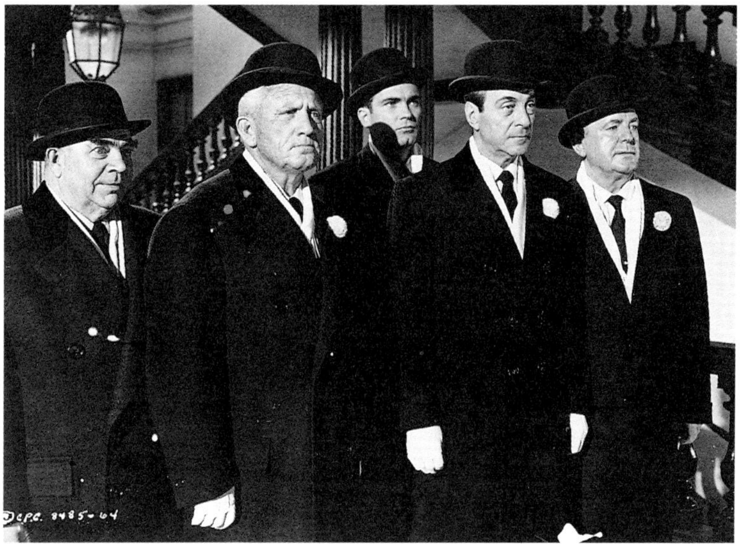

Dans une ville de la Nouvelle Angleterre, Franck Skeffington mène campagne électorale pour demeurer maire. Veuf et père d'un rejeton zazou irresponsable, le vieil Irlandais a contre lui l'establishement — le patron du quotidien local, les banquiers et jusqu'aux gens d'église — qui représentent l'Amérique pure et dure. Séduisant et roublard, il affronte le représentant de la jeune génération, Kevin McCluskey, qui, poussé par les éternels ennemis de Skeffington et soutenu par la télévision, espère conquérir le pouvoir municipal. A son neveu Adam, journaliste sportif employé par Mr. Force, son irrédentible ennemi, Skeffington demande un jour : « *Quel est le sport le plus populaire en Amérique ? — Ce n'est pas le basket*, répond l'oncle, *mais bien la politique, un sport passionnant à regarder.* »

Et le maire invite son neveu à suivre de près la campagne. Adam prend goût au jeu et se rapproche de son oncle : celui-ci est né pauvre et sa mère, employée dans la famille Force, fut un jour congédiée pour avoir volé une banane. De là vient cette haine irréductible entre les deux hommes de pouvoir.

Pour mener sa dernière campagne, Skeffington n'hésite pas à jouer des grands moyens, tombant parfois dans la démagogie : une veillée mortuaire se transforme en meeting électoral. Ou le chantage : voulant obtenir coûte que coûte un prêt que lui refuse la banque, pour réaménager un quartier populaire, il nomme Norman Cass, le fils du banquier, un éternel demeuré, chef de la brigade des pompiers. Une manière de faire plier le père.

Le jour du vote, Skeffington est battu mais il ne renonce pas au combat : il sera candidat au poste de Gouverneur de l'Etat. Il calme ses supporters déçus et rentre tard chez lui. Dans l'escalier, il s'effondre, victime d'un malaise. Le lendemain, ses amis, ses pires ennemis, toute la ville défilent à son chevet. Fatigué mais l'œil encore vif, il fait ses adieux à la scène politique.

Dans *The Last Hurrah*, Ford dénonce déjà l'emprise de la télévision sur la vie politique, transformée en show familial d'une évidente bêtise. Skeffington incarne le dernier des Mohicans, un homme dont l'histoire se confond avec sa ville. Ce film bouleversant et plein de désillusion, raconte le « chant du cygne » d'un homme d'un autre monde, celui d'avant la politique-spectacle. S.T.

1959 KOREA : BATTLEGROUND FOR LIBERTY (US Department of Defense). Eastmancolor. *Réal. :* Contre-amiral John Ford, USNR, Ret. Tourné à et autour de Séoul pendant l'automne 1958. *Int.:* O'Brien, Kim-Chi, Choi My Ronk.
Film de formation pour les G.I. de Corée. Des clichés expliquent la vie et la culture coréennes tandis que le sergent Cliff Walker, d'abord terrifié, devient ami avec une famille indigène, travaille dans un conseil communal et combat la prostitution à l'aide d'un club de golf. Des discours de Eisenhower et de Rhee concluent l'exposé et se dissolvent sur fond de baigneurs dans une crique ; musiciens populaires ; poste d'observation avancé. Le film encourage la fraternisation entre les soldats américains et la population civile. Ford avait prévu de mettre en scène des films du même genre pour Taïwan et le Viêt-nam ; il se peut qu'il ait été consulté pour l'écriture des scénarios.

1959 THE HORSE SOLDIERS (Mirisch CompanUnited Artists). Deluxe Color. 119 minutes. *Sortie* : Juin. *Réal. :* John Ford. *Prod.-scén. :* John Lee-Mahin, Martin Rackin d'après le roman d'Harold Sinclair. *Im. :* William H. Clothier. *Dir. art. :* Frank Hotaling. *Déc. :* Victor Gangelin. *Mus. :* David Buttolph. *Chanson : I left my Love*, de Stan Jones. *Mont. :* Jack Murray. *Eff. spéc. :* Augie Lohman. *Cost. :* Frank Beetson (hommes), Ann Peck (femmes). *Ass. réal. :* Wingate Smith, Ray Gosnel, Jr. Tourné en extérieurs en Louisiane et dans le Mississipi en octobre-décembre 1958. *Int.* : John Wayne (Col. John Marlowe), William Holden (Maj. Hank Kendall), Constance Towers (Hannah Hunter), Althea Gibson (Lukey), Hoot Gibson (Brown), Anna Lee (Mme Buford), Russell Simpson (shérif Capt Henry Goodboy), Stan Jones (Gén. US Grant), Carleton Young (Col. Jonathan Miles), Basil Ruysdael (commandant de l'Académie militaire de Jefferson), Willis Bouchey (Col. Phil Secord), Ken Curtis (Wiklie), O.Z. Whitehead (Hoppy Hopkins), Judson Pratt (Sgt Major Kirby), Denver Pyle (Jagger Jo), Strother Martin (Virgil), Hank Warden (Deacon), Walter Reed (officier de l'Union), Jack Pennick (Sgt Maj. Mitchell), Fred Graham (soldat de l'Union), Chuck Hayward (capitaine de l'Union), Charles Seel (barman à Newton Station), Stuart Holmes, Maj. Sam Harris (passagers en route pour Newton Station), Richard Cutting (Gén. Sherman), Bing Russell, William Forrest, William Leslie, Bill Henry, Ron Hagherty, Dan Borzage, Fred Kennedy.
Guerre civile : percée d'un régiment de cavalerie de l'union à l'intérieur des lignes confédérées.

1960 SERGEANT RUTLEDGE (Ford Productions-Warner Brothers). Technicolor. 111 minutes. *Sortie* : mai. *Réal. :* John Ford. *Prod. :* Patrick Ford, Willis Goldbeck. *Scén. :* Goldbeck, James Warner Bellah. *Im. :* Bert Glennon. *Dir. art. :* Edie Imazu. *Déc. :* Frank M. Miller. *Mus. :* Howard Jackson. *Chanson : Captain Buffalo* de Mark David, Jerry Livingston. *Mont. :* Jack Murray. *Ass. réal. :* Russ Saunders, Wingate Smith. *Cost. :* Marjorie Best. Tourné en extérieurs à Monument Valley. en mai-juin 1959. *Int. :* Jeffrey Hunter (Lt Tom Cantrell), Constance Towers (Mary Beecher), Woody Strode (Sgt Braxton Rutledge), Billie Burke (Mme Cordelia Fosgate), Juano Hernandez (Sgt Matthew Luke Skidmore), Willis Bouchey (Col. Otis Fosgate), Carleton Young (Capt. Shattuck), Judson Pratt (Lt Mulqueen), Bill Henry (Capt. Dwyer), Walter Reed (Capt. Mac Afee), Chuck Hayward (Capt. Dickinson), Mae Marsh(Nellie), Fred Libby (Chandler Hubble), Toby Richards (Lucy Dabney), Jan Styne (Chris Hubble), Cliff Lyons (Sam Beecher), Charles Seel (Dr Eckner), Jack Pennick (sergent), Hank Worden (Laredo), Chuck Roberson (juré), Eva Novak, Estelle Windwood (spectateurs), Shug Fischer (Mr Owens).
Année 1880 : le procès d'un sergent de cavalerie Noir, accusé du meurtre et du viol d'une jeune blanche.

1960 THE COLTER CRAVEN STORY (Revue Productions-MCA, épisode de la série *Wagon Train*). 53 minutes. *Diffusion* : mai. *Réal. :* John Ford. *Prod. :* Howard Christie. *Scén. :* Tony Paulson. *Im. :* Benjamin N. Kline. *Dir. art. :* Martin Ozbina. *Mus. :* Stanley Wilson. *Thème du générique :* Jerome Morros. *Déc. :* Ralph Sylos. *Mont. :* Marston Fay, David O'Connell. *Cost. :* Vincent Dee. *Ass. réal. :* James H. Brown. *Int. :* Ward Bond (Maj. Seth Adams), Carleton Young (Colter Craven), Frank McGrath (Chuck Wooster), Terry Wilson (Bill Hawks), John Carradine (Park), Chuck Hayward (Quentin),Ken Curtis (Kyle), Anna Lee (Alarice Craven), Cliff Lyons (Weatherby), Paul Birch (Sam Grant), Annelle Hayes (Mme Grant), Willis Bouchey (Jesse Grant), Mae Marsh (Mme Jesse Grant), Jack Pennick (sergent instructeur), Hank Worden (Shelley), Charles Seel (Mort), Bill Henry (Krindle), Chuck Roberson (Junior), Dennis Rush (Jamie), Harry Tenbrook (l'ami de Shelley), Beulah Blaze, Lon Chaney Jr, John Wayne (crédité sous le nom de Michael Morrisson, son vrai nom) (Gén Sherman).
Craven et sa femme prennent le train. Craven est un médecin qui a travaillé dans un abattoir pour se payer ses études, puis qui, diplôme en poche, s'est établi à Shiloh où 500 de ses patients sont morts. Maintenant, devenu alcoolique, il est effrayé par la perspective de devoir pratiquer une césarienne. Mais Adams lui raconte l'histoire de son ami Sam qui était un raté, dans la ville de Wilmette, mais qu'il a revu à Shiloh après qu'il eut perdu ses 223 compatriotes (sauf 19 miraculés). Sam (Grant) a eu 30.000 morts et a quand même réussi à surmonter la « défaite ». Craven fait donc l'accouchement. Cet épisode utilise des bouts de Wagon Master (à partir de quoi on fonda la série). Seules les merveilleuses neuf minutes de flash-back à Wilmette semblent fordiennes au milieu d'un film globalement médiocre.

+ 1960 THE ALAMO (Batjac-United Artists). Technicolor/Todd Ao. 190 minutes. *Sortie :* Octobre. *Réal. prod. :* John Wayne. *Scén. :* James Edward Grant. *Im. :* William H. Clothier. *Int.* : John Wayne, Richard Widmark.
Ford a dirigé de nombreux plans — l'artillerie mexicaine passant un gué ; un grand mouvement de l'armée de Santa Anna qui approche de la mission ; une danse ; un Mexicain abattu juste avant que Travis puisse fermer la porte ; Ken Kurtis remontant une rivière à la nage — et une séquence entière (de loin la meilleure du film) de Frankie Avalon faisant passer un message à Richard Boone au bord d'une rivière.

1961 TWO RODE TOGETHER (Ford-Sheptner Productions-Columbia). Eastman Color par Pathé. 109 minutes. *Sortie* : Juillet. *Réal. :* John Ford. *Prtod. :* Stan Shepner. *Scén. :* Frank Nugent d'après le roman *Comanche Captives* de Will Cook. *Im. :* Charles Lawton, Jr. *Dir. art. :* Robert Peterson. *Déc. :* James M. Crowe. *Mus. :* George Duning. *Mont. :* Jack Murray. *Ass. réal. :* Wingate Smith. *Cost. :* Frank Beetsson. Tourné en extérieurs dans le sud-ouest du Texas en novembre 1960. *Int. :* James Stewart (Guthrie McCabe), Richard Widmarck (Lt Jim Gary), Shirley Jones (Marty Purcell), Linda Cristal (Elena de la Madriaga), Andy Devine

(Sgt Darius P. Posey), John McIntire (Maj Frazer), Paul Birch (Edward Purcell), Willis Bouchey (Harry J. Wringle), Henry Brandon (Quanah Parker), Harry Carey Jr (Ortho Clegg), Ken Curtis (Greely Clegg), Olive Carey (Abby Frazer), Chet Douglas (Warb Corbey), Annelle Hayes (Belle Aragon), David Kent (Running Wolf), Anna Lee (Mme Malaprop), Jeanette Nolan (Mme McCandless), John Qualen (Ole Knudsen), Ford Rainey (Henry Clegg), Woody Strode (Stone Calf), O.Z. Whitehead (Lt Chase), Cliff Lyons (William McCandless), Mae Marsh (Hannah Clegg), Frank Baker (Capt. Malaprop), Ruth Clifford (femme), Ted Knight (Lt Upton), Maj. Sam Harris (docteur), Jack Pennick (sergent), Chuck Robeson (Comanche), Dan Borzage, Bill Henry, Chuck Hayward, Edward Brophy.
Un shérif cynique et un officier de cavalerie traversent le territoire Comanche pour rançonner les prisonniers blancs.

1962 THE MAN WHO SHOT LIBERTY VALANCE (Ford Productions-Paramount). 122 minutes. *Sortie* : avril. *Réal.* : John Ford. *Prod.* : Willis Goldbeck. *Scén.* : Goldbeck, James Warner Bellah d'après un récit de Dorothy M. Johnson. *Im.* : William H. Clothier. *Dir. art.* : Hal Pereira, Eddie Imazu. *Déc.* : Sam Comer, Darrell Silvera. *Cost.* : Edith Head. *Mus.* : Cyril J. Mockridge, thème de *Young Mr Lincoln*, d'après Alfred Newman. *Mont.* : Otho Lovering. *Ass. réal.* : Wingate Smith. Tourné en septembre 1961. *Int.* : James Stewart (Ransom Stoddard), John Wayne (Tom Doniphon), Vera Miles (Hallie Stoddard), Lee Marvin (Liberty Valance), Edmond O'Brien (Dutton Peabody), Andy Devine (Link Appleyard), Ken Murray (Doc Willoughby), John Carradine (Starbuckle), Jeannette Nolan (Nora Ericson), John Qualen (Peter Ericson),Willis Bouchey (Jason Tully), Carleton Young (Maxwell Scott), Woody Strode (Pompey), Denver Pyle (Amos Carruthers), Strother Martin (Floyd), Lee Van Cleef (Reese), Robert F. Simon (Handy Strong), O.Z. Whitehead (Ben Carruthers), Paul Birch (le maire, Mr Winder), Joseph Hoover (Hasbrouck), Jack Pennick (barman), Anna Lee (paasagère) Charles Seel (président au conseil d'élection), Shug Fisher (saoulard), Earle Hodgins, Stuart Holmes, Dorothy Philips, Buddy Roosevelt, Gertrude Astor, Eva Novak, Slim Talbot, Monty Montana, Bill Henry (crédité, mais n'apparaît pas, jouait un joueur de poker), Frank Baker (non crédité, remplace Henry), John B. Whiteford, Helen Gibson, Maj Sam Harris.
Un sénateur revient à Shinbone pour les funérailles d'un miséreux et conte la véritable histoire de sa jeunesse.

1962 FLASHING SPIKES (Avista Productions-Revue-MCA, épisode pour la série télévisée *Alcoa Première*). 53 minutes. *Diffusion* : 4 octobre. *Réal.* : John Ford. *Prod. ass.* : Frank Baur. *Scén.* : Jameson Brewer d'après le roman de Frank O'Rourke. *Im.* : William H. Clothier. *Dir. art.* : Martin Obzina. *Déc.* : John McCarthy, Martin C. Bradfield. *Mus.* : Johnny Williams, Stanley Wilson. *Cost.* : Vincent Dee. *Mont.* : Richard Belding, Tony Martinelli. *Générique* : Saul Bass. *Mont. son* : David . O'Connell. *Cons. techn.* : Cy Mallis. *Int.* : James Stewart (Slim Conway), Jack Warden (enquêteur), Pat Wayne (Bill Riley), Edgar Buchanan (Crab Holcomb), Tige Andrews (Gaby Lasalle), Carleton Young (Rex Short), Willis Bouchey (maire), Don Drysdale (Gomer), Stephanie Hill (Mary Riley), Charles Seel (juge), Bing Russell (Hogan), Harry Carey Jr (l'homme dans la tranchée), Vin Scully (commentateur), Walter Reed (deuxième reporter), Sally Hugues (infirmière), Larry Blake (premier reporter), Charles Morton (arbitre), Michael Morrisson (alias John Wayne) (arbitre en Corée), Art Passarella (arbitre), Vern Stephens, Ralph Volkie, Earl Gilpin, Bud Harden, Whitney Campbell (joueurs de base-ball).
Durant une audience, le journaliste Short accuse le jeune Riley, enfant prodige du sport, d'avoir accepté un pot-de-vin de Slim Conway, interdit de stade. Dans un flash-back, Conway se souvient d'un match semi-professionnel durant lequel, au milieu de merveilleuses scènes, une émeute avait presque eu lieu à cause de lui ; il se fait plaquer par Riley — qui s'excuse en fin de compte. Conway va donc voir son vieux copain Lasalle pour qu'il donne une chance à Riley ; mais Riley doit d'abord faire son service militaire et aller en Corée. Puis, pendant l'entraînement de printemps, Conway intervient pour empêcher une bagarre quand Short insulte la femme de Riley. Interdit de stades professionnels, il écoute le match dans le parking où Short le voit tendre une enveloppe à Riley ; certainement un pot-de-vin. En fait, c'est une brochure sur le lac où Conway va pêcher. Riley est innocenté et on s'aperçoit que Conway avait été piégé des années auparavant Du grand Ford.

1962 HOW THE WEST WAS WON (Cinérama-Metro-Goldwyn-Mayer). Technicolor/ Cinerama/Ultra Panavision. 162 minutes. *Sortie* : Novembre. *Réal.* : John Ford (*La Guerre Civile*), George Marshall (*Le Chemin de Fer*), Henry Hathaway (*Les Fleuves, Les Plaines, Les Hors-la-loi*). *Prod.* : Bernard Smith. *Scén.* : James R. Webb, suggéré par une série publiée dans *Life*. *Dir. art.* : George W. Davis, William Ferrari, Addison Hehr. *Déc.*: Henry Grace, Don Greenwood Jr, Jack Mills. *Mus.* : Alfred Newman, Ken Darby. *Mont.* : Harold K. Fress. *Cost.* : Walter Plunkett. *Superviseurs du Cinerama* : Thomas Conroy, Walter Gibbons-Fly. *Cons. histo.* : David Miller. *Eff. spéc.* : A. Arnold Gillespie, Robert R. Hoag. *Cons. couleur* : Charles K. Hagedon. *Nar.* : Spencer Tracy.
Séquence John Ford. (*La Guerre Civile*). 25 minutes 13 secondes. *Im.* : Joseph La Shelle. *Ass. réal.* : Wingate Smith. *Int.* : George Peparrd (Zeb Rawlings), Carroll Baker (Eve Prescott Rawlings), Russ Tamblyn (déserteur confédéré), Claude Johnson (Jeremiah Rawlings), Andy Devine (Cpl Peterson), Willis Bouchey (chirurgien), Henry (Harry) Morgan (Gén. US Grant), John Wayne (Gén. Sherman), Raymond Massey (Abraham Lincoln). Images de guerre tirées de *Raintree County* (*L'Arbre de Vie*) (E. Dmytryk, 1957).
Séquence de Ford (« The Civil War ») : Un jeune campagnard quitte sa ferme pour aller à la guerre.

1963 DONOVAN'S REEF (Ford Productions-Paramount). Technicolor. 109 minutes. *Sortie* : juillet. *Réal. prod.* : John Ford. *Scén.* : Frank Nugent, James Edward Grant d'après un sujet de Edmond Beloin, adapté par James Michener. *Im.* : William Clothier. *Dir. art.* : Hal Pereira, Eddie Imazu. *Déc.* : Sam Comer, Darrell Silvera. *Cost.* : Edith Head. *Mus.* : Cyril J. Mockridge. *Dir. mus.* : Irvin Talbot. *Mont.* : Otho Lovering. *Ass. réal.* : Wingate Smith. *Eff. spéc.* : Paul K. Lerpae, Farciot Edouart. *Cons. couleur* : Richard Mueller. Tourné en extérieurs sur l'île de Kuai (Hawaï) dans le Pacifique sud. *Int.* : John Wayne (Michael Patrick « Guns » Donovan), Lee Marvin (Thomas Aloysius « Boats » Gilhooley), Elizabeth Allen (Amelia Sarah Dedham), Jack Warden (Dr William Dedham), Cesar Romero (Marquis André de Lage), Dorothy Lamour (Miss Lafleur), Jacqueline Malouf (Lelani Dedham), Mike Mazurki (Sgt Menkowicz), Marcel Dalio (Fr Cluzeot), Jon Fong (Mister Eu), Cheryline Lee (Sally Dedham), Tim Stafford (Luki Dedham), Carmen Estrabeau (Sœur Gabrielle), Yvonne Peattie (Sœur Matthew), Frank Baker (Capt. Martin), Edgar Buchanan (notaire de Boston), Pat

THE HORSE SOLDIERS
(Les Cavaliers)

Dans *The Horse Soldiers*, le conflit est multiple. Il oppose le Nord au Sud, et le médecin William Holden au soldat John Wayne. Ford reprend un de ses thèmes chers : la lutte entre le savoir et la profession. Le savoir du médecin Holden est en constante opposition avec le devoir du soldat Wayne. Ce que Holden admet difficilement, c'est qu'en sauvant des vies humaines il fabrique de la chair à canon pour son supérieur. Ironie du sort qui pourrait céder le pas à la comédie. C'est parfois le cas dans *The Horse Soldiers*. Mais dans ce film sur la guerre (et non pas de guerre), Ford préfère dénoncer la folie meurtrière d'un conflit qui déchire en deux un pays, *son* pays. L'Amérique divisée en deux, alors que les pionniers, de l'Est jusqu'à l'Ouest, se sont battus pour qu'elle ne fasse qu'une, c'est ce qui révolte avant tout Ford. Dès le début du film, Ford choisit son camp, celui des fidèles de Lincoln, figure mythique de son cinéma. Mais l'intervention d'un personnage féminin *sudiste* (Constance Towers) brouille le jeu manichéen auquel on pouvait s'attendre. Tout comme cette image terrible d'un escadron de gamins du Sud mené à la boucherie par un vieillard en costume de carnaval. Ce genre de plans « qui ne pardonnent pas » émaillent de bout en bout *The Horse Soldiers*, et parasite ce qui n'aurait pu être qu'une banale superproduction. N.S.

SERGEANT RUTLEDGE
(Le Sergent noir)

A travers ce film-procès, John Ford plonge dans une réalité complexe et diffractée, celle de l'inscription des Noirs dans la communauté américaine et surtout de leur place dans l'imaginaire blanc. Le sergent Rutledge (Woody Strode) est le leader d'un régiment noir qui se caractérise par sa fidélité à la discipline, à la hiérarchie, et surtout par un sens de l'honneur exacerbé par son identité raciale. Accusé d'un viol et d'un meurtre, le sergent noir va catalyser tous les fantasmes raciaux de la micro-société blanche. Rarement autant que dans *Sergeant Rutledge*, Ford aura montré explicitement le lien fondamental et fondateur entre racisme et sexualité. Dès la première apparition de Rutledge, bâillonnant de sa main la bouche de Miss Beecher sur ce quai de gare abandonné aux terreurs nocturnes, l'action est transposée sur le plan sexuel. La peur féminine se double d'une fascination trouble qui éclate dans la séquence où Rutledge se découvre torse nu, blessé, au regard de Miss Beecher. Quant à l'hystérie des femmes du fort au procès, elle est inversement proportionnelle à leur fièvre intime.
Le film est moins le récit d'un procès individuel qu'une analyse du corps collectif où toutes les déterminations langagières (l'emploi de mots comme « homme de couleur », « noir » ou « nègre »), sociales ou imaginaires sont convoquées. Comme chez Lang, la morale est imparable mais le spectateur est mis en face de ses pulsions et de ses contradictions intimes. T.J.

TWO RODE TOGETHER
(Les Deux cavaliers)

Ford atteint ici les limites extrêmes d'une déromantisation de l'univers du western comme de l'Amérique et du héros fordien. D'emblée, le shérif McCabe faisant sa sieste sous le porche de la prison renvoie à l'image du Wyatt Earp de *My Darling Clementine*. Mais à la générosité de ce dernier font place le cynisme et la cupidité de celui qui perçoit 10 % de tout et offre des bières aux frais du contribuable (son salaire) en vue de sa réélection. Mais le cynisme de McCabe n'est pas sa nature profonde. Simple adepte de la *real politic*, cet ancien aventurier n'a fait que s'adapter à l'évolution, la situation de shérif lui permettant de profiter sans risque du pouvoir économique. Durant sa « mission », il ne cesse de démontrer aux familles, comme les Knudsen, que leurs enfants, devenus des Comanches, n'ont plus rien à voir avec l'image idéale qu'ils en ont gardée et n'accepte leur argent que devant leur insistance et leur aveuglement. Son retournement final n'a rien d'un retour aux valeurs chevaleresques d'antant : floué par l'armée qui le manipule, McCabe a perdu ses sources de revenu en refusant d'aliéner totalement sa liberté (le mariage) : il n'a plus rien à perdre et, comme le commente Gary, il a enfin trouvé *« une chose qu'il désirait plus que 10 % de... »* Gary, officier de cavalerie par vocation, obligé de passer pour déserteur et d'accepter une mission qu'il désapprouve de bout en bout, est impuissant à s'opposer au lynchage d'un innocent comme à l'attitude mercantile de McCabe. Il n'est plus ce médiateur entre les desseins divins et le monde humain que fut le héros fordien des temps héroïques. La réalisation, en apparence paresseuse, ignorant presque les scènes d'action (très brèves) comme ces vastes plans où le groupe s'intègre harmonieusement à un paysage majestueux, accumulant les longues scènes de conversation, achève cette démythification du monde fordien J.M.

THE MAN WHO SHOT LIBERTY VALANCE (L'Homme qui tua Liberty Valance)

Reprenant un thème qui lui est cher – l'installation de la Loi et sa légitimation *(Young Mister Lincoln* ou *My Darling Clementine)* – Ford en montre toute la fragilité et l'illusion. *The Man Who Shot Liberty Valance* rappelle d'ailleurs une nouvelle de Borges, *Thème du traître et du héros*, adaptée plus tard par Bertolucci dans *La Stratégie de l'araignée*, où l'écrivain argentin s'ingéniait à montrer que l'écriture de l'histoire se fondait sur de la représentation et relevait directement de la fiction. Ici, la fameuse phrase fordienne « Imprimez la légende » – ne dit pas autre chose. En somme, dans *The Man Who Shot Liberty Valance*, l'histoire n'est rien d'autre qu'une illusion d'optique. Tout est affaire de point de vue et de mise en scène. Ford se permet de filmer deux fois la scène du duel sous deux axes différents et en utilisant deux valeurs de plan distinctes pour mieux dévoiler l'auto-intoxication du spectateur.

Pourtant, si *The Man Who Shot Liberty Valance* a des allures de film pédagogique, Ford n'hésite pas en dernière instance à plaider pour la fiction. En un sens,*The Man Who Shot Liberty Valance* est moins la théorie du cinéma de Ford que son assomption absolue. Cette leçon d'histoire en forme d'épure, admirable par sa dramaturgie, est aussi une flamboyante déclaration d'amour en même temps qu'un adieu à la mythologie du western et de l'Amérique (incarnée magnifiquement par Tom Doniphon/John Wayne). T.J.

FLASHING SPIKES (TV)

Flashing Spikes peut se voir comme un post-scriptum à *Liberty Valance* et un développement de *Rookie of the Year*, réalisé sept ans plus tôt. Deux fois plus long que ce dernier, il permet à Ford de revenir sur le base-ball, dont il filme les héros comme jadis ceux de la cavalerie. Héroïsme et fonction emblèmatique (donc patriotique) du sportif : idée qui domine le film, en particulier pendant son intermède « coréen » qui voit le jeune héros (un joueur de base-ball accusé d'avoir reçu des pots de vin), s'entraîner avec son supérieur John Wayne ; sous le regard complice de James Stewart. *Flashing Spikes* est un film formidable qui permet à son auteur de prendre des libertés narratives qu'il s'autorisait moins au cinéma : la construction en flash backs (comme d'ailleurs dans *Rookie of the Year*) en est l'exemple le plus frappant. Le film évoque *Liberty Valance*, dans la scène du procès. Un journaliste prétend avoir filmé le héros recevant une enveloppe des mains de Stewart (ancien joueur de base-ball dont la carrière fut brisée lorsqu'on l'accusa d'avoir reçu des pots de vin). Les images montrées au procès (on pensera à *Fury*) ne suffisent pas à accuser Stewart qui se disculpe avant de révéler à l'auditoire la vérité sur son passé (sa carrière fut en fait brisée par la mafia). L'histoire se modifie, se réécrit : un thème dominant chez Ford. N.S.

HOW THE WEST WAS WON (La Conquête de l'Ouest)*

George Peppard quitte la maison, sous le regard de sa mère. Il emprunte une allée bordée d'arbres : la lumière est diffuse. C'est la Guerre de Sécession, que Ford filme avec l'honnêteté qu'on lui connaît. Peppard ne veut pas se battre, tout comme le garçon sudiste du même âge avec lequel il se lie d'amitié un soir de bataille. Le bleu et le gris s'unissent pour un moment. Mais la guerre (et ses lois) reprend son droit. Peppard devra tuer. Pendant ce temps, John Wayne, en Sherman désabusé, philosophie sur la guerre et le devoir, dans un décor en studio qui pourrait être ridicule mais qui ne l'est pas, parce qu'on le croirait tout droit sorti d'un film muet. Au milieu du capharnaüm qu'est *How The West Was Won* l'épisode de John Ford garde la tête haute, « sort du lot », comme on dit. Si il marque les esprits à ce point, c'est d'abord parce que Ford entretient un rapport privilégié au temps. Pourtant plus court que les mor-

Wayne (Lt de marine), Dan Ford, John Stafford (enfants), Charles Seel (grand-oncle Setley Atterbury), Chuck Roberson (Festus), Mae Marsh, Maj. Sam Harris, (membres du conseil de famille), Dick Foran, Cliff Lyons (officiers), et le « ketch » de Ford, *Araner.*
Comédie de mœurs — et de racisme — dans une île du Pacifique sud.

1964 CHEYENNE AUTUMN (Ford-Smith Productions-Warner Brothers). Technicolor panavision 70. 159 minutes. *Sortie* : Octobre. *Réal.* : John Ford. *Prod.* : Bernard Smith. *Scén.* : James R. Webb et (non crédité) Patrick Ford d'après le livre de Mari Sandoz. *Im.* : William Clothier. *Dir. art.* : Richard Day. *Déc.* : Darrell Silvera. *Réal. ass.* : Ray Kellog. *Mus.* : Alex North. *Mont.* : Otho Lovering. *Mont. son* : Francis E. Stahl. *Ass. réal.* : Wingate Smith, Russ Saunders. *Cons.techn.* : David H. Miller. Extérieurs tournés à Monument Valley, Moab, Utah, Gunnison, Colorado en octobre-décembre 1963. *Int.* : Richard Widmarck (Capt. Thomas Archer), Carroll Baker (Deborah Wright), James Stewart (Wyatt Earp), Edward G. Robinson (Carl Schurz, secrétaire de l'intérieur), Karl Malden (Capt. Wessels), Sal Mineo (Red Shirt), Dolores Del Rio (l'Espagnole), Ricardo Montalban (Little Wolf), Gilbert Roland (Dull Knife), Arthur Kennedy (Doc Holliday), Patrick Wayne (2ème lieutenant Scott), Elizabeth Allen (Guinevre Plantagenet), John Carradine (Maj. Jeff Blair), Victor Jory (Tall Tree), Mike Mazurki (Sgt Stanislaw Wichowsky), George O'Brien (Maj. Braden), Sean McLory (Dr O'Carberry), Judson Pratt (Maj. « Dog » Kelly), Carmen D'Antonio (femme Pawnee), Ken Curtis (Joe), Walter Baldwin (Jeremy Wright), Shug Fisher (Skinny), Nancy Hsueh (Little Bird), Chuck Roberson (sergent du peloton), Harry Carey Jr (Soldat Smith), Ben Johnson (Soldat Plumtree), Jimmy O'Hara (soldat), Chuck Hayward (soldat), Lee Bradley (Cheyenne), Walter Reed (Lt Peterson), Willis Bouchey (colonel), Carleton Young (aide de Carl Schurz), Denver Pyle (le sénateur Henry), John Qualen (Svenson), Nanomba « Moonbeam » Morton (Running Deer), Dan Borzage, Dean Smith, David H. Miler, Bing Russel (cavaliers). *Nar.* : Spencer Tracy, Richard Widmark. Titre envisagé : *The Long Flight*.
Deux cent quatre-vingt cinq Cheyennes fuient leur réserve pour revenir dans leur patrie.

+ 1965 YOUNG CASSIDY (Sextant Films-Metro Goldwyn Mayer). Technicolor. 110 minutes. *Sortie* : mars. *Réal.* : Jack Cardiff, John Ford. *A John Ford Film. Prod.* : Robert D. Graff, Robert Emmet Ginna. *Prod. ass.* : Michael Killanin. *Scén.* : John Whiting d'après l'autobiographie de Sean O'Casey, *Mirror in My House; Im.* : Ted Scaife. *Dir. art.* : Michael Stringer. *Cost.* : Margaret Furse. *Mus.* : Sean O'Riada. *Mont.* : Anne V. Coates. *Dir. pro.* : Teddy Joseph. *Ass. réal.* : John Quested. *Générique* : Maurice Binder. *Casting* : Miriam Brickman. *Cons. techn.* (pour apprendre à Rod Taylor à parler avec un accent de Dublin) : Jack McGowan. *Cam.* : Jack Atchelor. Tourné en Irlande (juillet). *Int.* : Rod Taylor (Cassidy), Maggie Smith (Nora), Julie Christie (Daisy Battles), Flora Robson (Mme Cassidy), Sian Philips (Ella), Michael Redgrave (William Butler Yeats), Dame Edith Evans (Lady Gregory), Jack McGowan (Archie), T.P. Mc Kenna (Tom), Julie Ross (Sara), Robin Sumner (Michael), Philip O'Flynn (Mick Mullen), Pauline Delaney (Bessie Ballynoy), Arthur O'Sullivan (contremaître), Tom Irwin (agent de police), John Cowley (barman), William Foley (avoué de l'éditeur), John Franklyn (guichetier à la banque), Harry Brogan (Murphy), James Fiztgerald (l'homme des pompes funèbres), Harold Goldblatt (directeur de l'Abbey Theater), Ronald Ibbs (employé au théâtre), May Craig, May Cluskey (femmes dans le hall), Tom Irwin, Shivaun O'casey et les membres de l'Abbey Theater.
Le jeune Sean O'Casey à Dublin : ses amours, la mort de sa mère, sa première oeuvre. Ford avait préparé le découpage, la distribution, les lieux de tournage, mais au bout de deux semaines, il fut gravement malade — après avoir tourné, entre autres, la scène avec Daisy Battles (mais les gros-plans furent réalisés par Jack Cardiff) ; la scène d'ouverture où Cassidy devient manœuvre ; la scène de l'auberge avec les trois fils et les joueurs de football ; quelques scènes avec Mme Cassidy ; une scène avec Rod Taylor et l'arbre en fleur après la mort de la mère — soit au total une dizaine de minutes. Le scénario n'a l'air de rien, mais les scénarios de Ford sont fait sur mesure. La relation-clé Nora-Cassidy manque de motivation, et une monotonie ennuyeuse s'est substituée à l'inconstance charmante de Ford. Seule la scène de l'auberge est marquée de sa spontanéité et de son sens de l'économie.

1965 SEVEN WOMEN (Ford-Smith Productions-Metro-Goldwyn-Mayer). Metrocolor, Panavision anamorphique. 86 minutes. *Sortie* : novembre. *Réal.* : John Ford. *Prod.* : Bernard Smith. *Scén.* : Janet Green et John McCormick d'après *Chinese Finale* de Norah Lofts. *Im.* : Joseph LaShelle. *Dir. art.* : George W. Davis, Eddie Imazu. *Déc.* : Henry Grace, Jack Mills. *Cost.* : Walter Plunkett. *Mus.* : Elmer Bernstein. *Mont.* : Otho S. Lovering. *Ass. Réal.* : Wingate Smith. *Dir.prod.* : Rex Bailey. *Eff. spéc.* : J. McMissan Johnson. *Tournage* : février-avril. *Int.* : Anne Bancroft (Dr D.R. Cartwright), Margaret Leighton (Agatha Andrews), Flora Robson (Miss Binns), Sue Lyon (Emma Clark), Mildred Dunnock (Jane Argent), Betty Field (Florrie Pether), Anna Lee (Mrs Russell), Eddie Albert (Charles Pether), Mike Mazurki (Tunga Kahn), Woody Strode (guerrier), Jane Chang (Miss Lin), Hans William Lee (Kim), H.W. Gim (coolie), Irene Tsu (jeune Chinoise).
Chine, 1935 : des femmes missionnaires rencontrent la peste et des bandits. Anne Bancroft remplaça Patricia Neal après que cette dernière était tombée très malade au terme de trois jours de tournage. Les copies réalisées pour la télévision comportent des scènes supplémentaires.

+ 1972 VIETNAM ! VIETNAM ! (Ford-Production-USIA). Easmancolor. 58 mi-nutes. *Sortie* : septembre 1971. *Réal.* : Sherman Beck. *Prod. exé.* : John Ford. *Prod.* : Bruce Herschensohn. *Scén.* : Thomas Duggan, Ford. *Mont.* : Leon Selditz. Tourné en extérieurs au Viêt-nam en octobre-décembre 1968. *Nar.* : Charlton Heston
Bien que Ford fût allé au Viêt-nam, il ne participa nullement à cette production ; de même, les excès de zoom, de grand angle ou la texture de la lumière trahissent tout sauf Ford. Mais après-coup, Ford supervisa le montage et réécrivit le scénario. Ce film, bien que plus long et plus cher (252 751 dollars) que toutes les autres productions USIA, donne une interprétation de la guerre qui, au moment de sa sortie, était devenue embarrassante. Aussi, après quelques projections dans des centres culturels ou à l'U.S. Information Agency, le retira-t-on vite de la circulation.
Le prologue est un montage d'images fixes sur près de cinquante objets-culte des années 60 (Koufax, les Beatles, la pilule, etc.) qui se termine par le Viêt-nam. La première partie explore le paysage culturel du pays et la guerre. Plans de réfugiés, enfants mutilés, corps carbonisés de bébés, femmes en pleurs, charniers. « Pour ceux qui dirigent le Nord-Viêt-nam et le Viêt-cong, le but était un Viêt-nam uni sous la férule de Hanoï avec un gouvernement communiste. Pour ceux qui dirigent le Sud Viêt-nam, le but était qu'on leur fiche la paix. » Des prisonniers de guerre décrivent leurs efforts pour savoir ce qui se pas-

sait ; on montre l'intervention soviétique ; on voit des défilés américains pour arrêter la guerre avec drapeaux nord-viêt-namiens. Dans la seconde partie, des scènes typiques avec deux douzaines de personnes qui discutent de la guerre : Rush, Reagan, Johnson, McCarthy, des soldats américains, Fullbright, Sam Brown, des hippies, un anti-communiste hongrois. Des défilés de Viêt-namiens qui paradent de nuit avec des torches faites en boîtes de Seven-Up, des gens qui chantent des hymnes. « Le 31 décembre 1969, les flammes brillaient encore, mais nul ne savait si ce feu serait un signe de liberté ou s'il serait un jour éteint. »

1976 CHESTY (James Ellsworth Productions). 28 minutes. *Sortie* : 4 avril. *Réal.* : John Ford. *Prod.* : James Ellsworth. *Scén.* : Jay Simms. *Im.* : Brick Marquard. *Mus.* : Jack Marshall. *Mont. prod. ass.* : Leon Selditz. *Ass. du prod.* : Charles C. Townsend. *Tournage* : août 1968-avril 1970. *Première projection publique* : Filmex, Los Angeles. Jamais distribué. *Présentateur* : John Wayne. *Documentaire sur le Lt. Général Lewis « Chesty » Puller, U.S. Marine Corps. Réalisé pour la télévision, mais jamais vendu ou projeté. A l'origine, il durait soixante minutes, mais fut coupé pour encourager un achat. On dit que Ford préférait la version courte.*

PROJETS JAMAIS RÉALISÉS (entre autres)
1926 *Corncob Kelly's Romance*, scénario de Peter B. Kyne.
1928 *Blockade*, scénario de Berthold Viertel.
1928 *Captain Lash*. Un bateau sur le Mississippi avec Victor McLaglen.
1928 *Frozen Justice*, une saga en Alaska que Murnau ne put réaliser à cause de Ford, lequel ne la réalisa jamais.
1940 *Four Sons*, remake.
1941 *The African Queen*.
1943 *The Last Outlaw*. Remake du film de Ford de 1919 et de celui de Cabanne de 1936. Avec Harry Carey, pour Republic Pictures.
1947 *The Family*. Une famille de Russes blancs exilée en Chine après la révolution, d'après le roman de Nina Federova, avec John Wayne et Ethel Barrymore, pour Argosy.
1947 *Janitzio*. Tournage au Mexique, d'après *The Fugitive*, pour Argosy.
1952 *Famine*, scénario de Liam O'Flaherty, pour Four Provinces ; tournage en Irlande.
1952 *Demi-Gods*, scénario de James Stephen pour Four Provinces, en Irlande.
1952 *Seven Pillars of Wisdom*, d'après T.E. Lawrence.
1952 *Two-Headed Spy*, tournage en Allemagne avec Kirk Douglas ; sur proposition de Douglas, fut tourné en 1958, en Angleterre, par André de Toth avec Jack Hawkins.
1952 *Ghost Story*, épisode pour *The Rising of the Moon*, avec Katharine Hepburn.
1956 *The Judge and the Hangman*, policier, tournage à Munich et dans les Alpes, avec Spencer Tracy ou John Wayne.
1956 *Drama of Inish*, d'après *Is Life Worth Living*, scénario de Lennox Robinson, pour Four Provinces, en Irlande, avec Katharine Hepburn.
1956 *The Valiant Virginians*, par James Warner Bellah, pour C.V. Whitney, d'abord comme film en trois épisodes, puis sous forme de film unique ; avec John Wayne.
1960 *The White Company*, de Sir Arthur Conan Doyle. Un jeune homme va se battre en France durant la Guerre de Cent Ans. John Wayne, Laurence Olivier, Alec Guiness, Susan Hampshire. Des négociations eurent lieu pendant près de dix ans et le tournage faillit avoir lieu en Espagne, pour les productions Samuel Bronson, mais les héritiers Doyle demandaient une somme colossale pour les droits d'adaptation : 100 000 dollars plus 25% des profits nets au début ; 200 000 dollars nets à la fin. Ford parlait toujours de ce projet dans les années 70.
1962 *A Scout for Custer*, de Willis Goldbeck et John Ford. L'histoire, à la fois comique et tragique, du frère cadet du général Custer, Tom, et de ses tentatives incessantes et obstinées à démontrer à son aîné le caractère irraisonné de ses campagnes audacieuses. L'histoire de l'échec glorieux d'un homme qui fut brave sans jamais être convaincu de ce pourquoi il combattait.
1964 *Rupert of Hentzau*, projet esquissé par David Selznick pour Jennifer Jones.
1965 *The Miracle of Merriford*, d'après *Trumpets over Merriford*. L'église d'une petit ville anglaise est endommagée durant la Seconde Guerre Mondiale par les Américains qui, ensuite, réuniront l'argent pour la réparer. Une comédie dans la veine de *The Quiet Man*, d'après un roman de Reginald Arkell. Ford avait signé avec la Metro, on avait pressenti Dan Dailey et le scénario de Willis Goldbeck et de James Warner Bellah était terminé lorsque la Metro mit brutalement fin au projet une semaine avant le début du tournage dans l'Utah.
1967 *April Morning*. La famille d'un jeune garçon durant les batailles de Lexington et de Concord. D'après un roman d'Howard Fast. Scénarisé par Michael Wilson, le film aurait dû être produit par Samuel Goldwyn Jr.
1967 *OSS*. L'histoire du Maj. Gen. William J. « Wild Bill » Donovan et de son agence de renseignements durant la Seconde Guerre Mondiale. Avec John Wayne.
1969 *Valley Forge*. Aurait dû être coproduit par Franck Capra.
1970 ? *Comanche Stallion*. Un étalon, volé aux Apaches qui voient en lui un dieu qui rétablira leur grandeur, fait faire une chute mortelle au fils d'un officier de cavalerie ivrogne qui jure de le capturer et de le torturer à mort. Il échouera.
1973 *The Josh Clayton Story*. Sur le premier noir qui soit entré à West Point. Avec Fred Williamson. Autre titre envisagé : *Appointment with Precedence*.

INTERVENTIONS À LA RADIO ET À LA TÉLÉVISION
1957 *This is Your Life*. Intervient dans le show télévisé de Ralph Edward consacré à Maureen O'Hara.
1958 *Wide Wide World*. Apparition à la télévision le 8 juin pour la promotion de *Horse Soldiers*.
1962 *The Unreal West*. CBC Radio (Toronto).
1966 *John Ford*, ORTF (Paris), dans la série *Cinéastes de notre temps*. Une longue interview diffusée le 16 juin.
1973 *American Film Institute First Annual Life Achievement Award* (CBS). Producteur : George Stevens Jr. Enregistré le 31 mars et diffusé le 2 avril. Le président Richard Nixon décorait Ford de la Civilian Medal of Honor et lui donnait le grade d'amiral. John Wayne, Maureen O'Hara, Danny Kaye, Jack Lemmon, et autres.

ceaux de bravoure signés Hathaway et Marshall, l'épisode de John Ford garde le rythme le plus juste : rapide dans l'enchaînement des séquences ; contemplatif, presque « zen » à l'intérieur de *chacune* de ces séquences. Comment prendre son temps sans le perdre : c'est là une des grandes forces du cinéma de Ford. Et l'épisode de *How The West Was Won* en est sans doute la quintessence. N.S.

DONOVAN'S REEF
(La Taverne de l'Irlandais)

Donovan's Reef est d'abord un film nonchalant, au rythme lent et peu dramatisé. Pas de climax mais plutôt une poignée de séquences à l'allure oisive. Il est vrai que Ford a conçu ce film comme détaché de toutes contraintes financières ou narratives. D'où le charme particulier de *Donovan's Reef* où l'on pressent que le vagabondage est une forme d'accès privilégié à l'intimité du maître. Ce film prend la forme d'une confession tant il semble exposer Ford sur l'écran. Cette figure du médecin, qui a quitté la bonne société de Boston pour s'installer dans cette île paradisiaque du Pacifique, uniquement préoccupé par le bonheur et la santé de la petite communauté, est une manière d'auto-portrait à peine déguisé. Mais on trouverait aussi bien Ford dans le personnage de Donovan alias John Wayne ou dans celui de Lee Marvin, bagarreurs impénitents ou, pourquoi pas encore, dans celui du consul (Cesar Romero), viveur un peu paresseux, un peu menteur mais finalement plutôt sympathique.
En face, *Donovan's Reef* ressemble à un film de famille tourné pendant les vacances pour se distraire et fixer des instants qu'on reverra plus tard avec une joie teintée de tristesse. C'est cette élégance mélancolique alliée à une peinture séduisante de la coexistence pacifique entre les ethnies qui fait le prix de ce petit film utopique et testamentaire. T.J.

CHEYENNE AUTUMN
(Les Cheyennes)

Comme le signale J. L. Comolli, il faut voir *Cheyenne Autumn* non pas comme un retournement soudain de la part de John Ford, mais comme le dernier chapitre d'une série commencée avec *The Searchers*. Dans *Cheyenne Autumn*, l'Indien est au centre du film moins en tant que personnage (il s'agit en fait d'un groupe d'Indiens à la dérive) que comme miroir de l'Amérique et de ses contradictions. Chacun voit et reconnaît dans cet Autre une part de responsabilité (consciente ou pas) dans le désastre ; le génocide. Ford, cinéaste prend d'emblée position : il filme les Indiens Cheyennes avec une attention et une émotion de tous les instants. *Cheyenne Autumn* est un film profondément bouleversant et beau, parce que le regard de John Ford n'en est qu'un parmi tant d'autres. Ford n'impose pas un regard unique au spectateur : pas de moralisme donc, mais aussi et surtout un partage des responsabilités. *Cheyenne Autumn* souffre par instants de ce que certains pourraient qualifier d'éclatement et de désordre. Notons d'abord que le film fut atrocement remonté sans la volonté de l'auteur. Ajoutons ensuite que cette constellation de regards, loin de desservir le film, finit par marquer des points puisque ce sont finalement les plus forts d'entre euxqui survivent. Jouant sur cette opposition, cette dichotomie des regards de ses personnages (Widmark, Carroll Baker, Edward G. Roberson, Karl Malden), le film donne au bout du compte raison aux plus justes. Ford a travaillé pour la propagande et sait trop bien que cette arme peut se retourner contre son utilisateur. Certainement pas unanimiste, encore moins hypocrite, *Cheyenne Autumn* n'est que le fruit du bon sens (donc de la tristesse) de son auteur. N.S.

YOUNG CASSIDY
(Le Jeune Cassidy)

On sait que Ford, malade, dut quitter le tournage et fut remplacé par Jack Cardif qui suivit pas à pas le découpage de Ford (qui avait tourné quelques séquences du film). Ce dernier regard vers l'Irlande aurait-il pu générer un grand film ? Il était en tout cas intéressant dans la mesure où, à la fin de sa carrière, Ford explorait la genèse d'un créateur. Mais on doit à la vérité de dire que la maladie de Ford, sans être simplement diplomatique, tombait à point pour lui permettre de quitter un tournage mal engagé. Ford était en constant désaccord avec ses jeunes producteurs américains inexpérimentés mais sûrs de leur talent, le choix malencontreux de Rod Taylor ne correspondait pas au personnage et Ford ne tenait pas à le tourner en Irlande. La fidélité supposée de Cardiff n'est en outre pas un gage de qualité : le scénario n'était pas pour Ford une bible, la réalisation devait l'enrichir d'invention visuelle, de la vitalité des acteurs et d'un rythme spécifique, toutes qualités qui sont absentes de la majeure partie du produit final. J.M.

SEVEN WOMEN
(Frontière chinoise)

Une horde de barbares chinois sillonne la frontière sino-mongole où, en 1935, une mission américaine dirigée par six femmes est installée. Le temps d'un générique lapidaire, le décor est planté : on entre dans le lieu clos de la mission, espace d'ordre et de rituels (une sorte de métaphore féminine du fort militaire) pour ne plus en sortir. Ford prend à peine le temps de tracer le portrait de ses personnages, identification et caractérisation s'opèrent par la voie hiérarchique imposée par la fiction. Le film semble ainsi prendre en route cette existence retranchée, sans raison évidente (pas même historique) de s'y aventurer et presque sans curiosité. Il n'est pas même immédiatement certain que l'arrivée d'une autre femme, la doctoresse Cartwright, bouleverse cette atmosphère d'une étrange banalité. Cette intruse fait, bien sûr, un peu fictionner la quiétude de la mission : elle choque par son irrespect des règles, elle surprend par son efficacité lorsque sévit une épidémie de choléra et révèle les tempéraments profonds de celles qui la jugent. Si la tension monte insensiblement dans *Seven Women,* Ford ne nous prépare pas à la scène finale, la mort de Cartwright qui se suicide après avoir empoisonné le chef des barbares entrés dans la mission. Le film se termine aussi brutalement qu'il avait commencé, préservant jusqu'au bout un regard d'une pureté absolue qui jamais n'a cédé à la démonstrativité du discours. Le mouvement du récit est un secret fascinant, une énigme irrésolue. *Seven Women* est, en fait, filmé au futur antérieur : Miss Cartwright *aura sacrifié* sa vie pour les autres femmes qui *seront passées* à côté d'elle en la comprenant sans lui parler. Temps des liens indicibles d'une communauté de femmes. Temps vrai d'un retentissement que le spectateur doit emporter avec lui. Temps magique et magnifique d'un retrait discret qui, pour le cinéaste, est un trait de génie. F.S.

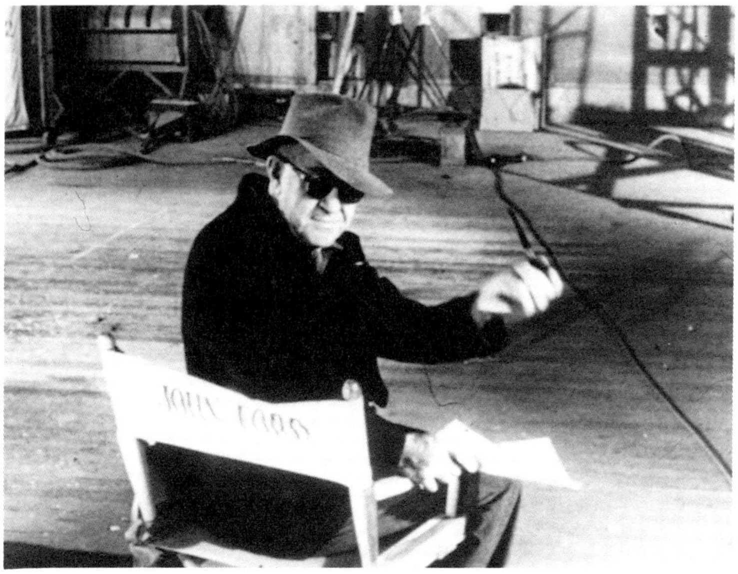

FILMS SUR JOHN FORD
1971 *Directed by John Ford.* Avant-première au 32ème festival de Venise, le 15 septembre ; Ford était présent pour recevoir le Lion d'or.
1971 *The American West of John Ford.*

1974 *John Ford : Memorial Day 1970.*
1971 Directed by John Ford (California Arts Commission-A F I). Couleur. Réalisateur-auteur-interviever : Peter Bogdanovich. Producteurs : George Stevens, Jr. , James R. Silke. Image des séquences d'interviews : Laszlo Kovacs, Gregory Sandors , Brick Marquard, Eric Sherman. Montage : Richard Patterson. Assistant : Mae Woods. Producteur associé : David Shepard. Commentaire : Orson Welles. Première présentation : Trente deuxième festival de Venise, 15 septembre, en présence de Ford, venu recevoir une récompense du festival. Avec : Ford, John Wayne, Henry Fonda, James Stewart.
Interviews d'acteurs et brefs coups d'oeil sur Ford ; le film se résume presque entièrement à des extraits de vingt-sept films de Ford.

1971 The American West of John Ford. (Group One - Timex-CBX). Réal : Denis Sanders. Producteurs : Tom Egan, Britt Lomond, Dan Ford. Auteur : David H.Vowell. Image : Bob Collins. Montage : Keith Olson. Diffusion : 5 décembre. Avec : Ford, John Wayne, James Stewart, Henry Fonda.
Selon Bogdanovich, ce documentaire comporte des extraits des westerns de Ford, des interviews de James Stewart et d'Henry Fonda dans la maison de Ford, et de John Wayne dans la Monument Valley dirigeant une cascade ; on y voit aussi Fonda contemplant le plateau de la Fox dans Century City.

1974 John Ford : Memorial Day 1970. Ecrit, réalisé et monté par Mark Haggard. Producteurs: Haggard, Päul Magwood. Image : Douglas Knapp. Commentaire : Linda Strawn. 12 minutes. Première : avril. Avec : Ford, Walter Pidgeon, Anna Lee, Harry Carey, Jr., Olive Carey, Dan Borzage, Dick Amador, Meta Sterne, George Bagnall, Ray Kellog , Mary Ford, Wingate Smith. Les membres de l'équipe Ford durant le vingt-quatrième Annual Memorial Day Service à la Motion Picture Home de Woodlands Hills, Californie.

Table des matières

Composition C.D.C. et L.I.C.
Photogravure : Fotimprim
Cet ouvrage a été achevé d'imprimer
le 17 juillet 1990 sur les presses
de l'Imprimerie Tardy Quercy S.A. Bourges
Dépôt légal : 2e trimestre 1990
N° d'imprimeur : 16077